日本古代の交通・交流・情報 1

制度と実態

舘野和己
出田和久 編

吉川弘文館

古代交通への視座

舘野和己
出田和久

交通とは通常、人やモノの移動、行き来を意味する。しかしモノはそれ自体では移動しないので、結局は人の移動ということになろう。ただしある程度離れた場所への移動であることが必要条件である。家の中やその周辺を歩き回っても、それは交通とは言わない。そうであるなら、交通とは目的意識をもって、ある程度離れた所へ移動することと定義づけられよう。田名網宏が『古代の交通』（吉川弘文館、一九六九年）の「はしがき」で、「古代の交通の概念を、生活や生産の場での人びとの移動を含めないで、ある特定の目的をもって、生活・生産圏外へ往き、または往来する現象を交通と定義づけ」ているのとほぼ合致しよう。ただし生活・生産圏外に限るというのはいささか問題が残ろう。たとえば奈良時代の丈部浜足は平城京右京三条三坊の人でありながら、大和国葛下郡に口分田《くぶんでん》を支給されていた（宝亀三年二月「丈部浜足月借銭解」『大日本古文書（編年文書）』巻六—二七四頁）。そうした場合、自宅と田の距離は二、三〇キロにもなるので、口分田への移動行動は、交通の概念に十分含まれよう。あまり厳格に定義づけることはかえって実態を見失うことになりかねない。

そして右にも書いたように、人がモノを伴って移動することもある。人の移動にとって必要なモノを持つだけでなく、モノの移動が目的になれば輸送と呼ばれる。人が移動して他地域の人とつながりを持てば、そこに交流が生まれ、モノの交換や、学問・文化・技術を含めて多種多様な情報のやりとりが行われて、伝播という現象が現われる。場合によっては、病気の感染という結果をもたらすこともある。情報の移動を目的とする交通もあれば、そうでない交通もある。前者では、情報は紙の文書や木簡などに、書き付けられて運ばれるのが一般的であるが、口頭での伝達が行われ、形に残らない場合もある。

交通・交流・情報は、いつの時代においても社会で重要な役割を果たした。しかし当然のことながら、時代によってそのあり方・特徴などは異なる様相を呈した。本シリーズが対象とする古代においては、民衆の行う交通は後代ほど盛んではなく、かつその範囲もさほど広いものではなかった。したがって交通を惹起する主体は主に国家権力であった。

すなわち律令体制下では、中央集権的な全国支配体制を形成し維持するために、中央と地方を結ぶ官道を設け、それに沿って一定の間隔ごとに置いた駅家《えきか》に駅馬《えきば》を備えた。そして急を要する使者が利用して、文書にしたためた情報を伝達した。あるいは郡家《ぐうけ》ごとに五頭の伝馬《てんま》が置かれ、赴任先に向かう新任国司や不急の使者などが郡家ごとに乗り継いだ。また伝馬は利用せずに、食料の支給だけを受ける者もいた。地方支配に伴い国司・郡司の中央・地方間の交通は盛んに行われた。地方有力者の場合も、その子弟が舎人《とねり》や兵衛《ひょうえ》などになることによって都鄙間交通の主体となった。

平時だけではない。白村江の戦い、藤原広嗣の乱あるいは蝦夷への征討など、多くの兵士を動員しての軍事活動に伴う交通も、国家権力が引き起こしたものである。外交関係を結び諸情報を導入するために派遣された遣唐使とそれに同行する留学生・僧などの、国境を越えた交通の場合も同様である。

一方民衆レベルとなると、特に遠距離の交通の場合は、自らその主体となるよりは、強制されて交通を行うことが多かった。それはとりわけ税の貢納の場合に典型的に見られる。調庸は中央政府に納めることが求められたから、その輸送にあたった運脚《うんきゃく》と呼ばれる人たちは、都への苦難の道を辿ることになった。また仕丁《しちょう》や衛士《えじ》になった人々も、上京を余儀なくされた。民衆が制度的に都への交通を強制されたことは、律令制下の交通の大きな特徴としてあげられよう。それは交通施設の整備をもたらし、また各地から集まった民衆同士の交流・情報伝達、換言すれば文化の伝播という面でも大きな役割を果たしたことであろう。

その一方で、民衆は自由な交通を制限されていた。国家が本貫地《ほんがんち》主義と呼ぶべき政策をとっていたからである。国家は支配下にある人々を戸籍・計帳に登録し、それらに基づき口分田を班給して税を徴収した。その際、口分田は本貫地の郡内に班給することを基本とし、そこでもし土地が不足すれば国内の他郡で与えた。国司の元には三通作られたうちの一通の戸籍が取り置かれていたことに象徴されるように、国内の人々への支配権は最終的に国司に集約されていた。そしてそのことの反映として、国司の支配圏外にある他国に許可を得ずに出た場合、浮浪・逃亡などと呼ばれ取締りの対象になったのである。したがって民衆の自由な交通圏は、生業が基本的に完結する本貫地の郡内に、最大でも国内に限られた。すなわち本貫地主義は、民衆の交通を疎外する政治的要因になっていたのである。

しかしそれは許可さえとれば、他国に行くことは可能であったということでもある。もちろんそうした交通を行う人は限られてはいたが、たとえば天平年間の「伊勢国計会帳」からは、ある一日に同国が二五通の過所《かしょ》を交付したことが知られる。あるいは淳仁天皇が恵美押勝《えみのおしかつ》の乱後に皇位から追われ淡路に流された翌年、彼と気脈を通じた人たちが商人と偽り群れをなして淡路に向かったという（『続日本紀』天平神護元年二月乙亥条）。商人と称せば過所を入手して、他国へ向かうことは容易であったことを物語るものであり、商業に伴う交通の盛んであったことがうかがえる。その他、土地の開発や荘園経営、仏教の布教・修行など、多様な要因による交通が盛んに展開したし、浮浪・逃亡も民衆が行う交通の一つの形態であった。

交通を考える視点としては、交通制度、交通の要因・主体・具体相、交通施設・手段、さらに交通への心性などがあげられよう。一方で古代国家のとった交通制限政策である本貫地主義と、それを維持するための仕組みも重要な検討課題である。本シリーズは三巻からなるが、第一巻では古代交通に関わる制度と、その下で展開した交通の実態を、中国・朝鮮諸国も視野に入れながら取り上げ、主に国家が要因の主体となった交通を見る。第二巻では、多様な要因で展開した交通を文学作品や記録などの中から探り、旅の実態を再現するとともに、国外への交通を含めて情報の伝達・広がりを考える。そして第三巻では、交通施設・手段を主テーマに、道路や駅家・橋・船や交通に関わる技術などを取り上げて、できるだけ古代の交通を具体的なイメージとして浮かび上がらせ、古代交通に関わる景観を考える。

かつて古代交通と言えば、もっぱら国家権力によって制度化されたり、行われたりした「公交通」、すなわち駅伝制や調庸の貢納、軍旅や行幸などに重きを置き、その中でもとりわけ駅伝制を中心的に取り扱うところから研究が始まった。すなわち坂本太郎の大著『上代駅制の研究』（『坂本太郎著作集第八巻　古代の道と駅』吉川弘文館、一九八九年。初出は一九二八年）、先に挙げた田名網宏の『古代の交通』、そして青木和夫の「古代の交通」（豊田武・児玉幸多編『体系日本史叢書二四　交通史』山川出版社、一九七六年）などがその代表的業績である。しかしそれでは古代交通の全貌を捉えたことにはならない。駅伝制が重要な論点であることは間違いないが、より広い階層・要因による交通、さらには交通を取り巻く様々な要素にも目を向けることが求められよう。

それに交通概念に情報という要素を組み込むべきことも、周知のことである。瞬時に全世界に情報が伝わる現代とは比ぶべくもないが、古代においても情報の伝達範囲は列島内に留まらなかった。日本の律令制が中国をモデルにしたこと、大宝二年（七〇二）に三二年ぶりに唐に渡った遣唐使らがもたらした長安城の最新情報が、平城京遷都の大きな要因になったとみられること、玄昉《げんぼう》が将来した経典が光明皇后の五月一日経の書写につながったことなど、海外からの情報が国内の諸方面に大きな影響を与えたことは言うまでもない。

さて歴史の実態を探るには、単に文献史料を見るだけではなく、モノの語るところにも注意を払い、それも手がかりとしなければならないことは常識であるが、とりわけ交通分野の研究では顕著である。先に挙げた先駆的業績の後に蓄積された、交通関係の資料は大量にある。一つは考古学や歴史地理学による交通施設に関する調査・研究成果の蓄積であり、道路・駅家・関・橋・津・烽火などの遺構が各地で見つかっている。特に全国各地で駅路や伝路とも呼ばれる古代道路遺構が検出され、残存地割との関連などを通じて、その直進性・大規模性が明らかになり、かつてそれらに抱かれていたイメージを一新し、具体的な景観復原の成果が蓄積されているところである。

次に膨大に蓄積された木簡も古代交通研究に欠かせない資料である。木簡はいずれもそこに書かれた情報を伝達する役割を持っている。その中でも荷札木簡は、全国各地からの税の貢納の様相を物語るものである。また平城京で見つかった大型の告知札は、見失ったり捕獲したりした牛馬に関する情報を求める内容であり、また石川県津幡町加茂《かも》遺跡で出土した木簡は、郡符《ぐんぷ》の内容を横長の板材に書き付け、周知を図るという目的を有する。いずれも道路を往還する人々に情報を伝達するために道路脇に立てられたとみられる。太政官符によく見られる「牓示路頭」（『類聚三代格』延暦十六年七月十一日太政官符など）という周知方法を具体的に示す事例である。国境に置かれた関を通過するための過所ないしそれに準じた機能を果たす木簡も、交通に関わる資料として注目されるものである。

そして最後に、中国寧波の天一閣に所蔵されていた北宋の『天聖令』が近年発見されたことは、日本の律令制研究、ひいては交通研究に大きな影響を与えるものである。そこには唐令を継承した宋令の条文の後に、「右令不行」として宋では採用されなかった唐令の条文を列挙する。これにより残存する編目については、断片的にしか知り得なかった唐令の全体像を知ることが可能になった。そして賦役令《ぶやくりょう》・厩牧令《くもくりょう》・関市令《げんしりょう》など交通に関わりの深い令文が残存している。既にいくつかの研究が出されているが（吉永匡史「律令関制度の構造と特質」『東方学』一一七　二〇〇九年など）、日本令との比較研究をいっそう深めることで、交通制度研究の進展が望まれよう。

本シリーズは、前記のような視座から古代交通を見ていこうとするものであり、第一巻「制度と実態」では主に国家が要因の主体となった交通を、三部に分けて取り上げる。Ⅰ「中央と地方を結ぶ交通」では中央と地方を結ぶ交通に関して、律令制下の道路と駅伝制、本貫地主義に関わる関の制度、調庸などの税の貢進、国司・郡司の都鄙間交通、それに文書の伝達の問題を扱う。Ⅱ「地域に展開する交通」では、国府・郡家を核に展開した交通、瀬戸内海を舞台にした海上交通、日本海沿岸地域における海上交通と内水面交通の接続、そして東北と九州での軍事に関わっての交通を見る。最後にⅢ「東アジアの交通」では、日本と比較するために中国と朝鮮三国の交通制度と道路を分析する。各著者の間で見解を異にするところもあろうが、それぞれの持論を展開していただいた。

目　次

古代交通への視座　舘野和己・出田和久

＊

Ⅰ　中央と地方を結ぶ交通

一　律令制下の交通制度……市　大樹　2
1　地方支配と七道制　2
2　七道制の枠組みを超えた交通　10
3　令からみた駅伝制度の特質　18
4　駅伝制度の周辺　24

二　関と交通検察……舘野和己　31
1　本貫地主義　31
2　関の制度と過所　34
3　関の実態と交通検察　39
4　過所木簡　50

5　関の廃絶とその後　52
三　税の貢進―貢調脚夫の往還と古代社会―……今津勝紀　59
1　中央化される租税　59
2　調庸墨書銘と荷札木簡　62
3　貢調の旅　67
4　都での調庸物　75
5　貢調脚夫の帰還　80
四　中央と地方を結ぶ人々の動き……馬場　基　85
1　国司の都鄙交通　85
2　郡司層の都鄙交通　91
3　人々の旅　98
五　文書の作成と伝達……山下信一郎　105
1　文書の書式に関する律令の規定　105
2　文書の発出（押印・伝達）に関する規定　113
3　出雲・伊勢国計会帳にみる文書の伝達　120
4　諸国正税帳にみる文書の伝達　127
5　文書の作成と伝達の特徴　134

コラム　隠岐に残る駅鈴……森田喜久男　138

Ⅱ　地域に展開する交通

一　国府・郡家をめぐる交通……鈴木景二　142
1　国司の部内巡行　142
2　国内への法令などの通達　157
3　物品の移動　161

二　瀬戸内の海上交通……森　哲也　166
1　航路と港津　166
2　海上の交通検察　179
3　物資の輸送　183
4　海路と情報伝達　185

三　海と河をつなぐ交通……堀　健彦　191
1　日本海沿岸の地形環境と交通　191
2　律令国家体制下における日本海水運とモノの移動　192
3　北陸道における東大寺領荘園の立地と経営　197
4　発掘調査からみる北陸道における河川交通と海上交通　201

四　古代東北の軍事と交通―城柵をめぐる交通関係―……永田英明　206
1　城柵と交通路　206
2　エミシの道　209
3　兵員の道　213
4　軍粮の道　221
5　古代東北の城柵と交通路　230
五　九州地方の軍事と交通……酒井芳司　233
1　大宰府の成立と軍事権　233
2　防人と大宰府　241
3　隼人の反乱にみる軍事と交通　244
4　藤原広嗣の乱にみる軍事と交通　250
コラム　封緘木簡が語ること……高島英之　259

Ⅲ　東アジアの交通

一　中国律令制下の交通制度と道路……荒川正晴　264
1　唐代駅伝制度をめぐる議論　264
2　公道における関津の設置と通行証　267
3　駅道の性格　269

4　帝国統治と入京管理　271
5　蕃国の入貢（入京）事情　275
二　朝鮮三国の交通制度と道路……田中俊明　288
1　高句麗　288
2　百　済　291
3　新　羅　294
コラム　沖ノ島に残る祭祀遺跡……酒井芳司　309
執筆者紹介

I　中央と地方を結ぶ交通

一　律令制下の交通制度

市　大樹

1　地方支配と七道制

七道制の成立　日本古代の律令国家は、全国を五畿七道と称されるブロックに区分して支配を行った。この七道制のモデルとなったのが、唐の十道制である。唐が中国全土を統一する前年の貞観元年（六二七）、増えすぎた州を併合するために、地勢や交通の便を考慮しながら、領土を一〇ブロックに区分したものである（井上以智為―一九二一、鐘江宏之―一九九三a、荒井秀規―二〇一一など）。十道（のち十五道）は地理的区分として始まったが、徐々に地方行政区画としての性格を帯び、開元二十二年（七三四）に採訪処置使《さいほうしょちし》が置かれ、道の治所が設置されると、純然たる地方行政区画へと変貌を遂げた。

日本の七道制が成立したのは、天武十二年（六八三）から同十四年にかけて実施された国境画定事業においてである（鐘江宏之―一九九三a）。それ以前から国（国造のクニではない）は存在していたが、必ずしも国境が明確になっておらず、吉備《きび》・高志《こし》・筑紫《つくし》・火《ひ》・豊《とよ》などのような巨大な国も存在していた。巨大な国は分割を行い、一般の国も所管する評《こおり》（のちの郡）の一部編成替えをし、令制国の領域が画定されていったのである。その際、整備されつつあった直線道路も利用しながら国境画定事業は推進され、都から放射状に延びる幹線道路を軸とした諸国編成ブロック、すなわち七道が成立することになる。

唐の十道が、そのうち六道が京畿《けいき》とは接しなかったように、ある種同心円的な配置をとったのに対し、日本の七道は都から放射状に延びる道を軸に編成された（武田佐知子―一九八八）。それを象徴するのが「行基図《ぎようきず》」である。いくつかの写本が伝わるが、日本列島の正確な描写には注意を払わず、七道の記載に力点を置いている。金沢文庫所蔵本を除いて、諸国が団子状に串刺しされて表示されており、七道制の本質をよく示している。

七道は、都を起点とする方位によって、東の東海道・東山道、北の北陸道、西の山陰道・山陽道・西海道、南の南海道に分けられる（山陰道は北の可能性もある）。七道は地方行政ブロックであるとともに、各ブロックを貫く道路でもあった。ただし、道の本義はあくまでも行政ブロックの呼称にあり、実際の道路は「山陽之駅路《えきろ》」（『続日本紀』天平神護二年五月丁丑条）のように、「〇〇（道）の駅路」と呼ぶのが基本であったようである（荒井秀規―二〇一一）。駅路とは駅家《うまや》の置かれた道路を指すが、百姓の往来に便宜を与えるために「駅路両辺」に果樹植栽を命じたように（『類聚三代格』天平宝字三年六月二十二日太政官符）、都鄙間を往来する運脚《うんきやく》や役民《えきみん》なども利用することができた。

全国の駅名を記す『延喜式』兵部式によると、西海道を除く六道は、都から放射状に直接延びる駅路の本線と、そこから外れる国までの支線を基本とし、他道との連絡路はごく一部が存在するにすぎない（図1）。しかし、それは平安時代のことで、奈良時代にはより複線的で巡回路的な駅路が存在していた（高橋美久二―二〇〇七など）。奈良時代の駅路は、七道制の枠組みにとらわれず、網の目状に張り巡らされていたのである。奈良時代の駅路は、平野部では道幅一二《メートル》前後もある直線道路であった。こうした直線駅路が広く成立するのは、七世紀末から八世紀初頭にかけてのことで、駅制の成立よりも少し遅れる。もちろん、直線駅路が成立する以前の古墳時代において、すでに列島各地を結ぶ道路網が存在していたと推定される。そこから重要な道路を選び取って駅家を配置し、（直線道路ではないが）駅路として機能させたと考えられる。こうした網の目状に張り巡らされた駅路の存在を前提として、その取捨選択と大

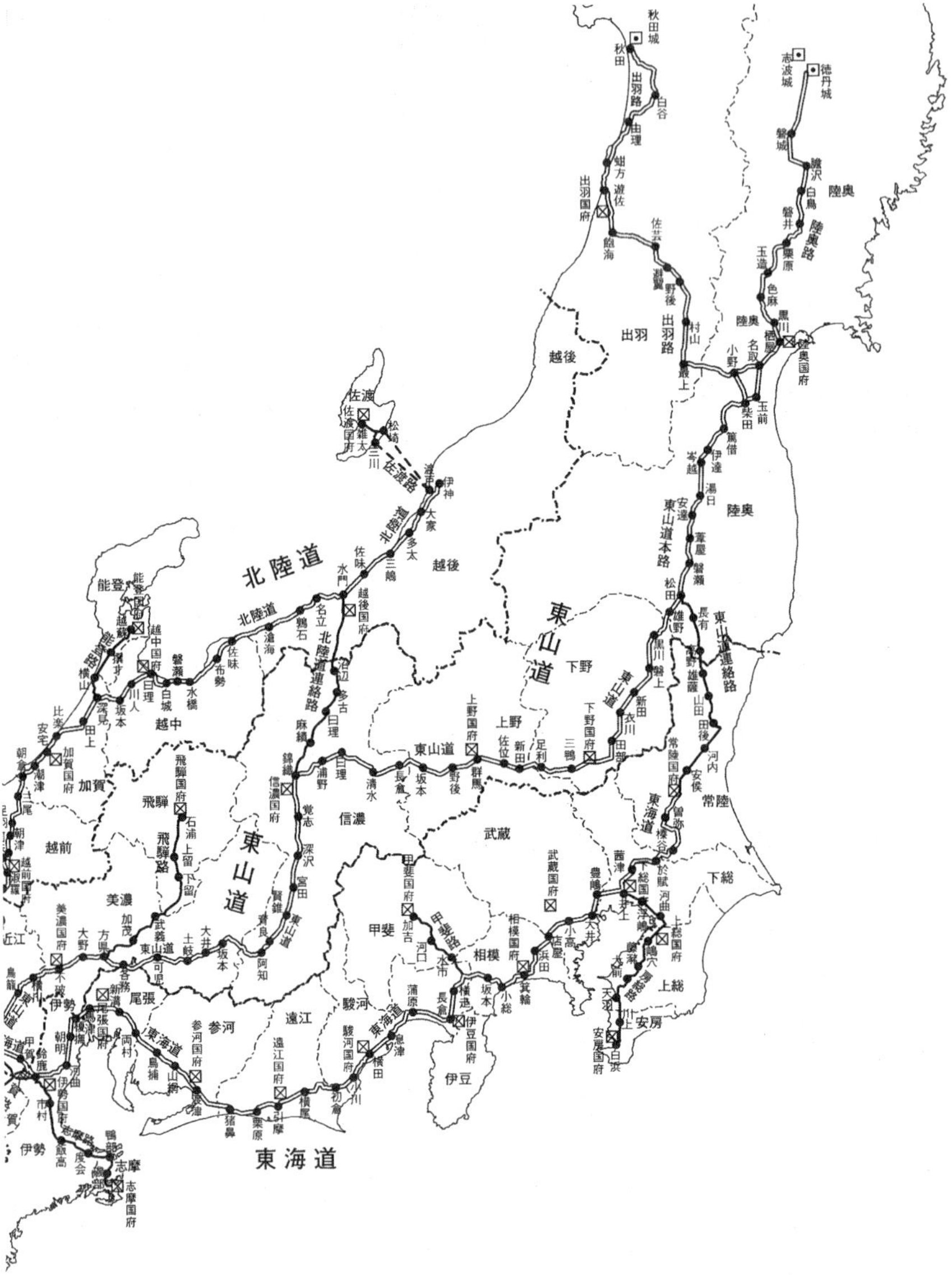
北陸道
東山道
東海道
東山道本路
東山道連絡路
北陸道連絡路
出羽路
陸奥路
飛騨路
甲斐路
佐渡路
陸奥
出羽
越後
佐渡
能登
越中
加賀
越前
飛騨
信濃
上野
下野
常陸
武蔵
下総
上総
安房
相模
甲斐
伊豆
駿河
遠江
参河
尾張
美濃
伊勢
志摩
近江

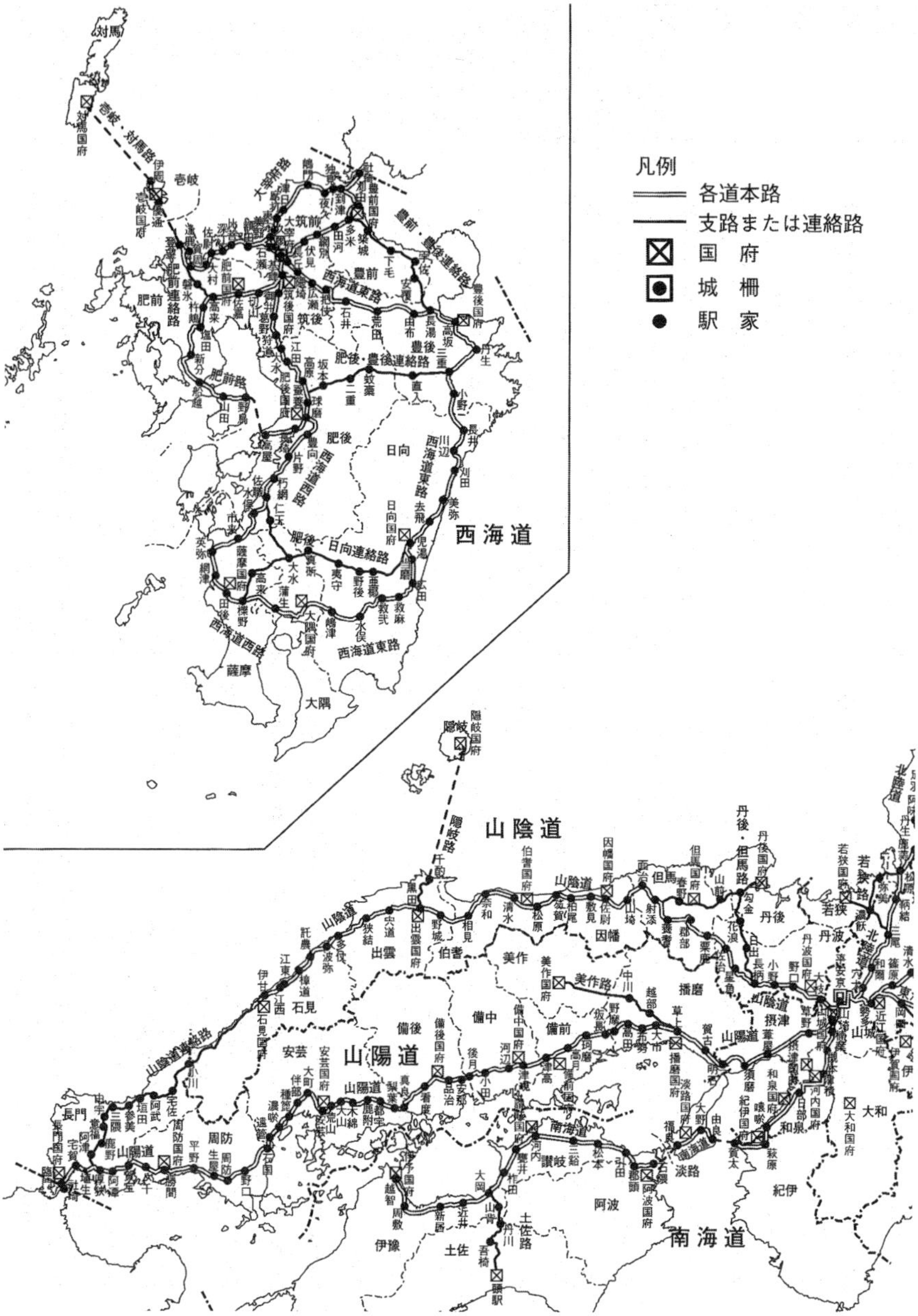

図１　『延喜式』段階の七道（木下良監修・武部健一著『完全踏査　古代の道』吉川弘文館，2004年）

整備を通じて七道の体系が成立するのである。

七道制の特質　こうして国境画定事業と連動しながら七道制が成立すると、国名は五畿・七道の順に、七道は東海道から反時計回り、最後は西海道に配列されるのが原則となる。七道制が成立する直前の天武四年、「大倭・河内・摂津・山背・播磨・淡路・丹波・但馬・近江・若狭・伊勢・美濃・尾張等国」を対象に、芸能者の貢上を命じた勅がだされた（『日本書紀』同年二月癸未条）。ここでは、①大倭・河内・摂津・山背、②播磨・淡路、③丹波・但馬、④近江・若狭、⑤伊勢・美濃・尾張、というまとまりで記されており、五畿七道制下における諸国の配列方法とは大きく異なっている。

七道の最大の特徴は、中央政府による地方支配の道として機能した点にある。諸国には中央から国司が派遣されて統治にあたったが、七道の駅路を往来するのが原則であった。また中央政府は、国司・郡司の監察、民政への積極的関与、重要政策の推進などを目的に、諸国に使者（朝使《ちょうし》）を派遣したが、全国一斉派遣型の朝使は畿内・七道ごとに任命されるのが通例で、路次諸国を順次通過しながら職務を遂行していった。ある特定の国へ向かう国司や朝使であっても、そこへいたる七道の駅路を使用する決まりで、別ルートをとる際には「枉道官符《おうどうかんぷ》」（道を枉《ま》げるための太政官符）が必要となる。また、中央政府から全国に命令を下す場合も、畿内と七道を対象に計八通の文書を作成し、それぞれ畿内と道を単位として、国から国へ順次送達する（諸国逓送《ていそう》）のが一般的である。ある特定の国に文書を下達《かたつ》する場合も、こうした諸国逓送方式によることが多かった。

逆に、地方から都へ人や物・情報を送り届ける際も、七道の駅路をたどるのが原則であった。これに関連して、諸国それぞれの調庸貢進期限を定めるための、近国・中国・遠国の分類法は興味深い（熊田亮介―一九八五）。『延喜式』に記された下りの日数をみると、近国は半日〜六日、中国は四日〜一三日、遠国は七日〜二五日で、相互に重なり合う部分が多い。これは、すべて遠国からなる西海道諸国を除いて、道ごとに近国・中国・遠国が存在するようにした結果である。全国一律の基準によったのではない。特に顕著なのが山陽道で、他道の基準であれば中国までに収まるにもかかわらず、あえて遠国を設定している。また、諸国から中央政府へ上申する際の駅馬利用範囲も、やはり道ごとに設定されていた。

巡行・逓送の道と直行の道　さて、一口に七道の駅路といっても、本線と支線の別があり、双方の関係が問題になる場合がある。たとえば宝亀二年（七七一）、武蔵国は東山道に属していることから、公使は上野国↓武蔵国↓下野国というルートがとられていたが、上野国―武蔵国の間で無駄が多いという理由で、武蔵国は東海道に配置換えされ、東山道は上野国↓下野国ルートに改められる（『続日本紀』同年十月己卯条）。下野国より先に赴く使者までもが武蔵国を経由していたようにも読めなくもないが、実際は違うであろう。武蔵国を経過したのは、東山道諸国全体に派遣された使者や、下達文書を国ごとに逓送する場合などに限られ、目的地が下野国より先の場合は、上野国↓下野国のルートをとったと考えられる。

同様のことは、南海道に関してもいえる。四国は阿波国↓讃岐国↓伊予国↓土佐国というルートで結ばれていたが、養老二年（七一八）、そのルートは迂遠《うえん》・険難という理由で、阿波国↓土佐国のルートが新設された（『続日本紀』同年五月庚子条）。しかし一方で、阿波国↓讃岐国↓伊予国↓土佐国のルートも、その後九〇年近く駅路として機能している（『日本紀略』延暦十五年二月丁亥条、『日本後紀』同十六年正月甲寅条）。南海道全体に使者を派遣したり、逓送方式で文書を伝達したりする際には、この迂回路が使われ、土佐国のみに目的がある場合は、近道となる阿波国↓土佐国のルートが使用されたと考えられる。

時期的に少し変遷もあるが、東海道では志摩国・甲斐国・安房国（・上総国）、東山道では飛騨国（・武蔵国）、北陸道では若狭国・能登国・佐渡国、山陰道では丹後国・隠岐国、山陽道では美作《みまさか》国などでも、こうしたルートのズレが生じていた可能性が高い。

　こうした二つのルートを、永田英明は「巡行の道」と「直行の道」と名づけた（永田英明―一九九七）。このうち前者は、巡察使などの朝使が七道を巡行する際だけでなく、下達文書などを諸国逓送する際にも広く利用されるので、ここでは「巡行・逓送の道」と呼びたい。これは可能なかぎり、七道諸国が串刺しになるように設定されたルートである。一方「直行の道」は、目的地への最短ルートである。中央発の都鄙間交通では、両ルートを使い分けながら使者派遣・情報伝達・物品輸送などが実現されたのである。これに対して、諸国発の交通の場合、調庸などの運搬や上申文書の伝達の際には、諸国の人間が直接都までやってくるのが原則であるため（市大樹―一九九六）、「直行の道」が多く使用されたと考えられる。

七道制の国内支配への応用　天平八年（七三六）以前に作成されたと推定される「伊勢国計会帳」（市大樹―二〇〇〇）には、中央からの命令文書の伝達や、遠江国で捕獲された浮浪人を護送する際の文書のやりとりがみられる。それによると、中央からの命令文書は、（平城宮→大和国→）伊賀国→伊勢国→尾張国（→参河国→……）の順に伝達され、浮浪人はその逆のルートをたどるなど、七道制の枠組みに従っている。よく似た仕組みが伊勢国内でもとられたことは、やはり本計会帳の次の記載からわかる（鐘江宏之―一九九三b）。

　為レ検二水田熟不一、発二遣少掾佐伯宿禰鍬作道前、少目大倭伊美吉生羽道後一符二紙。少掾佐伯宿禰鍬作請レ仮。仍替、以二九月三日一、遣二国博士狩忌寸乙麻呂一。少目大倭伊美吉生羽、遣二大神宮幣帛使所一。仍替、以二九月六日一、遣二大日土師宿禰麻呂一。

国府が所在する鈴鹿郡を境に、「道前《みちのくち》」は鈴鹿郡を含む北側の六郡、「道後《みちのしり》」は南側の七郡を指すと考えられる。部内を巡行する国司は道前・道後を単位に任命・派遣され、国符も二通作成して郡から郡へと順次送ったのである。

　こうした国内のブロック化は他国でも実施されていた（平川南―二〇〇二、二〇一四）。藤原宮跡出土木簡に「上球国道前……」、平城宮跡出土木簡に「（下）総国道口葛□〔飾カ〕」とみえる。平城宮跡出土墨書土器にも「道口田木郡」とあり、「美濃国安八郡」という地名も記されていることから、「田木郡」は美濃国多芸《たぎ》郡を指すと考えられる（図2）。上総・下総・美濃国には道前（道口）があり、少なくとも道後も存在したとみて間違いない。

また、屋代《やしろ》遺跡群（長野県千曲市）からは、八世紀前半の「符　更科《さらしな》郡司等」で書き始める国符木簡が出土している。屋代遺跡群は更科郡ではなく埴科《はにしな》郡に所在する。したがって、宛先の「更科郡司等」は、更科郡司を含む複数郡の郡司と考えなければならない。この国符木簡は、千曲川沿いの信濃国北部を更科郡→水内《みのち》郡→高井郡→埴科郡の順に逓送され、埴科郡家に関わる本遺跡で国符としての役目を終えたと推定されている。

さらに、郡内のブロック化もなされていたようである（平川南―二〇〇二、二〇一四）。その一例が丹波国氷上《ひかみ》郡である。本郡は地勢的に、瀬戸内海に注ぐ加古川《かこがわ》水系の西部地区と、日本海に注ぐ由良川《ゆらがわ》水系の東部地区の二つに分かれる。西部地区には氷上郡家関連の市辺《いちべ》遺跡（兵庫県丹波市）が、東部地区には郡家別院とみられる山垣《やまがき》遺跡（兵庫県氷上市）が存在する。このうち山垣遺跡からは、冒頭に「符　春部里長等　竹田里六人部」と書かれた郡符木簡が出土している。「春部里」「竹田里」は氷上郡の東部地区にあたり、本郡では東西二つのブロックに分けて支配していたことを示唆する。郡家別院は全国各地でみつかっており、郡内のブロック化は広く実施されていた可能性が高いであろう。

こうした国内・郡内のブロック化は、七道制の原理を国内統治に応用したものに他ならない。日本古代国家の地方支配は、まさに「道」を通じて実施されていたのである。

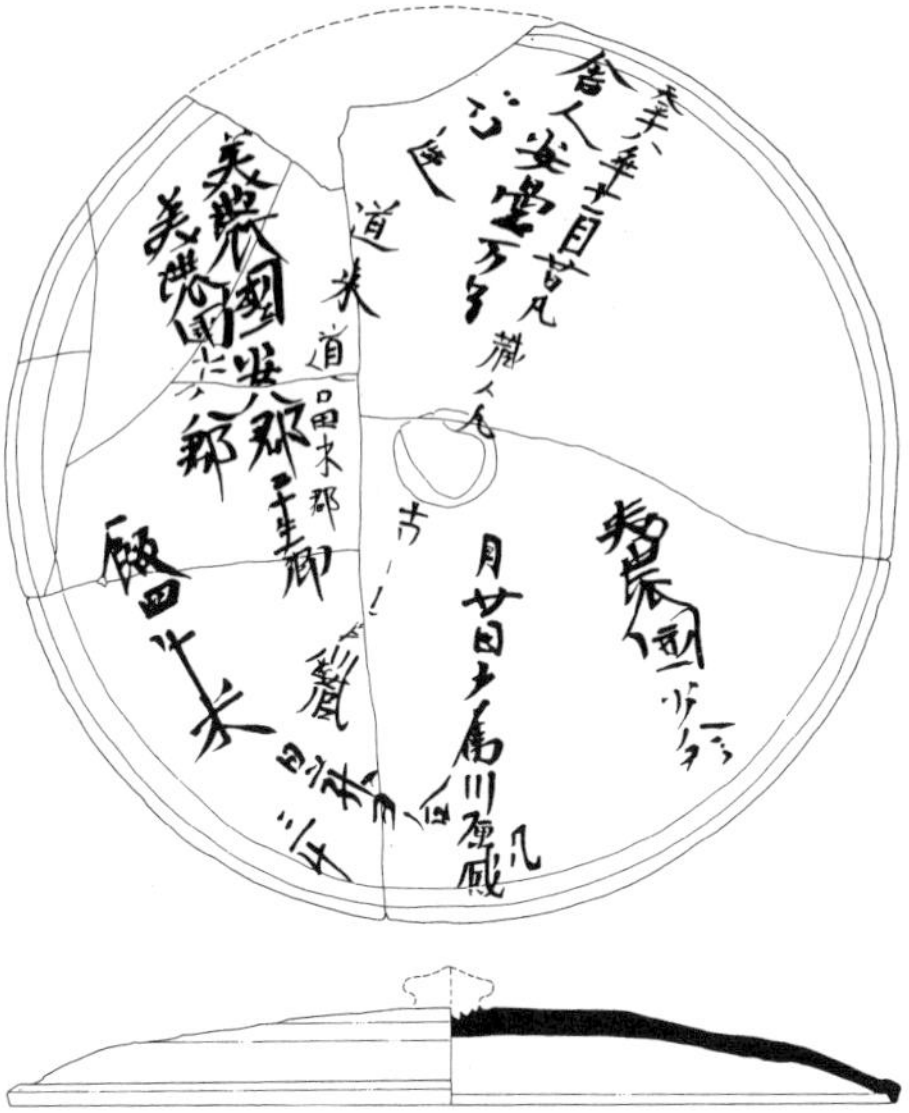

図2　平城宮跡出土墨書土器（奈良国立文化財研究所編『平城宮出土墨書土器集成Ⅱ』1989年）

2　七道制の枠組みを超えた交通

東日本の幹線路　七道制は日本古代国家の地方支配の根幹を規定したが、一方で七道制の枠組みを越えた交通も活発であった点を見落としてはならない（高橋美久二—二〇〇七）。

先に「伊勢国計会帳」を取り上げ、伊勢国—尾張国ルートが使用されたことをみた。伊勢国と尾張国はともに東海道諸国であったので（尾張国はもと東山道に属したという見解もある）、七道制の枠組みに従えば至極当然の移動現象である。しかし諸史料をみると、都と東国諸国との間を往来する際、美濃国—尾張国ルートも多用されていたことがわかる。たとえば、遠江国敷智《ふち》郡家と推定される伊場《いば》遺跡（静岡県浜松市）からは、次のように「美濃関」（不破関）を越えて京に向かうことを記した八世紀前半の木簡が出土している。

・□□□美濃関向京　於佐々□□〔事ヵ〕　□□□□／□□□□〔置始部ヵ〕人

・⌋駅家　宮地駅家　山豆奈駅家　鳥取駅家　（三二六）×二〇×一二　〇一九型式

平城宮跡からも、「私故」（私的理由）のため不破関を越えて故郷の甲斐国に帰国する旨を記した木簡が出土している。天平勝宝七歳（七五五）に常陸国の防人が詠んだ歌にも、

足柄《あしがら》の　御坂賜はり　顧みず　我は越え行く　荒《あら》し男も　立しやはばかる　不破の関　越えて我は行く　馬の爪
筑紫の崎に　留《ち》まり居て　我は斎《いわ》はむ　諸は　幸《さけ》くと申す　帰り来までに

とあるように、足柄坂に加えて不破関が登場する（『万葉集』巻二〇—四三七二番歌）。遠江・甲斐・常陸の三国は東海道諸国であるので、都（防人の場合は難波津）との往来には、東海道の伊勢国—尾張国ルートをとるべきである。だが実

際には、東山道の美濃国に所在した不破関を通過しており、美濃国—尾張国ルートが使用されたのである。
さらに、天平六年度（七三四）「尾張国正税帳」によれば、陸奥国から都に進上される御馬や、上野国へと下向する父馬（種馬）が尾張国を通過している。上野国・陸奥国ともに東山道に所属するにもかかわらず、やはり東海道の尾張国を通っているのである。天平十年度「駿河国正税帳」からも、都から東山道に属する下野国や陸奥国へ向かう者が、東海道の駿河国を通ったことがわかる。上野国・下野国の場合は武蔵国を経由した可能性が高く、陸奥国の場合は武蔵国・下野国もしくは常陸国を通過したものとみられる。

川尻秋生は各種史料を博捜し、制度上の東海道・東山道とは異なる、次のような「東日本の幹線路」が存在したことを明らかにしている（川尻秋生—二〇〇二）。

都→近江→美濃→尾張→参河→遠江→駿河→相模→武蔵→（上野）→下野→陸奥→出羽

この「東日本の幹線路」のうち、美濃国と尾張国の境界には墨俣川《すのまたがわ》が流れていたが、貢調担夫《こうちょうたんぷ》の往来に便宜をはかるために、承和二年（八三五）に渡船を置き、川の両岸に布施屋《ふせや》を設けている（『類聚三代格』同年六月二十九日太政官符）。また、武蔵国と上野国とを結ぶ東山道武蔵路も、宝亀二年（七七一）に武蔵国が東海道に所属替えされると（『続日本紀』同年十月己卯条）、駅家は廃止されて駅路ではなくなるが、その後も活発な交通が続いた。天長十年（八三三）に「管内曠遠《こうえん》にして、行路難多く、公私の行旅、飢病の者衆《おお》し」という理由で、武蔵国多摩郡と入間郡の境に「悲田処」が設置され（『続日本後紀』同年五月丁酉条）、昌泰二年（八九九）に「山道の駄を盗みて以て海道に就き、海道の馬を掠《かす》めて以て山道に赴」いた「僦馬《しゅうば》の党《とう》」の活動が問題視されるまでになる（『類聚三代格』同年九月十九日太政官符）。尾張国—美濃国ルートといい、東山道武蔵路といい、七道制や駅路の体系にとらわれず、重要な路線であり続けたのである。

西大寺旧境内出土の木簡　七道制の枠組みを越えた交通実態は、東日本の幹線路に限られない。平城京内の西大寺旧境内からは、八世紀後半頃の「東海道」と「東巽道」の所属国を記した興味深い木簡が出土した（荒井秀規—二〇一

図３　西大寺旧境内出土木簡（奈良市埋蔵文化財調査センター蔵）

三、平川南―二〇一四など）。裏面には南海道の国郡名なども記されているが、ここでは表面の釈文を掲げよう（図３）。

東海道　伊賀　尾張　遠江　伊豆　上総　常陸　東巽道　近江　火太　甲斐　下野
　　　　伊勢　内 志麻　□河　駿河　相武　武蔵　下総　阿波　美濃　「錦」　信野　上野　常奥　□□　□

まず目を引くのは、「東山道」を「東巽道」と表記していることである。「巽」は「撰」に通用するとみられ、東山道（＝東巽道）は「とうさんどう」ではなく「とうせんどう」と訓まれたことがわかる。東山道の推定ルート上に「仙道」など「センドウ」地名が遺ること、江戸時代の「中山道」を「なかせんどう」と訓むこととも整合的である。

国名についても、「志摩」を「志麻」、「相模」を「相武」、「安房」を「阿波」、「飛騨」を「火太」、「信濃」を「信野」、「陸奥」を「常奥」と表記している点は注目される（写真によると「□河」は「三河」と読めそうで、「参河」とはなっていない点も注目される）。とりわけ「常奥」（常陸の奥）は、都からみて常陸国の奥に立地する陸奥国の表記として面白い。また、志麻・武蔵は追記のような形で記載され、志麻は東海道の国名の配列順に合わない。阿波についても配列が前後している。志麻・阿波は支線で結ばれた国であること、武蔵は宝亀二年に東海道に配置換えされたことに起因するのかもしれない。

さらに興味深いのは、甲斐が東巽道に分類されていることである。甲斐国は一貫して東海道に属していたが、『古事記』の記すヤマトタケルの東征伝承において、足柄坂→甲斐の酒折宮《さかおりのみや》→信濃の科野之坂、というルートが示されているように、甲斐国は東海道と東山道とを連結する側面もあった。七道制の体系では、駿河国の横走駅から延びる支線を通じて、甲斐国は東海道に組み込まれたが、甲斐国と信濃国とを結ぶ交通路が遮断されたわけではなく、その後も長く使われ続けたのである。こうした甲斐国の立地上の特質から、その国名の原義を「交ひ」に求めたり（平川南―二〇一四）、酒折宮の「サカオリ」は「複数の境界が重なり合う」の意で、交通の結節点（甲斐九筋が交わる）であったという見解（大隅清陽―二〇〇八）もだされている。その当否はさておき、甲斐国は『延喜式』駅路の体系からイメージされるような行き止まりの国ではなかったことは確実である。

ちなみに甲斐国は、山梨・八代《やつしろ》・巨麻《こま》・都留《つる》の四郡からなったが、前三郡が甲府盆地を中心とする「国中《くになか》」地方に、都留郡は「郡内《ぐんない》」地方に相当する。都留郡は相模川水系に属する相模文化圏にあたり、立評以前は相模国造の支配下にあったと考えられている。しかし、御坂路《みさかじ》（富士山の東回り）が東海道駅路の支線として採用された結果、駅制を含む御坂路を甲斐側で運営するために、御坂路が通過する都留評を相模国から甲斐国へ編入する必要が生じ、都留評（郡）家も、東限の古郡郷（山梨県上野原市）から中央部の大月遺跡（山梨県大月市）へ移転された可能性が指摘されている（大隅清陽―二〇〇六）。

七道連絡路　東日本の七道連絡路としては、信濃国（東山道）―越後国（北陸道）の駅路も極めて重要である。このルートは『延喜式』段階でも確認できる（ただし信濃国内のみ）。「越」にかかる枕詞が「科坂在《しなざかる》」であるように、越は科野（信濃）の先にあると認識されていた（田島公―二〇〇〇）。たとえば、大化四年（六四八）に磐舟柵《いわふねさく》が設けられたとき、越に加えて信濃の民も柵戸《さくこ》として送り込まれたように（『日本書紀』同年是歳条）、信濃国―越後国ルートは対蝦夷戦争の上で重要な役割を担った。また、北陸道の難所である親不知《おやしらず》を避けるためにも、このルートは長く使い続けられた（川尻秋生―二〇一三）。

このほかにも東日本には、①常陸国（東海道）―陸奥国（東山道）、②越後国（北陸道）―出羽国（東山道）、③飛驒国（東山道）―越中国（北陸道）をはじめ、重要な七道連絡路は少なくない。このうち①は、ⓐ海岸部の浜通り街道、ⓑ内陸部の中通り街道の二ルートがある。ⓐは前年の石城《いわき》国設置を受けて、養老三年（七一九）に同国内に駅家一〇処が置かれて駅路とされたが（『続日本紀』同年閏七月丁丑条）、弘仁二年（八一一）・同三年に駅家の再編が行われてⓑに替わる（『日本後紀』弘仁二年四月乙酉条、同三年十月癸丑条）。また②に関して、出羽国は越後国出羽郡を核に形成されたこともあって、当初は北陸道に属していたと推定されている（中村太一―二〇〇三）。

西日本の七道連絡路も複数存在していた。なかでも、④播磨国―但馬国、⑤播磨国―美作国―因幡国、⑥播磨国―美作国―伯耆国、⑦石見国―長門国など、山陽道と山陰道とを結ぶ道路は重要な役割を担った。山陰道駅路は急峻な山をいくつも越えねばならないこともあり、連絡路を介して山陽道駅路を一部使用することが往々にしてあったのである。『播磨国風土記』を繙くと、山陰道諸国の人々が播磨国にやってきた話を多く目にする。特に注目に値するのは、次に記す飾磨《しかま》郡条の飾磨御宅《みやけ》の伝承であろう（読み下しで示す）。

飾磨御宅と称《い》う所以《ゆえ》は、大雀天皇《おおさざきのみこと》の御世、人を遣《や》りて、意伎《おき》・出雲・伯耆・因幡・但馬の五《いつ》たりの国造《くにのみやつこ》等を喚《め》したまいき。是の時、五たりの国造、即ち召の使を以て水手《かこ》と為して、京に向いき。此を以て罪と為し、即《やが》て播磨国に退きて、田を作らしめき。此の時作れる田を即ち、意伎田・出雲田・伯耆田・因幡田・但馬田と号《なづ》く。即ち、彼の田の稲を収納せる御宅を、即ち飾磨御宅と号け、又、賀和良久《かわらく》の三宅《みやけ》という。

大雀天皇（仁徳天皇）の御世という時代設定はともかくも、七道制成立以前の大化前代に、播磨国の飾磨を起点に、意伎（隠岐）・出雲・伯耆・因幡・但馬の五国に通じる道路があり、都へ向かう中継点となっていたことを示唆する（この説話は、陸上交通と海上交通の結節点としての播磨国という位置づけを示す点でも興味深い）。飾磨の地は、上記④〜⑥の分岐点ともなる交通の要衝にあたり、のちに播磨国府が置かれることにもなる。

また美作国は、和銅六年（七一三）に備前国北方の六郡を割いて誕生するが（『続日本紀』同年四月乙未条）、⑤⑥の存在が示すように、もともと播磨国との接続がよかった。これに関連して、藤原京大官大寺跡出土の荷札木簡「讃用郡駅里鉄十連」が注目される。手斧の削屑・土器・瓦などと共伴しており、大官大寺造営用の鉄素材に装着された荷札と考えられる。「讃用郡駅里」は⑤と⑥が分岐する手前に置かれた中川駅（播磨国讃容《さよ》郡）に関わる。大官大寺は未完成のまま焼亡したことが発掘調査で判明しており、『扶桑略記』和銅四年条の火災記事と関連する可能性が高い。郡里制の施行時期もあわせて、この荷札は大宝元年（七〇一）から和銅四年までのものと考えられ、和銅六年の美作国分国以前に中川駅家が存在していたことになる。和銅四年以前に⑤⑥がともに駅路であったか不明であるが、⑤はその可能性が十分にある。なぜならば⑤は、大同三年（八〇八）に因幡国の莫男《まくなむ》駅と道俣《みちまた》駅が廃止される（『日本後紀』同年六月壬申条）まで駅路であったし、『時範記《ときのりき》』承徳三年（一〇九九）の因幡国赴任記事にみるように、主要ルートであり続けたからである。

このほか、天平六年度「出雲国計会帳」には、播磨国や備中国から出雲国に文書がもたらされたことや、筑紫府（大宰府）を出発して越前国に向かう柁師《かじし》一行が出雲国を通過したことが記録されている。後者は日本海交通に関わるかもしれないが、都を媒介とせずに、西日本と東日本とを結ぶ交通が展開されている点は注目に値しよう。

広域ネットワーク　諸国の行政の中心地である国府は、駅路に少し遅れて整備されたことが考古学的に明らかにされている。『出雲国風土記』によれば、駅路本線と隠岐国に向かう駅路支線の分岐点となる場所に、出雲国府・意宇《おう》郡家・意宇軍団・黒田駅が近接して置かれていた。『延喜式』段階ではあまり顕著ではないが、もともと国府に付属して駅家が設置されたとみられる事例は少なくない。国府付属の駅家は、交通施設としてだけでなく、社交の場として国府機能の一部を分担していたと推定されている（木下良―二〇一三）。

出雲国がそうであったように、国府は駅路やその他主要路の交点（分岐点）に立地することが多い（中村太一―一九九六、木下良―二〇一三など）。甲斐・飛驒・美作国など、駅路支線の終着点が国府の場合であっても、実際にはその先にも道路は延びており、活発な交通が展開された。さらに、尾張・武蔵両国に典型的なように、七道間をつなぐ連絡路上に国府を配置している事例もある。国府は単に一国内の中心的拠点であるにとどまらず、隣国との関係も含めた広域ネットワークの核となることも期待されていたのである。

さて、和銅五年から養老二年にかけて、出羽・丹後・美作・大隅・能登・安房・石城・石背《いわせ》の八国と和泉監《いずみげん》が誕生した。こうした分国はよりきめ細かな地方支配を意図したことはいうまでもないが、広域ネットワークの形成とも無関係ではない。北村安裕は、美作国は山陽道と山陰道とを結びつける役割が課されたという指摘（平川南―二〇一四）を受けて、丹後国は北陸道と山陰道とを、諏方《すわ》国は東海道と東山道とを連結する役割があったと考え、特に後者について、八世紀初頭に整備される吉蘇《きそ》路（岐蘇山道・伎蘇道とも）・須芳山《すわやま》峰道との関連を明らかにしている（北村安裕―二〇一三）。また、石城国と石背国も浜通り街道と中通り街道がそれぞれ走っており（後者には東山道駅路が途中で合流）、東海道と東山道とを連結する役割が期待されていたと考えられよう。とりわけ石城国の場合、前述のとおり、分国の翌年に浜通り街道に駅家が新設された点は示唆的である。

日本古代国家は、広域行政ブロックとして七道を設定し、その枠組みを使って地方支配を及ぼしていた。しかし、広域行政ブロックは七道の枠組みを越えることもあった。たとえば、養老三年に設置された按察使《あぜち》の管轄国をみると、次のように二道にまたがった事例が見いだせる（『続日本紀』同年七月庚子条など）。

美濃按察使（東山道）……尾張・参河国（東海道）、信濃国（東山道）を管轄。養老五年には諏方・飛驒国（東山道）をも管轄。

武蔵按察使（東山道）……相模国（東海道）、上野・下野国（東山道）を管轄。

播磨按察使（山陽道）……備前・美作・備中国（山陽道）、淡路国（南海道）を管轄。

このうち武蔵・美濃両国は、「東日本の幹線路」における東海道と東山道の結節国に相当することを想起すれば、二道にまたがる国を管轄するのは自然といえよう。播磨国の場合、南の瀬戸内海に浮かぶ淡路国を管轄している点は目を引くが、前述の天武四年（六七五）勅で両国がペアになっているように、もともと一体性の強い地域であった。天平宝字五年（七六二）に軍事目的のため設置された節度使も、やはり七道の枠組みにとらわれていない（『続日本紀』同年十一月丁酉条）。

東海道節度使……遠江・駿河・伊豆・甲斐・相模・安房・上総・下総・常陸国（東海道）、上野・武蔵・下野国（東山道）を管轄。

南海道節度使……紀伊・阿波・讃岐・伊予・土左国（南海道）、播磨・美作・備前・備中・備後・安芸・周防国（山陽道）を管轄。

このほか、厳密には行政ブロックとはいえないが、東海道の足柄坂、東山道の碓氷坂よりも東にあたる「坂東八国」、すなわち東海道の相模・安房・上総・下総・常陸国、東山道の上野・下野・武蔵国（宝亀二年以降の武蔵国は東海道）も、東北経営のための後背地として重要な役割を果たしたことはよく知られている。

日本古代国家の地方支配が五畿七道制を基本に据えたことは間違いないが、その一方で、地勢や主要交通路を加味した、より実態に即した支配も模索されていたのである。

3　令からみた駅伝制度の特質

一九九九年に北宋天聖令《てんせいれい》が発見され、駅伝制度について多く規定した唐厩牧令《くもくりょう》の全貌がほぼ明らかとなり、日本厩牧令との比較が可能になった（表）。唐厩牧令は約五〇ヵ条からなるが、日本厩牧令では二八ヵ条にすぎず、一条あたりの条文の中身も唐令のほうが概して詳しい。別稿において、先行研究（中大輔—二〇一一、永田英明—二〇一一など）に導かれながら、関係条文全体の比較検討を試みた（市大樹—二〇一五）。その考察結果を以下に摘記する。紙幅の都合から史料引用はごく一部にとどめた。詳細は別稿を参照されたい。

駅馬の配備・飼育　日本の養老厩牧令16条は、駅伝馬の配備・飼育について定める。

A凡諸道置㆓駅馬㆒、大路廿疋、中路十疋、小路五疋。使稀之処、国司量置。不㆓必須㆑足。皆取㆓筋骨強壮者㆒充。毎㆑馬各令㆓中中戸養飼㆒。若馬有㆓闕失㆒者、即以㆓駅稲㆒市替。其伝馬毎㆑郡各五。皆用㆓官馬㆒。若無者、以㆓当処官物㆒市充。通取㆓家富兼丁者㆒付之。令㆔養以供㆓迎送㆒。

まず駅制からみていく。唐では都亭駅《とていえき》の七五匹を筆頭に、第一等駅の六〇匹から第六等駅の八匹まで、駅のランクに応じて駅馬が官給された。対する日本では、大路（山陽道、大宰府までの西海道）・中路（東海道、東山道）・小路（その他）という道路のランクに従って、各駅二〇匹、一〇

唐令拾遺	対応する養老令
9	10
13	16
17	
18	20
15	公式42・21
	22
19	23
10	14
11～13	15・16
14	17
	16
	18

表　日唐厩牧令の比較対象表（駅伝制度関係）

宋令	不行唐令	復原唐令	天聖令条文名	主な内容（カッコ内は推定）
	11	17	馬牛印字条	官馬を伝送・駅に充てる場合などの押印
	13	19	駅・監・鎮・戌馬牛印字条	「駅」「伝」「官」字印などを押す場所
	14	20	印在省・府条	「駅」「伝」字印などの所在
	21	36	駅馬取官馬・馬主養馬条	駅・伝送馬驢の配備・飼養
	22	39	官馬・伝送馬死闕備替条	駅・伝送馬驢の補充
	23	40	官馬・伝送馬検簡条	官馬・伝送馬驢の検簡・処分
9		41・42	出使給馬等第，無馬私馬充条	（伝送馬の支給，不足時の私馬徴発）
	25	44	官馬・伝送馬従軍行条	官馬・伝送馬驢の従軍
	26	45	官人乗伝馬供給条	伝送馬驢・官馬利用者への供給
	27	46	州県伝馬承直給地条	伝送馬の承直と給地
10		47	官私闌馬駝等条	（闌畜の伝・駅への売却）
	32	31	置駅条	駅の設置
	33	32	置駅長・駅馬条	駅長配置と駅馬数
11		37	水路給船条	（水駅の設備）
	34	33	駅馬給丁条	駅丁の徴発
12		38	乗逓不得騰過条	（乗り継ぎ）
	35	34	伝馬差給条	伝馬の利用対象
15		35	諸駅受糧藁条	（駅での藁・粮の支給）

1）「宋令」「不行唐令」は天聖令。それぞれ条文番号を示す。
2）「復原」は『天聖令校証』の復原条文番号を示す。
3）「条文名」は『天聖令校証』によるが，不行唐令23条は内容に即して改めた。

匹、五匹の駅馬が置かれた。一駅あたりの駅馬数は日本ではかなり少ない。なお、日唐ともに使者の往来が稀な場所では所定数を満たす必要はなかった。

駅馬は日唐ともに筋骨強壮馬が充てられる。ただし唐令では、五歳以上、一〇歳以下の官馬を供給源とすること、条件に適った馬がいない場合、入京予定の調庸を財源に購入することも規定されている。日本令でも駅稲《えきとう》（大宝令では駅起稲《えききとう》）を財源に購入する規定があるが、あくまでも駅馬が欠失した際の措置としてであった。日本の駅稲は駅田《えきでん》（大宝令では駅起田）と並ぶ駅の独自財源である。駅田は不輸租田《ふゆそでん》であり、駅戸の人間が耕作にあたった。大路の駅は四町、中路の駅は三町、小路の駅は二町であった。その穫稲は駅稲に組み込まれ、駅馬の購入・駅使への供給・駅の修造など駅の諸経費に充てられた。日本の駅の運営経費は、基本的に駅田・駅稲で完結した点に特徴がある。唐でも駅馬一匹あたり地四〇畝（駅驢《えきろ》の場合は地二〇畝）という日本とは異なる規準で、駅封田《えきふうでん》が支給された。しかし租庸調が充当されるなど、駅封田だけで自己完結しなかった。日本では中中戸《ちゅうちゅうこ》（大宝令では中戸）から構成される駅戸が駅馬を飼育した。駅戸は駅を本貫地とする集団で、一般公戸とは区別されていた。駅長は駅戸から選出され、国司―駅長―駅戸（駅子）という統括関係のもと、駅の諸業務（駅馬の養飼、駅使の逓送、駅田の耕作、蓑笠の製作など）に従事した。これに対して唐では、駅馬三匹（駅驢の場合は五頭）あたり駅丁一人を給うのが原則であるが、日本とは違って駅丁は固定化されていなかった。そのため唐では、駅のある州もしくは隣州から駅丁を四番交替で差発する必要があった。駅を管轄する州は、七月三十日までに来年に必要となる駅丁の数を見積もり、中央の駕部《がほう》と度支《たくし》のチェックを受けて分配する体制がとられたのである。

日本の駅は専属の駅戸を置き、固有の田地とクラを拠点に経営にあたるなど、独立性が強かったことが指摘されていた（永田英明―二〇〇四）。このことは天聖令の発見を受けてより明瞭に浮かび上がったといえよう。

なお、駅制の拠点である駅について、唐では国境地帯の鎮《ちん》・戍《じゅ》といった軍事施設に置くことも想定されていたが、日本ではそうなっていなかった。

伝馬の配備・飼育　つぎに伝制（唐では伝送制）に目を転じたい。唐の伝送馬は要路のある州県に限って置かれた。唐の伝送制では官馬を使用する規定もみられ、要路のない州県では官馬が代用された可能性がある。伝送馬の設置場所は、県の伝馬坊であったようである。これに対して日本では、Aの条文にあるように、伝馬は全郡に一律五匹ずつ設置され、具体的には郡家に設置されることが多かった。広大な領域を誇る唐の場合、一伝の担う逓送距離（隣接する県まで）は日本に比べて概して長く、伝の設置場所以外にも多数の供給地点が必要となる。そこで唐令では、「在レ路」という状況下において、「道次駅」（道沿いの駅）や「道次州県」を供給地点とすることが明示された。しかし日本では、一伝の担う逓送距離（隣接する郡まで）が短いこともあって、こうした規定は削除されている。

伝馬・伝送馬は、日唐ともに官馬（唐の場合、五歳以上、一〇歳以下という条件がつく）から充当されたが、適当な官馬がいない場合、唐では入京予定の調庸を、日本では官物《かんもつ》（郡稲《ぐんとう》）を使って購入する。使者へ供給するための財源も、唐では正倉《しょうそう》（当州にとどめられた正租《せいそ》）・官物（入京予定の調庸）・公廨《くがい》（州県の官司財源）の三種が想定されていたが、日本では官物（郡稲）とされている。また唐では、伝送馬一匹あたり田二〇畝が支給されたが、日本では特に田地は設定されなかった。多様な財源が設定されていた唐伝送制に対して、日本伝制の運営経費は官物（郡稲）に集約されていたのである。ただし、郡稲はあくまでも諸国の一般財源にすぎなかった点には注意が必要である。

飼育・逓送業務には、日唐ともに「家富兼丁者」が従事したが、唐の場合、「伝送馬・驢主」という名称があえて使用されている。伝送馬主などは、伝送馬の飼育・伝送業務に加えて、飼料用の官地を耕作しなければならなかった。また、非番時に伝送馬を死失させたり（公務時の死失時には官によって弁償）、伝送馬が病患のために乗用に堪えなくなると、六〇日以内に取り替える義務も生じた。このように伝送馬主の負担は極めて重かった。

五匹の馬が常置されていた日本とは異なり、唐の伝送馬は分番体制がとられた。伝送馬には、伝送馬主とともに上番勤務している在勤中の馬と、馬主の家で飼育・調習されている非番の馬とがいた。通常は在勤中の伝送馬で対応するが、必要時には非番の伝送馬も動員されたのである。このように唐の伝送馬主が固定化していたのに対して、日本では一般公戸から雑徭《ぞうよう》をもって充てた。また日本では、五匹の伝馬では不足することが多く、郡内からやはり雑徭の一環として私馬を徴発して補完する体制がとられていた。

駅制の利用　今度は駅伝制度の利用面に目を向けてみよう。まず駅制からみていくと、緊急用の交通制度として構想された点は日唐で共通する。ただし、いくつかの違いもある。唐では原則として、駅制の利用規定は公式令《くしきりょう》に、伝送制の利用規定は厩牧令にあった。しかし日本令の場合、Aがそうであったように、一体的な条文も少なくない。つぎに掲げる養老公式令42条も、駅馬と伝馬の利用証と支給馬数を一体的に規定している。

B凡給二駅・伝馬一、皆依二鈴・伝符剋数一。事速者、一日十駅以上。事緩者八駅。還日事緩者、六駅以下。親王及一位、駅鈴十剋、伝符卅剋。三位以上、駅鈴八剋、伝符廿剋。四位、駅鈴六剋、伝符十二剋。五位、駅鈴五剋、伝符十剋。八位以上、駅鈴三剋、伝符四剋。初位以下、駅鈴二剋、伝符三剋。皆数外、別給二駅子一。其六位以下、随レ事増減。不二必限一レ数。
　其駅鈴・伝符、還到二日之内、送納。

唐の駅馬の利用証は銅龍伝符《どうりゅうでんぷ》ないし紙券であり、銅龍伝符は金属製の割符であった。使者の携行する銅龍伝符は派遣先で勘合され、それによって使者の正当性が確認された。一方、日本の駅馬の利用証は駅鈴《えきれい》に、伝馬の利用証は伝符に改変されている。日本の伝符は唐の銅龍伝符と名前が一部共通するが、駅鈴と同じく割符ではなかった。こうした利用証の違いに対応して、使者滞在中の取り扱いも異なった。すなわち、唐では使者滞在中の銅龍伝符は所在官司に便納されたが、日本では使者の滞在中も駅鈴や伝符を所持し、帰還後二日以内に返納することになっている。日本の駅鈴を保持することは権力の所在と正当性を示し、霊力も備わっていると観念されていた。そのため使者の滞在中も携行したのである。

使用できる駅馬の数は、日本では駅鈴の刻み目の数に応じて決まり、唐よりも多かった。前述のように、一駅あたりに設置された駅馬数は唐のほうが多かったが、それとは対照的である。また、使者が一日あたり進むべき距離の表示の仕方も違っている。唐では緩急に応じて、銅龍伝符や紙券に一日に進むべき駅数が表示されることになっていたが、具体的な駅数は示されない（ただし、本注の形で駅数が記されていた可能性は残る）。一方、日本の場合、急ぐ場合は一〇駅以上、そうでない場合は八駅、帰還時は特に急がない場合は六駅以下と具体的に記されている。

伝制の利用　伝制の利用規定は日唐間の違いが特に顕著である。唐の厩牧令には、令・式・別勅の場合を除いて、伝送馬をたやすく差発してはならないと記されている。逆にいえば、令・式・別勅があれば伝送馬に乗用できたわけである。令文としては、蕃客《ばんきゃく》・献物《けんもつ》の入朝・領送、地方への使者派遣、桂州《けいしゅう》都督府《ととくふ》・広州《こうしゅう》都督府・交州《こうしゅう》都督府それぞれの管内における推勘使《すいかんし》の派遣、従軍、焼印の輸送、薬品の貢進、行軍・作役所《さくやくしょ》への薬師・医師の派遣、流移人《るいにん》の配所への送達・移動、などの利用規定がある。また「伝送」という語から、軍物の輸送、公事のための伝送も想定できる。

一方、日本の確実な伝馬の具体的な利用規定は、次の養老獄令15条があるにすぎない。

C凡流移人在レ路、皆逓給二程粮一。毎レ請レ粮停留、不レ得レ過二一日一。其伝馬給不、臨時処分。

路中の流人に対する給粮を規定するが、伝馬の支給は臨時に判断するとある。とても積極的な伝馬利用の規定とはいいがたい。「伝送」という語に着目すれば、軍物の輸送、公事のための伝送を規定した令文も別にあるが、唐令をそのまま引き写した観が強い。

このように日本令には、伝制利用の具体的なあり方はほとんど規定されていない。しかし、逓牒《ていちょう》という紙の文書を利用証とした唐とは異なり、日本では伝符という器物を独自に設けた点に注意する必要がある。日本の伝符は中央の内裏にのみ保管されていたことから（のち大宰府・按察使・節度使といった准中央官司にも支給）、日本の伝制では中央発遣使（朝使）の利用が第一に想定されていたことがわかる。使用できる馬の数も、日本のほうが高位者を中心に多かった。日本の伝符は、唐とは異なって任務中も使者が所持することになっており、中央権力を象徴する器物としての意味あいが強かったと考えられる。

なお唐では、伝送馬が折衝府《せつしようふ》の官馬と併記された条文が複数あり、従軍する場合もあるなど、軍事的側面が認められる点も看過できない。だが日本の伝制では、軍事的性格は希薄である。ただし軍事的性格の希薄さは、日本令で一般的に認められる特徴でもある。このことは、たえず臨戦態勢にある唐と、そうではない日本との違いを示すものといえよう。こうした違いが日唐伝制の性格にも影響を与えたものと思われる。

4　駅伝制度の周辺

水上交通　駅伝制度は日唐ともに陸上交通を中心とした体系となっている。ただし駅制に関しては、陸上交通用の駅（陸駅）とは別に、水上交通用の水駅《すいえき》のことも令文に規定されている。それによれば、日唐ともに、水駅には船二〜四隻が配備されることになっていた。ただし、船一隻を動かす駅丁《えきてい》は、唐では三人とされるが、日本では一人にすぎない。これは船の大きさの違いを反映するものであろう。

さて『大唐六典《だいとうりくてん》』には、水駅は二六〇所、陸駅は一二九七所、水陸兼送駅は八六所と記されており、水駅の割合が比較的高い。唐の水駅は内陸の河川水路に沿って置かれた駅である。一方、『延喜式』では、船の設置がみられるのは次の五所にすぎない。

出羽国駅馬　最上十五疋、村山・野後各十疋、避翼十二疋、佐芸四疋・船十隻、遊佐十疋、蚶方・由理各十二疋、白谷七疋、飽海・秋田各十疋。　伝馬　最上五疋、野後三疋・船五隻、由理六疋、避翼一疋・船六隻、白谷三疋、船五隻。

越後国駅馬　滄海八疋、鶉石・名立・水門・佐味・三嶋・多太・大家各五疋、伊神二疋、渡戸船二隻。　伝馬　頸城・古志郡各八疋。

まず出羽国では、駅馬の置かれた佐芸《さき》と、伝馬の置かれた野後《のじり》・避翼《さるはね》・白谷《しらや》の四所に船が配備された。伝馬は一般に郡（基本的に郡家）に設置されるが、野後・避翼・白谷はいずれも郡名ではなく駅名と一致するので、伝が駅に併設された事例となる。すなわち、佐芸・野後・避翼・白谷の四駅は、水陸兼送駅であった。四駅の比定地は議論があるが、いずれも最上川沿いにある（図4）ことは動かないであろう（中村太一―二〇〇二、二〇一三など）。この四駅に設置された船は、川を渡るためではなく、川を上下するための船である。

つぎに越後国では、渡戸《わたりへ》駅に船二隻が設置された。本駅には駅馬は配備されておらず、水駅ということになる。佐渡へ渡るための駅とみるのが一般的であるが、『袖中抄《しょうちゅうしょう》』所引の国史をもとに、川を渡るための駅とみることも

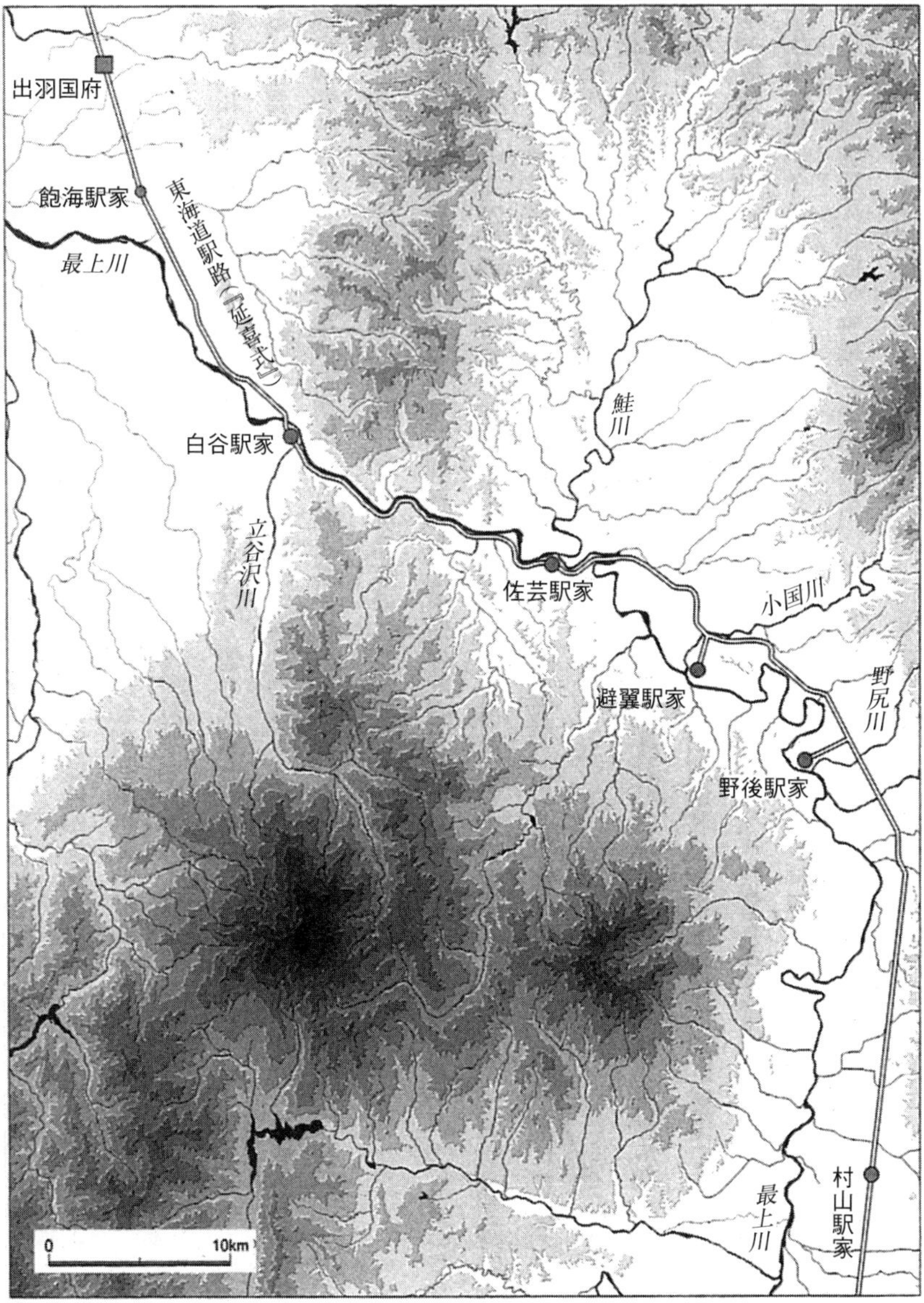

図 4　出羽国の水駅（中村太一「山国の河川交通」鈴木靖民・吉村武彦・加藤友康編『古代山国の交通と社会』八木書店，2013年）

可能である（坂本太郎―一九八九）。ともあれ、ここで重要なのは、海や大河を渡るために必要となる船を駅に配備することが、『延喜式』では渡戸駅を除いてない点である。日本列島は海で囲まれているにもかかわらず、日本の駅伝制度が陸上交通に力点を置いて管理・維持されたことをよく示している。

このように日本の駅伝制度は、唐と比べて陸上交通制度としての側面がとても強い。しかし、日本の駅名をみると、「馬津」「渡津」「息津《おきつ》」など「津」を冠したものが多くあり、「曰理《わたり》」「河」「川」など関連語句を含んだものも少なくない。また伝制の拠点となる郡家も、陸上交通はもちろんのこと、水上交通における利便性も考慮した立地となっている場合が多かった。すなわち、陸上交通と水上交通の結節点を選んで、駅や郡家が置かれることが少なくなかったのである。たしかに、駅伝制度は陸上交通を中心とした体系となっているが、その背後では水上交通も活発に展開していた点を見落とすべきではなかろう。

これに関連して、税物の運送に関して少し述べておきたい。唐賦役令《ぶやくりよう》にあった車・舟の使用や雇運《こうん》・課船の規定が、日本の賦役令3条では削除されている。唐公式令の馬・歩・驢《ろ》・車・船の行程に関わる規定も、日本の公式令88条では馬・歩・車だけの簡易な規定に改変されている。これらのことから、日本の調庸の運送は陸路・人担方式を原則としたとする見解がある（松原弘宣―一九八五、二〇〇九など）。だが賦役令3条に関しては、わざわざ交通手段を明記しなかったまでとみる余地がある。公式令88条のうち特に船の規定が削除されていることも、大河川を有する唐のように詳細かつ具体的な規定は、日本の場合には特に必要ではなかったためとも考えられる。船や馬を使って税物を運搬したことを示す史料は多くあり、陸路・人担方式が原則であったとはいえない（森哲也―一九九四）。

伝制の利用対象者　かつて駅制の補助制度にすぎないとされた伝制について、一九八〇年代以降、その独自の役割を明らかにする研究が相次いだ。なかでも大日方克己・永田英明の研究は、その後の研究を大きく方向づけた（大日方克己―一九八五、永田英明―二〇〇四）。大日方は、①郡には広範な逓送・供給機能が備わり、伝制はそれを前提に運営され、駅制とは独立していたこと、②逓送・供給を受ける者は郡からみて外来者であり、供給は政治的従属・奉仕をも象徴する行為として捉えられること、③伝制の歴史的前提として、大化前代にミコトモチが国造間を巡行する際に、食料や交通手段の提供を受け逓送されたこと、などを指摘した。永田は、④緊急情報の伝達を第一義とする駅制とは異なり、伝制は朝使を迎送するための制度であったこと、⑤伝符の保管場所が中央のみである点から、伝制の利用者は中央から派遣された使者（朝使）であったこと、などを指摘した。

さて、伝制をめぐる議論で現在も決着がつかないのが、利用対象の範囲である。⑤のように理解する永田は、正税帳などにみられる「伝使」は、路次での供給を受ける諸使を指す一般的概念であり、伝馬を利用できる使者はそのなかでも限られていたとする。史料に「伝使」と記された使者であっても、諸国発遣使の場合には伝符を所持していない以上、伝馬を利用できなかったと理解するわけである。また馬場基は、郡家を中心とした交通制度は「伝（伝制）」と呼ばれ、その一部として「伝馬」があったと主張した（馬場基―一九九六）。だが郡の広範な交通機能を指して漠然と「伝」と称した事例はない（門井直哉―二〇〇二）。あえて伝制を伝馬制と区別する必要はなく、「伝使」は伝制利用者とみて差し支えないと考える。

ではなぜ、伝符の所持なしに伝制を利用できたのか。前掲Cの養老獄令15条に再度目を向けたい。そこには、路中にある流人に対する伝馬の支給は臨時に判断すると規定されている。配流時には刑部省および国司に太政官符が下されるが（獄令13条）、国司宛ての太政官符に逓送・供給を指示する文言が書き込まれ、それによって伝馬の利用が可能になったと考えられる。養老獄令15条のほか、戸令16条・同32条・賦役令31条・軍防令61条などでも、諸国の往来者に対する供給を規定する。また貞観十三年（八七一）、貢上御馬使の雑色人《ぞうしきにん》らが「官符」なしに「公乗《くじょう》」（駅伝）を用いたことが明文にないと問題視されているが（『類聚三代格』同年六月十三日太政官符）、逆にいえば令・格・式などの法的根拠があれば利用できたことになる（ファム・レ・フイ―二〇〇九）。

これに関連して参考になるのが、唐伝送制の利用証である逓牒に関する知見である。逓送を指示した逓牒は、(イ)馬畜・程糧の支給、(ロ)程糧のみの支給、(ハ)馬畜・程糧ともに不支給、といった幅広い内容があった（荒川正晴—二〇一〇）。伝送制の利用許可証としての逓牒は(イ)に該当する。日本では(イ)の場合に伝符を支給することにしたが、そのすべてを網羅するにはいたらず、文書で代用される場合もあったのである（市大樹—二〇〇七）。

郡における逓送・供給　天平年間（七二九〜七四九）の諸国郡稲帳・正税帳は、路次諸国における逓送・供給、具体的には郡を単位とした逓送・供給（伝制はその一部をなす）の実態を示す貴重な史料である。そのなかから確実な伝使の事例を拾うと、中央発の朝使が大半を占め、特に新任国司が目立っている。一方、地方発の伝使は大宰府から発遣された使者が約半数を占める。伝符はもともと中央にのみ保管されていたが、慶雲二年（七〇五）に大宰府に対しても支給されたことが関係しよう（『続日本紀』同年四月辛未条）。諸国発の伝使としては、確実には相撲人と文書逓送使があげられ、天平十年度（七三八）「駿河国正税帳」の「上総国進上文石使」「陸奥国進上御馬部領使」「甲斐国進上御馬部領使」「相模国進上御贄部領使」もその可能性が高い。このように諸国発の伝使もみられるが、全体としては少数派であり、天皇の供御物を運ぶ使者が多いという特徴がある。

また諸国郡稲帳・正税帳からは、中央からの下達文書を諸国逓送方式で送達する機会が多くあったことがわかる（ただし伝制の利用が認められたのはごく一部のみ）。たとえば「駿河国正税帳」によれば、一年間に太政官符は一三回、省符は五三回も諸国逓送方式で伝達されている。一方、諸国から中央に上申される文書を逓送する者は確認できない。天平六年度「出雲国計会帳」をみても、中央からの下達文書の多くが諸国逓送方式で伝達されるのに対して、中央への上申文書の大半は出雲国の人間が直接中央に持参していることがわかる。

さらに、防人を除く役民一般は、都鄙間を往来する際に路次諸国から逓送・供給を受けられないなかにあって、在路窮乏者とでも一括できる人々は例外的な扱いがなされたことも判明する。在路窮乏者に対する路次諸国からの逓送・供給は、儒教的徳治主義にもとづく措置で、いわば天皇・国家からの特別の思し召しという側面があったと考えられる。

このように路次諸国から逓送・供給を受けることができる者は、何らかの形で天皇・中央を体現する者といえ（市大樹―二〇〇二）、大日方による上記②の指摘の妥当性が確認される。日本古代の駅伝制度を理解するにあたっては、その周辺の交通制度に対する目配りが必要不可欠である。

参考文献

荒井秀規「古代東アジアの道制と道路」鈴木靖民・荒井秀規編『古代東アジアの道路と交通』勉誠出版、二〇一一年

荒井秀規「東山道と甲斐の路」鈴木靖民・吉村武彦・加藤友康編『古代山国の交通と社会』八木書店、二〇一三年

荒川正晴『ユーラシアの交通・交易と唐帝国』名古屋大学出版会、二〇一〇年

市　大樹「律令交通体系における駅路と伝路」『史学雑誌』一〇五―三、一九九六年

市　大樹「伊勢国計会帳の作成年代と浮浪人の逓送」『続日本紀研究』三二六、二〇〇〇年

市　大樹「伊勢国計会帳からみた律令国家の交通」『三重県史研究』一六、二〇〇一年

市　大樹「日本古代伝馬制度の法的特徴と運用実態」『日本史研究』五四四、二〇〇七年

市　大樹「日本古代駅伝制度の特質と展開」『播磨国の駅家を探る』第一五回播磨考古学研究集会の記録、二〇一五年

井上以智為「唐十道の研究」『史林』六―三、一九二一年

大隅清陽「文献からみた古代甲斐国都留郡の諸問題」『山梨県考古学協会誌』一六、二〇〇六年

大隅清陽「ヤマトタケル酒折宮伝承の再検討」『古代の交易と道研究報告書』山梨県立博物館、二〇〇八年

大日方克己「律令国家の交通制度の構造」『日本史研究』二六九、一九八五年

門井直哉「律令期の伝馬制と交通路体系について」『史林』八五―六、二〇〇二年

鐘江宏之「「国」制の成立」笹山晴生先生還暦記念会編『日本律令制論集　上』吉川弘文館、一九九三年a

鐘江宏之「計会帳に見える八世紀の文書伝達」『史学雑誌』一〇二―二、一九九三年b

川尻秋生「古代東国における交通の特質」『古代交通研究』一一、二〇〇二年
川尻秋生「山道と海路」鈴木靖民・吉村武彦・加藤友康編『古代山国の交通と社会』八木書店、二〇一三年
北村安裕「和銅～養老期の地方支配の特質」『飯田市歴史研究所年報』一一、二〇一三年
木下　良『日本古代道路の復原的研究』吉川弘文館、二〇一三年
熊田亮介「「京より一千三百二十五里」」『新潟県歴史教育論考』五、一九八五年
坂本太郎『古代の駅と道』吉川弘文館、一九八九年
高橋美久二「都と地方間の交通路政策」『国立歴史民俗博物館研究報告』一三四、二〇〇七年
田島　公「シナノのクニから科野国へ」長野市誌編さん委員会編『長野市誌2　歴史編　原始・古代・中世』長野市、二〇〇〇年
武田佐知子「道と古代国家」『評林』一五、一九八八年
中　大輔「北宋天聖令からみる唐の駅伝制」鈴木靖民・荒井秀規編『古代東アジアの道路と交通』勉誠出版、二〇一一年
中村太一『日本古代国家と計画道路』吉川弘文館、一九九六年
中村太一「陸奥・出羽地域における古代駅路とその変遷」『国史学』一七九、二〇〇三年
中村太一「山国の河川交通」鈴木靖民・吉村武彦・加藤友康編『古代山国の交通と社会』八木書店、二〇一三年
永田英明「七道制と駅馬・伝馬」『古代交通研究』七、一九九七年
永田英明『古代駅伝馬制度の研究』吉川弘文館、二〇〇四年
永田英明「唐日伝馬制小考」鈴木靖民・荒井秀規編『古代東アジアの道路と交通』勉誠出版、二〇一一年
馬場　基「駅と伝と伝馬の構造」『史学雑誌』一〇五―三、一九九六年
平川　南「出土文字資料からみた地方の交通」『古代交通研究』一一、二〇〇二年
平川　南『律令国郡里制の実像　上・下』吉川弘文館、二〇一四年
ファム・レ・フイ「賦役令車牛人力条からみた逓送制度」『日本歴史』七三六、二〇〇九年
松原弘宣『日本古代水上交通史の研究』吉川弘文館、一九八五年
松原弘宣『日本古代の交通と情報伝達』汲古書院、二〇〇九年
森　哲也「律令国家と海上交通」『九州史学』一一〇、一九九四年

二　関と交通検察

舘野和己

1　本貫地主義

戸籍と計帳　律令制の下では、国家は人々を一人残らず掌握することをめざし、彼らを戸に編成して戸籍・計帳を作成した。戸籍は六年に一度、計帳は毎年作成される。どちらも戸ごとに戸主を筆頭に、その戸の中に登録されている人々（戸口という）の名前、年齢、戸主との続柄などを書き並べる。六年ごとに作られる戸籍は班田収授と連動し、戸籍に登録された六歳以上の人に口分田を与えた。それによって彼らの生活の基盤を整えた上で、毎年作成して最新の戸内情報を記載した計帳に従って、税を徴収した。

右の支配方式にとって、一番の問題は人々が税を逃れるために、本貫地（本籍地）を離れて他所に行ってしまうことである。たとえば『続日本紀』霊亀元年（七一五）五月辛巳朔条の伝える元明天皇の詔では、「天下の百姓、多く本貫を背きて、他郷に流宕し、課役を規避す」という状況を問題視している。税を取ろうにも、本人がいるべき所にいなければ徴収できない。ここでは「流宕」と表現するが、「浮浪」「浮宕」「浮逃」「逃亡」「逋逃」なども、ほぼ同じ意味で用いている。

そして計帳には逃亡の注記も付されている。神亀三年（七二六）の「山背国愛宕郡出雲郷雲上里計帳」（『大日本古文書（編年文書）』巻一―二二三頁）を見ると、出雲臣《いずものおみ》真足《またり》を戸主とする戸は、奴婢九人を含め戸口数が四一人にものぼり、有位者二人のほか授刀舎人《じゅとうとねり》や右兵衛などの下級官人もいる有力な戸だが、戸主の二人の妹には「右二人和銅五年逃」の注記が付され、従父には「養老二年、逃近江国蒲生郡《がもう》」、従父妹には「和銅二年逃」と書かれている。さらには九人の奴婢のうち七人が逃げてしまっている。名前は登録されているが、実際にはどこかへ逃げてしまい、本貫地にいない人の多くいることがわかる。これは国家が人々を支配する上で大きな問題であった。

浮浪と逃亡　それではどこに行けば浮浪・逃亡とみなされたのだろうか。注目されるのは養老令の戸令絶貫条「凡そ浮逃して貫絶えたらむ、（中略）並に所在に貫に附けよ。若し本属に還らむと欲《ねが》はば、聴《ゆる》せ」である。浮逃したことによって貫（戸籍）が絶えたならば、所在（現住地）で戸籍に付けよ。もし本貫地に戻ることを願うなら、それを許すという意味である。養老令に対する諸法家の注釈を集めた『令集解』を見ると、本貫地から他国に行っていることを浮逃と理解していることがわかる。実際の計帳に記された逃亡先もみな他国である。

こう見てくると律令国家にとって見逃すことのできない問題は、人びとが勝手に本貫地を離れて他国に行ってしまい、税の徴収に応じないことであるとわかる。そこで国家は彼らを浮浪とか逃亡と呼んで取り締まろうとした。逆に言うと、国家は人々をその本貫地に縛り付け、そこから勝手に移動することを認めなかったのである。こうした政策を本貫地主義と呼ぶことにしよう（舘野和己―一九九八ａ）。

浮浪・逃亡への刑罰　次に本貫地主義を維持するための施策を見よう。まずはそれに反する不法な移動を処罰の対象とした。現在の刑法にあたる律の中の捕亡律《ほもうりつ》を見ると、丁夫雑匠在役亡条は全文が残っていず復元には唐律を参考にするしかないが、その条文中に「人課役有りて、全戸亡《に》げたらば亦之の如し」とある。「如之」とは前文にある、丁夫雑匠らが役にあって逃亡した場合のことで、一日で笞《ち》三〇、一〇日で一等を加え、最高で徒《ず》三年というものである。笞は杖で臀部を打つ刑、徒は懲役刑である。また非亡而浮浪他所条も全文が残っていないが、次のように復元されている。「凡そ亡ぐるに非ずして他所に浮浪せば、十日に笞十。二十日に一等加えよ。罪杖《じょう》一百に止む（後略）」。逃亡でなくても他所（当然、他国のこと）に浮浪したら、一〇日で笞一〇、最高で杖一〇〇となる。杖は笞と同じく棒で打つ刑のことである。浮浪・逃亡とも体刑を与えることで、その発生を抑止しようとしたのである。

五保と里による相互監視　ところで郡の下の行政組織である里《り》（霊亀三年以降は郷《ごう》となる）は五〇戸から構成されていたが、その内部は五戸ずつの隣保組織に分けられていた。そして戸令五家条は「凡そ戸は、皆五家相い保《まも》れ。一人を長と為よ。以て相い検察せしめよ。非違造《な》すこと勿れ。如し遠くの客来り過《よぎ》りて止まり宿ること有り、及び保内の人行き詣《ゆ》く所有らば、並に同保に語りて知らしめよ」と定める。五家（五保《ごほ》という）は相互扶助と共に相互監察の組織でもあり、遠来の客が宿泊したり、どこかに行くことがあれば、五保内の人に周知せねばならなかった。後者は『令集解』同条の引く穴記によれば「一日程以上の外」というから、宿泊を伴う場合である。遠来の客もどこかに泊まりがけで行くのも、いずれも浮浪・逃亡ではないことを明確にするために同保内の人に知らせるのであり、それらの発生を防ぐための措置である。

そしてもしも浮浪・逃亡が発生した場合、里長も処罰されることになっていた。捕亡律部内容止他界逃亡浮浪者条によれば、部内（この場合は里内）に他所からの逃亡者を容止（かくまうこと）していたら、一人につき一五日以上経過すると、里長が笞三〇の刑を受けるから、里長は逃亡者が里内にいないように常に警戒しなければならない。

このように五保や里が日常的に相互監視を行って、浮浪・逃亡を防ごうとしたが、それでも発生した。その時はどうなるか。ここで注目されるのが関である。2節で詳しく見るように、関を通るには京職や国司の発行する通行許可証である過所《かしょ》という文書が必要であった。通行者の過所を確認した上で、関司は通関を許した。それを勘過《かんか》という。

霊亀元年五月一日に、注目すべき勅が諸国の朝集使《ちょうしゅうし》（上京していた国司たち）に対して出された（『続日本紀』同年五月辛巳朔条）。それは冒頭で見た「天下の百姓、多く本貫を背きて、他郷に流宕し、課役を規避す」という現状認識から始まる浮浪・逃亡対策で、三ヵ月以上他所に浮浪逗留している者は、現地でも調庸を出させる、つまり本貫地と浮浪先で二重に課税するというものであった。奈良時代に何度も出される浮浪・逃亡対策の最初のものである。この勅の末尾には「今より始めて、諸国の百姓、往来の過所に当国の印を用いよ」とある。それ以前の過所には国印が捺されないこともあり、偽造も容易であった。そこで過所に当国印を捺させることで、その偽造を防ぎ、関での勘過を確実なものにしようとしたのである。関が本貫地主義維持の装置の一つであったことを明確に物語る。そこで節を変えて関について詳しく見ていこう。

2　関の制度と過所

壬申の乱時の鈴鹿関　関が六国史で最初に見えるのは、大化二年（六四六）正月に出された改新の詔である（『日本書紀』正月甲子朔条）。その第二項で関塞《せきそこ》の設置が定められているが、周知のように同詔には大宝令文から作った文も多く、そのまま事実とすることはできない。

次は壬申の乱時である。天武天皇元年（六七二）六月二十四日、吉野から東国へと向かった大海人皇子一行には、翌日になると伊賀国積殖《つむえ》の山口で大津宮から逃れてきた高市皇子《たけち》が合流し、伊勢国鈴鹿郡に至ると伊勢国司三宅石床《みやけのいわとこ》らも加わり、大海人皇子は五〇〇人の兵で鈴鹿山道を塞ごうとした。近江朝廷側の軍の到来を防ぐためである。そして三重郡家で夜を過ごしていると、鈴鹿関司が山部王・石川王らが関に来ていると報告してきた。これが二十五日のことである。ところが翌日になると山部王らではなく、大津皇子であることがわかり、彼は大海人皇子の所にやって来たという（六月甲申・丙戌条）。ここに鈴鹿関の名が見える。

なお持統天皇十年（六九六）八月に、持統天皇は多臣品治《おおのおみほむち》に直広壹《じきこういち》の位と物を賜った。壬申の乱時に大海人皇子にはじめから従った功績と堅く関を守ったためである（八月甲午条）。品治が美濃国安八磨《あはちま》郡の湯沐令《ゆのうながし》の地位にあり、同郡の兵を動員するとともに（天武天皇元年六月壬午条）、数万の兵を率いて伊勢の大山から倭《やまと》（大和）に進撃し、また三〇〇〇人の兵を率いて莿萩野《たらの》に駐屯して近江方を撃退したこと（同年七月辛卯・乙未条）などの功績によるのであろう。彼は伊勢の大山から西進しているが、そこは鈴鹿山脈を加太越《かぶとごえ》で鈴鹿から大和へ向かうルートである。したがって彼が褒賞された理由の守関とは、鈴鹿関の守衛であろう。

龍田山と大坂山の関　そして壬申の乱から七年後、天武天皇八年十一月には「初めて関を龍田山・大坂山に置く。仍りて難波に羅城を築く」（十一月是月条）と伝える。龍田山・大坂山はともに大和と河内を結ぶ要衝の地で、前者は法隆寺の西で龍田道を抑えるものであり、後者は奈良盆地の南寄りを東西走する横大路が、二上山北側の穴虫《あなむし》峠を越える所に置かれた。壬申の乱時に河内から進撃してくる近江方の大軍を、大海人皇子方の将軍大伴吹負《おおとものふけい》が龍田と大坂に兵を配して防ごうとしたように（天武天皇元年六月壬子条）、両地は軍事的にも重要な地であった。先の記事が「仍りて難波に羅城を築く」と続くように、これらは難波宮の警備に関わるものであろう。難波宮は孝徳天皇時に営まれた難波長柄豊碕宮《なにわのながらのとよさきのみや》のことで、天武天皇は十二年十二月に都城を複数造営することをめざし、まずは難波に造るとの詔を出しているように（十二月庚午条）、飛鳥浄御原宮《あすかきよみはらのみや》と並んで重視された宮である。それを防衛するように羅城を築き、さらに東側に二つの関を置いた。ただし羅城や関の実態については不詳である。

関と三関　これまで七世紀の関を見てきた。八世紀になると、どうなるのだろうか。律令の中には、関に関わる規定が多く見える。それらから律令制下の関を考えよう。まずは不法に関を越えた際の規定から始める。衛禁律《えごんりつ》私度関条「凡そ私に関度《こ》えたらば徒一年。謂わく、三関《さんげん》をいう。摂津・長門は一等減せよ。余の関は又二等減せよ。越度《おつど》せらば、各一等加えよ。門に由らざるを越とす。（後略）」によれば、過所なしで関を通ろうとする私度の刑罰は、三関の場合は徒一年、摂津・長門はそれより一等低い杖一〇〇、そして余関（その他の関）は二等下して杖九〇である。関以外の通行禁止の場所を通る越度は、私度よりも一等ずつ罪は重くなる。ここから関の重要度には三関―摂津・長門―余関という三ランクのあることがわかる。これは給付してはいけない者に過所を発給したり、他人の名をかたって過所を入手して関を通った場合にも見られる（衛禁律不応度関条）。三関は次に説明するが、摂津・長門は関の固有名ではなく、瀬戸内海の東西両端に位置する両国が船の往来を取り締まるということである。

次に軍防令《ぐんぼうりょう》置関条「凡そ関を置きて守固すべくは（A）、並に置きて兵士を配し、分番して上下せよ。其れ三関には（B）、鼓吹・軍器を設け、国司分当して守固せよ（C）。（後略）」によって、関の警備には兵士を配置すること、特に三関には鼓吹と軍器を備え、国司が交替で守固にあたることになっていた。本条に関わる『令義解』は、Aの個所に「謂うこころは境界の上に、臨時に関を置きて守固すべきは皆是也」という注釈を加えており、境界に臨時に置かれた関にもこの条文が適用されることがわかるとともに、臨時の関が境界上に置かれる以上、恒常的な関の場所も境界であることがうかがえる。そしてその境界が国境を指すことは明らかである。またBには「謂うこころは、伊勢の鈴鹿、美濃の不破、越前の愛発《あらち》等、是也」とあり、三関が伊勢国の鈴鹿関、美濃国の不破関、越前国の愛発関であることがわかる。三関の具体的なことについては、後述する。ついでCには「謂うこころは目《さかん》以上也。三関と言うは、国司別当守固す。其の余は兵士を差配す」とあり、三関では伊勢・美濃・越前国司の目以上の人が守固にあたること、その他の関には兵士を配置するだけであることがわかる。

三関で国司の分当守固が実際に行われたことは、天平二年度（七三〇）の「越前国大税帳」（『大日本古文書（編年文書）』巻一―四二八頁）の末尾の国司連署部分に、掾《じょう》の坂合部宿禰《さかいべのすくね》については自署が加えられていず、「監関」と注記されていることからわかる。彼は国府から離れて愛発関に詰めていたため、加署できなかったのである。

東海道の鈴鹿関、東山道の不破関そして北陸道の愛発関からなる三関は、都城の東方と北方を抑える役目を果たし、他の関と異なり国司が分当守固するきわめて重要な関であった。だからこそ不法者への刑罰も最も重かったのである。

過所の制　関を通過するには、通行許可証たる過所を必要とした。関市令《げんしりょう》欲度関条は「凡そ関度えむと欲《ねが》わば、皆本部・本司に経れて過所を請え。官司検勘して、然うして後に判《ことわ》り給え。（中略）若し船・筏関を経て過ぎば、亦過所を請え」と定める。省略した所には、発給手続きの細則が述べられている。関を通過したい者は本部・本司を経て過所を申請し、官司は調査した上で発給する。もし船筏で関を通過するなら、やはり過所が必要だった。

ここでまず重要なのは発給手続きだが、これについて『令義解』は次のように解説する。本部は本貫である。もし大舎人《おおとねり》なら京の人であるから、まず自身が所属する本寮（左・右大舎人寮）に申し、本寮が許可する文書（許牒《きょちょう》）を京を治める左・右京職に送ると、京職は調査の上で過所を発給する。諸国の人の場合は、本籍のある本郡に申請すると、郡は国に申して国司が発給する。もし本司のある官人ならば、本司を通じて申請する。

要は過所申請者が一般人か官人かで手続きは異なり、前者なら直接には郡（本部）に、官人なら自身の所属する官司（本司）に申請し、受理した本部・本司が調査して正当と判断すれば京職や国司に送付し、そこで改めて審査した上で過所の発給に到るというわけである。また右の条文の最後に船筏で関を通る際も過所が必要だとしている点については、前述した摂津・長門が船筏の関にあたる（『令義解』）。

過所の記載内容については、公式令《くしきりょう》過所式条が定める（文中の文字については写本により若干の異同があるが、国史大系本に従った。また〈　〉内は注である）。

其の事云云。其の関を度え、其の国に往くといえ。
其の官位姓。〈三位以上は、卿称せよ。〉資人、位姓名。〈年若干。若し庶人は本属称せよ。〉従人ならば、其れの国其れの郡其れの里の人姓名年。〈奴の名年、婢の名年。〉其の物若干。其の毛の牡牝の馬牛若干の疋頭。
　年月日　　　主典位姓名
次官位姓名

右の過所式は、並に式に依りて具《つぶさ》に二通録《しる》し、所司に申し送らしむ。所司勘《かんが》うるに同せば、即ち式に依りて署せよ。一通は留めて案と為よ。一通は判り給え。

これによれば過所には、交通の理由（其事云云）、どの関を通ってどの国へ行くか、通行する人の名、携行する荷物の数量と馬牛の毛色・性別・頭数などが記される。そして通行者が官人ならその官職・位階・姓（三位以上の人なら藤原卿のように記す）を、資人《しじん》（貴族に与えられる従者）なら位姓名（と年齢。もし位階を有していないなら本属、すなわち本籍地を書く）を、そして従者として同行する人の場合は国郡里名と姓名と年齢（もし奴婢なら名と年齢）を書く。これらのことの後に発給年月日と発給官司（すなわち京職か国司）の主典と次官が加署して過所となるのである。

そしてこの書式の後にある注記によれば、過所は例示した書式に従って二通作り、所司（京職か国司）に提出する。所司は申請者を調べて虚偽がないならば署名を加えて、一通は留めて控えとし、一通を申請者に渡すということになる。

「伊勢国計会帳」に見える過所発給　残念ながら過所の実例は残存していない。しかし過所の発給事例として、「伊勢国計会帳」（『大日本古文書（編年文書）』巻二四―五四七頁）が知られる。それには「判給百姓過所廿五紙」との記事がある。同計会帳は断簡であるため、制作時期を特定できないが、他の個所に見える「少目大倭伊美吉生羽」の名が手がかりとなる。平城京左京の二条大路上に掘られた濠状遺構から約七万四〇〇〇点も出土した木簡群である二条大路木簡の中に、紙の文書を入れる文書函の蓋があり、それに「伊勢国少目大倭生羽進上」と書かれていたのである。しかも不用になったあとでさまざまな文字が書きこまれ、その中に「天平八年八月廿二日」という日付があるため（『平城京木簡』三―五〇〇三号）、「伊勢国計会帳」も天平年間のものとみられる（鐘江宏之―一九九三）。鈴鹿関のある伊勢国が百姓に過所を二五通発給したことについては、それが一日分か一年分かは文書が断簡のため不詳だが、当該記事の次行には「九月一日行事一十一条」で始まる項目があるので、八月末の一日分と考えるべきであろう（石田実洋―二〇〇〇）。かなりの件数と言えよう。

3　関の実態と交通検察

固関と開関　関には三関―摂津・長門―余関という三つのランクがあった。そのうちある程度実態のわかるのは三関である。三関は、天皇の不予や謀反などの非常時に閉鎖され、通行を遮断した。固関《こげん》という。その初見は養老五年（七二一）十二月七日の元明太上天皇死去時であり、同日「使を遣わして三関を固く守らしむ」と『続日本紀』は伝える。使者は固関使と呼ばれ、三関それぞれに派遣された。彼らは関契《げんけい》をもち、三関国司の手元にもある関契と照合して、正式の使者であることを証明した上で、国司に固関を命じた。関契が三関国司の元にあったことは、職員令《しきいんりよう》大国条中に「三関国は、又関剗《げんせん》及び関契の事掌れ」とあることからわかる。『令集解』が引く大宝令の注釈書である古記から、大宝令では「関契」ではなく「木契」であったことが復元できる。それは木製だったのである。

ここで注目されるのが宮内庁書陵部に伝存する四片の木製品である。うち二片を合わせると、一辺約三チセン（一寸）四方、長さ九・一チセン（三寸）の直方体の一面に「賜伊勢国」と書いてあり、文字の中央を縦に切って二片になっている。他の二片はそれぞれ「賜近江国」「賜美濃国」の右半分である。そして包紙には「木契」の墨書がある。これらは近世のものであり、宝永六年（一七〇九）六月の東山天皇譲位時の固関に使われた木契とみられている（平林盛得―一九八八）。郵政資料館にも二片を合わせると「賜美濃国」となる、寛文三年（一六六三）正月の後西天皇譲位時の木契がある（田良島哲―二〇一二）。当時は既に固関は形骸的な儀式と化して久しく、実際には行われなかったから、これをもって古代の関契の形状と同じとは必ずしも断定できないが、古代も木契であることからすると、同じように一片を三関国に置き、他片を固関使が持参して、両者を符合させることで正当な使者であることを確認したのであろう。

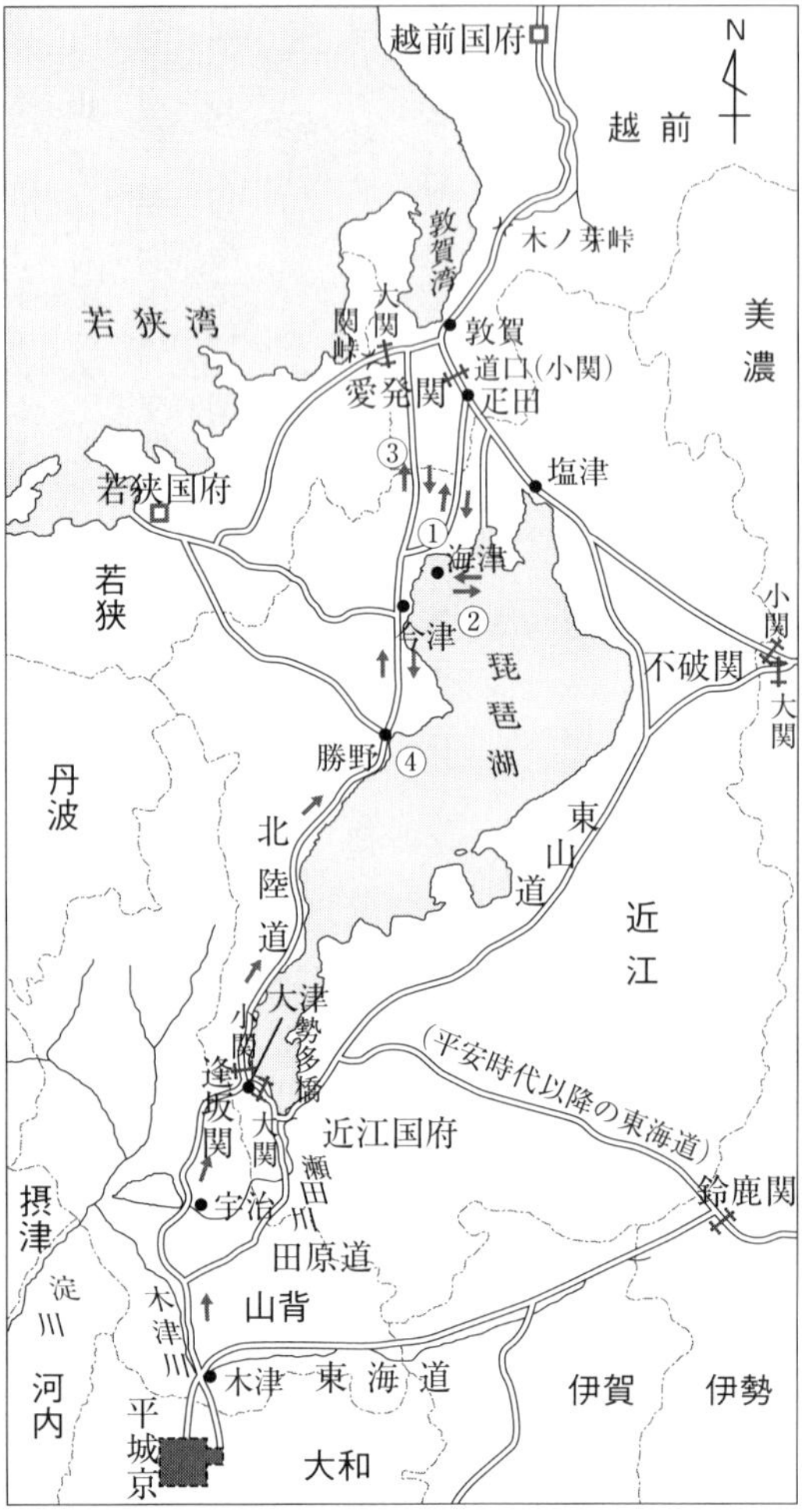

図１　奈良時代の三関と恵美押勝の逃走路
勢多橋を焼かれたため，北陸道を以下の順にたどった
①最初に愛発関に向かったルート
②塩津へ向かうが逆風で戻される
③山道（黒河川沿い）を行く
④最後の戦闘

固関使によって関は閉じられ、事態が落ち着くと開関使《かいげんし》が派遣され同様の手続きを取って、関が開かれた。公式令諸国給鈴条によると三関国に関契が二枚ずつ支給されたのも、そのためであろう。

固関はその後、天平元年（七二九）二月の長屋王の変や天平勝宝八歳（七五六）五月の聖武太上天皇死去時などにも行われたが、軍事的役割を最も発揮したのが、天平宝字八年（七六四）九月の恵美押勝の乱である。孝謙太上天皇に対してクーデターをおこした押勝は、天皇権力のシンボルである鈴印（駅鈴と天皇御璽の印）の奪取に失敗して近江へ逃げ、瀬田川の東にある近江国府をめざしたが、勢多橋を焼かれたため川を渡れず、琵琶湖西岸の北陸道を北上した。そして子息の辛加知《からかち》が守を勤める越前国に向かうため、同国の入口にあたる愛発関を越えようとしたが、上皇方の軍が既に制圧していた関を突破できず、近江で敗死したのである（図1。その間の押勝の動きと愛発関の位置については、舘野和己―二〇〇六）。

これらの事例や、三関がいずれもそれらが置かれた国の中で、京に近い側の入口に置かれていたことから、三関は謀反人が京から東国へ向かい、兵を整えることを防止する役割を持っていたと指摘されているところである（岸俊男―一九六六）。

不破関と鈴鹿関　次に三関の立地や構造は、発掘調査によってある程度知られる。まず不破関は東山道（近世の中山道）が近江から美濃に入って暫く進んだ地点、岐阜県関ケ原町松尾に置かれた。発掘調査によるとそれは外郭と内郭からなり、外郭の西辺は比高差が一〇㍍ほどある急峻な藤古川《ふじこ》の段丘崖となり、他の三辺には土塁が巡る。北辺は長さ四六〇・五㍍、東辺は四三二・三㍍、南辺は一一二・五㍍という大規模なもので、中を東西に東山道が貫いていた。その北に接して約一町四方の築地塀で囲まれた内郭があり、数棟の掘立柱建物が建てられていた。関司が政務を執った場であろう。瓦片の出土から瓦葺き建物もあったとみられる。また外郭内では望楼的建物や兵舎とみられる竪穴住居などが見つかっている（図2）。

注目されるのが、東面北東隅の土塁中の基底部近くから、和同開珎《わどうかいちん》三枚の入った土師器《はじき》の甕が出土したことであり、土塁築造時の地鎮具とみられる（岐阜県教育委員会・不破関跡調査委員会―一九七八）。不破関は和同開珎が発行された和銅元年（七〇八）以後に造られたのである。壬申の乱時には大海人皇子が吉野を発つ前に、まず美濃国司に命じて諸軍をおこし不破道を塞ぐことをめざし（天武天皇元年六月壬午条）、実際それに成功すると高市皇子を不破に派遣して軍の指揮をさせているが（同月丙戌条）、鈴鹿関と異なり不破関の名は見えない。同関は壬申の乱時の教訓から、和銅年間以後に造られたのであろう。

そうすると和銅二年九月に藤原房前《ふじわらのふささき》を東海・東山の二道に派遣して、関剗を検察し風俗を巡省させていることが

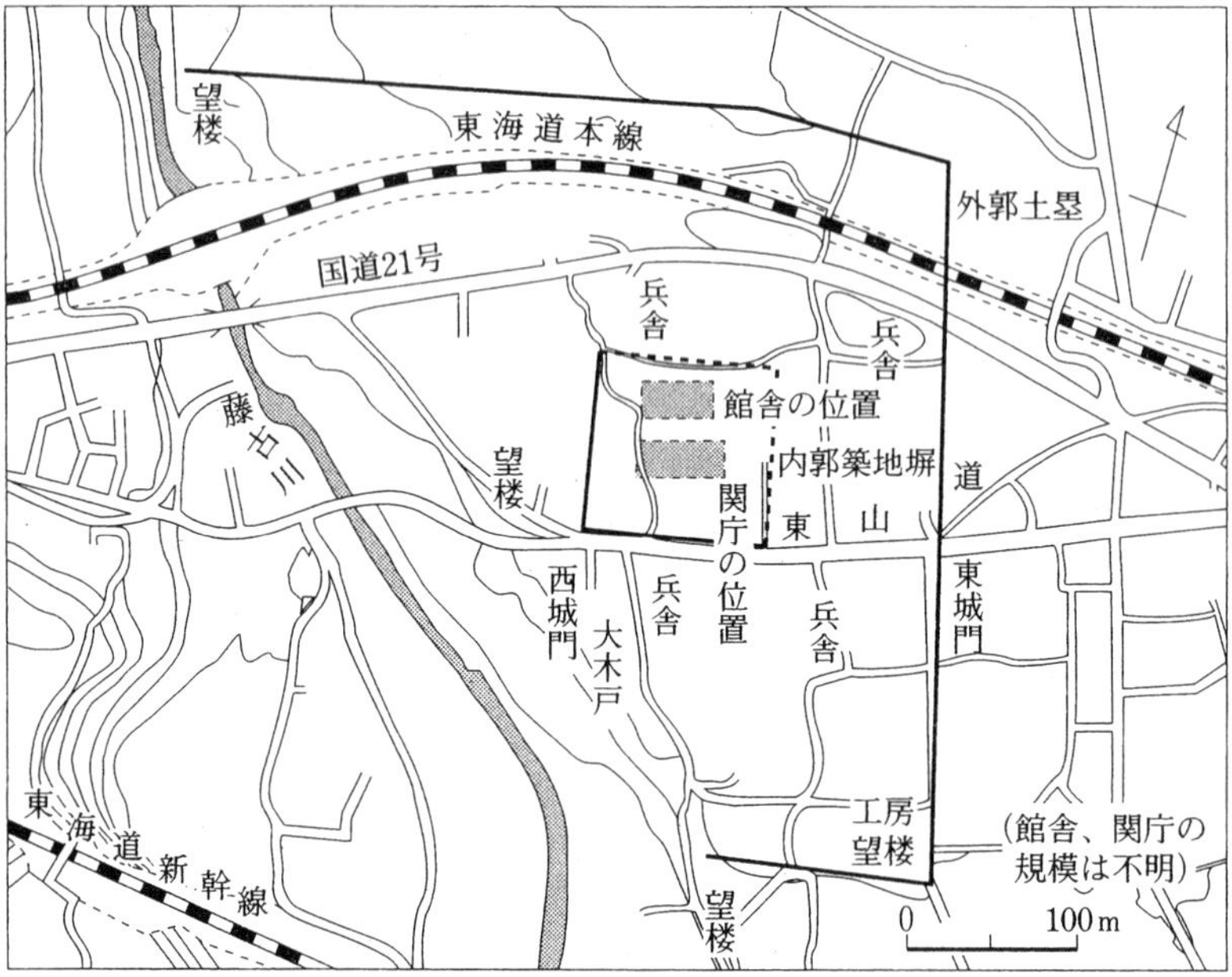

図２　不破関（舘野和己『日本古代の交通と社会』塙書房，1998年）

想起される（『続日本紀』九月己卯条）。この時、伊勢・尾張・近江・美濃の四国司を褒賞しているのは房前が赴いた地域を示すものであり、検察が美濃・不破関と伊勢・鈴鹿関に関わるものであることをうかがわせる。不破関は新造、そして鈴鹿関は壬申の乱時に既にあったものを修造したのであろう。律令制の成立に伴って関は整備されたのである。三関の成立は、律令制下になってからのことである。

ところで不破関跡のある松尾地区は、近世には大関村と言った。一方そこから北へ一キロほどの所に、小関の地名がある。琵琶湖東岸から伊吹山麓を西から南へと続く旧北国脇往還に面する所である。その道は南に進むと関の東で中山道と交わり、伊勢街道となる。

次に鈴鹿関は、三重県亀山市関町でその西城壁となる築地塀が見つかり、観音山から鈴鹿川の方へ南に延びていたとみられている（亀山市教育委員会―二〇〇七、森川幸雄―二〇〇八）。西から近世の東海道が通り、さらに城壁の西で南西から大和街道が合流する。近世東海道は山城―近江―伊勢と続く平安時代以来の東海道

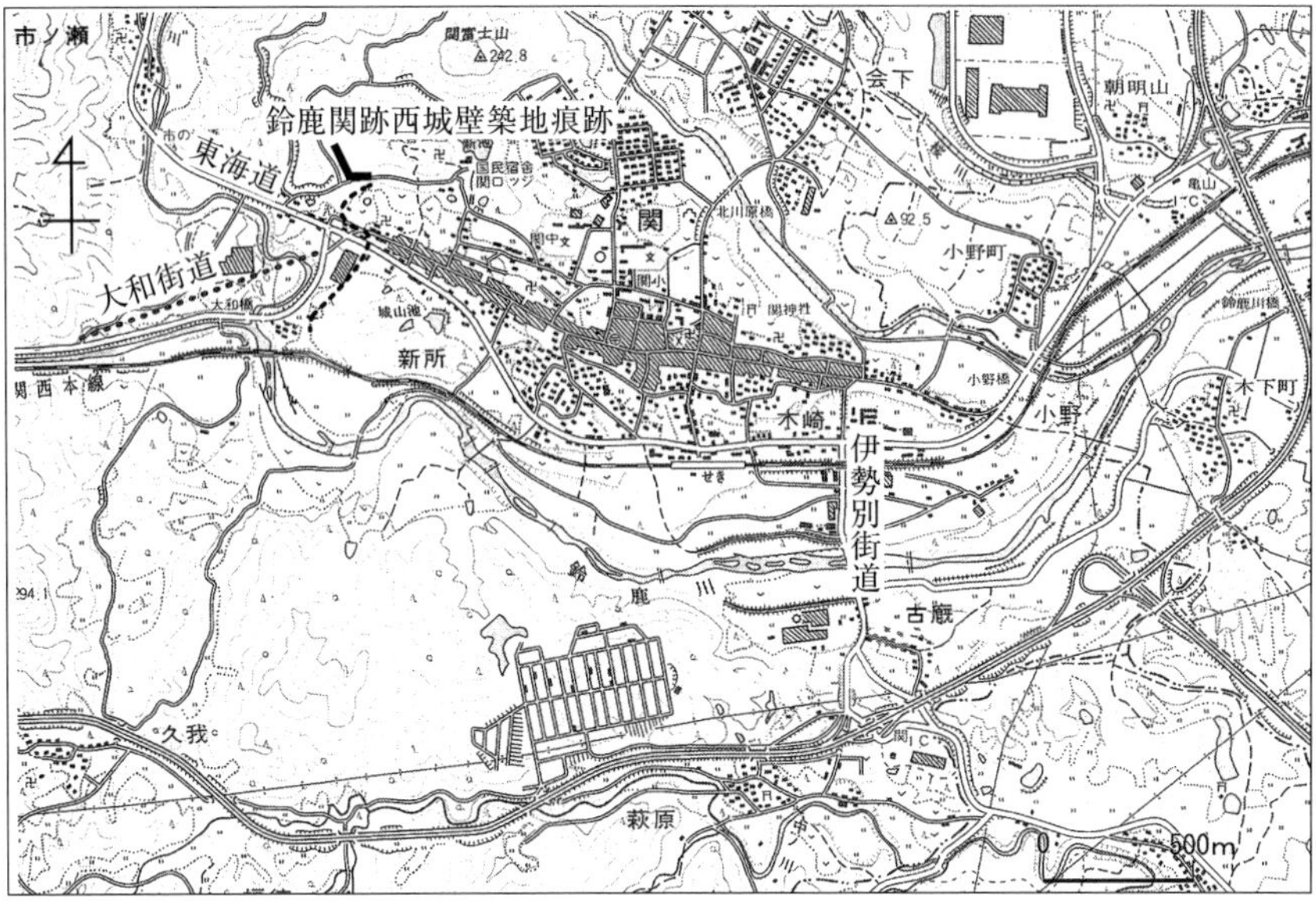

図３　鈴鹿関遺跡位置図（波線は想定ライン，亀山市教育委員会編『鈴鹿関跡　第１次発掘調査概報』亀山市教育委員会，2007年を同市まちなみ文化財室の協力で一部改変）

であるのに対し、大和街道は大和―伊賀―伊勢と来る奈良時代の東海道にあたるとみられる。不破関と同様、関の近くで二つの道がクロスする（図３）。

大関と小関　ここで注目されるのが職員令大国条で、三関国が関剗を掌るとされていることである。関剗は先述の房前の検察対象にもなっていた。剗は見慣れない名だが、『令義解』は関剗について「謂うこころは、律に依るに、関は検判の処、剗《せき》は塹柵の所是なり」とする。関は通行を取り調べる所であるのに対し、剗とは堀や柵のように交通を阻害する施設だという。この律は名例《みょうれい》律《りつ》共犯罪本罪別条であり、「関者検判之処、剗者塹柵之所」というのは、永徽四年（六五三）に編纂・施行された唐律の注釈書『唐律疏議《とうりつそぎ》』の文をほぼそのまま引用したものである（但し『唐律疏議』では二ヵ所の「者」を共に「謂」とする。また「剗」ではなく「桟」とするテキストが多いが、「剗」とするものもある）。また『令集解』職員令大国条が引く釈説は「剗は柵也、閤也。名例律に云わく、剗は塹柵の所を謂う。関の左右の小関も、亦剗と云うべき也」と注釈を加えている。前半は『令義解』と基本的に同じだが、後半の関の左右の小関も剗だという部分が注目される。これは三関についての注釈であり、房前の検察対象が関剗であること、不破・鈴鹿関がともに二つの道を抑えていることと、不破関の大関・小関地名から判断すると、三関は主要な道を抑える大関と脇道に置かれた小関（剗）からなる複合的構造をとっていたことがうかがえる（舘野和己一九九八a）。

鈴鹿関には『続日本紀』の記事から、「西内城」（宝亀十一年六月辛酉条）と「西中城門」（天応元年三月乙酉条）、それに「城門」（同年五月甲戌条）の存在が知られ、「西内（中）城」と方角のつかない「城」の二つの城があったことがうかがわれる。大関・小関を当てはめると、大和街道（旧東海道）を抑える位置に大関が置かれ、平安時代以降の東海道に小関があったとも考えられそうである（舘野和己二〇〇九）。しかし遺構と道との関係を見ると、今回検出した城壁で両道を抑えることが可能である。そして鈴鹿関にはもう一つ道がある。東側で東海道から分岐して志摩へと向かうもので、古代の東海道志摩支路、近世の伊勢別街道である。検出された城壁の内部（東側）に、それぞれ東海道と志摩支路を抑える二つの「城」があり、前者が大関、後者が小関であると考える説もある（亀山市二〇一一）。しかしそこに小関を置くと、次で詳述する都に近い国の方から入って来た所に関を置くという原則から逸脱する。やはり伊勢の西の入り口に二つの関があったとみるべきであろう。検出城壁との関係でまだ問題は残るが、今暫くそう考えておく。

最後にもう一つの三関である越前国愛発関については、天平宝字八年九月に起きた恵美押勝の乱の時に、押勝が近江から愛発関に入ろうとして失敗し遂に敗死したことから、同関は近江から越前に入った地点に置かれていたとみられていたが、当時の北陸道は近江―若狭―越前というルートであったことからすると、若狭から越前に入った地点（敦賀市関付近）に大関が、近江から越前に入った所（敦賀市道口付近）に小関があったとみるべきであろう（図1。舘野和己二〇〇六）。

関の配置原則　三関以外の関をいくつか見る。たとえば『万葉集』には、越中守大伴家持《おおとものやかもち》が東大寺の僧で、荘園の墾田地占定のために来ていた平栄《へいえい》らが帰京する際に、天平感宝元年（七四九）五月五日に宴を開いて名残を惜しんだ時の歌「焼き大刀を礪波《となみ》の関に明日よりは守部遣り添へ君を留めむ」が残る（巻一八—四〇八五）。礪波関は、越中と隣国越前との国境近くの越中側に置かれていた。だからこそ越中守の家持が関に守部をふやして、平栄らの帰京をとどめようと詠んだわけである。

同じく『万葉集』には神亀元年（七二四）十月に聖武天皇が紀伊へ行幸した時、それに従駕した人に贈るために娘《おと》子《め》に頼まれて笠金村《かさのかなむら》が詠んだ歌「我が背子が跡踏み求め追ひ行かば紀伊の関守い留めてむかも」（巻四—五四五）がある。「紀伊の関守」からは、南海道を大和から紀伊へと進むルート上の紀伊側に関があったことがうかがえる。

また延暦十四年（七九五）八月に近江の相坂剗《おうさかのせき》が廃止されているが（『日本紀略』八月己卯条）、これは後に相坂関として復活する（『文徳実録』天安元年四月庚寅条など）。剗は先に三関では、脇道を抑える小関だと言った。実は相坂剗（関）も山背から続く二つの道を抑えるように置かれている。それは大津市西部の逢坂山にあるが、山科盆地から逢坂山を越えるには大関越と小関越とがあり、平安時代で言えば前者は東海道・東山道が通り、東南へ進むと勢多橋へと到る。一方後者は北陸道にあたる。ここでも大関・小関の複合的構造を見て取ることができる。後述するように相坂関は平安時代には三関の一つになるので、それにふさわしいものと言える。

ところで関と剗についてては、その違いが何かということが問題になる。相坂については最初「剗」で史書に登場するが、後には「始めて近江国相坂・大石・龍花《りゅうげ》等三処の関剗を置く」（『文徳実録』天安元年四月庚寅条）とあり、関か剗か微妙な表現である。しかし同条ではこれに続き「相坂は是、古昔の旧関也」としており、相坂は関であったとする。これによれば関と剗には決定的な相違はない。共にセキと読むのである。三関における大関（関）と小関（剗）も、それが置かれたのが本道か脇道かの違いであり、たとえ規模は異なっても基本的な性格・機能は同一である（舘野和己―一九九八ａ）。

上記のものも含めて八・九世紀の古代史料に見える関剗を示すと表のようになる。ただし省略した剗がある。『出雲国風土記』に見えるもので、意宇《おう》郡の手間剗《てまのせき》、島根郡の戸江剗《とのえのせき》以外の剗である。それらは神門《かんど》郡の「石見国安農《あの》郡との堺なる多伎々山《たききやま》に通うは、卅三里なり〈路、常に剗有り〉」のように、固有名詞は見えないが常に置かれた剗、あるいは「同じき安農郡川相郷《かわあい》に通うは、卅六里なり。径、常には剗有らず。但、政有る時に当りて、権に置くのみ」のように、何かあった時だけ置かれる剗で、これらの無名の剗は一〇ヵ所にのぼる。

さて関剗が国境に置かれるものであったことは、軍防令置関条からもうかがえるが、国境線上にあったわけではない。三関はそれらが位置する国の京方面からの入口に、すなわち鈴鹿関は東海道、不破関は東山道、愛発関は北陸道が、それぞれ伊勢・美濃・越前に入って暫くした地点に置かれた。発掘調査の結果わかったように、かなりの規模を有する施設であるから、国境線のある山中ではなく、それを越えてある程度の平地が広がる所に置かれたわけである。それ以外の関剗も、わからない二つの剗と、後述するようにその設置が批判を招いた奈羅《なら》の剗を除いて、史料からわかるものは表にゴチックで示したように、すべて国境を挟む二つの国のうち、京からより遠い側の国に置かれた。それが関剗の配置原則であったのである（舘野和己―一九九八ｂ）。

関以外の交通検察　ところで八・九世紀の史料に見える国境の関・剗は表に示したように、それほど多くなく、本貫地主義維持の装置としては不十分である。そのため前述のように、五保や里長の日常的監視が定められたが、その他にも手段はあった。それは各地に置かれた軍団の兵士などが、路上や津などで不審な往来者を勘問するというものである（舘野和己―一九九八ｂ）。たとえば『出雲国風土記』によると、同国には意宇・熊谷《くまたに》・神門の三軍団があったが、そのうち意宇軍団は出雲国府・意宇郡家と同じ所にあり、すぐ北には山陰道が走っていた。熊谷軍団は大原郡家と飯《い》石《いし》郡家を結ぶ路上で、渡船の置かれた斐伊《ひ》河《のかわ》の畔に、そして神門軍団は山陰道上で、出雲郡と神門郡の堺をなす出雲河の西の畔にあったが、そこにも渡船が置かれていた。いずれも山陰道や郡家どうしを結ぶ重要な道路上にあり、かつそのうち二つは渡船の置かれた河の畔であった。また軍団以外にも兵士の駐屯した戍《まもり》として瀬埼《せざき》戍・宅枳《たき》戍があり、いずれもその位置は海津・海浜にあたる。軍団・戍は道路や津の警備にあたったのである。天平六年「出雲国計会帳」(『大日本古文書(編年文書)』巻一—五八六頁)に見える、兵部省に提出した「道守帳」「津守帳」とは、その警備状況の報告であろう。それらは過所による勘過を行う権限はないが、不審な往来者を見つけると取り調べを行ったとみられる。

表　8・9世紀の関剗

関　名	国　境	出　典
鈴鹿関	伊賀－**伊勢**	軍防令義解置関条
不破関	近江－**美濃**	同　上
愛発関	若狭(近江)－**越前**	同　上
奈羅の剗	大和－山背	『続日本紀』天平宝字元年7月庚戌条
尾垂剗	伊勢－志摩	『続日本紀』天平宝字3年10月戊申条
葦淵剗	同　上	同　上
川口関	伊賀－**伊勢**	『平城宮木簡1』79
某関	大和－**紀伊**	『万葉集』4-545
礪波関	越前－**越中**	『万葉集』18-4085
手間剗	伯耆－**出雲**	『出雲国風土記』
戸江剗	同　上	同　上
白河剗	下野－**陸奥(石背)**	『類聚三代格』承和2年12月3日官符
菊多剗	常陸－**陸奥(石城)**	同　上
相坂剗(関)	山城－**近江**	『文徳実録』天安元年4月庚寅条
大石関	同　上	同　上
龍花関	同　上	同　上
某関	美濃－**信濃**	『三代実録』元慶3年9月4日辛卯条
足柄関	駿河－**相模**	『類聚三代格』昌泰2年9月19日官符
碓氷関	信濃－**上野**	同　上

1)『出雲国風土記』に見える無名の剗は省略した。
2)関剗が置かれた国をゴチックで示した。

　また京では夜間は外出が禁止され、交差点には兵士の詰める小舎である鋪《ほ》が置かれ、また衛府が行夜《こうや》(夜の巡検)を行い、通行する者がいれば勘問を行うことになっていた(宮《く》衛令《えりょう》分街条)。『令集解』同条によれば、古記は鋪について「守道屋《ちもりや》」と注釈を加え、令釈は「今の皇城の助鋪《ひたきや》の如し」とする。また「衛府」は古記によれば大宝令では「四衛府」となっており、それは左右兵衛と左右衛士であるが、今の行事では中衛と左右兵衛が共に一日おきに巡行し、衛士は関与しなくなっているという。毎夜でないように既に形骸化しているが、衛府の兵士が火を焚いた小舎に詰め、また見回ることで道の警備と京内の交通の取締りにあたったわけである。

関だけでなく交通の要衝において警備する兵が往来者を監視し、勘問することで実際に浮浪人を拘束することもあったろうし、そうでなくとも往来者にとってはいつどこで勘問を受けるかもしれないという不安が、浮浪・逃亡を抑止する効果を持ったのである。

関と剗　関と剗について改めて考えよう。表のように、関表記とともに剗の数も多い。そして律令に見えるセキが前述の職員令大国条中の「三関国、又掌関剗及関契事」を除くと、一貫して「関」表記を取るのに対し、六国史や太政官符、『風土記』などで「剗」と書かれるものが多いことや、唐では関の意味をもつ「剗」の用例がないことなどから、関と剗は異なる性格のものであり、関は律令法に根拠を持つのに対し、剗はその枠外に存在するものであるとか（永田英明—二〇〇八）、剗は国司の裁量で国内に設置されたもので、過所による勘過を行う法的根拠はなかったとする説が出されている（吉永匡史—二〇一二）。

たしかに史料には関と剗の二つの表記が見えるし、先に引用したように、職員令大国条の『令義解』や『令集解』所引の釈説では、剗は「塹柵の所」であり、交通「検判の処」である関とは異なるとしている。両者を全く同じものとみることはできず、塹や柵を設けて交通を遮断するような施設が剗であって、その通行には過所を必須としないと理解できそうでもある。

また『出雲国風土記』の無名の剗は、備後・伯耆・石見へ通じる道に置かれ、いずれも出雲国内に置かれたようである。そうすると先に示した関剗の配置原則に反することになる。なぜならそれによれば、備後と出雲、伯耆と出雲の国境のセキは京から見てより遠い側の出雲国内に置かれることになるが、石見との国境のセキは石見国内に置かれたはずだからである。こうした事例から剗は国司の権限で必要に従って置かれたものという見解が出されるわけである。また『続日本紀』を見ると、天平宝字元年にクーデターに失敗して捕らえられた橘奈良麻呂は、藤原仲麻呂が剗を奈羅に置いて人々を憂えさせたと陳述している（『続日本紀』七月庚戌条）。奈羅は平城山丘陵のことで、今までなかった所に剗を置いたことを批判しているが、奈羅なら大和と山背の国境より大和側にあたり、やはり配置原則に反することになる。

しかし『出雲国風土記』が作られた天平五年段階では、新羅との関係が悪化し、それに備えるために前年以来、東海・東山・山陰・西海道には節度使《せつどし》が置かれ（『続日本紀』天平四年八月丁亥条）、特に東海・東山・山陰道諸国では「兵器・牛馬は、並に他処に売与することとえざれ。一切禁断して界を出さしむることなかれ」（同年八月壬辰条）という措置が取られていた。この政策を実現するために、出雲国内では他国へ通じる道に剗を置いたのではなかろうか。したがって伯耆・石見などでも同様の措置が取られたと考えられよう。そのため仲麻呂が置いたという奈羅の剗と同じように、関の配置原則に背くことになったのである。しかしそれをもって、剗の関との相違を強調することはいかがであろうか。

先に述べたように延暦十四年八月に相坂剗が廃止され（『日本紀略』同年八月己卯条）、後に相坂関として復活する。弘仁元年（八一〇）九月の薬子の変の時に、「伊勢・近江・美濃等三国の府并びに故関」を閉じているが（『日本後紀』九月丁未条）、近江の故関とは相坂剗である。六国史は同関を剗とも関とも表記する。六国史と律令史料とに見える表記を区別する考えもあるが、六国史も古代国家が作成したものである。それにもし剗が国司が自己の裁量で設置したものであるなら、国史がその廃止記事を特に載せるであろうか。さらに過所なしでそこを越えられたという明確な根拠はない。要は剗の中には臨時的、簡易的なものもあったのであろうが、配置原則や勘過など、関と基本的な性格・機能が共通するものと考えるべきである。

4　過所木簡

平城宮跡出土の過所木簡　前にも述べたように残念ながら紙の過所は残っていない。しかし過所に類似した内容を有する木簡、過所（様）木簡がいくつか出土している（舘野和己―二〇一二）。その中で平城宮跡から出土した次のものは、過所として機能したことが明らかなものである。出土したのは朱雀門の北側、和銅元年（七〇八）に始まる平城宮造営時に埋められた下ツ道の側溝からであるので、奈良時代以前のものである。奈良盆地には七世紀に造営された、約二・一キロの間隔で走る三本の南北直線道路、東から上ツ道・中ツ道・下ツ道がある。下ツ道は平城京造営にあたって、拡幅されて朱雀大路となった。出土した木簡は、長さ六五・六センチ、幅三・六センチ、厚さ一・〇センチと大変大きく、次のような文字が書かれていた。

・関々司前解近江国蒲生郡阿伎里人大初上阿□〔伎カ〕勝足石許田作人
・同伊刀古麻呂大宅女右二人左京小治町大初上笠阿曾弥安戸人右二
　送行乎我都　鹿毛牡馬歳七　里長尾治都留伎

（奈良国立文化財研究所『平城宮木簡二』一九二六号）

木簡は里長の尾治都留伎《おわりのつるぎ》の名で作成され、「関々の司の前に解す」、すなわち関々のお役人に申し上げますという文言で始まる。内容は、近江国蒲生郡阿伎里《あきのさと》の人で、大初（位）上の位階をもつ阿伎勝《あきのすぐり》足石《たるいし》の元へ、田作人（耕作者）として同族の阿伎勝伊刀古麻呂《いとこまろ》と大宅女《おおやけめ》の二人が来ていたが、彼らは左京の小治町《おわりまち》に住む大初（位）上笠阿曾弥安《かさのあそみやす》の戸の人である。近江での用事が終わったので、彼ら二人を我が都へ送りやる（あるいは、二人を送っていく乎我都《おがつ》が同行するという意味の可能性もある）。その際、七歳の鹿毛の牡馬を連れて行く、というものである。里長は近江国蒲生郡阿伎里の里長である。

大初位上という位階、それに近江国蒲生郡阿伎里という行政組織はいずれも大宝元年（七〇一）制定の大宝令で定められたものなので、この木簡の年代はそれ以降で平城宮造営以前である。したがって左京は平城京ではなく藤原京のそれである。

注目されるのは冒頭の「関々司」であり、近江から藤原京に行くまでに複数の関があることを想定しているのである。そうであるなら近江と山背、山背と大和の国境の関ということになろう。そしてこれが山背から大和に入って間もない地点で廃棄されていることは、まさに過所としての役割を果たしたことを物語る。1節で述べたように、霊亀元年（七一五）五月に過所に国印が捺されるようになり、それに伴って過所は紙であることが必須になった。それまでは『令集解』公式令天子神璽条の引く古記に「注、過所符は、便に随いて竹木を用いる」と見えることから、大宝令では竹木の過所も認められていたが、ここでそれが容認されなくなったようである。この木簡は、過所木簡が合法的な時期のものということになる。

ただし問題もある。過所は国司が発給すべきものだが、これは里長が作成している。それに公式令過所式条によれば過所には日付が必要だが、それもない。移動の事由ももう一つ不明確だし、関名も通行者の年齢も書いていない。

図4　平城宮跡出土過所木簡（奈良文化財研究所蔵）

あげればきりがないほど、規定の書式とは異なっている。しかしながら古代日本では、そうしたものが過所として通用したのである。法の規定と実態との乖離が見られるが、それを日本の律令制社会の実態として理解すべきであろう。それにしても随分大型の材に大きく闊達な文字で書いている。かつ下端の七・五㌢ほどは文字を書かず空白にしている。おそらくそこを持って関所の役人に掲げて見せ、通行の正当性を強く主張したのであろう。

なお先に近江と山背、山背と大和の国境の関を想定していると書いたが、実際にそこに関があったのかは疑わしい。この木簡と共に「大野里」の名の見える木簡、「五十戸家」とか「五十家」と書かれた墨書土器も出土している。「五十戸」は里のことであるから、そこには里の執務機関である「五十戸家」があり、山背と大和の国境に近い大野里家が関に類似した交通上の機能を果たしたのではないかと考える（舘野和己―一九九八ｂ）。

5　関の廃絶とその後

本貫地主義の終焉　人々の自由な交通を禁じる本貫地主義は、次第に行き詰まりを見せていく。いくら取り締まろうとしても浮浪・逃亡は一向に減らなかった。たとえば『続日本紀』天平宝字五年（七六一）三月甲辰条は、「京戸の百姓、課役を規避して外国に浮宕すること、習いて常とす。其数実に繁し」と窮状を述べる。「外国」とは畿外諸国のことである。そしてその対策として「各在所に占著して、その口田を給う」というように、現住地で戸籍に付けて口分田を支給することにした。本貫地に戻すことを諦め、現実的な措置をとったのである。浮浪・逃亡対策は、1節でみた霊亀元年（七一五）五月に現住地で調庸を収取しようとしたことに始まり（『続日本紀』五月辛巳朔条）、その後本貫地に戻す、現住地で戸籍に付けるなど、さまざまな方策がとられて変遷があったが（大町健―一九七八、二〇〇三など）、延暦四年（七八五）六月になると他国からの浮浪人を現住地の戸籍に編付することをやめた（『類聚三代格』六月二十四日太政官符)。公民に戻すことを諦め、浮浪人は浮浪人として掌握するというわけである。戸籍に付けないから口分田の班給もない。そして延暦九年(『続日本紀』十月癸丑条)を初見として、「土(人)・浪人を論ぜず」という文言が見えるようになる。当地の戸籍に付されている土人と浮浪人の区別が問われなくなっており、本貫地主義の放棄と浮浪人の公認を意味する。

関の廃止　この浮浪・逃亡対策の変化と並行して、本貫地主義維持の装置の一つであった関の制度にも大きな変更が加えられた。延暦八年七月に三関が停止されたのである。『続日本紀』七月甲寅(十四日)条によると、伊勢・美濃・越前国に対して、関は非常に備えるものであるが、今では支配が行き届き外患はなくなっている。関険を設けても防禦に用いることはなく、畿内・畿外の交通を阻害し、通利の便を失い、公私の往来を留めているとして、三国の関を停廃するように勅を出した。関は既に有害無益な存在というわけである。

ここからは関の軍事的性格を指摘することができるが、一方では前述のように不法な交通を取り締まる意義があったことも確かである。何より本貫地主義が終焉を迎えたことに呼応するように三関が廃止されたことが注目される。ところがこの政策を伝える『類聚三代格』延暦八年七月十四日勅には、伊勢・美濃・越前国という限定がない。この勅が弘仁兵部格に収められていたことからすれば、弘仁格編纂までには三関のみならず関全般が、一部の例外を除いて廃止されたので、元の勅の文言を改めたとみられる(舘野和己―一九九八a)。延暦八年十一月に摂津職が公私の使者の勘過を停止し(『続日本紀』十一月壬午(壬子の誤りか)条)、十四年八月に相坂剗が廃止されたのも(『日本紀略』八月己卯条)、その一環である。また延暦十一年六月七日に、関を守り、また路上で往来者の勘問にあたるべき軍団兵士が、陸奥・出羽・佐渡と大宰府管内諸国を除いて廃止されたことも(『類聚三代格』同日勅)、関係する政策である。

三関の復活と存続した関　一旦は停廃された三関だが、九世紀になると再びその姿を見せてくる。大同元年(八〇六)三月十七日に桓武天皇が崩御すると、すぐさま使者を派遣して「伊勢・美濃・越前三国の故関」を固守させたのが初見である（『日本後紀』三月辛巳条）。故関とは昔の関という意味である。次は弘仁元年（八一〇）九月で、平城宮にいた平城上皇が平城遷都を企てたいわゆる薬子の変が起こると、嵯峨天皇は「伊勢・近江・美濃等三国の府幷びに故関」を鎮め固めた（『同』九月丁未条）。ここで注目されるのは、三関国のうちの越前が近江に変わっていることである。近江の故関とは相坂関（剗）である。以後、天皇・上皇・高官の病気・死去や事変などが起こると、鈴鹿・相坂・不破の三関の固関が行われるようになった。三関の復活とも言えよう。

ただし関での交通検察は日常的なものではなく、非常時のみの措置であった。そのことは右の大同元年・弘仁元年時の「故関」という表現からもうかがえるし、天安元年（八五七）段階で相坂関が、「門鍵を閉じず、出入り禁ずること無く年代久し」（『文徳実録』四月庚寅条）く、さらに仁寿三年（八五三）四月二十六日太政官符（『類聚三代格』）の引く美濃国解で、「此の国、関を停むるの後、往来を制せず」と述べることから明らかである。

三関以外の関　ところで延暦十一年六月に軍団兵士が廃止された際に、陸奥・出羽・佐渡と大宰府管内諸国では「辺要にして備え無かるべからず」として兵士が維持されたのは（『類聚三代格』六月七日勅）、蝦夷や海外諸国と接する地域であったためである。また延暦二十一年に長門国は、「大宰府管内と境を接し、上下の雑物を勘過し、常に警虞《けいぐ》を共にすること、辺要に異なること無し」との理由で旧来通り五〇〇人の兵士を置くことを申請し、認められている（『類聚三代格』十二月太政官符）。ここに「勘過」という文言が見えるように、兵士存続諸国の中には関の存続した国もあった。

陸奥では白河剗と菊多《きくた》剗が俘囚の勘過に備え（『類聚三代格』承和二年十二月三日太政官符）、出羽では「雄勝《おかち》・秋田等の城及び国府、戎卒未だ息《いこ》わず、関門猶閉ず」（『同』天長七年閏十二月二十六日太政官奏）という状況であり、天長・承和の交に陸奥出羽按察使《あぜち》であった坂上清野《さかのうえのきよの》の治績は、「夷民和親、関塞無事」と言われた（『文徳実録』嘉祥三年八月己酉条）。

また大宰府では、九州からの船は豊前の門司《もじ》で勘過を受けることが求められていたが、延暦十五年十一月二十一日太政官符（『類聚三代格』）で、豊前国の草野津《かやのつ》、豊後国の国埼津《くにさきつ》・坂門津《さかとつ》を経て難波へ向かう船はそこでの勘過を受ければ、門司に立ち寄らなくてもよいこととなった。そして最終的には摂津でも勘過を受けたのである。摂津職は延暦八年十一月に勘過を停止したが（『続日本紀』十一月壬午条）、ここに復活したわけである。長門では大同元年にその勘過が理を失っていると非難されている（『日本後紀』七月乙未条）。また時代が下るが貞観八年（八六六）には唐人任仲元《にんちゅうげん》が過所を持たずに大宰府から上京したのは、関司が過所を勘検しなかったためであるとして、豊前・長門の国司と大宰府が譴責を受け（『日本三代実録』四月十七日辛卯条・五月二十一日甲子条）、同十二年には大宰府管下から毎年関を出る馬が千余匹にのぼっている状況を受け、豊前・長門両国に対し四年間馬を出すことを禁じている（『日本三代実録』二月二十三日乙巳条）。さらに同十一年には長門では陸海両道がこの関を通るので、その警護のためとして豊浦団と下関に配する軍毅や兵士の数を定めている（『類聚三代格』九月二十七日太政官符）。豊前の門司と長門の関の存続がうかがえる。

新置された関剗　以上が奈良時代以来の関が存続している特例であるが、新たに置かれた関もあった。近江国では天安元年四月に相坂・大石・龍花の三ヵ所の関剗を置いている（『文徳実録』四月庚寅条）。このうち相坂は「古昔の旧関」であった。いずれも山城から近江に入った地点にあたる。設置の理由は明確でないが、三月に京南・平城で群盗・姦盗を捕捉させていること（三月癸丑・乙卯・壬戌条）からすると、それらの取り締まりをめざしたものと考えられよう。また相模国の足柄関《あしがらのせき》と上野国の碓氷関《うすいのせき》が、東海道と東山道を行き来して馬を略奪する僦馬《しゅうば》の党の取り締まりのために昌泰二年（八九九）に置かれた（『類聚三代格』昌泰二年九月十九日太政官符・同三年八月五日太政官符）。このように関の新置は、群盗・姦盗や僦馬の党の跳梁といった特定の状況に対処するためであり、奈良時代の関のような日常の交通を検察するものとは同一視できないものになっていた。

そしてまた後には関は国境に置かれるとは限らなくなった。天暦十年（九五六）段階で駿河国に清見関《きよみのせき》・横走関《よこはしりのせき》のあったことが知られるが（『朝野群載』六月二十一日駿河国司解）、両関は国境に位置するものではない。宮城県多賀城市多賀城跡の九世紀に掘られ、十世紀前半に埋まった溝から出土した木簡には、「玉前剗《たまさきのせき》」の名が見えるが、これも陸奥国内の剗であり国境の剗ではない。律令制的関の配置原則から既に離れ、関剗の位置は必要性に応じたものへと変化したのであった。

続く浮浪人の取り締まり　延暦年間を画期とする関の廃止と本貫地主義の放棄は、不法な交通を取り締まる施設としての関がなくなったことと、人々を本貫地に束縛する政策をやめて現住地で（浮）浪人として掌握することを意味し、（浮）浪人身分の公認をもたらした。その結果、「不論土（人）・浪人」という文言が見えるようになる。しかしそれは人々が全く自由に移動し、どこに行きどこに居住してもかまわないという状況をもたらしたわけではない。

最後の一般的な浮浪対策である延暦四年六月二十四日太政官符（『類聚三代格』）では、他国からの浮浪人を当処（＝現住地）に編附（戸籍に登録）する宝亀十一年格を改め、天平八年（七三六）二月二十五日格に戻した。この天平八年二月二十五日勅（『類聚三代格』）は本貫地への帰還を希望する浮浪人には書類を持たせて自分で帰らせ、それ以外の浮浪人は現住地で編附せずに、名簿に登録して税を取るというものである（大町健―二〇〇三）。同様の政策は、延暦十六年八月三日太政官符（『類聚三代格』）でも、諸庄に集まる浮宕の徒を国司・郡司が毎年浮浪帳に登録して調庸を全徴するというところに確認できる。

すなわち浮浪人は公認されたと言っても、それは浮浪帳に登録され現住地に居住して調庸を納める浮浪人としてであった。それ以外、すなわち浮浪を続け、税の徴収から逃れようとする浮浪人達は、依然として取り締まりの対象であり続けた。たとえば右の延暦十六年八月三日太政官符で浮宕の徒が王臣の荘園に寄住して、その主人の威を借りて庸調が全免されていることを問題視して、国司・郡司に対し彼らを浮浪帳に毎年登録して調庸を徴収するように命じていることは、まさにそのことを物語る。

加茂遺跡出土木簡　右のことは次の石川県津幡《つばた》町の加茂遺跡出土木簡からも確認できよう。

・往還人□□丸羽咋郷長官
　路□〔作カ〕□□不可召遂〔逐カ〕

・道公□□乙兄羽咋□丸　「保長羽咋
　　「二月廿四日」　男□〔伎カ〕丸　」

一八一×二九×四　〇一一型式（『木簡研究』二三）

この木簡は九世紀中葉のものとみられ、羽咋《はくい》郷は能登国羽咋郡に属する。当遺跡は加賀国加賀郡に属し、越中へ向かう北陸道と能登への道の分岐点にあたる。読めない文字が多く内容は不詳な部分が多いが、羽咋郷長に率いられて道路作りに徴発されて能登と加賀を往還する人たちが、出土地付近にあった関（剗）を通過する際の身分証明として用い、「召し逐」われること（拘束）のないようにと主張するもので、同郷の保長が保証のために加署したものとみられている（平川南―二〇〇三）。しかし当時は既に一般的な関は無くなっていたし、もし加賀と能登の間に関があるなら能登にあるべきであり、加賀に属する出土地付近にあったとは考えにくい。むしろ関は無くても、国境を越えた交通を行うにあたって、途中で浮浪人とみなされることのないように、往還の正当性を保証するものとして作成されたものと理解できよう（松原弘宣―二〇〇八、舘野和己―二〇一一）。浮浪人の取り締まりが続いていた証左となる木簡である。

参考文献

石田実洋「正倉院文書続修第二十八巻の「過所」についての基礎的考察」『古文書研究』五一、二〇〇〇年
大町　健「律令国家の浮浪・逃亡政策の特質」原始古代社会研究会編『原始古代社会研究４』校倉書房、一九七八年

大町　健「日本古代の浮浪政策における所在地主義と二つの本貫地主義」『日本史研究』四八六、二〇〇三年
鐘江宏之「伊勢国計会帳の年代について」『日本歴史』五三七、一九九三年
亀　山　市『Ｗｅｂ版　亀山市史　考古編』第七章「鈴鹿関跡」、二〇一一年
亀山市教育委員会『鈴鹿関跡　第１次発掘調査概報』、二〇〇七年
岸　俊男「元明太上天皇の崩御」『日本古代政治史研究』塙書房、一九六六年
岐阜県教育委員会・不破関跡調査委員会『美濃不破関』、一九七八年
舘野和己「律令制下の交通と人民支配」『日本古代の交通と社会』塙書房、一九九八年ａ
舘野和己「関津道路における交通検察」『日本古代の交通と社会』塙書房、一九九八年ｂ
舘野和己「古代越前国と愛発関」『福井県文書館研究紀要』三、二〇〇六年
舘野和己「古代の関と三関」『条里制・古代都市研究』二四、二〇〇九年
舘野和己「木簡から探る日本古代の交通」藤田勝久・松原弘宣編『東アジア出土資料と情報伝達』汲古書院、二〇一一年
田良島哲「郵政資料館所蔵の寛文三年固関木契」『郵政資料館　研究紀要』二、二〇一一年
永田英明「奈良時代の王権と三関」『杜都古代史論叢』、二〇〇八年
平川　南「過所木簡」『古代地方木簡の研究』吉川弘文館、二〇〇三年
平林盛得「資料紹介　固関木契」『書陵部紀要』三九、一九八八年
松原弘宣「関の機能と過所」愛媛大学「資料学」研究会編『資料学の方法を探る』七、二〇〇八年
森川幸雄「三重県亀山市　鈴鹿関」『条里制・古代都市研究』二四、二〇〇八年
吉永匡史「律令制下における関剗の機能」『日本歴史』七七四、二〇一二年

三　税の貢進―貢調脚夫の往還と古代社会―

今津勝紀

1　中央化される租税

調・庸・中男作物　日本古代の税制は、令の編目が表現するように、賦役《ぶやく》や課役という語により総称される。厳密には議論のあるところだが、おおむね賦や課は物納の租税をあらわし、それには調と庸が相当する。役は身役・力役を意味し、歳役《さいえき》と雑徭《ぞうよう》が相当するのだが、調と歳役の代納物である庸が中央化される租税の中心をなした。

まず、調については、賦役令調絹絁条に品目の規定があるが、絹・絁《あしぎぬ》・糸・綿《わた》・布などの繊維製品と調雑物《ぞうもつ》とよばれる塩・鉄、さらには鰒《あわび》や堅魚《かつお》・烏賊《いか》をはじめとした多様な食料品が規定されていた。このほかに成人男子である正丁《せいてい》に課せられた付加税である調副《そわりつもの》物が規定されており、紫や紅・茜《あかね》などの染料をはじめとして朝廷で必要とする諸物資が列挙されている。これらのうち繊維製品が一般に正調と呼ばれるもので、なかには美濃絁や望陁布《もうだのぬの》など地域の限定されたものも含まれるが、その他は全国に普遍的に存在するものであり、貨幣的価値をもった一般的等価物である。

調雑物は、鉄・鍬《くわ》、塩、食料品からなるが、鉄・鍬は、禄物として官人に支給され、塩と食料品は、令制では官人の食事をつかさどる大膳職《だいぜんしき》が贄《にえ》とともにこれを管理した。贄は天皇・朝廷に進上される食料品をさすが、律令制下には諸国が儀礼的な貢献物として進上する贄のほかに、それらの日常的な食料に充当される贄が存在し、こうした贄は畿内の場合、品部である贄戸《にえこ》（雑供戸《ざつくこ》）が進上した。畿外では雑供戸は設定されていなかったが、古くからの食料供給集団が調を中心とした公的負担により進上していた。日本古代の調の制度は、調雑物として多様な食料品の規定されていることが特徴だが、大多数の国から進上されるのは正調であり、このような食料品の調雑物を進上する国は限定的であった（今津勝紀―二〇一二）。

なお調副物は令制では正丁のみが負担していたのだが、養老元年（七一七）の調庸制改正で廃止され、必要な物資を中男《ちゅうなん》の労役により調達する制度が成立する（『続日本紀』養老元年十一月戊午条）。令制では中男に相当する少丁《しょうてい》にも正丁の四分の一の調が課せられ、少丁には副物が免除されていたのだが、養老元年以降は中男の労役により必要な物資を調達するようになった。こうした中男の負担が中男作物である。

庸は、元来一〇日間の歳役の代納物で、賦役令歳役条では布を規定するが、実際には、米・塩などで納められることもあった。調は官人の給与など中央政府の主要な財源として支出され、庸は同じく中央政府の財源となるが、その使途は労働力の雇用および地方から京に上ってきた仕丁《してい》などの資養物に支出されるもので、庸米は精白されていない玄米（黒米）で納入された。以上が京進される調・庸・中男作物の概略だが、相模国を例にすると、『延喜式』主計式上には、次のように規定されていた。

調、一窠綾五疋・二窠綾三疋・三窠綾五疋・七窠綾五疋・橡帛十三疋・黄帛八十疋・紺布六十端・縹布卌端、自余は絁・布を輸せ。

庸、綿・布を輸せ。

中男作物、紙・熟麻・紅花・茜・短鰒・堅魚・海藻。

相模国の場合、国衙の工房で製作されたと考えられる綾を除くと、調は絁と布が基本であったが、これは庸の綿

(真綿)と布(麻布)に対応するもので、調絁を貢納する場合に庸の綿を納めたのであろう。これらが貢調使《こうちょうし》により都へと運ばれた。

舂米と交易雑物　このほかにも多くの物資が京に運ばれていた。米や、交易により調達した雑物がそれである。口分田に課せられた租は、穂首のついた穎稲《えいとう》の形で納められ、基本的にそれぞれの地域で正倉《しょうそう》に蓄積されるのが原則だが、こうした稲穀は天平期以降、正税出挙《しょうぜいすいこ》により運用され、その利稲は地方行政の財源となった。その一部が舂《つ》いて京進されるとともに、これを財源にさまざまな物と交易し京進することが行われていた。

年料舂米《ねんりょうしょうまい》は、正税をもとに官人の食料に充当する精白した白米と役夫に支給される玄米(黒米)を進上する制度で、白米は大炊寮《おおいりょう》に送られ、黒米は民部省と内蔵寮に送られる。『延喜式』民部式下では、年料舂米の輸納国は二二ヵ国に及び、伊勢・近江・丹波・播磨・紀伊などの国は二月三十日、尾張・参河・美濃・若狭・越前・加賀・丹後の諸国は四月三十日、但馬・因幡・美作・備前・讃岐は六月三十日、備中・備後・安芸・伊予・土佐の諸国は八月三十日以前に納めおわることとされていた。年料舂米は恒常的に進上されるものだが、このほかに、太政官符の発給により随時京進される年料租舂米・年料別納租穀も規定されており、こうした米を京進する国々も多く存在した。

ちなみに相模国の場合、年料舂米は課せられていなかったが、臨時の措置による年料別納租穀として三五〇〇石が規定されていた。同じように年料別貢雑物として筆一〇〇管・零羊角《かまししのつの》四具・青木香《しょうもくこう》八〇斤・牧牛皮があり(『延喜式』民部式下)、典薬寮に納められる雑物の薬種として、黄芩《ひひらき》一〇斤五両・芎藭《せんきゅう》二〇斤・茵陳稿《あらよもぎ》・知母《ちも》をはじめとする三二種類の薬が規定されていた(『延喜式』典薬寮式)。

交易して進上される最大のものは、正税を財源として調達される交易雑物であった。相模国の場合、商布六五〇〇端・豉《くき》二石五斗・鹿皮二〇張・鹿角一〇枚・紫草三七〇〇斤・布一五〇〇端・鞦《しりがい》一〇具・鹿革二〇張・履牛皮一二枚・樏子《らいし》四合が規定されており、こうした交易物は調庸物とともに京進された(『延喜式』民部式下)。地方財源を交易に充てて進上する制度そのものは、律令制の当初から存在したと考えられるが、調庸制は八世紀末から九世紀初頭以降、違期・未進・粗悪などにより弛緩しはじめるので、そうした調庸制を補完するために交易雑物が拡大していったとされている（早川庄八―二〇〇〇）。このほか椀などの雑器も年料や交易により進上されており、京にはさまざまな制度を介して多くの物資が集積されていた。

2　調庸墨書銘と荷札木簡

調庸墨書銘　ではこうした貢進物はどのように集められ、京へと運ばれたのであろうか。税のなかでも中心をなした調、とりわけ正調の織物生産の実態については、これまでも議論が重ねられてきたところだが、調布の織幅は古墳時代や中世の織物の二倍の幅であり、広幅の織物が国家的に強制された規格であることが古くから指摘されてきた（角山幸洋―一九六五）。また当時の人々は麻で織った布を使っており、綿・絹・絁など生糸を利用した織物とは無縁の生活をしていた。つまり律令国家が収取しようとした税物は人々の生活とかけ離れたものであり、こうした貢納物は国家的に生産が強制されたものにほかならなかった。

近年の東村純子の研究によると、原始・古代の織物は、輪状式の原始機が利用されたが、これは織手の身体長に規制されるもので、律令制下の調布の長さと布幅を織ることができなかった。古墳時代の中期以降に現れる地機《じばた》や高機《たかばた》を利用した直状式の製織技術によりはじめてそれが可能になったのであり、律令国家の紡織体制はこの延長上に成立した。製糸と製織についての分業と協業のあり方は地域によりさまざまだが、いずれにせよ郡衙やその周辺施設が重要な意味をもったとされている（東村純子―二〇一一）。後述するように、郷別に定められた調長や服長といった雑任《ぞうにん》がこうした公的な紡織に関与していた可能性は高いと思うが、郡内で貢納用の紡織は完結していた。

こうして織られた調布や絁には両端に墨で銘が入れられた。賦役令調皆随近条では「凡そ調、皆な近きに随て合成せよ。絹絁布は両頭、及び糸綿は嚢《つつみ》、具《つぶさ》に国郡里戸主姓名年月日を注し、各の国印を以て、之を印す」ことを規定し、織りあがった正調の両端に国郡里戸主姓名年月日を墨書し、国印を押印することと定めている。事実、

相模国鎌倉郡方瀬郷戸主大伴部首麻呂調幷庸布壱端長四丈二尺天平勝宝□年十月　主当国司史生従八位上坂合部連糠麻呂　郡司少領外従八位上他田臣国足

（『正倉院宝物銘文集成』六〇）

といったように、東大寺正倉院に伝来した調布や絁にはこの規定通りに墨書されたものが現存する。この例のように専当国司・郡司の名を記したものも存在するが、ほぼ令の規定どおりに貢納形態は整えられていた。

この作業についてだが、「駿河国正税帳」の国司の部内巡行項目には「検校調庸布」と「向京調庸布」が挙げられており（『大日本古文書』二―一一五、以下『大日古』）、前者は七郡別二日、後者は一郡別一二日が計上されている。七郡は駿河国が七郡から構成されていることに対応したもので全郡を対象とし、後者は国衙所在郡での作業を計上したものである。前者の検校は、調庸専当国司が国内の諸郡衙を巡回し、郡司とともに調庸布そのものを点検する過程が相当するだろう。こののち調庸布にはそれぞれの国の印が捺されるのだが、それが後者の向京のプロセスであった。

現存する墨書銘をみると、貢進者名の表記は戸の構成を反映しており、戸を単位として書き入れられたことが明らかである。戸籍・計帳といった台帳の記載に従って書き入れられたものであり、郡衙に集積された正調の織物の生産者が貢進者であったわけではない。こうした国司と郡司による検校をへて、貢進者名が書き入れられ、さらに国印が捺されることで貢納形態は整えられた（今津勝紀―二〇一二）。

荷札木簡　調雑物の食料品や塩・鉄・鍬、庸の米などには、貢納用の荷造りにともない木製の荷札が付けられた。そうした付札を荷札木簡とよぶ。

1　安房国安房郡大田郷大屋里戸主大伴部黒秦戸口日下部金麻呂輸鰒調陸斤伍拾玖条天平七年十月

2　安房国安房郡広湍郷沙田里戸丈部大床調鰒六斤伍拾条天平七年十月
三〇三×二七×五　〇三二型式（『平城京木簡』三—四八八八）

3　安房国安房郡大井郷小野里戸主城部忍麻呂戸城部稲麻呂輸鰒調六斤六十条天平七年十月
三二五×二三×六　〇三一型式（『平城宮発掘調査出土木簡概報』二二—三〇）
二六一×二四×五　〇三一型式（『平城宮発掘調査出土木簡概報』二二—三一）

これらはいずれも天平七年（七三五）に安房国安房郡から調の鰒《あわび》を貢納した際に付けられていた荷札木簡である。安房国は天平十三年に上総国に併合されるが（『続日本紀』天平十三年十二月丙戌条）、安房国衙が停止されていた時の荷札木簡と天平七年の調鰒の木簡とを比較した場合、その書式に違いはない。そのためこれらの荷札木簡は安房郡内で作成されたと考えてよい。

安房郡の調鰒は、全長三〇〇ミリ程度の細長い熨斗鰒《のしあわび》に成形され、それが条・連と数えられるように、六斤分を束ねて貢納されるのだが、安房郡の調鰒の荷札木簡は、長さにゆとりがあるためか、表裏にわたって記載されることはない。内容は、国＋郡＋郷＋里と戸主・戸口といった貢進者、調・鰒・貢進年月が記載されるのが一般的である。荷札木簡そのものは、上から下までが必ずしも同時に書かれたものではなく、さまざまな書かれ方をしたようで、例えば国名＋郡名＋郷名などの部分を書き溜めて、後に里名と貢納者名が追記されたものもある。おそらく、共通の部分を書き溜めて、個別の必要な事項を書き加えていったのであろう。鰒の個体重量は異なっていたので、束ねられた熨斗鰒の数もそれに応じて異なっており、天平七年の事例でも重量六斤が、五〇条・六〇条・五五条・五二条などの例を確認できる。こうした情報が書き込まれ、貢納形態は完成するのだが、鰒を何条か束ねて六斤とする作業と、その情報の書き込みは、おそらく同一の場所で行われたであろう。そこで貢納形態が完成した。

すでに述べたように、調庸墨書銘を入れるプロセスと現物の調整プロセスは別個のものであり、荷札木簡の場合でも別々のプロセスをへてこれらがある時点で統一され貢納形態は整えられるのだが、これらの作業を郷のレベルで行うと仮定すると、郷段階で戸主・戸口などの情報が蓄積されていることが必要となる。しかし、郷（里）のレベルでこうした情報が蓄積されていたことを示す史料は今のところ日本では見当たらない。右に掲示した3の木簡は大井郷からの貢納を示すが、旧九重村大井に比定される大井郷は海岸に接していない。こうした郷の荷札木簡でも他の郡内諸郷と同一の書式であり、安房郡全体に荷札木簡の書式に関する規制は強く及んでいる。

このように、郡を単位とした共通の特徴が認められるのは確かなのだが、子細に比較してみると郷を単位とした相違も認められる。例えば広湍《ひろせ》郷の場合、この郷のみ「調鰒」と表記するのだが、他の郷では「輸鰒調」・「鰒調」と記している（佐藤信一九九七）。このような表現は広湍郷に特徴的であったのだろう。全体として、郡を単位とする書式の共通性は郡の規制をうかがわせるが、郷を単位とした特徴がみられることは、荷札木簡を書くという作業が郷を単位として行われていたことを示す。とするならば、この現象は、郡衙において郷を単位として、郷の人々が作業すると想定することでも説明が可能である。安房国から貢納される鰒は東鰒《あずまのあわび》などとも称される特殊な貢納品であり、荷札木簡も特別に丁寧な作りがなされていたと考えられるが、正調と基本的に似たようなプロセスをへていたはずであり、これらの荷札木簡の最終作成段階は郡衙であったろう。

庸米の取りまとめ　では、より一般的な品目の米、なかでも役丁《えきてい》などの食料に充てられた玄米を納めた庸米の場合はどうだろう。この点で興味深いのが次の事例である。

・備中国手田郡大飯郷新□里庸米
・四斗五升田中里一斗五升右二村一俵
（『平城宮発掘調査出土木簡概報』二九―三六）

庸米木簡には貢進者名が記載され、支給形態に応じて五斗八升か六斗の単位にまとめられるのが通例であり（狩野久一九九〇）、この木簡も六斗を一俵にした庸米に付けられたものである。備中国哲多《てた》郡大飯《おおい》郷については、他に郷の下にもう一里が存在したことが確認できるので、郷里制下の大飯郷は三つの里からなると考えられる。他の地域の例でも郷里制下には郷の下に里が二〜三ほど作られるので、哲多郡大飯郷の下にある里は、以上がすべてであったろう。この場合、新□里と田中里がみえるが、そうした里が「村」として表現されていること、新□里の四斗五升の米と田中里の一斗五升の米を合成することで六斗一俵をなしていることに注目したい。

庸米の正丁一人当りの輸貢量は三斗と推定されており、六斗は正丁二人分に相当し、一斗五升は正丁の四分の一を負担する次丁《じてい》の輸貢量に相当する。つまり四斗五升は、正丁一人と次丁一人分か、次丁三人分と解される。この木簡自体は、成俵作業の前にそれぞれの村から四斗五升・一斗五升の形で玄米が集められたことを示すものでもないし、これが郷で作成されたことを示すものでもない。しかし、村を第一次的な単位としつつ、郷の段階でそれが合計されていることには意味があったろう。

『類聚三代格』に収める弘仁十三年（八二二）閏九月二十日官符には、郡の業務を補完する雑任とよばれる人々を雑徭により徴発したことがみえるが、そこに調長・服長・庸長・庸米長などが郷別に定められていた。律令制下の正丁には、年間六〇日の力役奉仕、すなわち雑徭が義務付けられており、これらの雑任の労働には雑徭が適用されたのだが、こうした長のもとには丁《よぼろ》がいたはずである。庸米長はそうした丁を指揮して、都へ送る庸米の取りまとめの作業にあたったものと考えられる。この取りまとめ作業の詳細、すなわち最末端の村から郷にはどのように集められたのか、また郷や郡衙でどのような作業が行われたのかなど、具体的なことはわからないが、少なくとも郷を単位とした作業が存在したことは間違いない。調庸納入実務に関わる雑任が郷別に設定されていることと、郷を単位として庸米が取りまとめられることは関連するだろう。

貢納形態が整えられるまでのプロセスを、厳密に復原することは現状ではできないのだが、荷の取りまとめから、荷札の作成や墨書銘の書き入れまでのプロセスは、国・郡・郷といった組織が有機的に機能してはじめて実現するものであった。

3　貢調の旅

貢納の期限　こうして取りまとめられた貢納物は、それぞれの国から宮都へどのように運ばれたのだろうか。まず調庸の輸納について、養老賦役令調庸物条では「凡そ調庸物、年毎に八月中旬より起《おこ》りて輸《いだ》せ。近国は十月三十日、中国は十一月三十日、遠国は十二月三十日より以前に納め訖《おわ》れ。其れ調糸は七月三十日以前に輸し訖れ。若し調庸未だ本国より発《た》たざる間に、身死ぬることあらば、其物は却《しりぞ》き還《かえ》せ。其れ運脚は均しく庸調の家に出さしめよ。皆国司領《うなが》し送れ。僦勾《しゅうく》し便《たより》に随ひて糴《か》ふて輸すこと得じ」と定められていた。国々は京からの地理的距離により近国・中国・遠国に区分され、八月中旬より輸しはじめ、それぞれの区分にしたがって期日までに調庸物を納入するのが原則であった。

近国・中国・遠国の区分は『令集解』賦役令調庸物条に引くところの民部省式と『延喜式』に規定がみえる。『令集解』に引用する民部省式には和銅六年（七一三）に備前から分立する美作《みまさか》、丹波から分立する丹後（『続日本紀』和銅六年四月乙未条）がみえないため、それ以前のものであり、藤原宮段階での区分と考えられる。民部省式で中国であった相模が『延喜式』では遠国となり、同じく民部省式で近国だった阿波と讃岐が『延喜式』では中国へと変更されているが、これは宮都が移るにともない再編されたのであろう。また『延喜式』民部式上には、「凡そ諸国の貢する調庸は、越後・佐渡・隠岐の三国は、並びに明年七月を限り、長門国は四月を限り、伊予国は二月を限る。但し宇和・喜多両郡は三月を限る。土佐国は二月を限り納め訖れ。自余は令の如し。其れ陸奥・出羽の両国は、便に当国に納《い》れよ。西海道は大宰府に納れよ（後略）」という規定があり、これらの諸国は令の原則から外されたらしい。この規定が成立した時期を特定することはできないが、いずれも遠国に相当する国々である。

なお、この条文を母法となった唐令と比較してみると、日本令の「調庸未発」の部分が、唐令では「庸調車舟未発」となっており、日本令には車と舟の語がみえない。この部分を意図的に削っていることから、日本令では陸路を人が担ぎ運ぶ陸路人担方式が輸送の原則と考えられてきたのだが（松原弘宣―一九八五）、重量物の運搬には車や船も有効であり、土佐国では調を船で運んだ形跡もあるように（『日本書紀』天武十三年十一月庚戌条）、陸路人担を基本としつつも、米などの輸送に船が古くから利用されていたことが推定されている（森哲也―一九九四）。

貢調使・綱領郡司と脚夫の編成　令の規定に従えば、国から都への貢調のキャラバンは国司が領送することとされていた。そうした国司が貢調使である。貢調使の実例としては、天平六年（七三四）の出雲国の貢調使として史生《ししょう》で大初位上の依網連《よさみのむらじ》意美麻呂《おみまろ》が（『大日古』一―五八六）、天平十二年の遠江国の貢調使として介の正六位上大伴宿禰《おおともすくね》名《な》負《おい》（『大日古』二―二五）などの例がみえる。『延喜式』民部式上には調庸専当国司に目《さかん》以上を任ずることが規定されているが、国司は頻繁に京と任国の間を往来しており、実際には、位階も職階もまちまちであるように、そのときどきの国司が貢調使に適宜任じられたのであろう。

国司だけでなく郡司も動員されるが、こうした郡司を綱領郡司と呼んだ。綱領の領とは部領の意であり、綱領は実際の輸送にあたる人夫を率いる者だが、そうして率いられるのが貢調脚夫である。調庸物条の規定に関連して、『延喜式』民部式上では「凡そ調庸及び中男作物、京に送らんには正丁を差《さ》して運脚に充てよ。余は脚直《きゃくちょく》を出し、以て脚夫に資《あ》てよ。預め所須の数を具《ぐ》して、出だすべき人に告げ知らせよ。限に依りて検領し、程に准じて宜を量り、路次に設《まけ》置《お》け。上道の日より、官に納むるまで、一人に日に米二升・塩二勺を給い、還る日は半を減ぜよ。剰《あま》らば廻らして来年出すところの物の数に充て、別簿にて申し送れ」というように具体的に規定されていた。養老四年（七二〇）には調庸の脚夫を除いて、雑物の輸送に携わる担夫には帰国の路糧が支給され（『続日本紀』養老四年三月己巳条）、神亀元年（七二四）には雑物を京に運ぶ向京担夫に糧料が支給されるようになり（『続日本紀』神亀元年三月甲申条）、年料舂米や雑物の運送には正税を財源とした路糧が支給され、場合によっては担夫が雇傭されることもあったのだが、調庸に関しては一貫して令の原則が維持されていた（加藤友康―二〇〇五）。

こうした人々により構成される貢調のキャラバンが、実際にどのように編成されていたのかはよくわからない。しかし、先の『延喜式』民部式上の規定によれば、伊予国宇和郡と喜多《きた》郡については貢納の期限を三月とするように、伊予国では郡により納期が異なっていたことが注目される。これらの郡が伊予国の西端に位置することによるものだが、貢納の納期が郡を単位として定められていることは、貢納キャラバンの編成が郡を単位になされたことを示していよう。また、綱領郡司について、『延喜式』民部式上には「凡そ期に違いて調庸を貢する郡司、応に罪を決すべくは、徒《ず》罪は杖《じょう》一百に止め、杖罪以下各一等を減じ科決せよ。（後略）」と規定があり、期を違えて納入、たいていの場合は遅れてという意味だろうが、そうした貢調郡司を処罰することが定められている。この場合も郡司の責任が問われており、実際の輸送のキャラバンが郡を単位に編成されていたことを示すであろう。最終的に国司が貢納の責任を負うのだが、一元的に国衙に集荷して国衙から中央を目指すというのは、郡の地理的位置によっては遠回りとなり無駄となることもありえた。

人馬の輸送力　ところで、こうした貢調脚夫はいったいどれくらいの重量の品々を運んだのであろうか。調庸の輸送についてはは、その実態がわからないが、交易雑物をはじめとした雑物の輸納には正税が支出されたため、いくつかの事例が残っている。

例えば、天平十年の「駿河国正税帳」には、中宮職に納める絁を交易により調達し、担夫を雇傭して運ばせたことがみえる（『大日古』二―一一九）。交易により入手した絁は合計八〇疋で、それについて担夫四人が計上されている。一人の担夫は絁二〇疋を運んだ計算になる。人が担いで運搬する際の絁の量の目安になるだろう。この担夫の庸賃は人別二〇束であった。

また同様に皇后宮の交易雑物として煮堅魚《にかつお》と味葛煎《あまずら》が進上されており、煮堅魚は合計三二〇斤を一籠に八斤ずつ収めた四〇籠、味葛煎は一斗入りの缶に入れて二缶の計二斗が運ばれた。両者をあわせて雇傭された担夫は一二人で、この一二人の内訳は明示されていないが、液体である味葛煎の缶の形状を考えるならば、一〇人が煮堅魚を運び、二人が缶入りの味葛煎を運んだのであろう。つまり煮堅魚は四籠で重さ三二斤を一人が運び、味葛煎一缶を一人が担いで運んだものと考えられる。三二斤は大斤と考えられるので一人あたり二一キロ強を運んだことになる。煎の缶は一斗の重量を一人で担いだのであろう。当時の一斗は今の四・五升で、約八・一リットルにあたる。なお、絁の場合は人別の庸賃は二〇束であるが、この場合の庸賃は人別二五束であった。この違いが何によるのかはわからない。

ほかに「但馬国正税帳」には、蘇《そ》の入った壺五を担夫一人で運んだこと、御履皮《みはきもののかわ》二張を担夫二人が運んだこと、造難波宮雇民の鮨《すし》五斛《こく》が缶一四口に収められて担夫二八人により運ばれたことがみえる（『大日古』二―六五～六六）。一三缶には三斗六升、一缶に残りの三斗二升を収めた一四缶について、缶別に担夫二人が充てられている。三斗六升程度の重量であるならば一人でも担げるはずだが、おそらく前後に人を配して缶を担いだのであろう。前後に人を配して担ぐ方式は淡路国からの贄の輸送にもみられる（『大日古』二―一〇二）。

また、但馬国からは醤大豆《ひしおだいず》一六斛が進上されるのだが、これには人だけでなく駄馬も動員された。駄馬は一六頭からなり、それぞれに馬をひく牽夫一人の合計一六人、担夫は二〇人が動員され、駄馬の背にはそれぞれ醤大豆一斛が括り付けられ、担夫は五斗を一荷として担いだ。駄馬は人間の二倍の重量を運んだ計算となるが、駄馬には牽夫も必要であり、この事例を当てはめると、駄馬一六頭分に相当する物を運ぶには三二人が必要となる。日本古代では民間の私馬を駄馬として徴発するなどして、駄馬が広範に利用されていたが（望月悠佑―二〇〇八）、担夫を五二人動員するか、牽夫・担夫三六人と駄馬一六頭を動員するかは、キャラバンを編成する際の地域事情によるのであろう。

なお、こうした駄馬による輸送について、『続日本紀』天平十一年四月乙亥条に「天下の諸国をして駄馬一疋の負う所の重さ大二百斤を改め、百五十斤を以て限とす」とあり、駄馬の積載重量の上限を大二〇〇斤から大一五〇斤に軽減する措置がとられている。当時の大斤はおおよそ六七〇グラムであり、大一五〇斤は一〇〇キロ程度となる。『延喜式』雑式には「凡そ公私の運米五斗を俵とせよ。仍りて三俵を用て駄とす。自余の雑物亦た此に准《なずら》へよ。其れ遠路の国は、斟量してこれを減せ」として、五斗で一俵をなし三俵を駄とする規定があるが、これは天平年間以降の規定であったろう。

さらに『延喜式』主税式上には、駄について「凡そ一駄の荷率、絹七十疋、絁五十疋、糸三百絇、綿三百屯、調布卅端、庸布卌段、商布五十段、銅一百斤、鉄卅廷、鍬七十口」と規定されていた。この規定では例えば、一駄で絁五〇疋だが、駿河国の事例では、絁は一人が二〇疋を運んでいる。但馬国の醤大豆は人が五斗を運ぶのに対し馬は一斛なので、馬の輸送力は人の二倍から二・五倍ということになろう。ここにあげられているのはいずれも調庸物であるが、寛平六年（八九四）七月十六日官符に「調物の進上は駄を以て本となす。官米の運送は船を以て宗となす」（『類聚三代格』）とあるように、陸路人担が原則の調庸物の京進に際しても駄馬の調達が可能な場合には、それが使われるのは当然であった。

都にあふれる脚夫と駄馬　ところで、全国から、いったいどれだけの量の貢納物がどれだけの人により運ばれたのであろうか。まず総量についてだが、もとより、この点を厳密に考えることはできない。しかし、当時の貴族に封として与えられた戸の平均課丁数は一戸あたり四人の正丁が想定されていた（『令集解』賦役令封戸条所引慶雲二年十一月四日格）。この数値は、古く鬼頭清明が明らかにした、大同三年（八〇八）十一月十日官奏が引く大宝元年格での位禄支給額の計算基準でもあり（鬼頭清明—一九七七）、『延喜式』民部式上でも「凡そ封戸、正丁四人・中男一人を以て、一戸とす（後略）」として規定されている。この一戸四丁という基準が、大宝年間より延喜年間まで機能していたものと考えられるが、この数値をもとに全国の正丁数を概算すると、『律書残篇』にみえる郷数は約四〇〇〇なので、四〇〇〇×五〇戸×四人でおおよそ正丁八〇万人がえられる。その負担額は、和銅から養老にかけて成立する調庸の規格をもとに調布に直すと、この時期以降は三丁で二端を成すので五十数万端にのぼり、庸布の場合は二丁で一段をなすので四〇万段となる。一人分の調と庸を合成する調庸布の場合は、一丁で一端をなすので八〇万端である。京畿内の調は雑器を除いて銭であり、畿外諸国では調雑物の食料品や塩、鉄・鍬での負担、さらに庸米の負担もあるので、こうした数値自体に意味はないのだが、おおよその総量としてはこの程度になる。

もう少し個別にみてみよう。天平宝字六年（七六二）に奉写大般若経所に支出された越中国の調綿一万六〇四〇屯が、ほぼ一国分に相当することがあきらかにされている（吉川真司―二〇〇五）。越中の調綿は特殊な綿でもあるので、注意が必要かもしれないが、『延喜式』主税上の規定では、綿は三〇〇屯で一駄であるから、これをすべて駄馬で運ぶなら馬五四頭と牽夫五四人が必要となる。またすべてを人担とするならば一〇〇人から一五〇人ほどが必要となったろう。越中国の場合、庸も綿であり、庸の輸額は品目にもよるが、おおよそ調の半分ゆえ、庸分でもすべてを人担とすると五〇人から七五人が必要となる。このほかに中男作物として、紙・紅花・茜・漆・胡麻油・鮭楚割《そわり》・鮭鮨《すし》・鮭氷頭《ひず》・鮭背腸《みなわた》・鮭子《さけのこ》・雑腊《くさぐさのきたい》を、交易雑物により絹一〇〇疋・商布一二〇〇段・履料牛皮四張・曝黒葛二〇斤・編筥三一九合・織筥二八合・漆一石三斗を運ぶのだが、交易雑物の絹だけで二駄、同じく商布だけで二四駄となり、履料牛皮には二人を要した。もとより正確な数をあげることはできないが、軽物の綿を中心とした越中国の場合でも一〇〇人を優に超える規模となったであろう。

なお重量物の米の輸送にはより多くの人を要した。神亀五年に美作国大庭《おおば》郡と真島《ましま》郡の庸米八百六十余斛を山川峻遠にして運輸が難しく、人・馬が疲弊するとのことで、軽い綿・鉄に変更するよう求めているが（『続日本紀』神亀五年四月辛巳条）、庸米八百六十余斛は五斗一俵として一七二〇俵強となる。大庭郡と真島郡は『和名類聚抄』では一六の郷があるので正丁三二〇〇人程度が見込まれるが、これをすべて駄馬で運べば五七三駄と同数の牽夫、すべてを人担とするならば一七二〇人を要する計算になり、この二郡だけでも庸米の輸送にかなりの人数が動員されたであろうことがうかがえる。

同じように、伊賀国の場合、庸は白木韓櫃九合を除いてすべて米なのだが、仮に『和名類聚抄』にみえる伊賀国を構成する一八郷で、一郷あたり正丁二〇〇人×一八郷の三六〇〇人が三斗を納めるとすると一〇八〇斛となり、これを五斗入りの俵に詰めると総計二一六〇俵となる。一俵を一人が担いだとすると二一六〇人を要し、三俵を荷駄で運ぶならば七二〇駄と同数の牽夫が動員された計算になる。伊賀国の調は糸と布なので軽量だが、都に近接した伊賀国だけでも貢納の季節には最低でもこの程度の牽夫と駄馬が毎年動員されていたことになる。

もう一つ、たびたび紹介する相模国の事例を想定してみよう。相模国では国衙工房で作成された綾、染色された布帛を除いて絁と布が調の大半をしめ、庸も綿と布であった。中男作物に細々とした品があげられているが、『和名類聚抄』にみえる郷数がおおよそ六〇郷なので課丁数一万二〇〇〇人となり、それを調絁に換算すると四丁成疋なので三〇〇〇疋が相当する。これを駄馬で運ぶなら絁の場合、一駄で五〇疋なので六〇駄を要した。さらにこの正丁数を庸布に換算すると二丁成段なので六〇〇〇段となり、これを駄馬で運ぶとなると同じく一駄で四〇端なので一五〇駄が必要であった。なお調庸布に換算すると一丁一端なので一万二〇〇〇端となり、この場合だと三〇〇の荷駄が必要となる。絁で納めるか布で納めるかの比がわからないため、もとより正確なことはわからないが、少なくとも二〇〇から三〇〇の荷駄が見込まれるだろう。この他に、中男作物と交易雑物が運ばれたので、この数はさらにふえることは間違いない。交易雑物は相模国の場合、商布六五〇〇端、布一五〇〇端が規定されており、これだけで一六〇駄が必要である。また、履牛皮一二枚も含まれるのでこれを人担するならば一二人を要する。交易雑物だけでも駄馬を利用したとして、二〇〇人近くが必要であったろう。調庸とあわせるならば人馬で四〇〇から五〇〇程度が見込まれる

表1　調布・庸布に換算した場合の期別の荷駄数

期月	貢　納　国	正丁数	調布(端)	庸布(段)	荷　駄
2月	土佐	8,400	5,600	4,200	280
2･3月	伊予	12,600	8,400	6,300	420
4月	長門	6,400	4,267	3,200	213
7月	越後・隠岐・佐渡	13,400	8,933	6,700	447
10月	近国	186,200	124,133	93,100	6,207
11月	中国	161,000	107,333	80,500	5,367
12月	遠国	160,000	106,667	80,000	5,333

1）正丁数は『和名類聚抄』での郷数に200を乗じて合算
2）調布・庸布の合成規格は養老規格による

表2　年料舂米輸納国の期別の荷駄数

期月	石　数	俵	荷　駄
2月	4,790	9,580	3,193
4月	5,124	10,248	3,416
6月	4,620	9,240	3,080
8月	3,741	7,482	2,494

『延喜式』民部式上での舂米輸納国の石数を合算

ところであり、すべてを人担によるならばこの数はさらに増えることになる。

いま試みに、大宰府管内と畿内諸国を除いて、延喜式制により貢納期限どおりに調庸が納入されたとして計算したのが表1である。十月が期限の近国が二二ヵ国、十一月が期限の中国が一六ヵ国、十二月が期限の遠国が一一ヵ国あり、『和名類聚抄』にみえるそれぞれの国のおおよその郷数に推定正丁数を乗じて調布・庸布を納めたと仮定した。そうすると、この季節には毎月五〇〇〇駄程度が必要であったことがうかがえよう。駄馬には牽丁が一人付くので、おおよそ十月以降には毎月五〇〇〇人の牽夫と五〇〇〇頭の駄馬が上京していたことになる。これは調庸のみの計算であるが、このほかに中男作物や交易雑物も同時に京進されたので、この数字が過大であることにはならないだろう。隠岐国のような調雑物食料品のみを貢納する国も調布・庸布で計算しているように、これはあくまでも仮定の上での計算にほかならないのだが、毎年冬の十月から十二月には調庸と交易雑物の輸送でひと月に五〇〇〇人程度の脚夫が上ってきたと考えられる。

ちなみに表2に示すように、二月・四月・六月・八月には年料舂米が二二ヵ国から輸納されることになっており、この四回の貢納期限で納入される総石数は一万八二七五石であった。『延喜式』雑式の規定通りに成俵されたとすると五斗で一俵なので、俵の数は三万六五五〇俵となり、駄馬には三俵を積載したので、これを運搬するのに必要な駄馬は合計一万二一八三駄となる。毎回、おおよそ三〇〇〇前後の駄馬が上京しており、それぞれに牽夫一人が付いていたはずである。なお、年料租舂米と年料別納租穀は随時官符により輸納が命じられて運ばれるものだが、その場合にはさらに増えることになる。

平城京の人口について古くは二〇万人説がとなえられたが、その後はもっと少なめに見積もるようになっており、昨今では、一〇万前後もしくは一〇万人を切っていた可能性も考えられている（鬼頭清明―二〇〇〇）。これらの数値は都城に宅地をもつ定住人口の推計なのだが、以上述べてきたように、一時的な流入人口も考える必要があるだろう。都城には一年を通じて、つねに三〇〇〇人から五〇〇〇人といった規模の一時的な流入人口が存在したと考えられるのである。都は諸国からの脚夫や駄馬であふれていたのである。

4　都での調庸物

調邸　以上のように、貢調の旅により上京する人々は大勢に上ることが推定できるのだが、こうした人々を収容する施設が存在したはずである。そうした施設と考えられるものに相模国調邸がある。

平城京左京八条三坊、東市の西辺に相模国が所有する広さ一町の調邸が存在した。それを天平勝宝年間に造東大寺司が買得し、東市庄を置くのだが、その買得の際の券文が東大寺薬師院に伝わった（現在は早稲田大学附属図書館蔵）。券文は計四通が張り継がれており、A天平勝宝七歳（七五五）五月七日の相模国司牒（『大日古』四―五八）、B天平勝宝七歳十一月十三日の相模国司牒（『大日古』四―八三）、C天平勝宝八歳二月六日の相模国朝集使解（『大日古』四―一一四）、

D天平勝宝八歳正月十二日の東西市庄解からなる（『大日古』四―一〇九）。このうちAとBには相模国印があるので、相模国衙で作成されたものであり、Cは売却代金の請取で、相模国調邸で作成し造東大寺司に提出したものである。Dの市庄解は造東大寺司への報告で、買い上げる土地の実地調査の結果地価六〇貫文という評価を行ったものである。これらの詳細を述べることはしないが、造東大寺司は、天平年間頃より東市に隣接する地の取得を目指していたところ、天平勝宝年間に至り相模国に対して、土地の交換もしくは購入を求めたもので、最終的に六〇貫文で相模国はこの調邸を売却し、便地を購入したと考えられている（舘野和己―一九九八）。

この調邸について注目されるのは、第一に造東大寺司により示された代替の寺地は「遠去㆓朝庭㆒、運送多㆑労」ので（A）、「請㆓地価銭㆒、欲㆑買㆓便地㆒」（B）ことになるように、平城京の東市に隣接してこの施設が存在することに意味があった。納入までの運搬の労だけでなく、これまでも繰り返し指摘されているように、相模国の調庸納入が平城京の市場と関連しながら実現していた可能性が想定できよう（吉田孝―一九八三、栄原永遠男―一九九二）。相模国に限らず、国と市場との接触を具体的に示す史料は今のところ存在しないのだが、その可能性は十分に考え得るところであり、この場所に意味があった。第二には、この造東大寺司とのやり取りについて、相模国では管下の郡司・百姓の意見を問うていることで、彼らの意見を踏まえて、調邸と寺地との交換ではなく、売却により便地の購入を選択した。調邸を実際に利用するのは管内の郡司・百姓であり、彼らの利便が優先されたわけである。

調邸という名称から考えて、調邸の機能としては何よりも綱領郡司・貢調脚夫を貢納物とともに収容する施設であったろう。CはDにより見積もられた六〇貫文を受け取ったことを示すが、そこに記載されているのは、雑掌足上《あしかみ》郡主帳代丈部人上《はせつかべのひとかみ》、鎌倉郡司代君子伊勢万呂《きみこのいせまろ》、御浦《みうら》郡司代大田部直圀成《おおたべのあたいくになり》、国司史生茨田連薩毛智《まむたのむらじさつもち》である。このうち丈部人上はBを持参した人物で、そこには調雑掌とみえるので、天平勝宝七歳十一月の貢調使に従って入京したと考えられる。彼も含めた郡司代らが造東大寺司から売却の価銭六〇貫文を受け取り、Cの朝集使解を作成しており、京内に家をもたない彼らは調邸で起居し、必要な業務を行っていたのである。以上は相模国の事例ではあるが、このような施設を相模国だけが所有していたとは考えにくいところで、すでにみた貢調の旅の規模を考えるならば、他の国々も京内もしくはその周辺にこれに類似する施設を有していたであろう。

貢納の奏上　こうして運ばれてきた貢納物の納入手続きはどのようになっていただろうか。そのプロセスを復原してみよう（北條秀樹―二〇〇〇、俣野好治―一九八〇）。

まず、調庸物の運京は、『延喜式』民部式上に「凡そ調庸を貢する使は、物と帳と同領して京に入れ（後略）」と規定されているように、物と帳を同領することが原則であった。同領される帳簿には公文である調庸帳と納入実務に利用される門文《かどぶみ》があるが、こうした帳簿を国司が持参することになっていた。

調庸帳については、恐らく貢納者の歴名記載はなく、納入調庸物についての目録様の帳簿で、それぞれの国からの毎年の調庸の総量を記載したものであったろう。斉衡二年（八五五）五月十日官符によると、貢調使は入京とともに、調庸帳を弁官に進めることになっていた（『類聚三代格』）。事実、「出雲国計会帳」によると、貢調使が調庸帳を同領することが弁官解部に含まれており、こうした事務手続きが八世紀段階においても行われていたことが確認できる（『大日古』一―五九七）。

弁官での調庸帳の取り扱いについては、次の『延喜式』太政官式の規定からうかがうことができる。

①弁官牒二少納言一式

左弁官

（中略）

某国司申送調庸及中男作物等帳若干通

（中略）

右若干通請奏

（中略）

牒件入奏文書幷請二進駅鈴伝符一及請印文書具件如レ前故牒

年　月　日　左史位姓名牒

左弁位姓名

②凡諸国調庸等帳進レ官、即太政官惣二計数国一造レ目、少納言奏レ之

これによると弁官に提出された調庸帳について、弁官から少納言に請奏、少納言による「目」（数国分を惣計した目録）の奏上の過程が、さらに同じく「少納言牒弁官式」（『延喜式』太政官式）により弁官による少納言の奏上についての検領の過程が復原される。

調庸の貢進の原則は、物と帳との同領にあるので、調庸帳の奏上は事実上、調庸物の京進についての天皇への奏上を意味する。この場合、実際に収納した物の数についての奏上ではなく、貢納の事実についての奏上であったろう。②によると少納言は「目」を奏上するのだが、これは①の「某国司申送調庸及中男作物等帳若干通」を数国分まとめたものであり、天皇は某国からの貢納物の到着を確認するのである。天皇による貢納の確認は御贄解文奏にもみられるところで（『侍中群要』巻十）、こうした貢納の確認は、古く貢納物を王の眼前に奉る貢納儀礼が存在したことに由来する（今津勝紀—二〇一二）。

勘会と収納　つぎに貢納される物そのものの納入手続きだが、まず弁官からの奏上とは別に納入予定額と納入額の勘会の実務が民部省で行われた。国司は民部省に出頭し、その年納入する調庸と以前に提出していた計帳目録との勘会作業に追われていたのだが、なかには民部省に出頭せず勘会作業をサボタージュする者もあり、その国司の給与に相当する公廨《くがい》を没収する措置がとられている（『日本後紀』大同五年三月戊辰条）。

実際の納入作業についてだが、『延喜式』民部式上の規定によると、上京した綱領郡司は国司に率いられて民部省へ出頭し、民部省の役人とともに大蔵省正倉院に向かい、民部録・史生と大蔵録により、持参した貢納物の点検が行われる。その後、大蔵省の正倉に収めるよう、民部省から大蔵省への移《い》という書類が作成され、その後、正倉への納入作業がはじまった。ちなみに、調雑物の食料品の場合は、同じように宮内省が検領した。

大蔵省正倉院では、綱領郡司と綱丁《こうちょう》・貢調脚夫が実際に物を運び込むのだが、運ばれてきた現物と門文の照合が行われる。寛平八年（八九六）閏正月一日格には、「調庸幷せて例進の雑物、倉庫令に依るに、国明かに進物色数を注載し、綱丁らに附して各の所司に送る。此を門文と号す。須らく門文に任せ全て進納せよ」（『類聚三代格』）とあり、これは倉庫令調庸物応送京条に対応する記述なのだが、綱丁らが納入実務に持参する文書を門文とよんだ。門文に記載されているのは、納入する品目とその数であるので、この納入作業で貢納物に付された一点一点の貢納者名が確認されるわけではなかった。門文に従って物実を納入することで、その日に納入した額を証明する日収が発給された。いわば日ごとの納入証書であるが、この納入作業は数日にわたったと考えられる。

こうして納入実務が完了した段階で、物を収納した諸司・諸家から返抄《へんしょう》収文《しゅうぶん》が発給されるのだが、その収文をもとに主計寮できちんと納入されたかを検査して、返抄が発行された（『類聚三代格』承和十年三月十五日官符）。国司はこの返抄を受けて、その年の貢調事務の完了となった。こうした勘会のプロセスを通じて調庸の違期・未進・粗悪が検出されるのだが、もし未進がある場合には、それに応じて専当郡司の職田直《しきでんのちょく》を奪い、不足の場合には、国司の公廨を没収することになっていた（『延喜式』民部式上）。しかし、律令制の弛緩とともに、諸国の未進は累積してゆくのであった。

5　貢調脚夫の帰還

都下の役　以上のように調庸の納入事務は数日間にわたるのだが、脚夫の場合、それにとどまらず京下で労役に徴発されることがままあった。

『日本後紀』大同四年（八〇九）九月丙午条には「諸国の脚夫を京下に役するを停めよ。旱疫民疲を以てなり」（『類聚国史』一七三）とあり、この年の冬、これから上京する諸国からの脚夫を京下で使役することを停止しているが、こうしたことは止まなかったようで、弘仁十三年（八二二）正月二十六日格でも「応に脚夫を役するを停止すべき事」として、「頻年、諸国の損害相仍りて、百姓の困窮、肩を息する所なし。而て貢調人夫、都に入て担を脱するも、未だ幾日を経ず、東西に駈使さる。憂歎の懐、年を逐《お》いて聞ゆることあり。撫臨の道、事矜恤《きょうじゅつ》すべし。宜しく諸国脚夫の都下之役、自今以後、永く停止に従え」（『類聚三代格』）との措置がとられる。これによると諸国疲弊の折、貢調脚夫が入京して、東西に駈使される事態が続いているが、こうした「都下之役」を停止するよう求めたものである。これらの命令の実効性がどれほどのものかはわからないが、上京した脚夫がさまざまに駈使されることは当然のごとくあり得ることであった。

帰還の苦難　脚夫は入京した際に、その「備儲《びちょ》」が点検されるのだが、それは国司の「字育和恵粛清所部之最」という考課に関連するものであるから（『続日本紀』霊亀二年四月乙丑条）、おそらく無事に帰還できるための糧食などの必要物資を備えているかの点検であったろう。律令国家は、『延喜式』雑式に「凡そ諸国駅路辺に菓樹を植え、往還の人をして休息を得さしめよ。若し水なき処は、便を量りて井を掘れ」と規定するように、往還の人のために果樹を提供するなど、便宜をはかったりもしていた。和銅五年（七一二）には「諸国の役夫及び運脚は、郷に還るの日、糧食乏少にして、達《いた》ること得るに由なし。宜しく郡稲《ぐんとう》を割きて別に便地に貯へ、役夫の到るに随いて、任《まにま》に交易せしむべし。又た行旅人をして必ず銭を齎《も》ちて資とし、因りて重担の労を息《や》め、亦た銭を用いる便を知らしめよ」（『続日本紀』和銅五年十月乙丑条）との措置が出されているが、これは当時発行された和銅開珎を役夫や運脚に持たせ、地方政府の財源となっていた郡稲を適当な場所に割き置き、それを道中の糧食として和銅開珎と交換させることを命じたもので、律令国家による銭貨の回収手段としての意味もあるが、往還の脚夫の便を考えてのものでもあったろう。この措置は翌和銅六年に拡充され、郡稲だけでなく、近隣の豪富家を募り米を路側に置き、其の売買に任すべしとの措置がとられている（『続日本紀』和銅六年三月壬午条）。

しかし調庸の場合、『延喜式』段階に至るまで令制の原則が維持されたので、調庸脚夫の往還は困難をきわめた。天平宝字二年（七五八）の冬には平城京の市辺に餓人が多くあったとされるが、それは諸国の「調脚」の帰郷困難者であった（『続日本紀』天平宝字三年五月甲戌条）。すでにみたように、平城京の東市に隣接して相模国調邸があったが、市辺には多くの脚夫が集まっていたはずであり、冬は諸国より貢調脚夫が集中する時期でもある。そうした脚夫のなかには市辺の「餓人」、すなわち市で乞食せざるをえない者も多くあったのである。

実際に、帰還の途についたとしても、『続日本紀』天平宝字元年十月庚戌条には「諸国の庸調の脚夫、事畢りて郷に帰るとき、路遠くして糧絶ゆ。又た行旅の病人を親しく恤《めぐ》み養ふことなく、飢死を免《まぬが》れむと欲して、口を餬《もら》ひて生を仮る。並に途中に辛苦して、遂に横斃《おうへい》を致す（後略）」とあるように、貢調脚夫のなかには食料も途絶し、病をえても看る人もなく、遂に横斃する者もいた。『東大寺諷誦文稿』には調庸運脚により旅路で没逝した「東西国亡霊」を供養する文言がふくまれているが、これは地域の寺院での亡霊鎮魂仏事を反映すると考えられている（鈴木景二—二〇一四）。こうした脚夫は多くあったようで、『日本後紀』延暦二十四年（八〇五）四月癸卯条でも「貢調の脚夫、路に在りて留滞し、或は飢えて横斃する者衆《おお》し。良に路次の国郡法令を存せず、便に随いて村里撫養するに意なきに由るなり」として、繰り返し保護を命じている。『延喜式』民部式下でも諸国往還の百姓の保護を専当国司に義務づけ、正税による収養や病者の送達、死者の埋葬を義務づけているのだが、この風習は日本の古代社会の本質に関わるものであり、根深いものがあった。

遡って、『日本書紀』大化二年（六四六）三月甲申条は、薄葬令ほか当時の風俗矯正の合計八項目の詔をつたえるが、その第五は祓除に関するもので、そのなかに、①役民が事了りて還郷する際に、路頭に病死したならば、路頭の家の者が「何の故にか人をして余路《あがあたり》に死なしむる」として、死んだ者の「友伴《ともがき》」を留めて、祓除を強要すること、そして、祓除の強要を避けるために路傍に死者を放置する者の多いことがみえる。死者を忌避して祓除を強要する点は、同じく②河で溺死した人に遭遇した場合にもみえており、こうした心性は古代に普遍的なものであった。また、③帰還する役民が路頭で炊飯する際にも、路頭の家が「何の故にか情《こころ》の任《まま》に余路に炊《かし》き飯《は》む」として祓除を強要するのだが、④他人から借りた甑《こしき》で炊飯したとき、甑を覆すと持ち主が祓除を求めることもあるように、この場合には竈の火についての信仰が背景にあった。

これらはいずれも愚俗として非難されているのだが、当時の地域社会は決して開かれたものではなかった。それゆえに、行路の人が病をえたなら参宿し（『日本霊異記』下二八）、飢人や乞食に施行《せぎょう》する施設でもあった寺院の果たした役割は大きかったであろう（吉野秋二―二〇一〇）。古代社会において、中央化する巨大な物流システムが成立し、役民・脚夫が地方と中央とを頻繁に往還するようになるが、寺院は欠くことのできない存在になっていったのである。

疫病の拡散　最後にもう一つふれておきたいことがある。先に述べた大同四年九月の脚夫の京下での使役停止についてだが、この措置には前提が存在した。実は、大同二年の末より京中で疫病が流行しており、前年の大同三年には京をはじめとして全国で飢疫が発生していた。大同二年十二月二十五日には使を遣して京中の疫者に賑給《しんごう》を実施するも（『類聚国史』一七三、疾疫、以下同じ）、年が明けた大同三年にはさらに流行は拡大したようで、正月七日と十二日にも京中の病者に賑給と医薬の支給が行われる。十三日には使を遣して、京中の死骸を埋斂させ、諸大寺及び畿内と七道諸国に大般若経を奉読させるとともに、京中の病人に米及び塩などを支給し、二十六日には右京で疫病に罹患した者に綿を支給するが、この後も同様で、二月二十四日には大極殿で名神に祈禱を行い、三月一日には天下諸国で七日間の仁王経講説、八日には内裏と諸司・左右京職で同じく仁王経の講説を行う。五月八日にも左右京の病人の治療を実施するが、ついに、十日に至り飢疫を言上する諸国の調を免除する措置がとられるにいたる。

このように、大同三年の春から京中で疫病が蔓延していたのだが、こうした事態が進行している最中の二月四日に「往還の百姓、路に在りて病を患う。或は飢渇に因り、即ち死亡に到る。是誠に諸司格旨を存せず、村里看養に意無ければなり。又た頃者、疫癘《えきれい》ありて、死する者稍《やや》多し。屍骸斂《おさ》むること無く、路傍に露委するは、甚だ骼《かく》を掩《おお》い胔《し》を埋《うず》むるの義に乖《そむ》けり。宜しく、諸国をして巡検看養せしむること、一《もはら》ら先格に依れ。所有之骸は、皆悉く収斂せしむべし」として、路傍に放置された往還百姓の死骸の埋葬が命じられるのである。この往還の百姓で路に在りて病を患う者とは、京中で流行している疫病に罹患した者であったろう。このように京下で疫病にさらされる脚夫は多くあったと考えられる。そして、彼らが帰国することで、諸国が飢疫を言上する事態に至るのである。

古代最大の人口集中地である都城へと上京した脚夫たちは、そこでさまざまな病原体と接触したであろう。人間が畜群を管理するようになって以来、犬・牛などに由来する結核や麻疹《はしか》などの感染症が人間の世界に入り込んでくるのだが、こうした病原体は日本の古代にも存在した。そうした病原体が存在するためには、一定程度の人口の集中が必要であるが、その最たるものが都城であった。古代の都城への人口集中は、病原体との接触機会を拡大させたはずである。そして都城へと中央化される人と物のシステムを介して、列島全体に疫病は拡散したのである。

参考文献

今津勝紀「調庸墨書銘と荷札木簡」『日本古代の税制と社会』塙書房、二〇一二年
加藤友康「貢納と運搬」『列島の古代史4人と物の移動』岩波書店、二〇〇五年
狩野　久「庸米付札について」『日本古代の都城と国家』東京大学出版会、一九九〇年
鬼頭清明「八、九世紀における出挙銭の存在形態」『日本古代都市論序説』法政大学出版局、一九七七年
鬼頭清明「平城京の人口推計と階層構成」『古代木簡と都城の研究』塙書房、二〇〇〇年
栄原永遠男「奈良時代の海運と航路」『奈良時代流通経済史の研究』塙書房、一九九二年
佐藤　信「古代安房国と木簡」『日本古代の宮都と木簡』吉川弘文館、一九九七年
鈴木景二「律令国家と神祇・仏教」『岩波講座日本歴史3古代3』岩波書店、二〇一四年
舘野和己「相模国調邸と東大寺領東市庄」『日本古代の交通と社会』塙書房、一九九八年
角山幸洋「八世紀の織物生産」『続日本紀研究』一二八、一九六五年
早川庄八「律令財政の構造とその変遷」『日本古代の財政制度』名著刊行会、二〇〇〇年
東村純子『考古学からみた古代日本の紡織』六一書房、二〇一一年
北條秀樹「文書行政より見たる国司受領化」『日本古代国家の地方支配』吉川弘文館、二〇〇〇年
俣野好治「律令中央財政機構の特質について」『史林』六三―六、一九八〇年
松原弘宣「奈良時代における海運政策」『日本古代水上交通史の研究』吉川弘文館、一九八五年
望月悠佑「律令国家における駄馬」『続日本紀研究』三七二、二〇〇八年
森　哲也「律令国家と海上交通」『九州史学』一一〇、一九九四年
吉川真司「税の貢進」平川南ほか編『文字と古代日本3流通と文字』吉川弘文館、二〇〇五年
吉田　孝「律令時代の交易」『律令国家と古代の社会』岩波書店、一九八三年
吉野秋二「非人身分成立の歴史的前提」『日本古代社会編成の研究』塙書房、二〇一〇年

四　中央と地方を結ぶ人々の動き

馬場　基

1　国司の都鄙交通

律令法が規定した往来　日本古代の国家は、中央集権を目指した。人も物も富も情報も、中央が掌握し、把握する。各地を支配するためには、中央から地方へと人を派遣しなければならない。一方、富や情報を吸い上げるためには、地方から中央へと人を動かさなければならない。こうして、律令国家の成立は、それ以前に比して飛躍的に巨大な人の動きを惹起することとなった。そして結果的に、交通インフラの整備を促し、知識・技術・文化の交流と普及をもたらし、交易の活発化への刺激をももたらした。

ここでは、この巨大な流れとそれがもたらした、あるいは生み出した出来事について、いくつかの事例を挙げて紹介することにしたい。まず、律令条文中に規定された都鄙《とひ》の人の往来を抜き出してみた（表）。これはあくまでも令本文に規定された人の移動だけである。これ以外にも、直接律令条文には記載されないものの、律令的支配を貫徹するために規定されていた、たとえば郡司任用時の式部省における試練や出雲国造の神賀詞《かんよごと》奏上なども存在する。

さて、この一覧表をもう少し見てみよう。人数としては、仕丁《しちょう》や衛士《えじ》など公民層が大きな数を占める。一方、往来の頻度においては、国司や郡司など律令支配機構の中に位置づけられる人々——官人層とその周辺といえるだろう

表　律令条文中にみえる人々の移動

利用者	場　面	詳　　細	典　拠
国司	赴任・帰任		
	四度使等	朝集使 貢調使 大帳使	公式令51 賦役令 3 戸令18
郡司	調庸物貢進		賦役令 3
兵衛	上京・帰郷	国司が郡司子弟から選抜・郡別 1 人・国内の2/3の郡から 都に到着したら点検・奏上	軍防令38 宮衛令 3
采女	上京・帰郷	国内の2/3の郡から	軍防令38
帳内・資人	上京・帰郷	辺要国以外からの採用	軍防令48
仕丁・廝丁	上京・帰郷	それぞれ 1 人 /50戸。 3 年交替 移動中に病気ならば現地で食料等支給、療養。死亡時は棺を支給、道路際に埋葬、碑を建てる 出発前に長官による点検	賦役令38 賦役令31・32 賦役令 4
女丁	上京・帰郷	大国 4 人・上国 3 人・中国 2 人・下国 1 人	賦役令38
匠丁・廝丁	上京・帰郷	飛騨国	賦役令39
衛士	上京・帰郷	都に向かう兵士が衛士・ 1 年交替 都に到着したら点検・奏上 国司が引率	軍防令12・8 宮衛令 3 軍防令20
防人		家人・奴婢・牛馬引率許可 移動中に病気ならば現地で食料等支給、療養。死亡時は棺を支給、火葬・埋葬 帰路は食料支給	軍防令55 軍防令61 軍防令60
運脚	調貢進		賦役令 3
流人	流罪	妻と一緒に移動 専使が部領・ 4 季毎に 1 回流人を送る 流人の食料は路次で供給	獄令11 獄令13 獄令15

――のそれが大きい。前者は駅伝制などの公的な交通サービスを十分には享受できなかったのに対し、後者は公的交通サービスの主たる利用者であった。極端な言い方をすれば、官人層にとって都鄙の往来は、日常的とまではいえないにせよ、「当たり前」のことだったといえよう。強制された都鄙交通という点では公民層も官人層も共通するものの、その頻度やバックアップにおいては圧倒的な差が存在する。当然、それぞれの都鄙交通がもたらした社会的・歴史的影響にも差があるはずである。まずは、国司の都鄙交通がもたらしたものから検討していきたい。

国司のまわりの都鄙交通　国司には、中央官人が任命される。令の規定では原則現地採用となっていた国博士《くにはかせ》でさえ、中央からの派遣が多かった。国司は中央から各地へと赴任し、任期が終わればまた各地から中央へと帰任した。国司の都鄙交通は、その国家的・公的な性格から、伝馬《てんま》など公的な交通体系を利用する。そういう意味では、国司の都鄙交通は頻度や総量としては大きいものの、社会とは隔絶しているようにも感じられ、公的交通の維持など以外への影響は小さいようにも感じられる。だが、国司の都鄙交通は、関連する様々な都鄙交通を呼び起こす「台風の目」のような存在であり、そこには古代における都鄙の文化交流を集約的に見ることができる。

まず、国司の赴任には家族が同行することがあった。『日本霊異記』には、国司となって赴任した夫とともに任国へ下向した娘（と孫）の危機を、在京の母が悪夢で察知し、仏の加護によって難を逃れたという説話が収められている（中巻第二十「悪夢に依りて、誠の心を至して経を誦ぜしめ、奇しき表を示して、命を全くすることを得し縁」）。国司が任地に赴くことは、その家族をも巻き込んでの移動となる場合があった。

さらに、国司の家族のさらに親族が国司のつてを頼って移動することもあったらしい。

ある男が、陸奥の国司となった。その男は、舅から借金をしていた。利息を付けて返済すると約束したものの、元金しか返済できないでいると、舅は盛んに責め立ててくる。ついに男は一つの計画を練る。男の任地へと同行している妻の元に連れて行くと称して、舅とともに陸奥へと旅立つ。その途中、海を船で渡る最中に、船頭と共謀して舅を縛り上げた上、海に投げ落としてしまった。ところが、舅は仏の加護で海中でも死なず、行きがかりの船に助け出してもらうことができた。

一方、そうとは知らぬ男は、陸奥に着くと、何食わぬ顔で妻に、舅が船から落ちて事故死してしまったと告げ、法要を営む。その法要の場に、なんと死んだはずの舅が現れて……（『日本霊異記』下巻第四「沙門の方広大乗を誦持して海に沈みて溺れざりし縁」）

この説話でも、妻は夫とともに任地に赴いている。夫は在京しているので、何らかの用務で京に戻っていたか、あるいは私用で帰京することもあったのだろうか。とにかく、国司がひとたび任地に赴任すると、任期終了まで一度も帰京できないというのではなく、かなりの頻度で都との往来や連絡を確保していた様子が確認できるだろう。

陸奥に行くのに海を渡っているのは、本来の東山道ではなく東海道ルートを使ったためと考えられ、伊勢―尾張間の渡海の可能性が最も高いと思われる。なお、今回は男の「作戦」のためのルート変更かもしれないが、舅が特に不信感を抱いていない様子など、陸奥との往来に日常的に東海道ルートが利用されていた傍証となるかもしれない。「尾張国正税帳」では、陸奥からの御馬貢上使が尾張を経由していることが知られている（『大日本古文書』編年編一巻―六一一頁）。とにかく、一人の国司の赴任が、その家族や、さらに広い親族の都鄙交通を引き起こすきっかけとなっている様子は確認できるだろう。ちなみにこの舅は僧侶だが、僧侶が子供ももうけて金貸しをしているという点も興味深い。

さて、家族連れで現地に赴任していれば、病人も出ることがあろう。それどころか、死んでしまった場合もあり、こういう事態にも都鄙の交通が発生する。

神亀五年（七二八）、大宰帥大伴旅人《おおとものたびと》の妻大伴郎女《いらつめ》が、夫の任地九州は大宰府で死去。弔問の勅使として、式部大輔石上堅魚《いそのかみのかつお》が大宰府に派遣された。弔問が一段落した後に、旅人と堅魚が交わした歌が残っているが、悲しみを表に出していないのに、にじみ出ている感じがなんとも切ない（『万葉集』巻八―一四七二・一四七三）。さらに、天平二年（七三〇）になると、今度は旅人自身が病気になって、いよいよ自分もと覚悟を決めたらしい。弟の大伴稲公《いなきみ》と甥の大伴胡麻呂《こまろ》に遺言を残したいという使者を都に飛ばすと、早速二人が大宰府にやってきた。幸い旅人の病気は回復して遺言は不要となり、二人も都に帰ることになり送別の宴が開かれた（『万葉集』巻四―五六六・五六七）。

一方、天平十年十月三十日には、大宰大弐紀朝臣男人《きのあそんおひと》が任地で死去した（『続日本紀』天平十年十月甲午条）。現地で荼毘《だび》に付された後、遺骨は都へと運ばれていった。十一月十九日に紀男人の遺骨を運ぶ一行が、周防国を通過した記録が残っている（天平十年「周防国正税帳」『大日本古文書』編年編二―一三四頁）。大宰府音博士山背連靺鞨《やましろのむらじまつかつ》に率いられた総勢二〇人の一行であった。「正税帳」を見る限り、一行二〇人という人数は、かなりの大人数だ。やはり大弐クラスの人物の遺骨を運ぶとなると、相応の規模になる。こうして、任地に赴く人が増えると、それに応じて雪だるま式に都鄙の交通が増えていった。

さて、尾張少咋《おわりのおくい》という人物は、単身赴任だった。彼は「現地妻」を儲けてしまい、上司の国守大伴家持《やかもち》が教えさとした一連の歌が『万葉集』に収められる（巻一八―四一〇六〜四一一〇）。尾張少咋の場合、家族や親族の都鄙交通を引き起こさなかったと思いきや、都にいる正妻が突然任地にやってきてさあ大騒ぎという歌で締めくくられている（巻一八―四一一〇）。単身での赴任が、結果的には壮大な都鄙交通を引き起こしたといえるかもしれない。

都鄙の結節点としての国府　大伴旅人一家の事例で、使者はいずれも「駅使」＝駅制を利用しており、また大宰府での交流範囲も中央派遣官人やその家族達の域を出なかった様子である。そういう意味では、彼らの人的交流範囲は都城での交流範囲を超えておらず、新たな文化交流をもたらしていないようにも見える。ただ、例えば子供づれで任地に赴いたならば、任地で現地の使用人とも接触したであろうし、任地で一定期間育った国司の子供たちは、各地の言葉（方言）や習慣を目の当たりにし、感じ取っていたことだろう。

子供の事例に限らず注目したいのは、国府の「場」の特徴である。先の陸奥の事例でも旅人一家の事例でも、中央官人は国司（旅人の場合は大宰府）として赴任しても、常に都との連絡や往来を密にしていた。それを可能にしたのは、巨大な官道をはじめとする律令国家の交通インフラ整備だ。大宰府や国府は、巨大な道路空間によって都と接続されることで、視覚的・空間的に都の延長線上に位置していた。さらに、その道路空間を往来するこうした国司らによる緊密な都鄙交通によって、政治的・文化的にも都と連続する場になっていた。

さて、都の延長たる国府では、元日に儀式が行われた。最初に、国司・郡司は庁を「朝拝」する。次いで、国司の長官が属僚・郡司から「賀を受け」る。その後に、公費支出による宴会となる（儀制令18元日国司条）。庁を拝するのは、庁を象徴的に天皇の御す大極殿《だいごくでん》に見立てる行為であることはいうまでもないだろう（佐藤信一九九七）。とすれば、この儀式参列者の服装や身振り・手振り・立ち居振る舞い、声の出し方や「賀」の口上など、いずれも都でのそれと同様、もしくはある程度以上は類似したものが求められる。また、宴会の様式も、都の宴席に準じた形式が要請される。

まさに、都城の延長という国府の性格が如実に現れているといえるだろう。そしてこの場に郡司が参加している。参加した郡司たちも、都と同様の服装や所作を行ったはずである。つまり、各地の郡司も、国府での儀礼に参加するために、都の儀礼を身につけなければならない。国府での儀礼は毎年繰り返し行われるから、反復的にたたき込まれる。

元日儀礼に限らず、部内巡行など様々な場面で、国司と郡司は交流する。交流の場では、もちろん各地の「作法」が披露される場合もあるだろうが、権力関係からしても原則は国司側のルール＝都の儀礼が優先される場合が多かったであろう。国府という場を中心に、国司を通じて、都城の政治・文化・儀礼は、確実に在地社会へと浸透していくことになる。

さらに、都と同様の儀礼や宴席を維持するためには、それに必要な衣服や小物、食器セットなどが必要になる。もちろん都から供給を受ける場合もあるだろうが、多くの参加者全員に行き渡らせるためには、現地調達が原則であろう。「律令的土器様式」と呼ばれる土器の様態については、まだまだ研究途上にあると考えるが、大きさの規格化、型式の収斂《しゅうれん》という特徴は確認でき、その背景には国司・国府主導による都の儀礼導入があることは、まず間違いないだろう。

国司と国府を中心とした緊密な都鄙交通は、都の政治・文化・技術・儀礼を、一つの典型として全国に広め、列島内の均質化を——少なくとも表面的には——推し進める原動力であったということができるだろう。

2　郡司層の都鄙交通

郡司になる前に　郡司は各地の名族から任用される。その任用手続きや基準は、時期による変遷があるが、大まかには、①国司の推薦→②式部省での「試練」（試験）→③任命という流れである。①国司の推薦を得るだけならば、都に上る必要もない。だが、式部省で試験を受けるためには都に上らなければならない。しかも、半年近く都に滞在する必要があった。

いや、それどころか、②の段階で①がひっくり返される事態もあったらしい。奈良時代前半には、郡司任用時の「勤務実績評価」として中央の役所での勤務実績が認定されたらしい事例も存在する。九世紀初頭まで、国司に認めてもらっても、式部省での試験の際には中央で勤務している人々に横取りされる可能性が十分に存在した（以上、郡司任用関連は山口英男一九九三）。

さて、こうした事態からも明らかなように、郡司層の人々は、郡司になる以前、あるいは郡司にならなくても、都に来て働くなど、都鄙を往来していた。先ほどの表を参照してほしい。郡司層の往来で該当するのは、まず兵衛がいる。

兵衛は「つはもののとねり」と訓読みされ、都城に駐屯する軍事力の中核である。郡司の子弟から選抜されて都に送り込まれるほか、六位以下八位以上の下級官人層の嫡子等からも選抜される（軍防令47内六位条）。令の規定では左右兵衛府のみだが、後には兵衛府とよく似た中衛府なども設置され、拡充の一途をたどる。半月交替で軍務についていたらしい（宮衛令3兵衛上番条古記）。軍務についている間は、当然共同生活を送っていたであろう。

平城京左京七条一坊一六坪は、発掘調査の結果ほぼ奈良時代を通じて一町規模で利用されていたことが判明した。隣接する東一坊大路西側溝からは約八五〇点ほどの木簡が出土した。内容的には衛府、特に衛門府関係の木簡が目立つという。溝からの出土木簡は、流れている可能性や、溝さらえの可能性など、どのように判断するのかいろいろ難しいのだが、発掘調査報告書では積極的に左京七条一坊一六坪と結びつけて解釈している。そして、左京七条一坊一六坪が、衛門府の宿舎（平安時代における諸司厨町）だった可能性を想定する（奈良国立文化財研究所一九九七）。

ちなみに、同じ報告書の中でも、遺構変遷の項では「官人の宅地」という見通しを記述している。平城京左京七条一坊一六坪が、衛門府の厨町であったとは必ずしも断定できない様子だが、「平城京にも諸司厨町相当の施設があったはずだ」という点は重要な指摘である。各地からやってきた兵衛が生活する場所は必要だ。ここでの関心でいうと、その宿舎で各地からやってきた郡司子弟が一緒に生活をしていたであろうということが極めて重要である。

全国からやってきた兵衛達が共同生活をし、一緒に軍務に着く。当然、方言もあったであろうし、生活習慣も違っただろう。軍務中はできるだけ「標準語」を使おうと努力したであろうし、配給される食事は平城京で画一的に支給されるものだったであろう。下級とはいえ中央官人の子弟出身の兵衛と会話をするときには、方言を隠すのに必死だったかもしれない。一方、休憩や非番の日には方言を交えて話をしたであろうし、お国自慢の名物料理の再現に挑戦したとしても不思議ではない。その場には、全国出身の同僚兵衛も居たであろうし、都出身の「シティボーイ」兵衛もいたかもしれない。

卑近なたとえでいえば、全国から学生が集まると、授業は標準語で行われても、学生同士集まれば方言の紹介大会となり、誰かの下宿で各地の名物料理を作ってみるというようなイメージである。こうした中で、「全国共通」（学生であれば、実はその学校で標準ということになるのだが）の文化や儀礼を身につける一方、相互の異文化を知り、受け止めることも行っている。時には、地方文化が席巻する場合もあるかもしれない。ちょうど旧制高校で、丹波篠山の民謡「デカンショ節」が大流行したように。

それだけではない。兵衛は軍人といえど、人事評価も受ける。軍隊内での事務処理も覚えるし、様々な儀式にも参列する。兵衛府の中での宴会もあり、気楽な仲間内の「飲み会」とは異なる宴会文化も体得することができる。ことほどさように、将来郡司に任用されてもすぐに日常の行政仕事も、特別な日の儀礼も、偉い人との宴会も、そつなくこなすための基礎訓練を十二分に積むことができる。

兵衛だけではなく、帳内《ちようない》や資人《しじん》として都で勤務した郡司子弟たちもいた。帳内・資人は、いずれも訓読みをすれば「トネリ」で、帳内は皇族に、資人は貴族に仕える。六位以下の子と庶人から選抜するというのが令の規定だが（軍防令48帳内条）、郡司子弟も皇族や貴族との様々なパイプをたどって入り込んできていた。他田日奉部神護《おさだのひまつりべのじんご》という、下総国海上郡出身の人物がいる。彼は長年にわたり帳内・資人として勤務しており、その功績によって「郡司に任命してほしい」という書面を用意した（『大日本古文書』三―一五〇）。

郡司層の子弟が都で勤務することは、彼ら自身にとっては、こうした大きな経験を積むことに繋がり、郡司に任じられる可能性にも繋がっていた。一方、都鄙交通という点で考えると、全国の文化を都に持ち寄ってくるとともに、都の文化を各地に持ち帰るという、極めて大きな役割を果たしていた。

郡司層と貴族達　郡司子弟たちが帳内や資人となるために、「様々なパイプをたどって」と述べた。様々なパイプとは具体的には何か。

帳内や資人は、全国どこの人物でも採用してよいわけではなく、令の規定では、三関国と大宰府の管内、陸奥・石《いわ》城《き》・石背《いわせ》・越中・越後からは、採用してはいけないという（軍防令48帳内条）。これらの国々は、いわゆる「辺要国」だったり、軍事上重要な場所にあたる。こうした国々から、なぜ帳内・資人を採用してはいけないのだろう。

軍事上、重要な地域から帳内・資人を採用すると、現地の人的資源が減少してしまう。確かにそういう心配もあるが、三関国の場合は、要塞的要素も備えた関所を封鎖することが主要な目的となるから、そこまで膨大な兵力が必要なわけではない。軍事的に重要な地域の有力者と、中央の皇族や貴族との「私的」な結合を避けるためと考えられている。

帳内や資人は、皇族や貴族の位階や官職に応じて国家から派遣される人々という規定にはなっている。だが、例えば帳内・資人の人事考課はいずれも本主（帳内や資人が派遣された先の皇族や貴族）が行う（考課令69考帳内条）。また本主の意に沿わない場合は刑罰を加えてよい（儀制令24帳内資人条）。

元日は一年のうちでも最も大事な日だから、その日に拝礼する相手は最も尊い人、つまり天皇・皇太子・皇后等に限定する規定がある。その例外として、親戚づきあいの場合と家令以下、つまり皇族・貴族の家政機関に所属する人々があがっている。いわば「みうち」の世界を除外したといえる。帳内・資人も家令以下に該当する。先ほどの処罰といいこの拝礼規定といい、帳内・資人は律令国家から皇族・貴族に派遣されている体裁をとっていたとしても、実際には非常に強い人間関係で本主と結びついていた。こうした人間関係を頼って都に出てくる者、有力者との関係を築こうとする者、これらの存在は全く不思議ではない。つまり、各地の郡司層の有力者たちは、兵衛にせよ帳内・資人にせよ、中央の律令官司機構や皇族・貴族らの有力者との関係を構築・維持しており、それは時には律令法に則ったオフィシャルなものであり、時には律令法の規定には存在しないアンオフィシャルなものもあった。

さらにもう一つ事例を追加しておこう。玄界灘《げんかいなだ》に浮かぶ沖ノ島祭祀にも関わるという北部九州地区の有力氏族に宗《むな》像《かた》氏がいる。長屋王家木簡に、「宗形郡大領鯛醤」と書かれた付け札がある（『平城宮発掘調査出土木簡概報』23、14頁下段）。これはおそらく、宗像氏から長屋王家に送られたもので、その背景には長屋王の父高市《たけち》皇子の母が宗像氏出身ということがあると考えられている。

宗像郡は筑前国内である。さらに、筑前国をはじめとする西海道九国二島は、大宰府の管轄下にある。宗像郡から都に何かを送るならば、宗像郡→筑前国→大宰府と経由してから届けられるべきということになる。ところが、長屋王家にはどうも直接届けられた気配が強い。こうしたあり方も、郡司層と中央皇族・貴族の密接な関係の持ち方の一つであり、都鄙交通の一つのあり方といえると思う。そして、長屋王が失脚した後の木簡である二条大路木簡には、藤原麻呂の家政機関の一員として「宗形部」を名乗る人物が登場する。宗形「部」では、郡司層よりはランクが落ちる氏族の可能性も高いが、それにしても長屋王と密着していた宗像系列の人物が、藤原麻呂の家政機関に登場するというのは、中央貴族が求めた結果か、地方の郡司層の要望なのか、魚心と水心なのか、感心せざるを得ない。地方豪族のしたたかな生き残り戦略も、都鄙交通の賜である。

国司・郡司連合の都鄙交通　在地社会出身で地元に顔が利き、都城では律令国家の行政処理方法を学び、都ぶりの文化も一応は身につけている郡司と、頻繁な都鄙交通を繰り返し、中央政府の権力者等との関係も緊密な国司が、共同で都鄙交通を展開したらどうなるであろうか。一つの興味深い事例がある。主人公は、越前国足羽《あすわ》郡大領生江臣《いくえのおみ》東《あずまひと》人と越前国史生安都宿禰雄足《あとのすくねおたり》の二人だ。

生江氏は、越前国足羽郡で代々大領を出す名族である。東人は、天平勝宝元年（七四九）には造東大寺司史生を勤めていた。東人もまた、都を目指した郡司子弟の一人だった。だが普通と少し違うのは、彼が東大寺側の使者として、ふるさと越前国で墾田地の占定に参加していた点である。造東大寺司が生江氏の力に着目して東人を史生として押さえたのか、たまたま東人が職員に居たから任命したのか、その事情は審らかではないが、彼の存在によって、越前国現地での調整が随分と順調になったであろうことは想像に難くない。

一方、雄足は畿内（山背国）出身。天平末年から、造東大寺司に舎人《とねり》として勤務していたことが知られている。生江東人とは、造東大寺司で一緒に勤務していた可能性が高い。東人は史生、雄足は舎人だから、東人の方が上司に当たる。

さてこの二人、天平勝宝六年に、造東大寺司の役人とは異なる肩書きで、平城京を遠く離れた越前国で再会していた。東人は地元に帰り、名族らしく順当に足羽郡の大領となっていた。一方雄足は、畿内出身の下級官人らしく、国司の末端に連なって任国に赴いていた。そして、彼が任じられたのは越前国史生だった。雄足は越前国の東大寺領庄園専当の国司として庄園経営に携わり、東人は地元代表として東大寺領庄園の経営に関わった。東大寺としては、元造東大寺司官人といういわば「息のかかった」人物を、中央権力の末端として文書行政や事務機構を掌握している国司と、人間関係や財力など在地を掌握している郡司として投入することに成功したことになる。律令官僚機構の中に潜む、表には出にくい裏の人間関係ネットワークの一端を垣間見ることができよう。

造東大寺司、生江東人、安都雄足、三者三様の思惑と利害がそれぞれ存在し、その絶妙なバランスの上に東大寺領庄園の経営が成り立っていた。東人は、いかにも東大寺に対して従順な様子を見せてはいるものの、足羽郡大領としての役割や、自分自身や生江氏の利益に沿わない場合はのらりくらりと逃げたりする。安都雄足も、さも東大寺のためだけに働いている様子を見せているが、越前国に宅を構え、私田経営などを広範に行った。東人も雄足も、自らの公的な地位だけではなく、東大寺という中央の大きな権威を巧みに利用した。また雄足の宅の経営に生江氏が協力しているらしいことを踏まえると、東人と雄足も、相互に利害関係を調整しながら利用し合っていた。雄足は、越前国史生をやめ造東大寺司主典へと栄転した後も、越前にある「宅」を拠点に、在地有力者の協力を得ながら私田経営などを続け、在地有力者の手を借りつつ米の運び出しを行ったり、時には越前国との交易活動も行った。こうした関係もまた、都鄙交通の中で形成されたものの一つである。そして、こうした関係が、都鄙交通をさらに発達させた（以上、生江東人と安都雄足については福井県一九九三による）。

丸部足人《わにべのたるひと》という人物がいる。造東大寺司や東大寺写経所に出入りしているのだが、写経生ではないし、造東大寺司官人としての肩書も「膳部」という事例が一つある以外は、「○○使」ばかり。物資を輸送したり、未納の租米を徴発しにいったりしていて、どうも造東大寺司の役所内で腰を据えて働いているのではなく、いつも現地を飛び回っている。役所勤めをしていて、必要に応じて都鄙を往来するのではなく、都鄙往来業務を請け負っているような、そういうタイプの人物だ。平城京の貴族・寺院あるいは役所、場合によっては雄足のような下級官人層までが、全国各地に権益を保有するようになったからこそ発生する業務であるといえよう。

さらに丸部足人は、都鄙往来のスペシャリストとして、生江氏の活動にも参画した。彼が天平宝字四年（七六〇）三月十九日に提出した愁状ではこんなことを言っている。

自分は、ちゃんといつもご奉仕したいと念じているのですが、生江古麻呂や郡司にこき使われ、まったく暇が無い状況です。さらには秋田城まで米を運ばされることになってしまいました。そんな具合で、京に米を輸送することができません。すっかり困っているので、事情を書いてお送りします。（『大日本古文書』編年編二五—二六九頁）

誠に気の毒な限りだが、これまで確認した造東大寺司・足羽郡司や生江氏のネットワークの中で、彼も動いていたらしいことは、すぐに想像できるであろう。そして、足人は、未納租米の徴発に赴くような人物である。各地に「借金の取り立て」に乗り込む訳だから、海千山千のタフなやり手だったに違いない。そんな彼が、都に米を運べない言い訳に言っている言葉である。無理矢理こき使われていたとは考えられない。旧知の生江東人らに頼まれたりして、越前での業務に従事し、秋田城にも米を運び込むことも請け負ったに違いないだろう。もしかしたら造東大寺司のしかるべき人物――たとえば安都雄足――から内々に許可や指示を得ていたかもしれない。秋田城への輸送は、丸部足人にとっても遠距離交易のチャンスだったり、悪くない話だった可能性も想定してよいだろうと思う。

都鄙の往来が盛んになり、人間関係のネットワークが表にも裏にも張り巡らされていく。このネットワークに乗った都鄙移動が発生する。都鄙移動が増えることで、都鄙の移動によって生活する人が発生してくる。それがまた、都鄙の人間関係ネットワークを濃密にする。こうして、加速度的に都鄙の交通は緊密さを増していったのである。

3　人々の旅

様々な都鄙往来　都との往来は、国司や郡司に限ったことではない。表にも登場するように、衛士や仕丁、運脚として多くの人々が都に向かった。奴婢《ぬひ》も都鄙を往来した。表には出にくい都鄙の往来を幾つか確認しておこう。

まず、僧侶の活動は重要である。『日本霊異記』には、たとえば元興寺僧慈応《じおう》が播磨国飾磨《しかま》郡まで出向いて夏安居《げあんご》と法華経の講説を行っている（上巻第十一「幼き時より網を用ちて魚を捕りて、現に悪報を得し縁」）ような、都の寺院の僧侶が各地で活動する様子が描かれている。行基の活動は広く知られている通りであるし、東北に多くの伝承を残す徳一《とくいつ》の活動も注目される。

一方、僧侶候補生として推薦されている人たちにも、上総や遠江、播磨・備前、讃岐・筑前など、各地の出身者が見いだされる（『寧楽遺文』中五〇八～五三九頁）。各地の優れた人材が、都へとやってきていた。

僧侶は、官人に比べてはるかに「実力主義」だったと考えられ、地方豪族たちにとっても魅力的な世界だっただろう。宗教的な意義ももちろんだが、こうした人の循環と交流、さらにはそれによって引き起こされる知や技術の循環や交流は、都鄙交通の上でも大きな意義を有している。

買い物の旅もあった。弘済《ぐさい》という僧侶は、備後国三谷《みたに》郡の三谷寺造営の際、仏像を作るために、京へと上って交易を行い、「金丹」を入手した（『日本霊異記』上巻第七「亀の命を贖ひて放生し、現報を得て亀に助けられし縁」）。いわゆる商人以外にも、富が都に集中しているからこそ、貴重な品や物資を求めて都鄙を往来する人々の姿があった。

このほか、各地の正税帳からは、公的に旅の途中の食料を支給されている人だけでも、湯治に向かう貴族もいれば、相撲人として京に向かう者、馬の献上の一行や各地の特産品を確保に向かう使者など、様々な都鄙の旅人の姿をみることができる。

流罪という移動　さて、都鄙を移動する人々の中には、流人の姿もあった。流罪にも、流される地域の都からの遠近や、配流先での労役の追加など（五流《ごる》・名例律贖条）によるランク付けがあった。流される地域の格付けは遠・中・近の三段階で、都からの距離によって分けられた。遠流は伊豆・安房・常陸・佐渡・隠岐・土佐、中流が信濃・伊予、近流が越前・安芸である（『続日本紀』神亀元年三月庚申条、『延喜式』刑部式遠近条）。流罪が決定すると、太政官が出発の日時や一緒に配流先に赴く人のリストを作成して、配流先に送付した（獄令13流移人条）。

流人は、一人で配流先に赴くわけではない。当然、引率・監視役がつく。この引率・監視役は、中央の役人が任命され、配流先まで同行する（獄令13流移人条）。『令義解』をみると太政官から役人が任命される様子だが（獄令13流移人条義解）、『延喜式』をみると兵衛が連れて行く規定である（刑部式流移条）。引率・監視役が一人ついただけでは心細いから、「防援」するための人員もついた（獄令13流移人条）。

流人に同行するのは、引率・監視役だけではなく、妻妾も伴っていくことになっている（獄令11流人科断条）。流罪なのに奥さんや、お妾さんまで連れて行くとは、どうも優雅に見えてしまう。さらに道中でも食料は支給されるし、なんと伝馬の乗用が認められることもあった（獄令15在路条）。

流罪の実例をみてみると、流罪で恋人と離ればなれになったことを嘆く歌がある（『万葉集』巻一五―三七二七ほか）。令の規定する「妻妾」にはあたらなかったということなのだろうか。また、実際に配流先へと移送される間の食料支給に関しての記録も残っている。天平十年（七三八）「周防国正税帳」（『大日本古文書』編年編二―一三〇頁）である。非常に興味深い資料なので、煩瑣だが確認してみよう。

　五月四日下流人周防国佐波郡人牟々礼君大町、三日食稲六把、塩六夕
　部領伝使刑部少解部従六位上苅間連養徳、将従二人、合三人、往来六日、食稲六束酒六升塩三合六夕

配流される流人は、牟々礼君大町《むむれのきみおおまち》という人物で、周防国佐波《さば》郡の人である。流人の引率・監視役が、刑部省の役人で少解部であった従六位上の苅間連養徳《かりまのむらじやまと》。二人のおつきの人を従えていた。この一行は、合計四人ということになる。

支給されている食料を見ると、流人の大町には一日に稲二把と塩二夕。一方引率側は一日当たり稲一束（十把）・酒一升・塩六夕、他の事例も参考にすると、一日当たり養徳は稲四把・酒一升・塩二夕、従者たちは稲三把・塩二夕だったと推定される。稲一把からは穀が一升、米で五合という計算だから、流人は一日米一升、平城京の労働者への支給が一日二升で実際に炊飯して食事に供したのが一升二合程度といわれているから、流人でも食料としての最低レベルはクリアしている。また、流人の食料が三日分で引率側の食料が六日分なのは、流人は片道で引率側は往復だったためだから、牟々礼君大町の配流先が周防国だったことが知られる。この資料から、おおよその流人道中の行列の構成や、待遇の見当がつきそうであるし、牟々礼君大町の配流先も知ることができた。

そこで質問。牟々礼君大町は、どこの人だったのだろうか。答えは、先ほどの「正税帳」にあるとおり、周防国佐波郡の人である。そして、周防国府は周防国佐波郡に所在する。

刑部省少解部従六位上苅間連養徳らが、流人周防国佐波郡の人牟々礼君大町を、平城京から遠路はるばる送り届け

た配流先は、まさに大町の故郷周防国佐波郡だったのだ。

牟々礼君配流の謎　そもそも、牟々礼君氏は周防国佐波郡の有力氏族である。平城宮出土木簡には、従八位下の位階を持つ「牟牟礼公豊成」という人物がみえ、牟々礼氏出身者が中央でも下級官人として勤務していたことが知られる。地方の有力氏族出身者が、中央の下級官人を勤めることは、すでに紹介したように広く存在していた。牟々礼君大町も同様に、都で下級官人として勤務していたものの、罪を犯して流罪となってしまったのだろう。

そして、そうなるとますます不思議なのが、彼の配流先が故郷の周防国佐波郡だという点である。まず、規定では周防は配流する国には挙がっていない。にもかかわらず、わざわざ犯罪者を地元に送り返したような格好だ。もちろん都で一旗揚げることを目論んだり、佐波郡の大領を狙っていたかもしれない牟々礼大町にとっては大きな打撃ではあろうが、どうも「流罪」というより単なる「強制送還」に見える。地元への強制送還となると、かなり温情的というか、寛大な措置といえるように思う。

ところが、さらに不思議な記録は続く。『続日本紀』天平十二年六月庚午条は、大赦の実施を伝える。そして、大赦の例外とされた人物の中に、「牟々礼大野」という人物が登場し、「野」は「町」の書き間違いで、牟々礼君大町と同一人物ではないかと考えられている。地元への強制送還という、あたかも寛大な措置とは裏腹に、名指しで大赦から除外されているのである。一体どういうことなのだろう。

このときの大赦で例外とされた罪状は、物品管理者が管理下の物品を盗んだ場合や、故意の殺人、贋金作りの準備、強盗・窃盗、人妻との不倫、例外とされた役職・身分は、中衛舎人・兵衛、衛士、門部ら軍隊関係者である。また、名指しで処遇が命じられているのはいずれも流人で、穂積老《ほづみのおゆ》、多治比祖人《たじひのおやひと》・名負《なおい》・東人《あずまひと》、久米若女《くめのわくめ》は入京、大原《おおはらの》采女《うねめ》勝部《すぐりべの》鳥女《とりめ》は国元への帰還、小野王、日奉《ひまつりの》弟日女《おとひめ》、石上乙麻呂《いそのかみのおとまろ》、牟牟礼大野《むむれのおおの》、中臣宅守《なかとみのやかもり》、飽海古良比《あくみのこらい》は赦さずである。

このうち、久米若女と石上乙麻呂は、不倫カップルとして処罰された二人だ（『続日本紀』天平十一年三月庚申条）。今回の大赦で、不倫の男性は赦されないということだから、女性の久米若女は赦され、男性の石上乙麻呂は赦されなかったようだ。中臣宅守も先に紹介した『万葉集』の歌の主人公で、やはり不倫で処罰されており、今回赦されなかった。どうも、今回処遇が個別に定められた人々も、流人について個別に大赦の内容と照合した結果が書き記されている様子だ。この点から考えると、牟牟礼大町も殺人・強盗や贋金作り準備、あるいは不倫やら、その辺りに該当する可能性が高いだろう。

勝部鳥女の場合、罪状は不明だが、処遇は国元へ帰らせるというものだ。彼女は出身地と違う場所に配流され、今回の大赦で帰郷が赦された。ところが牟牟礼大町の場合、赦されていないはずなのに帰郷していることになる。何か裏事情がありそうに見えてならない。だが、史料から追うことができるのは、残念ながらこの辺りが限界になる。せっかくここまで追求したので、少し想像を膨らませておきたい。注目したいのは、大赦で赦されない罪状の中にある「贋金作りの準備」だ。

周防国の西隣は長門国である。長門国には長門鋳銭司が設置され、通貨供給の一大拠点であった。その長門鋳銭司に、天平二年からは周防国熊毛《くまげ》郡と同吉敷《よしき》郡産の銅が供給されることになっていた（『続日本紀』天平二年三月丁酉条）。天平年間、周防国は長門国を中心とした銭貨供給体制の中に、新たに組み込まれていた。

そして、鋳銭司に供給するためには、周防国で一定程度以上まで精錬しなければならない。だが、『続日本紀』の書きぶりだと、新たに供給体制に組み込まれた周防産の銅は、精錬に少々手間がかかるものだった様子も見える。とにかく周防国は長門鋳銭司に対し、量的にも品質的にも安定した銅の供給をしなければならず、そのためには銅原料の産出体制の強化のみならず、その精錬技術や体制の強化も必須だった。

一方、私鋳銭は重罪だが、天平十七年には鋳銭司で働かせることが命じられている（『続日本紀』天平十七年四月甲寅条）。技術を活用しようという訳だろう。

この一連の流れを踏まえて、牟牟礼大町の罪状が私鋳銭の準備だったと仮定したらどうだろう。銅の生産体制を整えたい周防国にとっては、技術を持った有用な人間だったのではないか。だからこそ、「流罪」としてあえて地元に連れ戻したのではないか。今回大赦の対象から外されているのも辻褄が合う。

妄想に近い仮説だが、可能性は無くはないのではと思う。そしてこの仮説は、都鄙交通の中で流人が果たしたであろう一つの役割を示唆する。都の最先端の文化や技術を身につけた流人もまた、そうした文化や技術を全国に広める存在だったはずなのだ。

都鄙交通がもたらしたもの　律令国家は、巨大な都鄙交通を生み出した。それは、国司を中心とした「公的」な交通が本来の中心で、交通インフラもそうした「公的」な目的で整備したものだった。だが、結果的には様々な交通が引き起こされ、実に多くの人が多くの理由で都鄙を往来した。

人が往来することは、文化や技術の交流を必然的にもたらす。各地からもたらされた文化は、都城で融合しあったことだろう。一方、都城で身につけた事柄が地方にもたらされ、地方社会にも大きな刺激を与えたに違いない。都鄙交通は、日本列島全体の均質化と様々な技術レベル――文字文化、行政処理能力、宗教的知識、手工業生産、農業技術など――の底上げをもたらしたと考えられる。

こうした全国的な人の動きと技術の拡散・底上げが、次の時代の各地方社会の躍動へと繫がっていった。例えば、郡司を中心とした「伝統的」な支配から、国衙を拠点とした機構的な支配体制への移行は、各地域社会での行政実務能力の向上と蓄積を前提としなければ発生しえないであろう。

律令国家は、自らの支配貫徹のために作り出した交通インフラと、それをフル活用しての都鄙交通によって、その存立する社会のあり方をゆっくりと、しかし根底から確実に転換させていったということができるのではないだろうか。

参考文献

佐藤　信「宮都・国府・郡家」『日本古代の宮都と木簡』吉川弘文館、一九九七年
奈良国立文化財研究所『平城京左京七条一坊十五・十六坪発掘調査報告』奈良国立文化財研究所、一九九七年
福井県編『福井県史　通史編一　原始・古代』福井県、一九九三年
山口英男「郡領の銓議とその変遷―任用関係法令の再検討」笹山晴生先生還暦記念会編『日本律令制論集　下』吉川弘文館、一九九三年

五　文書の作成と伝達

山下信一郎

1　文書の書式に関する律令の規定

律令国家の文書主義行政　日本の古代国家は、七世紀後半以後、中国・唐のさまざまな文物を積極的に導入し、国家体制の確立を図った。そのなかでも、律令（律は刑罰法規、令は行政法規）をはじめとする法体系の導入は古代国家統治の基本となり、「文書主義行政」と呼ばれる、文書を原則とした官僚制的行政・政務の運営が定着していった（石母田正一九七三）。ここでは、この文書主義行政の下、中央と地方の間（双方向）、あるいは諸国間を動いた文書にはいかなるものがあり、その動きにはどのような特徴があったのか、考察してみたい（国内を動いた文書はⅡ―一を参照）。

表1は、律令国家が官司に対して、作成・提出を求めた文書を令から抜き出し、一覧にしたものである。諸国が六年毎に戸籍を作成し、中央政府の太政官に提出する規定、地方官である国司の毎年の勤務評定を提出するといった年次的規定や、孝子の表彰、城塞の修理の報告といった臨時的規定に至るまで、事細かな定めがある。実際にはもっと多くの文書が作成され、ここに示したのは氷山の一角に過ぎないが、これから当時の律令国家において、中央と地方との間で文書による頻繁な情報伝達が行われていたことが窺える。

以下、1節では中央と地方の間、あるいは諸国間を動いた文書の書式などについて、2節では文書の発出過程（主

表1　令に作成・提出の定めのある文書一覧

条　文　名	内　　容
【定】僧尼令20身死条	僧尼の死亡は、毎年、朝集使に附して太政官に報告する規定。〔参考〕「僧尼帳」（出雲国計会帳）
【臨】戸令15居狭条	狭郷から国堺を越えて寛郷に移住する際、太政官に申上してその報を待つ規定。
【臨】戸令16没落外蕃条	外蕃に没落していた人が帰還したり、化外の人が帰化した時、所在の国郡が飛駅を発して申奏する規定。
【定】戸令18造計帳条	京・国が計帳を作成して、毎年八月三十日以前に太政官に申送する規定。〔参考〕諸国の計帳
【定】戸令19造戸籍条	六年毎に戸籍を作成し、太政官に申送する規定。〔参考〕諸国の戸籍
【定】戸令21籍送条	戸籍を太政官に送る際、当国の調使に附して送る規定（調を京に入れない場合は、専使で送る）。
【臨】戸令39放家人奴婢為良及家人条	家人・奴婢を放免する際、本籍のある国郡に触れ、申牒して除附する規定。
【臨】戸令45遭水旱条	水旱災蝗等の災害時に賑給する際、国郡が太政官に申して奏聞する規定。
【定】田令23班田条	班田を行うには、班田を行う年の正月三十日までに太政官に申請する規定。
【定】賦役令３調庸物条	調庸物の納入期限の規定。国司が領送して京進する（貢調使）。
【臨】賦役令９水旱条	災害により収穫量が減じた際、国司が実状を調べて太政官に報告し、課役を免除する規定。
【臨】賦役令17孝子順孫条	孝子などを表彰するには、太政官に申して奏聞する規定。
【臨】賦役令28丁匠在役遭父母喪条	丁・匠丁が在役中に父母の喪に遭った時、本貫地の国司が役する所に報告し、雇直を支給して放還する規定。
【臨】賦役令32赴役身死条	丁・匠丁が死亡した際、死者の本籍地に告げる規定。
【臨】学令11通二経条	諸国が国学生の挙送について式部省に申送する規定
【臨】学令12講説不長条	秀才進士についての同様の規定。
【臨】選叙令８在官身死条	官人が在官中に死亡したり、解免した場合、太政官に言上する規定。
【臨】選叙令22職事官患解条	職事官が病一二〇日を越えた場合等、解官する規定。太政官に申して奏聞する規定。
【臨】選叙令25失位記条	位記を紛失した場合、所在に陳牒する。所属の長官が理由を調べて中務省等に申す規定。

【定】考課令1内外官条	初位以上の内外文武官の勤務評定は、毎年、当司の長官がその属官の勤務評定を行い、考文を太政官に申送する規定。
【定】考課令67考郡司条	郡司及び軍団少毅以上の勤務評定は、国司が年毎に評定のうえ、朝集使に附して省に送る規定。
【定】考課令75貢人条	国司は諸科受験者（貢人）を国学から推挙して太政官に貢送する規定。
【定】軍防令14兵士以上条	兵士以上の歴名簿を毎年朝集使に附して兵部省に送る規定。〔参考〕兵士簿目録・兵士歴名簿（出雲国計会帳）
【臨】軍防令31申勲簿条	勲簿には必要な事項を記入し、戦図も附して太政官に申送する規定。
【定】軍防令42従軍甲仗条	国郡の器仗は、年毎に帳を録して、朝集使に附して兵部省に提出する規定。〔参考〕官器仗帳・伯姓器仗帳（出雲国計会帳）
【臨】軍防令53城隍条	城隍（堀）の修理は兵士を役して行い、終了後に太政官に報告する規定。
【定】軍防令62在防条	防人に勤務地で農耕を行わせる場合、収穫量を録し、毎年、朝集使に附して太政官に報告する規定。
【臨】軍防令76放烽条	誤って烽を放った場合、速やかに所在の国司に告げ、駅を発して奏聞する規定。
【定・臨】儀制令8祥瑞条	祥瑞が出現した場合、大瑞であればすぐに表奏する。上瑞以下であれば、治部省に申し、元日に奏聞する規定。
【臨】営繕令2有所営造条	別勅・臨時ないし和雇による造営・製作を行う際、須いる所の総ての数を録して、太政官に申上する規定。
【定】営繕令7解巧作条	国司が特殊技能者を調査し、計帳に附して民部省に報告する規定。
【臨】営繕令13有官船条	諸国に置かれた官船が使用に堪えない場合、帳に附して報告する規定。
【定】営繕令14官私船条	官私の船は、年毎に種類・積載量・破除等の状況を調べて、朝集使に附して兵部省に報告する規定。〔参考〕出雲国計会帳
【臨】営繕令15官船行用条	官船が損壊し、修理に堪えず造替する場合は、予め人功調度を計って太政官に報告する規定。
【定】倉庫令（10）調庸物応送京条	調庸等を京進する際の調庸帳の作成に関する規定。
【定】厩牧令10駒犢条	牧の馬牛が二歳になったら、毎年九月に校印を行い簿を作成し、朝集使に附して太政官に報告する規定。
【定】厩牧令25官私馬牛条	官私の馬牛帳は、年毎に朝集使に附して太政官に送る規定。

【臨】医疾令(17)国医生条	国医生が中央に出仕を志願する場合、本国がその才能を記して太政官に報告する規定。
【定】医疾令(26)医針師巡患家	医師が五位以上の患者を治療した場合、患家はその結果を宮内省に報告する規定。
【定】関市令4賷過所条	行人の駅鈴・伝符は年終に目録を作成して、太政官に申して惣勘する規定。
【臨】関市令7蕃客条	外国使人入国の際の所持品の調査に関する規定。最初の関に入る際、検査して治部省に報告する。
【臨】捕亡令2有盗賊条	盗賊ないしは殺人傷害事件があった際の地域間協力に関する規定。
【臨】捕亡令3追捕罪人条	犯人の逮捕に人兵・軍団を動員した際、助力を求められた隣接国郡は馳駅して申奏する規定。
【臨】獄令2郡決条	刑部省及び諸国は、流以上もしくは除免官当を断じた際、太政官に報告する規定。
【臨】獄令6断罪条	死刑囚が在外にいる場合、奏報に際して、馳駅によらない規定。
【臨】獄令13流移人条	流移人の発遣は、太政官符が到着すれば季毎に実施し、配所に送達したら、元の場所及び太政官に報告する規定。
【臨】獄令16至配所条	流移人の配所先の官司は、本所発遣日月及び到着日を確認し、稽留があれば、領送使人を裁判し、太政官に報告する規定。
【臨】獄令33告密条	謀叛以上を告言する場合、取調が完了しない段階で馳駅して奏聞する規定。
【臨】獄令34囚逮引人条	無罪釈放された囚人が拘引されたり、囚人が獄死した場合、年毎に朝集使に附して太政官に報告する規定。
【臨】獄令37冤枉条	刑が確定した死刑囚について、再審が必要な場合には、奏聞する規定。
【定】獄令47盗発条	強窃盗事件及び徒以上の囚について、事件発生及び判決月日を記録し、年毎に帳を作成し、太政官に報告する規定。
【臨】雑令10知山沢条	山野に異宝等の国用に堪えるものがあえば、太政官に申して奏聞する規定。
【定】雑令38造僧尼籍条	僧尼の戸籍は六年毎に作成し、太政官に申送する規定。

1　条文番号及び内容については井上光貞ほか編『日本思想大系　律令』（岩波書店、一九七六年）を参照。
2　【定】を冠した条文は定期的な規定、【臨】を冠した条文は臨時的な規定を示す。

に押印・伝達）について、それぞれ律令の規定を中心に概観し、3節以降では計会帳及び正税帳の記載から天平時代の文書伝達の実際をみていく。

文書の書式　中央と地方の間、あるいは諸国間を動いた文書の種類は、中央から地方へ伝達された文書形式である「符《ふ》」、地方から中央へ上申された文書形式である「解《げ》」、そして地方の国々の間で交わされた文書形式である「移《い》」の三形式である。いずれも公文書の書式などを定めた公式令《くしきりょう》にその詳細がみえる。

「符」は、公式令13符式条（史料1。以下、律・令の引用は井上光貞ほか編『律令』岩波書店、一九七六年による。特に記さない限り養老律令）に規定されている。

〔史料1〕公式令13符式条

符式

太政官符其国司

其事云云。符到奉行。

大弁位姓名　　史位姓名

年月日　使人位姓名

鈴剋伝符亦准レ此。

右太政官下レ国式。省台准レ此。若下二在京諸司一者。不レ注二使人以下一。凡応二為レ解向一レ上者。其上官向レ下。皆為レ符。署名准二弁官一。其出符。皆須二案成一。并レ案送二太政官一検句。若事当二計会一者。仍録二会目一。与レ符倶送二太政官一。

太政官が諸国に命令を下達する書式（太政官符。以下、官符と略称）が示され、奉行文言に続いて文書作成に当たる太政官の大弁と史が署名する。年月日の記載位置は後述の解・移とは異なり署名の後であり、また、符を携行する使人の名及び駅鈴の剋数を記載する。八省・弾正台が省符・台符を諸国に下す場合もこれに準じるものとされ、符を出す際には、案ができれば案とともに太政官に送付し、その検句を受ける規定であった。天皇の詔書を諸国に伝達する場合、詔書を謄した太政官符（謄《とう》詔《しょう》官《かん》符《ぷ》という）が作成され、諸国に伝達された。なお、大宝令では、太政官の議政官が関わらずに勅命を伝達する「勅符」（大宝令勅符。公式令9飛駅下式の勅符とは別）という書式があったが、詳細は省略する。

次に「解」は、公式令11解式条（史料2）に規定されている。

〔史料2〕公式令11解式条

解式

式部省解　申其事

其事云云。謹解。

年　月　日　　大録位姓名

卿位姓名　　大丞位姓名

大輔位姓名　　少丞位姓名

少輔位姓名　　少録位姓名

右八省以下内外諸司。上ニ太政官及所レ管。並為レ解。其非レ向ニ太政官一者。以レ以代レ謹。

式部省が太政官に上申する書式（式部省解）が例示され、年月日の記載の後に式部省の長官・次官である卿・輔が上段に、判官・主典である丞・録が下段に署名する。八省以下内外諸司が太政官や所管官司に上申する書式とされ、太政官以外の上級官司に上申する場合は、本文末尾の「謹解」を「以解」に替える規定である。

また、「移」は、公式令12移式条に規定がある。刑部省が式部省に文書を出す書式が示され、八省間相互の文書形式が例示されている。所管関係にない内外諸司相互の文書の遣り取りが「移」であり、業務内容により所管関係になる場合（因事管隷）は、本文末尾の「故移」を「以移」とするものとされた。なお、内外諸司と僧綱・諸寺三綱との遣り取りは、移式を準用した牒《ちょう》形式の文書によった。

以上の符・解・移の三形式は、大宝元年（七〇一）の大宝令において、唐の公式令を参考にして条文化されたものである。藤原宮跡からは「膳職白主菓餅申解解」（『藤原宮』奈良県史跡名勝天然記念物調査報告第25冊、一九六九年）と記した木簡が出土しており、大宝令以前における解の使用が指摘されているが（岸俊男―一九八八）、木簡の年代を大宝令以後とみるべきとの理解もある（早川庄八―一九九七b）。符についても、「符処々塞職」（『藤原宮木簡一』12号、奈良国立文化財研究所、一九七八年）と記した木簡が出土しているが、出土遺構からは大宝令前後の年紀木簡が出土しており、年代を特定できない。符などが大宝令以前に使用されていた蓋然性は残るが、これらの文書形式の利用は各官司の統属関係の明確化が前提であることを踏まえると、官僚制組織が定まった大宝令において明確に定式化された書式とみるのが適当であろう。

通常の伝達とは異なって、中央と諸国との間で緊急の命令・報告を行う場合は、飛駅《ひえき》が用いられた。公式令9飛駅下式、同10飛駅上式に規定があり、勅符（勅）・太政官符や奏・解の書式が使用された。中央から諸国に対して緊急に命令を出す場合、事態の緊急性や重大性に応じて、飛駅下式（「飛駅勅符」）―「駅伝勅符」―「駅伝官符」という種類・差が設けられ、逆に諸国から中央に報告する場合には、飛駅上式（場合により解を用いる）―「駅伝奏」という文書の種類・差が設けられていた（森哲也―一九九五）。

文書の実例　奈良時代の符・移・解の正本もしくは写しで、官印が捺されているものを紹介しておく。官符としては、①天平勝宝二年（七五〇）二月二十六日付官符（宮内省宛、太政官印［外印］六顆、東京大学史料編纂所編『大日本古文書（編年）』〈以下、『大』と略称〉第二五巻所収）、②宝亀三年（七七二）正月十三日、同五月二十日、同十二月十九日付官符（神祇官宛、それぞれ外印一〇顆、二顆、一八顆、弥永貞三―一九八八、田中卓―一九八三参照）などがある。②は太政官に保管された留案と考えられている（渡辺滋―二〇一四）。①②はともに在京諸司宛に関わるものである。

諸国から中央への解の正文として、③天平十八年（七四六）七月十一日付近江国司解（申進上買賤事、近江国印一三顆、『大』第二巻）、④天平勝宝三年五月二十一日付下総国司解（申貢上逃官賤事、下総国印一二顆、『大』第三巻）、⑤天平宝字五年（七六一）十二月二十三日付甲斐国司解（申貢上逃走仕丁替事、甲斐国印一七顆、『大』第四巻、史料3及び図1）がある。また、移式準用の牒としては、⑥天平神護元年（七六五）四月二十八日付因幡国司牒（東大寺三綱務所宛、因幡国印一六顆、『大』第五巻）などがある。このうち、⑤の図版と釈文を掲げておく。

〔史料3〕天平宝字五年十二月二十三日付甲斐国司解

甲斐国司解　申貢上逃走仕丁替事

　坤宮官廝丁巨麻郡栗原郷漢人部千代年卅二 左手於疵

　右、同郷漢人部町代之替、

以前、被二仁部省去九月卅日符一偁、逃走仕丁如レ件、国宜下承知、更点二其替一、毎レ司別紙保良離宮早速貢上上者、

謹依二符旨一、点二定替丁一、貢上如レ件、仍録二事状一、附二都留郡散仕矢作部宮麻呂一申上、謹解、

　天平宝字五年十二月廿三日従七位上行目小治田朝臣朝集使

　　正六位上行員外目桑原村主　足　床

従五位下行守山口忌寸佐　美　麻　呂

（別筆）

「仁部省充　石山寺奉写般若所

　天平宝字六年二月三日従六位上行少録土師宿禰

　従六位下少丞当麻真人　永　嗣」

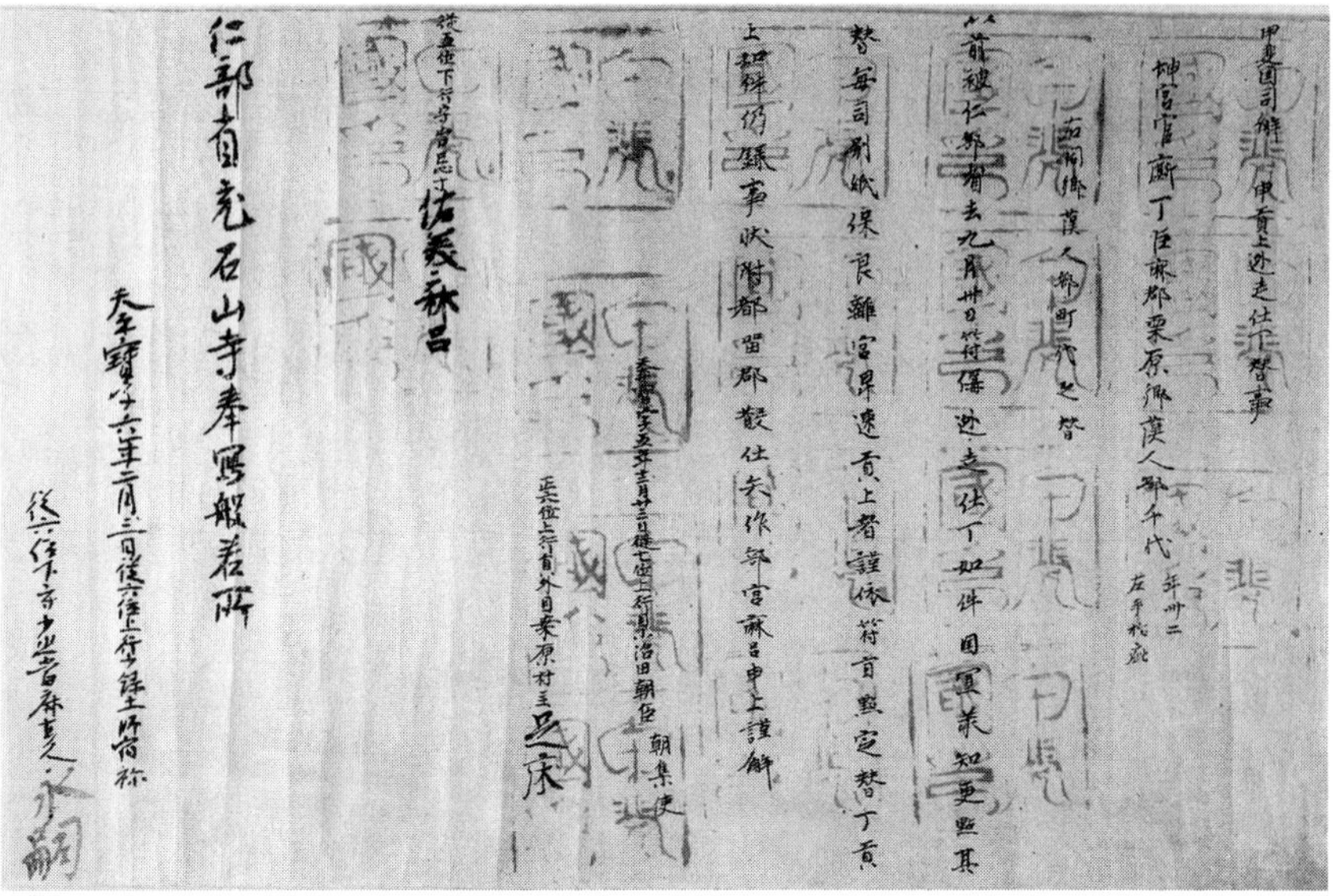

図１　天平宝字五年十二月二十三日付甲斐国司解（正倉院文書　宮内庁正倉院事務所蔵）

九月三十日付の仁部省符（民部省符）の指示に基づき、甲斐国が、逃亡した坤宮官《こんぐうかん》（紫微中台《しびちゅうだい》）廝丁《しちょう》の漢人部町代《あやひとべのまちよ》の替わりとして、同郷の漢人部千代《あやひとべのちよ》を保良《ほら》離宮に貢進することを報告する内容であり、省符と国解の対応関係がよくわかる史料である。

文書に用いる文字は「真書」（楷書）とし、「簿帳・科罪・計贓・過所・抄謄之類」の数字の記載は「大字」（「一」なら「壱」、「二」なら「弐」）とし、読みやすさと正確さを求めていた（公式令66公文条）。平安時代編纂の『延喜式』巻五十雑式には、内外諸司作成の解文の用紙に「薄臭《うすくくさき》紙《かみ》」を使用してはならず、文字は「分明」で、一行一三、一四文字を過ぎてはならないとの規定があるほか、『同』巻二十二民部省上に「国家重案」である戸籍に使用する紙は黄蘗染《きはだぞめ》で、「堅厚」な用紙を用いよとある。

2　文書の発出（押印・伝達）に関する規定

文書行政を支える法規　古代国家において、差出と宛先との上下関係で決まる符・解・移という書式以外にも、詔書・勅旨、官省台符などの文書の作成には、当該文書の起案、決裁、押印、発送、そして宛先での受領という流れに至るまで、さまざまな規定や作業が伴っていた。文書作成に瑕疵《かし》があることは許されず、例えば、文書に署・判すべき官人に代わって署・判した場合、職制律《しきせいりつ》28公文代署判条により罰則を受けることをはじめ、律や令に多数の規定が設けてあり、律令文書行政の適正、適切な運用が目指されていた。

太政官が詔勅を施行する際は、頒下する紙数に応じて写程が設けられ、五〇紙以下ならば写程は一日、それ以上ならば五〇紙毎に一日を加え、最大限で三日間とする。赦書の場合は紙数が多くても最大二日間とし、「軍機急速、事促限有」る場合は、即日実行する規定である（公式令62受事条）。規定の日程より遅れた場合には、詔書を稽緩すれば、一日では笞《ち》二〇（一日毎に一等を加える）、官文書を稽程すれば、一日で笞一〇、三日毎に一等を加える罰則となっていた（職制律21稽緩制書条）。

詔勅あるいは裁可を経た太政官奏に、施行段階において不備を発見した官司は、天皇に奏すること、その奏が理に合えば勤務評価を上げ、不備を知りながら奏上しなかったり、理に合わない奏を行った場合は、勤務評価を下げる規定である（公式令69奉詔勅条）。また、詔勅に施行の段階で文字の脱誤など、内容にかかわらない誤りが見つかった場合には、覆奏《ふくそう》するに及ばず、詔勅以外の官文書の場合は、長官に諮って改正すればよかった（公式令74詔勅宣行条）。しかし、詔書や官文書の内容に関わる誤りを勝手に改定したり、そのまま施行した場合には、詔書では笞五〇、官文書では笞三〇の罰則があった（職制律24詔書誤輒改定条）。その他、職制律には関係する規定がある（同律22放詔書施行違者条、23受詔忘誤条、26上書奏事誤条、27事応奏而不奏条）。

文書への押印　太政官や各省台が諸国に発出する官省台符には、公式令40天子神璽条により、内印（天皇御璽、三寸角）を捺し、諸国が中央に上申する公文（解）には、諸国印を捺すこととされ（史料4及び図2）、押印箇所についても、同41行公文皆印条により、「事状、物数、及年月日、并署、縫処、鈴、伝符、剋数」に捺すことが規定されていた。

〔史料4〕公式令40天子神璽条

天子神璽。謂。践祚之日寿璽。宝用不レ用。内印。方三寸。五位以上位記。及下二諸国一公文。則印。外印。方二寸半。六位以下位記。及太政官文案。則印。諸司印。方二寸二分。上レ官公文。及案移牒。則印。諸国印。方二寸。上レ京公文。及案調物。則印。

このような押印制度は、天皇や官司の権力・権威を公文に付与させるとともに、文書の偽造や改竄を防止する効果を期待するものであった。文書の訂正箇所に改めて押印する事例も、同様の趣旨である（小倉慈司—二〇一四）。印のうち諸国印は大宝令で初めて定められ、内印は大宝令以前に遡って存在した可能性が指摘されている（鎌田元一—一九九四）。なお、公式令40は、大宝・養老令文では内容が異なり、かつ、大宝令では同41と同一条文を構成していた。外印に即していえば、大宝令では太政官及び諸司の案文（控）に捺し、養老令では六位以下位記及び太政官の文案（正文と控）に捺す規定であったが、後述するように、諸国に下す公文に対して押印が拡大していった（吉川真司—一九九八）。

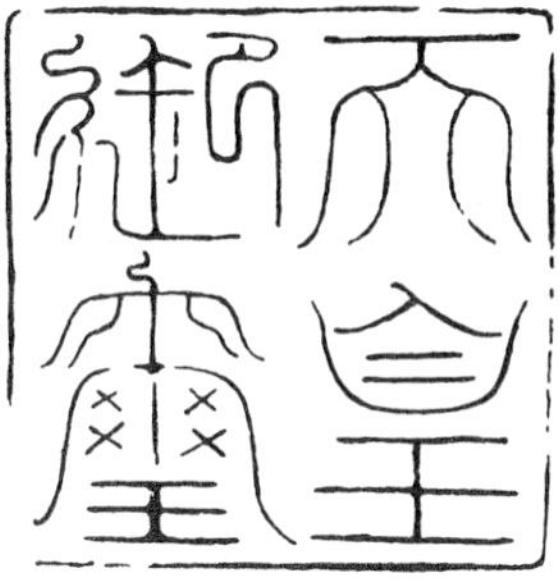

図2a　天皇御璽（内印）

図2b　太政官印（外印）

内印は駅鈴などとともに内裏（天皇の居所）に保管され、押印申請（請印《しょういん》）は、侍従を兼ねる少納言が主鈴を率いて行いその実務を担った。少納言は太政官保管の外印についてもその押印を掌るものであった（職員令2太政官条）。ただ、大宝令施行当初、外印の職掌は弁官が担う規定であったと推測されている（榎本淳一—一九九三）。太政官内部間での内印・外印の押印申請のあり方は、『延喜式』太政官巻十一太政官の規定に詳しい。

押印制度の確立　このような文書への押印手続きについて、大宝律令が施行された八世紀当初の実態をみておこう。まず、和銅五年（七一二）五月丙申太政官処分では、「太政官処分、凡位記印者、請二於太政官一、下二諸国一符印者、申二於弁官一。」（『続日本紀』）として、位記の押印は太政官本局に、諸国に下す官省台符への内印の押捺は、弁官にそれぞれ申請を行えとする太政官処分である。文書の内容により押印申請先を明確化した本処分により、諸国に下す官省台符は、一旦、弁官に提出された後、内裏に送られ、少納言により請印奏がなされ、押印されることになった。また、同年十二月丁巳有司奏では、誤りのあった内印押捺済みの公文に錯誤があるため改正して再び押印する際、内印の請進を掌る少納言は、官長である左右大臣に申した後に請印奏を行うこととした。これは、押印され施行段階に至った公文が、錯誤と称して勝手に改竄される危険を抑止するためである。

次に注目されるのは、養老四年（七二〇）五月癸酉太政官奏である。そこには、諸国に下す符の押印に関する興味深い当時の実態を伝えている。すなわち、「太政官奏すらく、諸司、国に下す小事の類、白紙を以て行ひ下すこと、理において穏やかならず。更に内印を請はば、恐らくは聖聴を煩はさむ。望み請ふらくは、今より以後、文武百官、諸国に下す符、大事に非ざるよりは、逃走の衛士・仕丁の替えを差し、及び年料を催し、残物を廻し、并びに兵衛・采女の養物等の類の事は、便に太政官印を以て印せむことを。奏可す」（『続日本紀』）とあり、公式令40の規定によれば、諸国に下す公文には内印を捺す規定であったが、実際には、「小事之類」の符には印を捺さずに「白紙」で施行していた。これは穏便でないが、公式令を遵守して内印を申請するのは天皇を煩わすので、今後、諸国に下す符は、「大事」でない限り、逃亡衛士・仕丁の交替、年料の物資の調達、余った物資の流用、兵衛・采女《うねめ》の生活費として京進させる物資などについては、外印を用いて施行することとなったという内容である。

当時、諸国に施行する官省台符のすべてに公式令の規定どおりの押印（内印）がなされる訳でなかった事実、無押印の文書が発給されていた事実が判明する。古代日本では文書に押印する行政手続きの経験が浅いこともあって、大宝令施行当初は諸国に下す全文書に内印を捺して発給する原則にしていたものの、律令国家の確立とともに増大した多数の「小事之類」の施行に際し、逐一天皇の裁可を要する内印押印は煩瑣にわたることが次第に認識され、現実的対応が図られたものと推測されよう。

こうして、諸国に下す符については、内印を要する令規が緩和され、内容の軽重により外印の使用が認められるようになり、文書への押印制度が確立した。最終的には、『延喜式』巻十一太政官の式文にみられる形に整理されている。

文書の伝達の手段と方法　押印を終え、宛先に向けて発出される官省台符は、どのように運ばれたか。使者や文書を伝達する輸送手段は、都を中心に畿内七道に張り巡らされた駅伝制を使用するのが基本であった（永田英明―二〇〇四、中村太一―二〇〇五、松原弘宣―二〇〇八）。文書を伝達する方法は、駅伝制の使用形態（駅制または伝馬《でんま》制を使用するか）、使者の形態（同一人が文書を携行するのか、区間毎に交代していくのか）などの指標による細分化も提示されている（中村太一―二〇〇五）。ここでは、中央から諸国への文書の伝達を、①当該官省台符を伝達するために専任された使者による送付（「専使」方式）、②宛先方面に向かう中央官人（便使）に付託（便附）する方法（「便送」方式）、③在京中の国郡司など（朝集使《ちょうしゅうし》、国使）に伝達する形式、④宛先に至る経路の駅家や国府を中継しながら送付する「逓送《ていそう》」方式の四つに分類して説明しよう。①②が宛先まで同一の使者であるのに対し、④は区間毎に使者が交替していくものである。

このうち②は、公式令80京官出使条（史料5）によるもので、京官が出使する際に、太政官を経由して発遣し、派遣される道沿い宛ての符や移を使者に託すこととし、帰京の際に文書の受取書（返抄《へんしょう》）を太政官に提出すること、また、目的地に達した使が京に向かわない時は、所在の官司に付し、京に向かう便使に託して送るとある。公式令13（史料1）に、符の日下に使人名を記載する書式があるのは、①②を前提としていると考えられる。

〔史料5〕公式令80京官出使条

凡京官。以㆓公事㆒出使。皆由㆓太政官㆒発遣。所㆓経歴㆒処符移。弁官皆令㆓便送㆒。還日。以㆓返抄㆒送㆓太政官㆒。若使人更不レ向レ京者。其返抄付二所在司一。附二便使一送。即事速者。差二専使一送。

③は、上京中の朝集使などに対して伝達するものである（川尻秋生―二〇〇五）。『続日本紀』には百官を集めて詔を発布する際に朝集使も呼ばれる例が散見する。官符伝達の事例ではないが、造東大寺司で労働に従事し、既に帰郷した衛士・衛門士に授与する位記の送付を、「便に朝集使に附し」て各国に伝達させる例もある（天平勝宝二年五月二十六日付造東大寺司移。『大』第三巻）。

④はリレー方式で文書を宛先に運送する方式であり、後述する計会帳や正税帳には伝馬《でんま》により諸国に逓送された官省符の詳しい記録が残る。この方式は、当時の中央から諸国への文書伝達のなかで最も一般的な手段であった（中村太一―二〇〇五）。『延喜式』巻四十二左右京職に、「凡弁官及省台下二諸国一符、及癃疾仕丁帰二向本郷一等、各受取逓送。」とみえ、発出された官省台符は、京職に送られ、そこから宛先に向けて順次逓送されたことがわかる。この仕組みは律令制初期に遡るものと推測されている（早川庄八―一九九七a）。

一方、諸国から中央への上申文書については、中央から諸国への文書伝達のあり方とは異なっている。諸国から中央へ文書を逓送する記載が計会帳や正税帳にみえず、諸国から中央への上申文書は、諸国を逓送する「飛駅奏」を除けば、国郡司などが専使となって、都まで伝達するのが基本であった。四度使《よどのつかい》が運ぶ形式をとって上申する「遙付」形式もこれに含まれる概念である。そのほか、派遣国が用意する馬等を利用した自弁型の専使もあった。このような専使形態が取られる理由として、諸国からの文書上申に路次諸国が関与することが望ましくないという意識や、諸国と中央が直結する仕組みに制限したものとの指摘がなされている（市大樹―二〇〇一、中村太一―二〇〇五、加藤友康―二〇〇八）。

緊急を要する文書を伝達する飛駅については、原則的には専使は存在せず、中央から諸国に対し送る飛駅下式（「飛駅勅符」）―「駅伝勅符」―「駅伝官符」の場合、前者は駅毎、後二者は国毎にそれぞれ逓送され、諸国から中央に報告する飛駅上式（場合により解を用いる）―「駅伝奏」の場合、前者は駅毎、後者は国毎にそれぞれ逓送して中央に伝達されていたと考えられる（森哲也―一九九五）。

文書を携えた駅使が途次病気となり、乗馬に堪えない時は、同行人に託して宛先に送るものとし、同行人がいない時は駅長に前所（次の送り先）に送らせ、国司が使を差して逓送させる規定であった（公式令49駅使在路条）。駅使が規定の行程（公式令42）を遅延した場合は職制律33駅使稽程条により、駅使が正当な理由無く文書を他人に寄託した場合は職制律34駅使以書寄人条により、駅使が文書を間違った場所に運んだため稽留した場合は職制律36駅使不依題署条により、それぞれ罰せられる規定である。

全国向けと特定国向けの官省台符　官省台符は、官・省の命を関係する特定国に伝達するものと、遍く諸国に伝達するものとに大別される。「逓送」方式を例にとれば、前者の場合、宛先国までの経由国では順次逓送されるだけであるが、後者の場合は、畿内や東海道、山陰道といった行政区画を単位に命令を伝達する。万寿三年（一〇二六）五月十三日付官符（『類聚符宣抄』第三恠異）に、宛先の「東海東山山陰道諸国司」の下に「各別作」と注記があり、道別に官符を作成したとわかることなどから、道に発給される官符は、各国別ではなく道に一本とされ、路次の国々は写しを取って次の国に逓送していたとされている（『古事類苑』政治部六・上編・符、早川庄八―一九九七a、鐘江宏之―一九九三a）。天然痘への対処法を東海ほか五箇道諸国に伝達した天平九年（七三七）六月二十六日付官符（『類聚符宣抄』第三疾疫）に、「仍條二件状一、国伝二送之一、至宜下写取、即差二郡司主帳已上一人一充レ使、早達二前所一、無上レ有二留滞一（中略）今便以二官印一印レ之、符到奉行。」とみえ、各道では到着した官符は写し取り、郡司主帳以上を使者として前所（次の送付国）に伝送すること、本来内印を捺して施行すべきところ、本件は緊急を要することから便宜的に太政官印を捺して施行したことがわかる。また、平安時代、太政官と大宰府との間で取り交わす駅伝官符や解の逓送に際して、路次の山陽道諸国が開き見、宛先に文書が着く前に機密が漏れてしまうことから、開見を禁止し、諸国にも、「一ヶ国」

宛の符を路次の国が開封することを禁止している事例がある（『続日本後紀』承和八年八月戊午条。『類聚三代格』巻十七文書幷印事所収官符も参照）。なお、文書の逓送に際して、遊牒《ゆうちょう》（送り状）の添付及び返抄（受取状）の発行があったことは後述する。

3　出雲・伊勢国計会帳にみる文書の伝達

計会帳の性格をめぐって　3節以下では、諸国計会帳や正税帳などを素材に、中央と地方間、諸国間の文書伝達の実態をみてみよう。

計会帳とは、毎年八月から翌年七月末日までの間に、太政官・諸司・諸国が相互に受領した、「追徴科造」（諸国官人の召還や未納税物の徴収、諸国が命じられ行った造作）、「送二納人物一」（流徒刑人の移動及び逃亡した犯罪人等の捕獲、官物の移動）、「除附蠲免」（戸籍の登載と抹消、課役免除）、「解二黜官位一、追二徴位記一」（官人の解職と位記の剥奪）に関わる公文書について、各官司単位で記録したものであり、それを上級官司が勘校したうえ、太政官に送り、中央において遺漏や詐偽の有無を対勘することになっていた（公式令19計会式条）。諸国計会帳に即していえば、詔勅、官符の順に文書の内容と受領などに関する情報を書き上げた。例えば官符の発行年月日と内容、国への到着月日、官符を他国に送った際の受領に関する情報（受取人と位姓名と月日）である。

現存する計会帳としては、天平五年度（七三三）分の「出雲国計会帳」がある程度まとまって残るほかは、天平八、九年頃のものと推測される「伊勢国計会帳」の断簡の二例のみである。これら計会帳に関しては、坂本太郎の研究を批判的に継承した早川庄八の研究が、いくつかの修正を要する点を除けば、研究のベースとなっている（坂本太郎一九八九、早川庄八一九九七ａ）。その後、計会帳を作成する目的、計会帳が計会の対象とする文書の範囲、計会帳の実効性の有無、令文と現存計会帳との様式の相違などに関する研究が積み重ねられてきた（滝川政次郎―一九六三a・b、寒川照雄―一九七四、山下有美―一九九〇、鐘江宏之―一九九二、一九九三a・b、一九九七、吉川聡―二〇〇五、加藤麻子―二〇一一など）。

「伊勢国計会帳」にみえる文書の伝達　「伊勢国計会帳」（史料６）は、かつて、竹内理三編『寧楽遺文』において、「伊勢国延暦二年計会帳」との継目裏書が紹介されて延暦期の史料とされ、天平期の「出雲国計会帳」と記載が大幅に異なることから、律令計会制度の衰退を示すものとも評価された（山下有美―一九九〇）。しかし、平城京二条大路跡から出土した木簡に、本帳記載の国司と同一人と推測される人名がみえることから、近年では、天平八、九年以前の史料とみなされるようになった（鐘江宏之―一九九三b、市大樹―二〇〇〇）。また、「出雲国計会帳」と記載様式が大きく異なることから、本帳を計会帳ではないとする見解もあるが（吉川聡―二〇〇五）、両計会帳を書式と目的が異なる二種の計会帳とみるべきとの見解も出されている（加藤麻子―二〇一一）。本計会帳の史料的性格については確定的でない点もあるが、天平期の伊勢国における文書の伝達の具体相を記録するものとして貴重であることに変わりはない。当該釈文を、国立歴史民俗博物館編『正倉院文書拾遺』（便利堂、一九九二年）によって掲げる。

〔史料６〕伊勢国計会帳

（前欠）

右　並以二酉時一到来

往移四条

① 令レ賷二太政官幷民部兵部省符一遣二尾張国一遊牒一紙以二九月三日一来返抄、

右　付二鈴鹿郡散事石寸部豊足一

② 賷二太政官幷民部兵部省符一従二伊賀国一来使返抄一紙、

右　付㆓還使石部赤麻呂㆒、

賷㆓遠江国浮浪人㆒従㆓尾張国㆒来使返抄一紙、　③

右　付㆓廻使水取少嶋㆒、

令㆑賷㆓遠江国浮浪人㆒遣㆓伊賀国㆒遊牒一紙以㆓九月三日㆒来返抄、　④

右　付㆓路次団㆒、

（以下、省略）

本帳の「往移四条」の項は、伊勢国が発出した移四条（①〜④）を列挙したもので、①②は、官符及び民部・兵部省符の逓送に関する一連の、同様に③④は遠江国浮浪人の逓送に関する一連の案件である。伊勢国では、伊賀国から官省符が到着すると、「遊牒」と呼ぶ送り状である「移」を作成し、官省符に副えて尾張国に送付したこと（①）、一方、官省符を受領した旨を記した「返抄」と呼ぶ「移」を作成し、還使に付して伊賀国に送達したことがわかる（②）。また、①の小書きから、尾張国から九月三日に官省符受領の返抄が到着したことも判明する。同様に、遠江国の浮浪人を護送してきた尾張国使に「返抄」を与え（③）、さらに浮浪人を伊賀国に逓送する際に「遊牒」を発している。伊賀国からは九月三日に受け取った旨の返抄が到着している（④）。

このように、伊勢国は、東海道沿いに隣国より逓送され授受した官省符などの文書や人・物について、逓送元の隣国に受け取りの「返抄」の移を発給するとともに、逓送先の隣国に対しては、「遊牒」の移を副えて送付する仕組みであった。隣国の伊賀・尾張も同様の仕組みを有しており、当時の一般的な取り扱い方法であった。なお、一日分の逓送業務においては、逓送対象文書の数量の多少に関わらず、「返抄」「遊牒」とも一通しか発行しないと考えられる（鐘江宏之—一九九三a）。

「出雲国計会帳」の構成　次に、「出雲国計会帳」を取り上げよう。まず本帳の構成をみてみよう（釈文などは平川南

―一九八九を参照）。現存する「出雲国計会帳」（図３）は、天平五年八月から翌年七月末の一年間に、出雲国が受領した省符・節度使符・大宰府符を記載した符部、出雲国が太政官や中務省などの省及び節度使に提出した解を記載した解部、そして隣国伯耆・隠岐・石見三ヵ国から受領した移を記載した移部からなる（図４）。欠失した断簡もあるが、現存する文書数は、符が三七条、解が五〇条、移が四九条である。文書の記載配列は、まず符・解・移の文書形式毎に日付順を基本とするもので、符部・解部では発出もしくは宛先官司を職員令《しきいんりょう》（官員令）の配列に基づき日付順に、移部では伯耆・隠岐・石見の国順に日付によって記載している。

　符部では、符が発出された年月日、出雲国到着月日と文書の内容を、解部では、出雲国が解を進上した年月日と内容を、そして移部では、隣国が移を発出した年月日と内容を、それぞれ記載している。計会帳の記載の一部を抜き出して解説してみよう。

〔史料７〕出雲国計会帳

①節度使符の項

　天平五年

　八月

　一　七日符壹道 却二還雑工生伊福部小嶋等合六人一状 以二八月廾二日一到レ国

②解弁官解文の項

天平五年

八月

一　二日進上公文漆巻肆紙 調帳肆巻　運調脚帳壹巻　匠丁帳弐巻弐紙　過期限帳壹紙　運調綱帳壹紙

　右附二運調使史生少初位上子々法次一進上

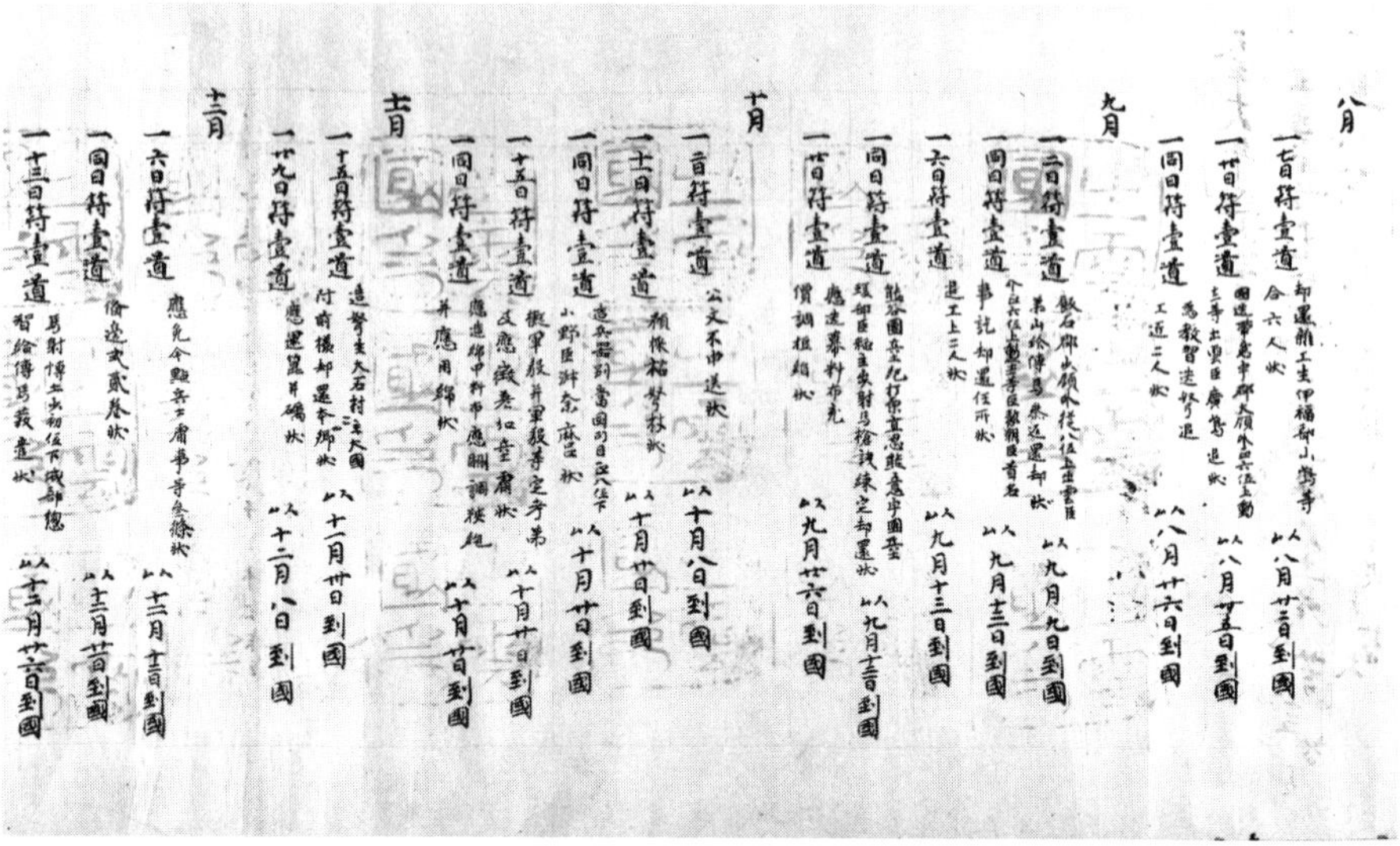

図３　天平六年「出雲国計会帳」 節度使符の項（正倉院文書　宮内庁正倉院事務所蔵）

図４　現存する「出雲国計会帳」の構成（早川庄八―一九九七ａ、平川南―一九八九参照）

文書類型	文書の内容	文書の件数	断簡記号
	（前欠）		
符部	兵部省符 節度使符 筑紫大宰府符	（全？条、うち現存４条） （全32条） （全１条）	B
解部	弁官解文（途中３ヵ所中間欠） 中務省解文 式部省解文	（全41条、うち現存17条） （全２条） （全６条、うち現存１条）	I J K H L
	（中間欠）		
解部	民部省解文（途中２ヵ所中間欠）	（全？条、うち現存12条）	D E G F
	（中間欠）		
解部	兵部省解文（※） 節度使解文	（全？条、うち現存８条） （全15条、うち現存10条）	C
	（中間欠）		
移部	伯耆国送到移 隠岐国送到移 石見国送到移	（全？条、うち現存31条） （全12条） （全27条、うち現存６条）	A
	（後欠）		

（※）兵部省解文の後は節度使解文となり、当該年度に刑部・大蔵・宮内各省宛の解は存在しないことになる。

一　九日夏調過二期限一遅進事

③伯耆国送到移の項

二月

八日移太政官下符弐道 一官稲混合状 一国司等貸状

史料7の①符部節度使の項では、雑工生伊福部小嶋《いおきべのこじま》など六人を却還する旨の八月七日付節度使符が、同月二十二日に出雲国に到着したこと、②の解部の太政官宛出雲国解の項では、天平五年八月二日に国解（進上する公文の目録。鐘江宏之―一九九二）を進上したこと、③の伯耆国からの来移の項では、二月八日に伯耆国が出雲国に発出した移（官稲混合と国司借貸に関する官符二通を逓送する旨の遊牒）を受領したことを記載している。移の項の日付については、出雲国が移を受信した月日とする理解もあるが（伊藤卓爾―二〇〇八）、早川庄八の理解のように先方国が移を発出した月日と解するのが適当である。また、移には、通常諸国間で取り交わす移に加え、先に説明した官省符を送る際の遊牒や返抄も含まれている（鐘江宏之―一九九三a）。なお、本帳欠失部分には、出雲国が隣国などに発出した移に関する記載があったと推測されている。

「出雲国計会帳」にみる官省符の下達と国解の送進　本計会帳からは、中央から出雲への官省符の送達とそれに対する国解の送進の時間的経過を具体的に確認でき、当時の文書伝達の様相を知るうえで重要である。例えば、天平六年四月甲寅（二十三日）、東海・東山・山陰道諸国に対して、牛馬を売買して境界を出すことと、健児儲士撰士の田租・雑徭の半減を許している（『続日本紀』）。これに対応する記載として計会帳には、伯耆国が五月七日に前者に関する官符を、六月四日には後者に関する民部省符を、出雲国に宛てて送付し、出雲国が受領していることがみえる。また、逃亡した衛門府衛士勝部臣弟麻呂の交替について、天平六年三月二十三日付兵部省符が、四月八日に伯耆国を発出、同月十日に出雲国に到着し、出雲国は交替人員を送る旨の兵部省宛解文を同月二十日に進上したことがみえる。

同様に、右衛士私部大嶋《きさいべのおおしま》の死亡に伴う交替者貢進について、同年六月二十五日付兵部省符は伯耆国を七月十一日に出発、同月十三日に出雲国に到着し、出雲国は同月二十三日に兵部省宛解文にて交替人員を進上したことがわかる。以上の例から、都と出雲国は一七・一八日の行程（うち伯耆・出雲両国間二日）であると判明する。

また、史料7②にあるように諸国司からの公文進上の際、公文目録の存在が想定されることなどから、諸国司からの公文は太政官の弁官が一括集中して受理していたと考えられている（鐘江宏之—一九九二）。

以上のような通常の文書伝達以外に、緊急を要する場合はどうであったか。『続日本紀』天平六年四月癸卯（十二日）条「遣二使畿内七道諸国一、検下看被二地震一神社上。」に対応する記事を計会帳にみてみよう。伯耆国が同年四月十六日に出雲国に官符（地震状）を逓送したとみえ、既に四日後には伯耆国まで官符が到達している。出雲国にも同日もしくは翌日には到着したと考えられ、飛駅による伝達であったのだろう。

山陰道諸国の文書の流れ　出雲国は山陰道諸国の終点石見国の手前に位置し、かつ、海を隔てて隠岐国と隣接している。山陰道諸国に対して都から文書が伝達される場合、伯耆国から出雲国に到着した文書を更に伝達する場合の経路が問題となる。

既に述べたとおり、道に官省台符が出される場合、道毎に一通を作成し、伝達された関係国では写しを取り、さらに前所に逓送したと考えられている。出雲国から石見国に至る文書伝達経路として、出雲国から隠岐国に、隠岐国から出雲国に戻り、出雲国から石見国に向かう単線的経路案が想定されたこともあるが（早川庄八—一九九七a）、出雲国では伯耆国から文書が到着すれば、写しを二通作成し、一通は自国に保管し、もう一通は隠岐国に送付し、文書原本は石見国に送付したとみる考え（鐘江宏之—一九九三a）が適当であろう。隠岐国では受領した写しに対して移（返抄）を出雲国に発出していることが指摘されている。

また、計会帳には、天平四年に設置された山陰道節度使と出雲国などが授受した文書の記録がある。それらの分析から、節度使の鎮所は石見国にあることが指摘されている。その他、山陰道以外との諸国間の文書伝達については、越前国に向かう大宰府柁師《かじし》などに関する天平六年七月二日付大宰府符（七月十三日出雲国到着）や、出雲・隠岐国宛備中国移文（遷貫百姓状、各一道）が散見される。

以上、伊勢及び出雲国計会帳を手がかりに、諸国間を行き交う多様な文書の伝達について、各国では文書の送付（遊牒）と受領（返抄）の手続きを行うとともに、計会に必要な文書の受領・送付に関わる記録作成を詳細に行っていたことを概観した。

4　諸国正税帳にみる文書の伝達

正税帳の文書伝達に関わる記載　4節では、天平年間の諸国正税帳を素材に、文書の伝達の様相をみてみよう。正税帳とは、諸国が一年間の正税の収入と、さまざまな経費支出を項目毎に書き上げ、中央に報告する財政報告書である。文書の伝達に関しては、文書を携行した使者とその従者に対する食料などの支出が計上されている。その点、計会帳が文書の内容や発送・受領月日の記載に重心があるのに対して、正税帳は、伝達する人々をどのように支えていたかを知ることができる史料である。『延喜式』巻二十七主税寮下には正税帳の書式がみえ、文書伝達に関しては、駅使、三度使（朝集使ほか）、某国使、臨時使、伝使とそれぞれの従者（将従）にわけ、飯・塩・酒を記載することになっている。

現存する天平期の正税帳のなかで文書伝達がみえる古い事例は、天平四年（七三二）の「越前国郡稲帳」（『大』第一巻）である。そこには「賷二太政官逓送符壱拾道一従二若狭国一到来使　壱拾人留二当国一符五道、更於二能登国一逓送符五道食料稲壱拾（後欠）」とみえ、若狭国より逓送された官符が一〇道、使者人数は一〇名であり、そのうち五道は当国

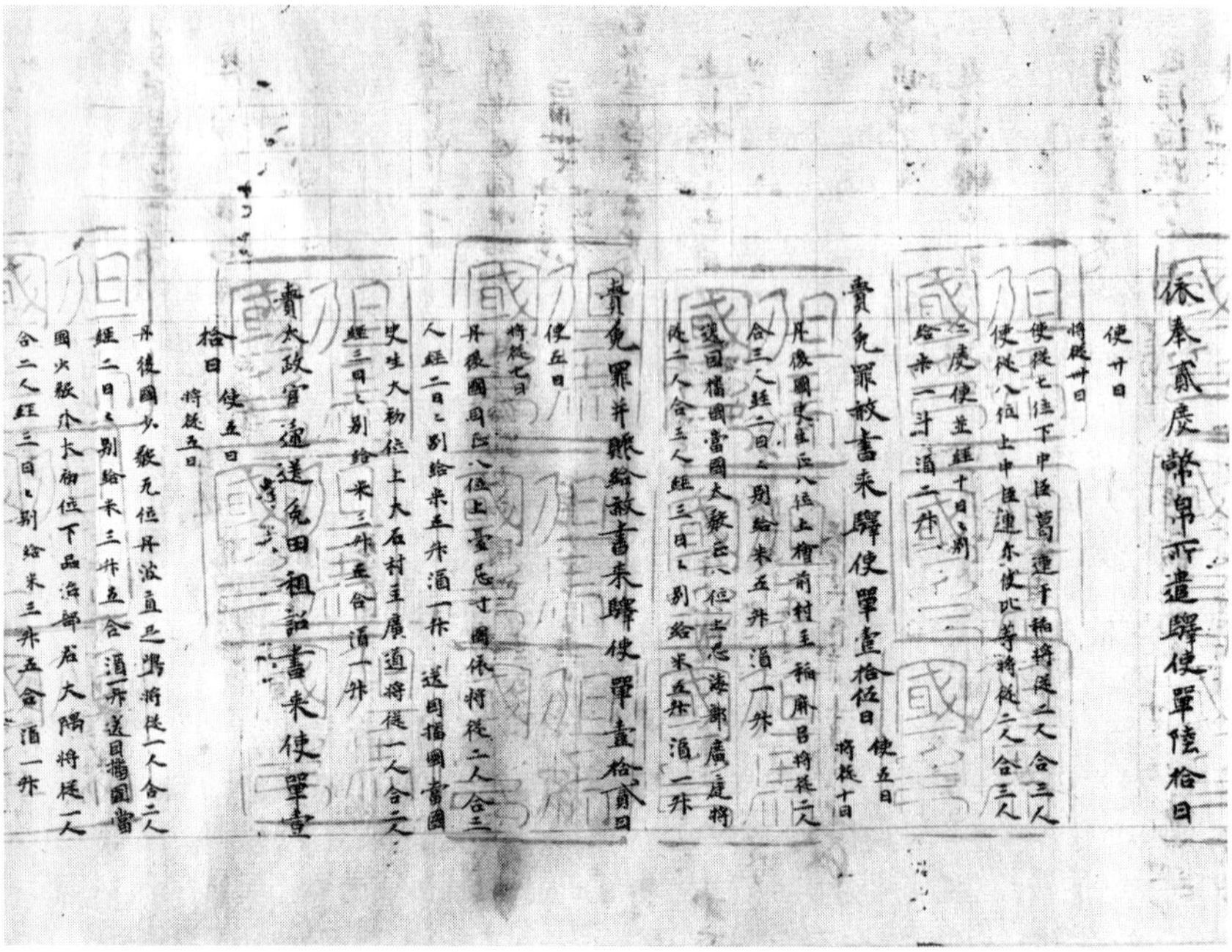

図５　天平九年「但馬国正税帳」（正倉院文書　宮内庁正倉院事務所蔵）

（越前国）宛て、五道は更に能登国に逓送したことが記載されている。

天平九年「但馬国正税帳」にみえる文書伝達　天平九年「但馬国正税帳」（『大』第二巻、図５）は、「当国所遣駅伝使」として、但馬国を経由した文書毎に、丹後国から但馬国に文書をもたらした駅使・伝使、及び但馬国から因幡国に文書を送った駅使・伝使の氏名、並びに使者に対する供給の日数・数量を記載する。それを整理したのが表２である（林陸朗・鈴木靖民編『天平諸国正税帳』現代思潮社、一九八五年の解説等も参照）。

表２①は都から但馬国に派遣された二度の奉幣使（駅使）である。それぞれ一〇日分であり、但馬国内の神社での奉幣を経て帰京するまでの日数と考えられる。②以下は、山陰道沿いに丹後国から但馬国を経て因幡国へ伝達される官文書を携帯した使である。②③は恩赦の詔を伝える赦使（駅使）、④⑤は太政官符逓送の伝使として、田租を免じる詔書、病人に粥饘料を給う官符を携行した使である。いずれも、丹

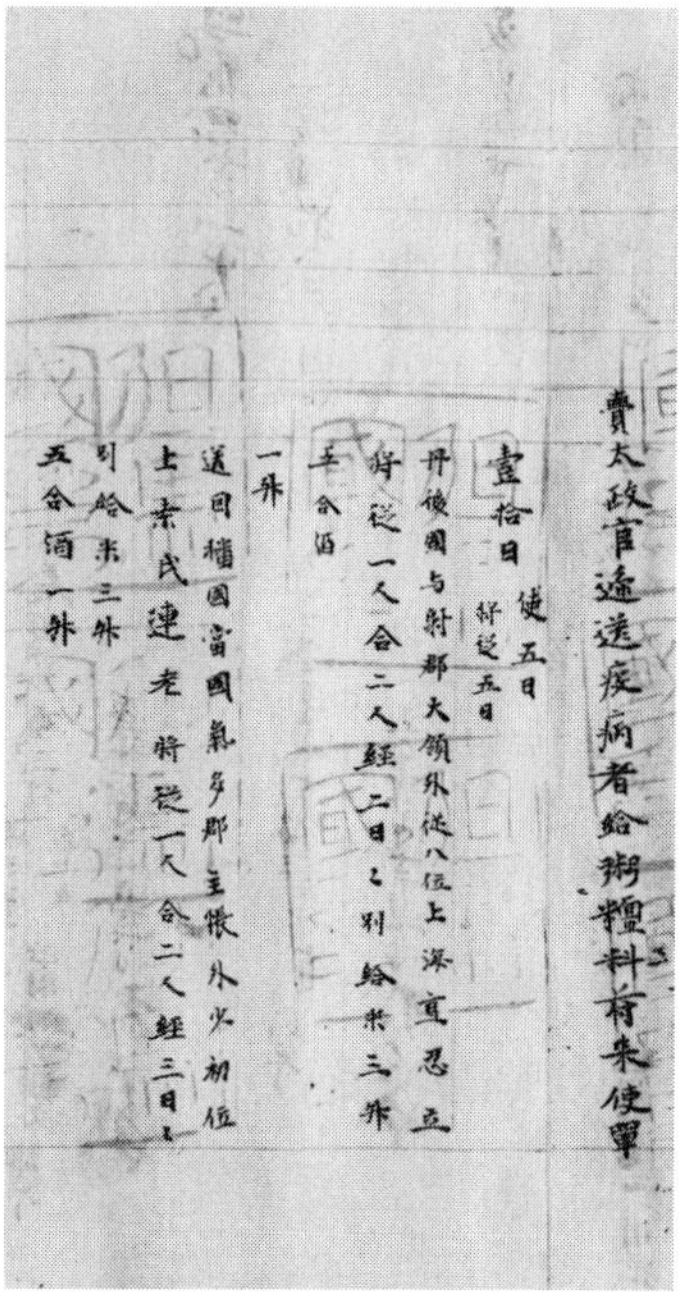
賷太政官逓送疾病者給粥饘料符来使單
壹拾日　使五日　将従五日
丹後國与射郡大領外従八位上海直忍立
将従一人合二人経二日〻別給米三升
五合酒
一升
送因幡國當國氣多郡主帳外少初位
上束氏連老　将従一人合二人経三日〻
別給米三升
五合酒一升

後国境から但馬国府までは片道一日（往復二日）、但馬国府から因幡国境までは片道一日半（往復三日）を要している。丹後国から但馬国府へは、丹後国府所在の与謝《よさ》郡から但馬国出石《いずし》郡所在の但馬国府に至り、但馬国府からは、養父《やぶ》郡を経て因幡国に至る経路と考えられる。

また、使者の階層をみると、但馬に向かう丹後国使は、国司（目・史生）・郡司（大領）・軍毅《ぐんき》（少毅）、因幡に向かう但馬国使は、国司（史生）・郡司（主帳）・軍毅（大・少毅）である。一日一人当たりの支給量は、使は稲四把、塩二夕、酒一升、将従は稲三把、塩一夕五撮である。このように、本帳は丹後→但馬→因幡の順で行われた官文書の逓送の実態を記載したものとして重要である。

返抄の実例　さて、但馬国における官文書伝達の有り様については、次に掲げる史料8の正倉院文書が注目される。

〔史料8〕天平九年某月但馬国移（『大』第七巻。釈文は東野治之一九七七による）

□□〔省カ〕下因幡伯耆出雲石見等国符肆□

右取今月三日到来此部□□

検領達前所訖、仍付廻□〔使カ〕□

知故移、

天平九□□月□日□（紙面に但馬国印あり）

東野治之によれば、正倉院伝来の鳥兜《とりかぶと》残欠に使用された反故文書と一連の史料であり、「この移は、因幡・伯耆・

出雲・石見等の国へ下された符を、但馬国で検領した上、符を但馬国へ送り届けてきた国に対し、但馬国が次の送付先（前所）へ達し訖った旨を通報した返抄（受け取り）であり、「文書授受をめぐる返抄は、今のところ他に実例がな」く、「この移と同年の但馬国正税帳によれば、山陰道における文書の逓送は丹後→但馬→因幡の順であるので、返抄の宛先は丹後国衙」と評価されている（東野治之一九七七）。山陰道諸国に下した公文伝達に関わる、返抄としての「移」の実例として貴重な史料である。

天平十年「駿河国正税帳」にみえる文書伝達　天平十年「駿河国正税帳」（『大』第二巻）には、正税帳首部の記載として、駿河国を往来する使人に対する供給の記述がある（表3）。そのなかで、特に官省符について、遠江国から駿

人数	勤務日数	延日数	日別支給量		日別支給量合計	
			稲	酒	米	酒
3人	10日	60日	4把	1升	1斗	2升
			3把	—		
3人	10日		4把	1升		
			3把	—		
3人	2日	15日	4把	1升	5升	1升
			3把	—		
3人	3日		4把	1升	5升	1升
			3把	—		
3人	2日	12日	4把	1升	5升	1升
			3把	—		
2人	3日		4把	1升	3升5合	1升
			3把	—		
2人	2日	10日	4把	1升	3升5合	1升
			3把	—		
2人	3日		4把	1升	3升5合	1升
			3把	—		
2人	2日	10日	4把	1升	3升5合	1升
			3把	—		
2人	3日		4把	1升	3升5合	1升
			3把	—		
計25人	計107日	稲支給合計36束1把（使4把・将従3把） 塩支給合計1升8合5撮（使2夕・将従1夕5撮） 酒支給合計4斗（使1升）				

表２　天平九年「但馬国正税帳」にみえる「当国所遣駅伝使」への食料支給

	使者の名目	使者姓名及び将従（①は中央官人。②以下は、上段が丹後国使、下段が但馬国使）
①	依奉弐度幣帛所遣駅使	従七位下中臣葛連干稲 将従２名 従八位上中臣連尓伎比等 将従２名
②	賷免罪赦書来駅使（『続日本紀』天平９年７月乙未（23日）条参照）	丹後国史生正八位上檜前村主稲麻呂 将従２名 但馬国大毅正八位上忍海部広庭 将従２名
③	賷免罪幷賑給赦書来駅使（『同』天平９年５月壬辰（19日）条参照）	丹後国目正八位上台忌寸国依 将従２名 但馬国史生大初位上大石村主広道 将従１名
④	賷太政官逓送免田租詔書来使（『同』天平９年８月甲寅（13日）条参照）	丹後国少毅无位丹波直足嶋 将従１名 但馬国少毅外大初位下品治部君大隅 将従１名
⑤	賷太政官逓送疫病者給粥饘料符来使（『類聚符宣抄』天平９年６月26日官符参照）	丹後国与射郡大領外従八位上海直忍立 将従１名 但馬国気多郡主帳外少初位上桑氏連老 将従１名

日数	合計日数
各1日	6日
各1日	6日
各1日	6日
各1日	9日
1日	3日
1日	3日
1日	3日
1日	3日
各1日	15日
各1日	6日
各1日	6日
各1日	6日
各1日	6日
各1日	33日
各1日	30日
各1日	18日
各1日	18日
各1日	9日
各1日	18日
各1日	18日
各1日	15日
各1日	6日
各1日	12日
各1日	12日
各1日	30日
各1日	12日
各1日	12日
1日	3日
1日	3日
各1日	12日
各1日	6日
各1日	6日

河国への逓送、また、駿河国から相模国への逓送に関する記述がみえる。すなわち、官符を齎《もたら》す遠江国使として、遠江国磐田《いわた》郡散事である大湯坐部小国《おおゆえべのこくに》ほか七名、省符を齎す使として同郡同人ほか六名及び佐益《さや》郡散事 丈部塩麻呂《はせつかべのしおまろ》、同様に、官符を相模国に送る「当国使」（駿河国使）として、駿河国安倍《あべ》郡散事である常臣子赤麻呂《つねのおみこあかまろ》ほか四名、省符を相模国に送る駿河国使として安倍郡散事日下部若槌《くさかべのわかつち》ほか七名が記されている。

これら国使に対する供給の内容は、「三郡別○度」とある。遠江国から駿河国内に入った遠江国使は、志太《しだ》・益《まし》頭《ず》・有度《うど》の各郡を経て国府所在の安倍郡に至る。また、駿河国から相模国に向かう駿河国使は、同様に国府所在の安倍郡をたち、庵原《いはら》・富士・駿河の各郡を経て、相模国に至る道筋となる。正税帳にみえる「三郡」とは国府所在郡を除く各郡、それぞれ、志太・益頭・有度の三郡、庵原・富士・駿河の三郡である。

遠江国使に任じたのは、同国府所在の磐田郡散事が多数を占める。一例のみ、国府より駿河国寄りに位置する佐益（佐野）郡散事であるが、これは遠江国府より東への使者であるゆえ、国府所在郡及び同以東の郡散事が任命されているものと解される。同様に、駿河国使についても、数例を除き国府所在の安倍郡散事である。恐らく、当時の遠江・駿河国では、官省台符の伝達に際して、主に国府所在郡の散事がその逓送の任にあたったものと考えられる。その一方、断簡のため逓送文書が特定されない箇所の記載には有度郡散事三名の名がみえる。駿河国から伊豆国もしくは甲斐国への使とみて、郡毎に派遣先の分担があったとみることも可能である。それにしても、磐田郡散事の大湯坐部小

表3　天平十年「駿河国正税帳」に見える官省等符の使者

符の種類	使の種類	使者の官・姓名		三郡別の回数
太政官符	遠江国使（遠江国→駿河国）	磐田郡散事	大湯坐部小国	2度
			小長谷部国足	2度
			物部石山	2度
			敢石部角足	3度
			肥人部廣麻呂	1度
			磯部飯足	1度
			小長谷部善麻呂	1度
			矢田部猪手	1度
	駿河国使（駿河国→相模国）	阿倍郡散事	常臣子赤麻呂	5度
			横田臣大宅	2度
			伊奈利臣千麻呂	2度
			半布臣子石足	2度
			丈部牛麻呂	2度
省符	遠江国使（遠江国→駿河国）	磐田郡散事	大湯坐部小国	11度
			矢田部猪手	10度
			生部臼麻呂	6度
			税部古麻呂	6度
			物部石山	3度
			小長谷部足国	6度
			敢石部角足	6度
		佐益郡散事	丈部塩麻呂	5度
	駿河国使（駿河国→相模国）	阿倍郡散事	日下部若槌	2度
			丈部牛麻呂	4度
			半布臣足嶋	4度
			横田臣大宅	10度
			丈部多麻呂	4度
			半布臣石麻呂	4度
			半布臣虫麻呂	1度
			伊奈利臣牛麻呂	1度
？	駿河国使（駿河国→？）	有度郡散事	他田舎人廣庭	4度
			川辺臣足人	2度
			他田舎人益国	2度

国は延べ三九日、安倍郡散事横田臣大宅は延べ三六日、勤務多忙の様子が窺えよう。

5　文書の作成と伝達の特徴

以上、四節にわたって、主に八世紀前半の中央と地方との間、あるいは諸国間を動いた文書伝達の制度と実態をみてきた。簡単にまとめをしておく。

(1)　中央と地方との間、あるいは諸国間を動いた文書は、太政官や民部省といった中央政府が諸国に向けて出す「符」、諸国が中央政府に宛てて出す「解」、諸国間といった同格関係の役所同士が遣り取りする「移」の三つの書式が基本であった。

(2)　文書の作成と伝達には多数の規定が設けられ、確実な施行が期待されていた。中央政府が地方諸国に発給する官省台符には内印を捺すのが大宝令当初の規定で、地方諸国から中央へ上申する国解、また国から国へといった諸国間を動いた国移には、当該諸国印を捺すものであった。しかし、施行当初、「白紙」すなわち無押印公文が地方諸国に発給される実態があり、養老四年（七二〇）に内容の軽重に応じた内印・外印の区別が明確にされて以降、地方諸国へ発給する官省台符への押印が徹底された。

(3)　文書を伝達する使者や文書を伝達する輸送手段は、都を中心に畿内七道に張り巡らされた駅伝制に依拠して行われた。中央から諸国への文書伝達において最も一般的であった方法は、宛先の経路の駅家や国府を中継しながら送付する「逓送」方式であるのに対して、諸国から中央への文書伝達は、国郡司などが専使となって携行するのが一般的であった。

(4)　現存する天平期の計会帳や正税帳からは、当時の文書伝達の実態がよく窺える。特に諸国に官省台符を逓送する際、官符正本に送り状（遊牒）を副え、受領した国は官符を写した上、次の国に送付するとともに、送ってきた国には受取状（返抄）を出す仕組みであり、文書の確実な伝達が期されていた。また、文書運送には、国司・郡司・軍毅がみえるが、特に国郡制機構の末端に位置する郡散事、特に国府所在郡の郡散事が多くその伝達業務（国使）を担っていたことが、正税帳の記載からわかる。

本論を終えるにあたって、文書伝達をめぐる一齣を紹介しておきたい。

〔史料9〕朝集雑掌台此身解（『大』第六巻）

朝集雑掌台此身解　申レ可レ進二失省符求一事

壱紙皇后宮職封充奉者

右符、附二国府申送人一名録レ文、附二己身一持不レ侍、因レ茲不レ得二彼事申一レ国、退下捜求将二進申一、仍注二事状一、以解。

宝亀三年三月廿八日雑掌台此身

右の解については、紛失した省符の再発行を願い出たとする解釈もあるが（川尻秋生―二〇〇五）、国府申送人が皇后宮職に封を充てる旨の省符（民部省符）を無くしたため、某国朝集雑掌の台《うてな》此身本人が職場を離れて省符を捜し求めて国に進めたいと、願い出たものとみるべきであろう。解の日付は宝亀三年（七七二）三月二十八日で、これに先立つ同月二日には皇后井上内親王がその地位を剥奪されており、この省符は廃后に伴い、皇后に与えられていた食封《じきふ》（中宮湯沐《とうもく》）の処分に関わる省符と推定される。公文書を紛失した場合、唐律では准盗論に二等を減じた処罰を受けるが、文書処理や発送の程限内に発見した場合には罪を免じる規定であり（唐雑律50棄毀制書官文書条、同58亡失符印求訪条）、日本律でも同様であったと考えられる。果たして台此身の文書捜索は実を結んだのか、はたまた探索は失敗に終わったのか、興味の尽きないところである。

参考文献

石母田正「古代官僚制」『日本古代国家論　第一部』岩波書店、一九七三年
市　大樹「伊勢国計会帳の作成年代と浮浪人の逓送」『続日本紀研究』三二六、二〇〇〇年
市　大樹「伊勢国計会帳からみた律令国家の交通体系」『三重県史研究』一六、二〇〇一年
伊藤卓爾「『出雲国計会帳』にみる文書伝達の再検討」島根県古代文化センター編『古代文化研究』一六、二〇〇八年
弥永貞三「大伴家持が自署せる太政官符について」『日本古代の政治と史料』高科書店、一九八八年
小倉慈司「印章から花押へ」『歴博』一八四、二〇一四年
榎本淳一「養老律令試論」笹山晴生先生還暦記念会編『日本律令制論集　上』吉川弘文館、一九九三年
加藤麻子「律令計会制度考―計会帳の構造と勘会作業を中心に―」『古文書研究』七一、二〇一一年
加藤友康「古代文書にみえる情報伝達」藤田勝久・松原弘宣編『古代東アジアの情報伝達』汲古書院、二〇〇八年
鐘江宏之「公文目録と「弁官―国司」制―国司の公文進上に関する一考察―」『続日本紀研究』二八三、一九九二年
鐘江宏之「計会帳に見える八世紀の文書伝達」『史学雑誌』一〇二―二、一九九三年a
鐘江宏之「伊勢国計会帳の年代について」『日本歴史』五三七、一九九三年b
鐘江宏之「計会帳作成の背景―国府における文書保管との関連性から―」『正倉院文書研究』五、一九九七年
鎌田元一「日本古代の官印」上横手雅敬監修『古代・中世の政治と文化』思文閣出版、一九九四年
川尻秋生「口頭と文書伝達―朝集使を事例として―」平川南・沖森卓也・栄原永遠男・山中章編『文字と古代日本2　文字による交流』吉川弘文館、二〇〇五年
岸　俊男「木簡と大宝令」『日本古代文物の研究』塙書房、一九八八年
坂本太郎「正倉院文書出雲計会帳に見える節度使と四度使」『坂本太郎著作集』七、吉川弘文館、一九八九年
寒川照雄「計会制度に関する一考察～計会制度の制定目的を中心に～」『史学論集対外関係と政治文化　第二』吉川弘文館、一九七四年
滝川政次郎「伊勢国計会帳と大神宮」上・下『神道史研究』一一―四・五、一九六三年a

滝川政次郎「律令の計会制度と計会帳」『国学院法学』一―一、一九六三年b
田中　卓「新たに世に出た「宝亀三年太政官符」」『田中卓著作集一〇古典籍と史料』国書刊行会、一九八三年
東野治之「正倉院蔵鳥兜残欠より発見された奈良時代の文書と墨画」『正倉院文書と木簡の研究』塙書房、一九七七年
永田英明「馳駅制度と文書伝達」『古代駅伝馬制度の研究』吉川弘文館、二〇〇四年
中村太一「道と駅伝制」『列島の古代史4　人と物の移動』岩波書店、二〇〇五年
早川庄八「天平六年出雲国計会帳の研究」『日本古代の文書と典籍』吉川弘文館、一九九七年a
早川庄八「公式様文書と文書木簡」『日本古代の文書と典籍』吉川弘文館、一九九七年b
平川　南「出雲国計会帳・解部の復元」「校訂出雲国計会帳」『漆紙文書の研究』吉川弘文館、一九八九年
平川南・沖森卓也・栄原永遠男・山中章編『文字と古代日本1　支配と文字』吉川弘文館、二〇〇四年
松原弘宣「日本古代の情報伝達と交通」藤田勝久・松原弘宣編『古代東アジアの情報伝達』汲古書院、二〇〇八年
森　哲也「律令制下の情報伝達について―飛駅を中心に―」『日本歴史』五七一、一九九五年
山下有美「計会制度と律令文書行政」『日本史研究』三三七、一九九〇年
吉川　聡「律令制下の文書主義」『日本史研究』五一〇、二〇〇五年
吉川真司「外印請印考」『律令官僚制の研究』塙書房、一九九八年
渡辺　滋『日本古代文書研究』思文閣出版、二〇一四年

コラム

隠岐に残る駅鈴

森田喜久男

駅鈴とは、都城と諸国の国府とを結ぶ官道の駅家に置かれた駅馬を使用する権利証のようなものだ。そこには「剋《こく》」が施されている。「剋」とは刻みのことだ。公式令《くしきりょう》給駅伝馬条の規定によれば、その数に応じて徴発できる馬の数が決まっている。

では、隠岐国玉若酢命《たまわかすのみこと》神社（島根県隠岐の島町）宮司億岐《おき》家に伝わる二口の駅鈴では、何頭の馬を徴発できるのか。問題の駅鈴は、幅約五・五チセン、奥行約五・〇チセン、高さ約六・五チセンのサイズで上部に環状の紐があり、下部には足がついていて、一面には「驛」、他面には「鈴」の文字がある。ところが、これらの駅鈴には「剋」がない。そのため、この駅鈴についてはは本当に古代に作られたものであるのかどうかといった点についてかねてから疑問の声があった。

隠岐駅鈴に関して、もっとも詳細な研究は滝川政次郎の「駅鈴伝符考」である。この論文は地方史研究所編『出雲・隠岐』（平凡社、一九六三年）に掲載されたものであるが、律令における駅鈴の法制史的検討から始まり、その形態・大きさ・字面などを詳細に論じ、最後は戦前に国宝に指定された経緯にまで及んでいる。

この滝川の論文は、サブタイトルに「隠岐駅鈴伝符の真偽」とあるように、駅鈴の真偽を確かめようとしたものであった。論文の中で、滝川は「隠岐駅鈴は（中略）卑劣漢の犯罪的行為によって、国宝となったもの」と断じている。しかし、それで終わってしまってはあまりに切ないと考えるのは私だけであろうか。

図　隠岐駅鈴

隠岐駅鈴については、それが本物か偽物かということに議論が集中していたように思える。現状では他に類例がないので、明確な判定は下せない。今後の新資料の発見を待つしかないであろう。ただ、文化財の価値を判断する時に、それがいつできたのかということも大事だが、それがどのようにして今に伝えられてきたのか、ということを考えることも必要ではないのかと私は考える。

天明八年（一七八八）正月、京都の鴨東団栗《どんぐり》小路から火の手があがった。この大火は京都御所に及び、光格天皇は聖護院に避難せざるを得なかった。ようやく再建となった御所へ還幸する時、この行幸の鹵簿《ろぼ》に隠岐駅鈴も加わった。延喜主鈴式従駕内印条によれば、行幸に際しては主鈴が内印や駅鈴・伝符を漆の箱（竹で編んだ方形のものに漆を塗ったもの）に入れて少納言と共に随行することになっていたが、おそらくその規定に少しでも近づけたいという意向が宮中の方で働いたのだろう。時の隠岐国造であった億岐幸生《さちなり》に対して、駅鈴を貸し出すようにとの命令が出された。

億岐幸生は駅鈴を奉り、これに応じて朝廷では駅鈴を納めるための唐櫃《からびつ》が作られた。こうして天皇が御所に還幸した後、駅鈴は唐櫃と共に億岐家に返されたのである。

このように幕末において朝儀の「復興」を図ろうとする動きの中で

隠岐駅鈴が重要な役割を果たしていたこと、そのことの持つ意味についてもう少し突っ込んで考えてみる必要がある。近世末期の人々にとって、古代はどのような時代として映っていたのか、時の為政者は「古代」をどのように認識していたのか、このことは近世史研究者だけではなく、古代史研究者も考えなくてはならない課題である。

隠岐駅鈴に関心を示したのは、光格天皇とそれを取り巻く貴族達だけではなかった。寛政七年（一七九五）八月に石見浜田藩主の松平康定《まつだいらやすさだ》は、伊勢神宮への参拝の途中、松坂に泊まり、本居宣長から『源氏物語』の講義を受けたが、それに先立ち家臣の小篠敏《おざさみぬ》は宣長のもとへ隠岐駅鈴の模造品をお土産として持参した。それに添えられた康定の色紙には、「かみつ世をかけつつしぬぶ鈴の屋のいすずの数にいらまくほしも」と書かれてあった。宣長が、鈴を愛好していたことを知っていた康定のプレゼントだったのである。

三重県松阪駅ロータリーの手前に、駅鈴のモニュメントがある。隠岐駅鈴は、古代の文化財、隠岐の文化財の枠を超えて、現代の松阪市にまで影響を及ぼしている。古代史研究者はこのような事実とどのように向きあえばよいのか。隠岐駅鈴は私達に問いかけている。

Ⅱ　地域に展開する交通

一　国府・郡家をめぐる交通

鈴木景二

1　国司の部内巡行

令制下の地域の交通　ここでは令制国の地域の交通について概観する。令制国域を構成する各郡域は、おおむね地勢に基づく国造のクニを基盤とし、古墳時代以来のまとまった世界を形成している。その範囲は、およその社会生活の行動範囲となっていたと考えられ（都出比呂志一九八九）、その地域観は前近代、場合によっては現代にまで及んでいる。

郡域内には、豪族の拠点をむすぶ交通路が広がり、主要な道は隣接する郡域ともつながっていた。その境界部分はオオサカ・ミサカ・クマサカなどと呼ばれたらしい（鈴木景二二〇一三）。そうした主要道は地域社会の必要性により形成され、地形的に通り易いルートであったから、その後も長く生き続けている。これとは対照的に、畿内の都城と七道諸国をつなぐ非日常的な交通のために国家によって設定されたのが駅路であった。それは地域の道を取り込み重なる部分もあるが、都への最短距離であることを目的とするため、新たなルートとして設置された部分も多かったと考えられ、両者が並行している事例も知られている（木下良一九九六、原秀三郎二〇〇二）。令制国内の通常の交通は、前者の道を通じて展開していたと想定される。

交通を問うことは、その地域の政治・社会の構造を問うことでもあるから、さまざまな事象が対象となるが、ここでは本シリーズの趣旨にそって国家の支配に関わる事項を取り上げて概観する。一部地域のわずかな事例で、多様な列島全体の平均的な様相を語ることには問題もあるが、各地域の差異はしばらく措くこととしたい。

国司の地方支配　律令制において地方行政を担当するのは、守《かみ》・介《すけ》・掾《じょう》・目《さかん》の四等官に加え書記官というべき史《し》生《しょう》などからなる国司で、中央の官人が派遣される。彼らがどのような意識をもって赴任したのかはわからないが、越中国守として赴任した大伴家持《おおとものやかもち》が「大君《おおきみ》の任《ま》けのまにまにますらをの心振り起こし　あしひきの山坂越えて天ざかる鄙《ひな》に下り来」と詠んだように（『万葉集』巻一七—三九六二）、オオキミから委任されて地方に臨む国司は「ミコトモチ」すなわち天皇の代理として任国を統治した。古代の天皇は、儒教的徳治思想にもとづいて公民を支配し租税を徴収するとともに、ヤマト政権のオオキミとして各地の豪族を支配する大化前代以来の性格を温存していたから、その代理として各地に臨む国司もまた同様の性格を持つことになったと考えられる。公民が国衙《こくが》に力役奉仕する「雑徭」の和訓「くさぐさのみゆき」が、種々の「みゆき（御行き、御幸）」つまり貴人の出行への奉仕に由来するという説（薗田香融—一九八一）も、在地社会での国司の地位を窺う手掛りとなる。

国司は通常は国庁に勤務していたが、職員令《しきいんりょう》70大国条にあげる国司の職務のうち「字二養百姓一、勧二課農桑一、糺二察所部一」と記される事項は、特に現地に赴いて対応することが必要であった。それを実現する業務が国司の部内巡行である（亀田隆之—一九七三）。国内の統治のための国司の公的な交通である。

部内巡行の制度　部内巡行は、ヤマト政権による列島支配の深化、大化の東国国司派遣以来の地方官の現地視察などに由来するとみられ、和銅五年（七一二）五月に、国司部内巡行時の官人の食料支給基準が発令されているように、国司制度の整備と共に巡行の制度も整えられていった（『続日本紀』和銅五年五月甲申条）。この業務については戸令《こりょう》に規定があり、それによって律令制度の構想者による位置づけを知ることができる。

戸令33条は、国守（国司の長官）が年に一回、管国内を巡覧する業務、それにともなう郡司の勤務状況の査定に関する事項を規定している。また同34条は、国郡司が管下へ検校へ赴いた時の地元の接遇について規定している。前者は唐令に、毎年、諸州刺史が属県を巡行するという条文があり（『唐令拾遺補』戸令38条、一〇三五頁）、唐の地方行政制度を継受したものであることが知られている。これは、『礼記《らいき》』王制篇に、天子が五年に一度、国内を巡守すべしとする記述があるように、為政者が儒教的徳治思想に基づいて管下を視察する行為として位置づけられている。日本令においても「国守」とあるように、儒教的徳治思想に基づく為政者として、令制国の行政長官が管下を視察して巡り、徳化すべき規定とされている。『令集解』同条所引の諸説では、守（長官）が行けない場合は次官（介）の代行を認めるとしているが、判官（掾）以下は代行できないとしている。この行事が、支配者の治下巡覧を本義と理解していたためであろう。また、本条には郡司の評定（人格的支配の実行）も含まれている。中央官人による地方豪族の支配にかかわる業務であり、法家が巡行担当者を守・介のみとするのは、これとも関係しているのであろう。しかし、部内巡行の実際の担当者や執行状況は、正税帳などに「国司」部内巡行と明記しているように多様であった。法の制定者は国域支配者の巡覧を想定していたが、現実には、国司官人による管下への多様な出張業務を含めて部内巡行と認識していたのである。

戸令34条は、国司あるいは郡司が検校のために管下を訪問したさいに、郡司や郷里長による過剰接待を受けることを戒めるものである。この条文は唐令には見られず、日本の実態を踏まえているとみられている。百姓による送迎は禁じられているが、接待そのものを禁止しているのではなく、それによって民衆の生産・生活を乱すことを戒めているのである（早川庄八―一九八六）。郡司による管下への巡行をも想定していることは興味深い。国司、あるいは郡司を現地の首長が接遇する儀礼には、地域の産物、特に食品が貢納され共食するオスクニ儀礼によって、支配服属を確認する意味があったと考えられる（石上英一―一九九六）。

正税帳の記載　部内巡行の実施状況は、各国の一年の会計報告書である正税帳の記載、あるいは越中国守として赴任した大伴家持が、巡行の際に詠んだ歌が『万葉集』に残されており、これによりある程度明らかにされている。

現在残る六ヵ国の正税帳には、国司部内巡行の実施経費が計上されている。比較的項目が多い天平十年度（七三八）の「周防国正税帳」（『大日本古文書』二—一三四頁、林陸朗・鈴木靖民—一九八五）の記載をもとにして検討しよう。すぐに気付くことは、令の規定では守の一年に一度の巡覧としているが、正税帳では「国司」部内巡行と書かれていること、国司の各官が数度にわたって管下に出張していることである。その内の一度は、令に規定のある守の業務に該当するが、他の出張は戸令34条の「所二部検校一」にあたる。つまり、現地では国守の巡覧と所部検校をまとめて、「国司」部内巡行と呼んでいたのである。

表　天平十年度「周防国正税帳」にみえる国司部内巡行

項目（所要日数）	出張者				「但馬国正税帳」の記載
	守	掾	目	史生	
①検催産業（20）		掾		史生	
②依恩勅賑給穀（17）		掾		史生	依恩勅高年等穀
③従造神宮駅使（25）		掾	目	史生	
④春夏二時借貸并出挙雑官稲（42）		掾	目	史生	春夏正税出挙
⑤責手実（20）		掾	目	史生	責計帳手実
⑥賑給義倉（6）		掾	目		
⑦検田得不（27）		掾		史生	検校水田
⑧検牧馬牛（12）		掾	目		
⑨検駅伝馬等（7）		掾	目		
⑩斂調庸（18）	守		目	史生	検校調庸布
⑪推問消息（15）	守		目	史生	
⑫従巡察駅使（16）	守		目	史生	巡察使従
⑬収納官稲（32）	守		目	史生	収納正税、検校田租

さて、天平十年度に周防国では国司部内巡行が十三度行われた（表）。この実例をみると、巡行は守もしくは掾のいずれかが担当している。長官が担当する場合と、掾すなわち実務担当の三等官でこと足りるのに、用務がランク付けされていたように見える。また正税帳に記載が残る六ヵ国のいずれの例でも、介の担当はみられない。おそらく、長官が出張する場合、次官は職務代行として国庁の留守を担当することになっていたのであろう。戸令33条について

の『令集解』諸説が、長官がいなければ介が担当するようにとしているのは、守の担当すべき巡覧のみを想定していたからである。

国司は、四等官はもちろん書記官である史生、博士も中央から赴任する。これらの中央の官人が、用務のランクに応じて担当したのである。なお巡行には、史生以上の国司の他に、従者がいたことも正税帳から知られる。平安初期の事例では、白丁《はくてい》が国衙の書生として部内巡行に従い、私の人馬を費やしているという実情が記録されている（『類聚三代格』大同二年四月十五日）。

一覧のうち、②は天平十年正月阿倍内親王立太子の勅（『続日本紀』天平十年正月壬午条）による賑給《しんごう》を実施するために管下に派遣されたもの、③は天平九年十一月に諸国に神社を造らせるために中央から派遣された駅使（『続日本紀』天平九年十一月癸酉条）に随行のため派遣されたもの、⑫は天平十年十月、諸国の国宰の政迹、黎民の労逸を採訪するため七道に派遣された巡察駅使（『続日本紀』天平十年十月己丑条）に随行したものである。③⑫のように中央から遣使のある場合には、それに随行するために管下へ国司が派遣された。なお、これらとは別に、天平九年の疫病大流行の際に、政府が治病にふさわしい食物の推奨および禁忌についての通知を発した事例がある。その官符には指示内容を、「国司巡行部内、告二示百姓一」と指示している（『類聚符宣抄』三）。在地社会全体に対して重要な法令などを発布する場合は、郡司らに伝達を委ねず、国司自らが管下に赴き百姓に告示することがあったらしい。

これらの臨時の事例を除くと、一年に一〇回の恒例の巡行が行われたことになる。このうち、戸令33条に規定する国守の年一度の管下巡覧に該当するのは⑪推問消息であろう。それが令の法意による儒教的徳治思想にもとづく巡覧であるのに対して、それ以外は「検校」と冠された事項を含み、在地に臨んでの国務にあたる戸令34条の諸部検校である。『令集解』所引の「古記」はこれを「雑政事に預かる巡行」と言っている。先に述べたように国守の部内巡行は中国の儒教的徳治思想による巡覧（天子の巡狩とも対応）を受け継いだが、実際の地方行政の場では、国内の雑政事のための出張が少なくなかったのである。律令法制定の際に国司の在地における業務が十分に構想出来ていなかったことを示すとも考えられる。

このように具体的な業務を見ると、部内巡行には、国守による視察巡覧と、国司分担による実務検校（掾以下で対応可能）の二種の業務が含まれている。国守自らが巡覧する場合は、介に留守を託す処置を行ったはずである。その場合、国印などがどう扱われたのか興味深いが、徴すべき史料は知られていない。

部内巡行の国符　国司の巡行実施に際しての事務手続きとして、事前に対象各郡に宛てて国符が発行されていたことを窺わせる史料がある。天平初期の「伊勢国計会帳」である（鐘江宏之一九九三b、市大樹二〇〇一）。

〔伊勢国計会帳〕（『大日本古文書』一―五四八頁）

行下符一条

為㆑検㆓水田熟不㆒、発㆓遣少掾佐伯宿禰鍬作道前、少目大倭伊美吉生羽道後㆒、符二紙少掾佐伯宿禰鍬作請㆑假、仍替、以㆓九月三日㆒遣㆓国博士狩忌寸乙麻呂㆒、少目大倭伊美吉生羽、遣㆓大神宮幣帛使所㆒、仍替、以㆓九月六日㆒遣㆓大目土師宿禰麻呂㆒

右付㆓郡伝㆒

伊勢国司が、一案件について国符二通を発行した記録である。その案件とは「検㆓水田熟不㆒」のため、八月頃に国司の掾・目を派遣する内容である。用務や時期、担当者の官職を周防国の事例と見比べてみれば、この派遣は恒例の部内巡行に該当すると考えられる。この史料から、伊勢国では管下を道前と道後の二ブロックに分けて、掾と目が別々に派遣され秋の作柄の点検が行われたこと、それぞれの担当郡へ事前に国符が下されたことが判明する。他国でも、検校の巡行などは手分けして行われた場合が想定され、同じような国符が発行されたのであろう。このような国符は、全ての巡行において事前準備を促すため発せられたのか、守以外が担当する場合に、国守が下僚を派遣することを郡司に通知するために発せられたのか、残念ながら文面そのものが残されていないのでわからないが、下僚が出張する場合は、国符により国守の使者という資格と業務に関する権限を与えて派遣するという扱いだったのではないだろうか。

なお、この伊勢の事例では両人ともに出張前に交替し、掾の代わりには国博士が出向いている。大倭生羽《やまとのいくは》が検田の業務を外れ大神宮幣帛使所へ遣されたのは祭祀と氏族の関係などが考慮されたのかもしれないが、請暇による交替など、いずれにせよ検田が機械的な事務作業として位置づけられていたことを思わせる。

部内巡行の業務　次に周防国の事例を項目順に見て行こう。正税帳の項目の記載順はおおむね実施順であるとみられ、在地社会の農事と対応していることが読み取れる。

①検催産業は、春の勧農として国司が部内を巡行し、水田や用水路の準備状況を確認したのであろう。古代の農村で春時祭田の儀礼（儀制令《ぎせいりょう》春時祭田条）が行われた時期に対応するので、春時祭田の際に国家の法を周知させるという事項と、なんらかの関連があったかもしれない。

④春と夏に稲を貸し付ける貸借・出挙《すいこ》は、種籾や食料の頒布などを行うもので在地社会の再生産を維持するための行事であるが、同時に国衙経費運営の一端でもある。日数は春夏合わせて四二日なので一季は二一日計算となり、⑬の官稲収納三二日よりも短期間である。郡司が業務を担当し、国司はその場に臨んで監督にあたったのであろうか。稲穀を納めている正倉は国衙、郡家だけでなく、越中国の例（「越中国官倉納穀交替帳」）や出雲国の例（『出雲国風土記』）があるように、村ごとに分散していた場合もあったことが知られており、その場で作業が行われたとすれば、業務現場は広範囲に分散していたと考えられる。郡家などの代表的な場所のみ臨席したのか、あるいは伊勢国の例のように何人かの国司が、地域を分担した可能性もある。

現地での業務内容は詳らかではないが、『日本霊異記』（下巻三三縁）にはその一端を窺わせる説話が収められている。延暦四年（七八五）夏に紀伊国司が正税を給うため部内を巡行し、日高郡に至って百姓に正税を班《わか》った。この時、自《じ》度《ど》の沙弥《しゃみ》が正税の稲を受け取った人々に布施を乞い受けていたという。夏の出挙は端境期の食料支給とされ、それが在地の人へ恩恵を施す機会にもなっていたらしい。正倉は令制前の倉を継承しているものもあったとみられるから（薗田香融―一九八一）、在地においては首長の経営が続いているように見えたかもしれない。その倉の出納に国司が赴いて監督するのは、在地のイネとクラが国家所有の施設であること、稲穀の班給が国家の恩恵であることを可視化する効果をもったであろう。

続いて国家支配の側からの業務が続く。⑤計帳作成の資料とする申告書（手実）の徴集、⑦田の耕作状況の点検である。いずれも国家による民衆の動態調査と耕作状況の把握すなわち租税徴収の見込みを立てるための実務である。国家施設維持の面では⑧牧の牛馬、⑨交通システムの主役である駅馬・伝馬などの点検が行われている。秋の収穫期を迎えると、⑬官稲あるいは田租の収納および⑩調庸物の点検が行われるのである。これに前後して⑪守による管下の消息推問が行われた。戸令33条に規定する巡覧である。この税物の収納関係と消息推問は、周防国の場合、守が赴いている。国家が租税収入を重要視していたことを示すとともに、推問百姓が部内巡行の重要な目的であったことにも対応している。それぞれの業務の実態は未詳であるが、周防国の巡行の日数をみると、国守の巡覧が一五日であるから、おおむねこの日数が国域一巡の日程とみられるのに対して、勧農が二〇日、出挙の貸し出しは二一日、官稲収納は三二日、調庸検校が一八日であり、守が臨む秋の稲の収納は、行先、業務内容とも、大掛かりなものであったらしい。国家としての租税徴収の面とともに、オオキミのミコトモチとしての国司に対して、郡司ら在地の豪族による初穂貢納のような儀礼が行われた可能性がある。

以上、令文と正税帳をもとに見てきたが、続いて任国に赴任した国守の実例をみてみよう。国守が部内巡行を律令に基づく業務として意識して任国に臨んでいたことは、筑前守山上憶良《やまのうえのおくら》が書状に「憶良、誠惶頓首、謹啓す、憶良聞く、方岳諸侯と都督刺使とは並に典法に依りて部下を巡行し、その風俗を察る」（『万葉集』巻五―八六八）と記して

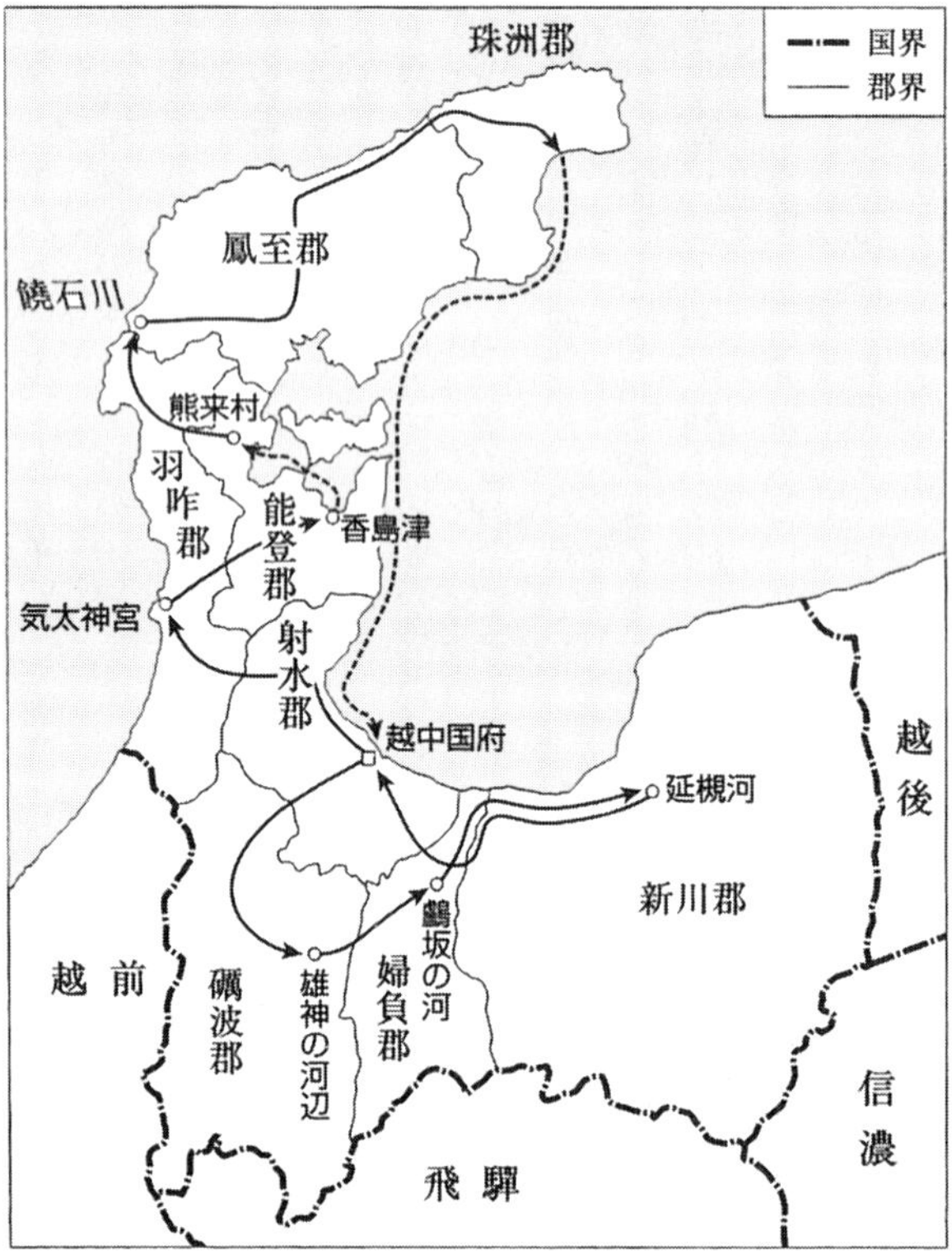

図１　天平20年の家持の越中国内巡行（----は海路，鐘江宏之『日本史リブレット人010　大伴家持』山川出版社，2015年）

いることから窺うことができる。

大伴家持の越中国巡行　最もよく知られる大伴家持の部内巡行の実例を見てみよう。家持は天平十八年六月に越中国守に任命され、天平勝宝三年（七五一）七月に少納言に遷るまで在任し、天平二十年の春に出挙のため国内を巡行した。その折に詠んだ歌が『万葉集』に残されている。越中国は射水《いみず》・礪波《となみ》・婦負《ねい》・新川《にいかわ》の四郡で編成されていたが、家持が在任した期間はちょうど能登国（羽咋《はくい》郡、能登郡、鳳至《ふげし》郡、珠洲《すず》郡）が併合されていた時期にあたるため、巡行の足跡は能登半島北部にまで及んでいる。こうして古代の能登に関する貴重な記録も残されたのである。

〔『万葉集』巻一七―四〇二一～四〇二九〕

礪波郡の雄神《おかみ》の川辺にして作る歌一首

雄神川　紅《くれない》にほふ娘子《おとめ》らし葦付《あしつき》〈水松《みる》の類〉取ると瀬に立たすらし（四〇二一）

婦負《めい》郡の鸕坂《うさか》の川辺を渡る時に作る一首

鸕坂川渡る瀬《せ》多《おお》みこの我《あ》が馬《ま》の足掻《あが》きの水に衣《きぬ》濡れにけり（四〇二二）

鸕を潜《かず》くる人を見て作る歌一首
婦負川の早き瀬ごとに篝《かがり》さし八十伴《やそとも》の男《お》は鸕川立ちけり（四〇二三）
新川郡にして延槻《はいつき》川を渡る時に作る歌一首
立山《たちやま》の雪し消《く》らしも延槻の川の渡り瀬鐙《あぶみ》漬《つ》かすも（四〇二四）
気太《けた》神宮に赴き参り、海辺を行く時に作る歌一首
志雄《しお》道《じ》から直《ただ》越え来れば羽咋の海朝なぎしたり船梶もがも（四〇二五）
能登郡にして香島《かしま》の津より船発し、熊来《くまき》村をさして往《ゆ》く時に作る歌二首
とぶさ立て船木《ふなぎ》伐《き》るといふ能登の島山今日見れば木立繁しも幾代《いくよ》神びそ（四〇二六）
香島より熊来をさして漕ぐ船の梶取る間なく都し思ほゆ（四〇二七）
鳳至郡にして饒石《にぎし》川を渡る時に作る歌一首
妹《いも》に逢はず久しくなりぬ饒石川清き瀬ごとに水占《みなうら》延《は》へてな（四〇二八）
珠洲郡より船発し、太沼《おおぬま》郡に還る時に、長浜の浦に泊まり、月の光を仰ぎ見て作る歌一首
珠洲の海に朝開きして漕ぎ来れば長浜の浦に月照りにけり（四〇二九）
右の件の歌詞は、春の出挙に依りて諸郡を巡行し、当時当所にして属目《しょくもく》して作る。大伴宿禰家持。

この巡行は、左注に明記するように春の出挙の場に臨むことが目的であった。一連の歌には国府が所在する射水郡が見られないものの、それ以外の六郡の郡名と羽咋郡の気多神宮を順に明記し、家持が管下の郡をすべて廻ったことを記録する意図を思わせる。同時に各地の地名も詠みこんでおり、郡ごとに意識して歌を詠んだらしい。これらの歌の詠作の背景として巡行にともなう風俗を観るという儀礼が存在したことを思わせる（滝川政次郎―一九七四、藤井一二―一九九八、鉄野昌弘―二〇〇七、森田喜久男―二〇〇九）。

行程は次のようである。越中国の西に位置する射水郡の国府を出発し、西南の礪波郡に至った。ここから東に隣接する婦負郡への道筋は、天平神護二年（七六六）の「越中国礪波郡石粟村官施入田図」（『日本荘園絵図聚影』釈文編一）に「礪波より婦負へ往く横路」として描かれており、この道を家持一行も通ったと考えられる。駅路ではない古墳時代以来の地域間主要交通路と考えられる田図の道は、現在も主要道として使われる近世の巡見使道（上使街道）に該当すると考えてよく、地域社会に根付いている交通路の重要性を如実に物語っている。

婦負郡からさらに東北へ進んで新川郡に達し、四郡巡行を果たした一行は、おそらく沿海の駅路を通り国府にもどったのであろう。続けて今度は西北へ、射水郡と羽咋郡の境界（旧国境）である能登半島の脊梁《せきりょう》山脈を西に越える志雄道を通って進み、外海に面する羽咋郡の気多神社に参詣している。この参拝は、日本海を挟む朝鮮半島との当該期の外交状況に応じた特別な参拝であるという見方もある。ただし、天平十年度の「駿河国正税帳」には部内巡行に「幣帛奉」（『大日本古文書』二―一一六頁）つまり神社参拝が含まれており、恒例の参拝であったかもしれない。詞書きに、郡名に代えて気多神宮を明示しているので、この巡行で重要なポイントと認識していたのは確かである。一行は再び東に脊梁山脈をのぼりかえし七尾湾の香島津に至り、ことさらに船に乗って熊来まで来ている。ここまでの行程は能登半島の外周を廻らず、わざわざ山越えをし敢えて船にも乗っていることから、気多神宮参詣、旧能登国府の地の探訪、そして七尾《ななお》湾の航行巡覧を意図して計画されたとみられている。

ところで『万葉集』には、前述の巡行の歌とは別に能登国歌四首（巻一六―三八七八～三八八一）が収められており、この能登巡行のおりに採取されたのではないかと考えられている。その歌のなかには船木を伐ることや、机島の貝の調理法などがみられ、まさに能登の風俗《くにぶり》が詠み込まれている。したがって、この歌謡群の収集自体が「観二風俗一」という部内巡行業務である可能性がある。また、この歌謡群の背景として、七尾付近で郡司らによる海産物貢納の儀礼が行われたのではないかという指摘もなされている。家持の巡行の目的は春の出挙に立ち会うことであったが、戸令

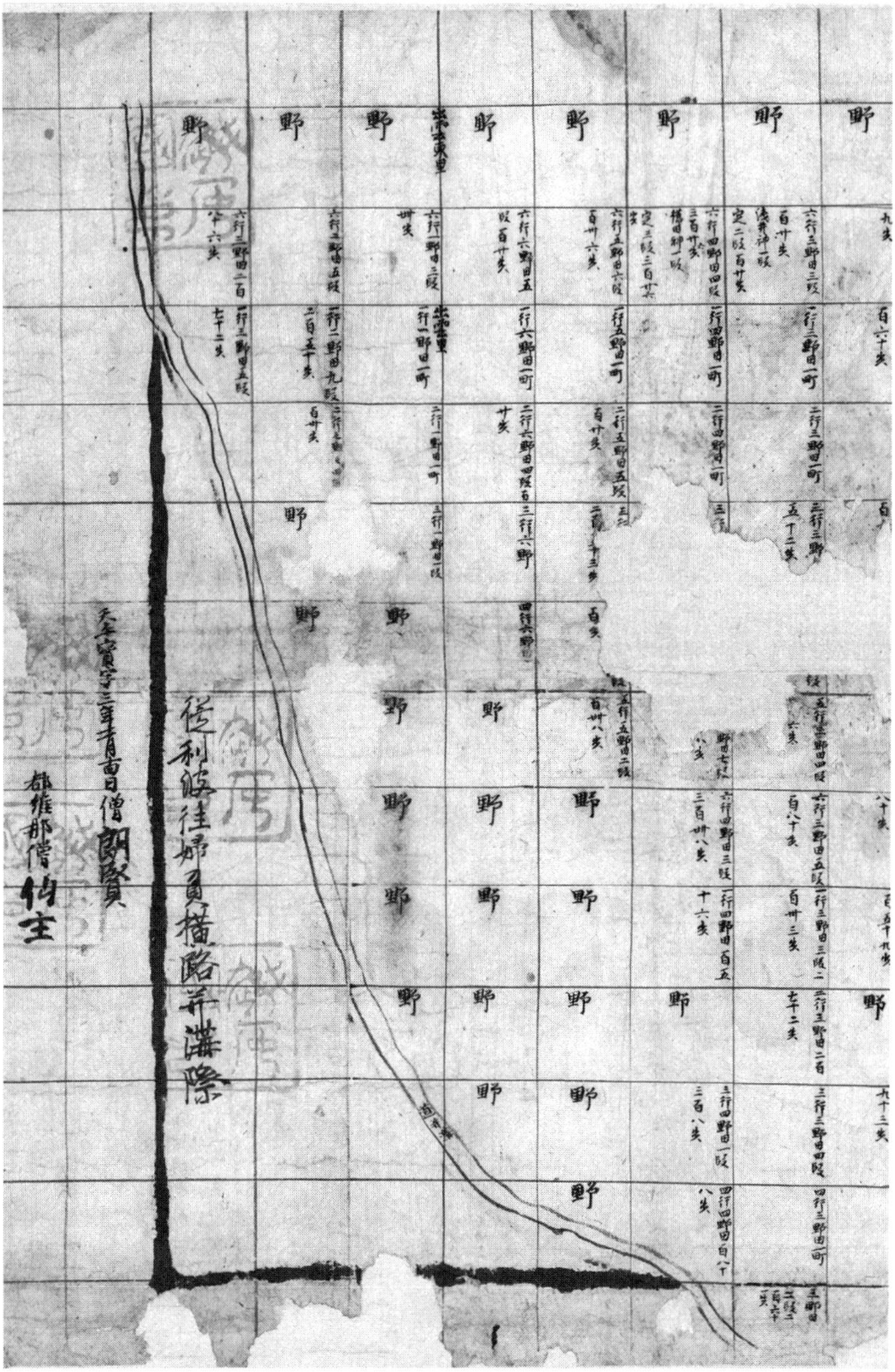

図 2　越中国礪波郡石粟村官施入田図（部分，奈良国立博物館蔵，森村欣司撮影）
左上（北東）から右下への曲線が道と溝

34条に在地側の接遇が想定されているように、巡行時に各地で食物貢献が行われたことは十分に考えられる。それはミコトモチにたいする服属儀礼の性格を残していたと推定される。このようなおりに在地の人びとと国司との交流も図られたのであろう。

この巡行の目的は出挙であるから、途上の各地、少なくとも郡家正倉での出挙業務には立ち会ったはずである。周防国の場合、春の出挙は掾が出向いているが、和泉・但馬国などでは守が担当している。能登の事例により、出挙の巡行でも、神社参詣や視察巡覧を兼ねる場合のあったことがわかるから、年に十度前後にもなる部内巡行は多様な業務を含み、国司と在地の人びととの結びつきを深める機会となったと考えることができる。

墾田地の視察　家持はまた、東大寺関係とみられる出挙や墾田地検察に出向いている。

〔『万葉集』巻一九—四一五九〕

季春三月九日に、出挙の政に擬りて旧江《ふるえ》村に行く道の上にして物花を属目する詠《うた》、幷せて興中に作る所の歌

渋谿《しぶたに》の崎に過り、巌の上の樹を見る歌一首〈樹の名はつまま〉

（歌略）

天平勝宝二年三月、射水郡旧江村（古江郷）へ出挙の政のために出張したとある。この村に稲倉が所在したのであろう。ところで古江郷および隣接するらしい安奴郷《あのごう》には、東大寺の封戸合計一〇〇戸が指定されていた（「東大寺封戸庄園幷寺用帳」『平安遺文』二五七号）。一郷五〇戸の原則からすると、両郷はほぼ全体が東大寺の封戸ということになる。この古江郷の郷戸に阿努君具足《あののきみともたり》という人がいた（天平宝字三年「鳴戸開田地図」『大日本古文書　東大寺文書四』）。射水郡の郡領氏族の阿努君氏の一員であろう。ちなみに射水郡大領安努君広嶋《あののきみひろしま》は家持が離任する際に宴を開いている（『万葉集』巻一九—四二五一）。家持は春の出挙のため、郡領氏族の本拠地であり、東大寺の封戸の村でもある旧江村へ出向いたのであった。詞書きからは、恒例の春の出挙の一場面なのか東大寺封戸ゆえの特別な出張であったのか判断できない

が、国守が郡家以外の倉へ赴いて出挙政を行った実例である。接遇の饗宴もひらかれたであろう。

家持は墾田地の視察へ出向き、郡司の家に宿泊したことも書き残している。国府では国司と郡司との酒宴が開かれていたが、郡司の家の訪問という、在地での人的交流の一面を見ることができる。

〔『万葉集』巻一八—四一三八〕

　墾田地を検察する事に縁りて、礪波郡の主帳《しゅちょう》多治比部北里《たじひべのきたさと》が家に宿る。ここに忽ちに風雨起り、辞去することを得ずして作る歌一首

藪波《やぶなみ》の里に宿借り春雨に隠《こも》り障《つつ》むと妹《いも》に告げつや

　二月十八日に、守大伴宿禰家持作る。

部内巡行と国見　食物貢献儀礼と同じく守の巡覧の際の儀礼として想定されるのが国見儀礼である。これらは令文には明記されていないが、前者は戸令34条に含意され、後者は戸令33条の「観㆓風俗㆒」に該当する。

藤原《ふじわらの》武智麻呂《むちまろ》の伝記（『藤氏家伝』武智麻呂伝）には、和銅五年から霊亀二年（七一六）にかけて近江国守として在任した際の部内巡行の記述が含まれている。その内容は守の巡覧に該当するもので、次のような話である。国内を巡行して坂田郡に至った武智麻呂は、山川に目をとめ、おそらく郡司であろう地元人に伊吹山に登り瞻望したいと案内を依頼した。しかし地元民は、山の神に祟られたヤマトタケルの故事を述べて難色を示したという。それにもかかわらず、儒教を重んじる武智麻呂は敬神の態度を以て山の神の妨げを払いのけ、無事に登山を果たし頂きから国見をしたという。藤原仲麻呂が作成させた父武智麻呂を顕彰する伝記であるから、在地社会の因習を儒教的な開明思想をもつ国司が打破したという話は、そのままには受け取れない。しかし、国守が巡覧時に山や丘から地域を見渡したりする行事の存在は認めてよいであろう（鈴木景二—一九九六）。また在地の世界に入り込む部内巡行では、習俗などをめぐって在地豪族との軋轢《あつれき》が生じたことは十分に想定可能であろう。官人が山に登った事例は『万葉集』にも残されている。

高橋虫麻呂《たかはしのむしまろ》が検税使大伴卿を案内して筑波山に登った際の長歌（巻九—一七五三）、丹比真人国人《たじひのまひとくにひと》が筑波岳に登って詠んだ長歌（巻三—三八二）である。前者は部内巡行とは書かれていないが、虫麻呂は常陸国司であったとみられており、周防国の事例⑫を参照すれば、中央政府からの使者の巡行に国司が随行する部内巡行と同じ形式となる。後者の国人は立場がわからないが、人びとが国見する筑波岳に登ることを願い、まだ冬だが登頂したと詠んでいる。

事例がわずかであり、家持の歌日記とされる『万葉集』の末四巻にも登山の事例が見られないので、一般化してよいかどうかわからないが、国司部内巡行において国見儀礼が行われていた可能性を認めてよいと思う。

国司は管内の巡覧および管下への出張により地域社会と接触していた。前者の場合、儒教的徳治思想に基づく巡覧、在地社会の情報収集とともに、オオキミにより派遣されたミコトモチとして、在地首長から貢納を受け、場合によっては国見にあたる儀礼を行った。後者は中央官人が在地社会の生産と収納に関わることにより、律令国家の支配の遂行と在地への浸透に大きな役割を果たしたであろう。

仁和三年（八八七）に讃岐国司として赴任した菅原道真は、翌年春の巡行を「行春詩」と題した漢詩に詠んでいる（『菅家文草』三、三木雅博・谷口真起子—二〇〇三）。漢詩という詩の形式にもよるのであろうが、道真の意識は儒教的徳治思想に基づく武智麻呂の支配思想の系譜を受け継ぐものであった。いっぽう、国符によって国務の権限を与えられたとみられる各種の検校の巡行は、平安時代には出挙・検田・計帳・収納使に収斂して、四度使《しどのつかい》と呼ばれたらしい（東野治之—二〇一五）。この使者は、時代が下って永祚二年（九九〇）、尾張国の郡司百姓から、在地の供給を強要する国司の不法の一部として訴えられている（「尾張国郡司百姓等解文」十六条）。

2　国内への法令などの通達

国符の伝達　国司から管下への法令あるいは命令の通達、すなわち情報の交通をみてみよう。中央政府から伝達されてきた管下に宣布すべき重要な法令などは、前述の天平九年（七三七）の疫病時の事例のように、国司自身が在地に赴いて伝えたと考えられる。このような特別な場合を除くと、通常は律令官制の統括系統、つまり国司から郡司にあてた国符が発給され伝達された（鐘江宏之―一九九三a、石田実洋・早川万年・佐々木恵介―二〇〇四、三上喜孝―二〇一三）。

いくつかの実例を見てみよう。管下全郡もしくは複数の郡を対象にした伝達内容の場合、複数郡を宛所にした国符が発給され、順番に回覧されたらしい。よく知られているのは、長野県千曲市屋代《やしろ》遺跡から出土した「符　更科《さらしな》郡司等」で書きだされた木簡である。管下に下す公文書である符《ふ》であり宛所が郡であるから、上級官司の信濃国司が発給したものである。宛所に「等」とあり複数の郡司を想定していること、埴科《はにしな》郡域の屋代遺跡で出土したことから、この木簡は更科郡から順に回覧されて埴科郡で役目を終えたと考えられている。国符が対象各郡ごとには発給されず回覧の形式をとったことや、ある程度の伝達経路を推定できる事例となっている。また、それが紙ではなく記載字数の限られる木簡を用いたことも、口頭伝達を伴う当時の情報伝達の在り方を示している。

このような複数郡宛の国符の伝達のあり方を具体的に示すものとして、前述した「伊勢国計会帳」の記述がよく取り上げられる。国内を道前・道後に分けて、二枚の国符が伝達されているが、そのブロックは検田の巡行をする二人の国司の分担地域の区分であることが第一義であって、この場合の国符の経路も、それに対応しているにすぎない。当然のことではあるが、国符の伝達経路は、事項の内容によって多様であっただろう。

ついで、個別案件への対処に関する国符の事例を見てみよう。天平神護二年（七六六）十月、越前国足羽《あすわ》郡の郡司少領阿須波臣束麻呂《あすわのおみつかまろ》が国司に対して提出した始末書（『大日本古文書』五―五五三頁）の記述のなかに、国司と郡司の個別案件についてのやり取りが記されている。束麻呂は、彼が郡司の職務として経営していた勅使田が、東大寺の道守《ちもり》庄との水争いにより耕作困難である旨（「不堪佃の状」）を、郡の散仕五十公諸羽《いそのきみもろは》に付して国府に申上した。国司は「諸羽申状」に応じ、道守庄関係者の草原《くさはら》郷人宇治智麻呂《うじのちまろ》を国府へ出頭させるようにとの国符を郡に下した。郡は国符の旨に従い、その人物を国府へ進上したという。

郡司から国司への伝達は、散仕という郡の下級官人が使者となっている。郡司の訴えは「解」ではなく「不堪佃状」とあり、「諸羽申状」とも表現されているから、「状」は「さま」と読むのが妥当であろう。使者諸羽は郡司の訴えを口頭で伝えたとみられ、それに対して国司は正式な召喚状として国符を発給したのであった。国内行政において、口頭伝達とその前提としての人間関係が機能していたのである。

いまひとつ事例を見てみよう。近江国にあった東大寺の封戸《ふこ》の租米滞納と、その催促に関わる案件である。封戸は国家が指定した戸の租税の一部を特定の人物や寺社へ給与する制度で、坂田郡などに東大寺の封戸が設定されていた。制度上では、国に納められた田租を国司の責任で封主へ納入するはずであったが、一連の天平宝字六年（七六二）の関係史料は、それが国衙を経由せずに郡司の責務として封主側へ納入されたこと、しかも奈良時代後半には滞納がちで、受給者が積極的に交渉しなくてはならない状況であったことを示している。

四月五日、造東大寺司は近江国庁へ納入催促の公文書である牒《ちょう》を発し、それを受けた国司は八日付で、管下の坂田郡司宛に納入を命じる国符を発した。この国符はその命令を受ける宛先ではなく、発行を要請した造東大寺司に渡されたもので、中世の当事者主義の先例として知られている（鈴木茂男―一九九七）。これを入手した造東大寺司は、工《たくみの》広道《ひろみち》を使者とし国符を持たせて、坂田郡司に直接交渉に出向かせたのであった（近江国符案〈『大日本古文書』一五―一八八頁〉・造東大寺司牒案〈『大日本古文書』一五―一八八頁〉）。

それに続いて同月二十四日、造東大寺司はさらに近江国府に対して、同国の愛智《えち》・坂田・高島三郡に分布する封戸の去年分の租米納入催促の公文書「移《い》」を提出した。近江国はこれを受けて三郡の郡司に宛てて国符を発している（近江国符案〈『大日本古文書』一五―一九七頁〉）。

その国符は「国符　愛智　坂田　高島郡司」で書き出し、三郡を宛所にしている。各郡宛てのもの三通ではなく一通としており、関係郡を順に回覧するパターンである。ただしこの国符が、国司の使者により愛智郡にもたらされ、以後、愛智郡・坂田郡の使者によって事務的に順送りされたなら、もともと滞納している租米納入の促進は望めないであろう。この国符もおそらく、前述の坂田郡司宛国符と同じように造東大寺司が受け取って、その使者がこれを携えて三郡に直接交渉をして回ったのではないだろうか。

ここでみた文書による伝達のほか、国郡を巡る情報や命令伝達に木簡が多用されたことも明らかになってきている。また、前近代に共通するが、込み入った案件などは文書・木簡を持参する使者の口頭での説明が重視されていたであろう。こうしたコミュニケーションを円滑にするためには、国府での儀礼や饗宴および部内巡行時の接遇の場における人間関係の構築と維持が重要であったと思われる。

郡符の発給　郡から郷里への法令や命令伝達は、郡符によって行われた。屋代遺跡からは「符　屋代郷長里正等」で書きだす木簡が出土し、石川県金沢市畝田西《うねだにし》遺跡群からは田行《でんぎょう》に宛てた郡符木簡が出土している。そのほかにも各地から郡符木簡が出土し、その記載によって郡管下の文書や人の動きも読み取ることが可能となっている。国符同様に郡と管下の郷里の間でのやり取りも、案件により口頭で行われる場合が当然考えられるが、公的な通達や人名・物品などを明記する必要のある場合は、文書あるいは木簡が発給されたのであろう。

国司から郡司を通じて管下へ法令が発布される過程を象徴的に表現している史料が、著名な石川県津幡町加茂遺跡出土の加賀郡牓示札である。縦二三・三センチ、横六一・三センチの横長の板に一通の郡符を書いたもので、屋外に掲示したものであるからモノとしては牓示札であるが、記載内容は郡司から管下へ宛てた郡符である（石川県埋蔵文化財センター―二〇〇一、石川県教育委員会―二〇〇九）。

「深見村□郷駅長幷諸刀禰等」という宛所の深見村、郷駅長、刀禰《とね》などの語句の関係をめぐって議論があるが、ここでは法令の発布方法に関する部分に注目しよう。発令の流れをみると、嘉祥年間（八四八〜八五一）のある日に、まず加賀国司から管下へ国符が出されている。内容は、地方行政の本務が勧農であるのに、郡司の怠慢により百姓への指導が不十分であるから、きちんと勤めを果たすように、というものである。これを受けた加賀郡司は下僚の田領《でんりょう》らに宛てた郡符を作成し、国符の内容の宣布とその方法を仰せ下したのである。その方法とは、村々を廻って郡符の内容を教え諭すこと、すなわち口頭による伝達と、この郡符を国内の道の末端まで継ぎ伝え内容を行きわたらせるとともに、路頭に掲示するということである。法令を路頭などに牓示すべしと指示した事例は多く見られる。この郡符は、個別の案件に対処するものというよりも形式的な内容であり、新任国司着任時に儀礼的に発令された可能性がある（鈴木景二―二〇〇三）。それゆえ、ここに記された事項は期待される典型的な法令伝達の形式を表現していると考えられる。しかも、この牓示札には法令の内容を伝えるだけなら不要である田領の請判までそのまま記されている。また、この牓示札の文字は掲示されても読めるような大きさではない。請判はこの法令が管下へ確実に伝達されたことを表現するものであり、それを含めて掲示するのは、法令の伝達よりも、国司の発令が国内の隅々まで行きわたっているということを象徴する意図があったのではないだろうか。国符↓郡符↓田領の請判による執行確認、という国内への情報伝達のもっとも整ったありかたを示す事例である。

3　物品の移動

庸調の調達　最後に、地域社会の交通として物品の交易に触れよう。地域社会における物品の交易は、日常生活の必需品の入手から、特別な行事や集団として必要なものの調達まで、いろいろな次元を想定できるが、国家の支配に関わるのは税物の調達である。田租の収納、出挙稲の拠出と収納など稲穀にかかわる業務は、国郡もしくは村の倉を拠点として行われたので、通常はそれらを核とする範囲で物流が想定される。

これに対して、庸調布などは国衙、郡家あるいは豪族の経営拠点において、集団で生産されたと推定されている。さらに、中央政府から国ごとに指定された錦綾羅といった高級繊維製品は、例えば越前国では大野・江沼《えぬま》二郡のみに錦綾羅機があり経費が支出されているように（天平四年度「越前国郡稲帳」）、特定の郡を指定し技術と道具を集中して製作されたと考えられている（東村純子―二〇一二）。魚介などの海産物の収取、塩生産なども、それぞれの集団の生産拠点における協業によって生産された場合が多かったであろう。丹後の浦入《うらにゅう》遺跡（京都府舞鶴市）など大規模な製塩遺跡が発見されている。こうした生産物が郡家をへて税物として都へ貢納されたほか、国衙が特定の物品を正税の交易によって調達して都に送る交易雑物があり、正税帳などにその経費の記述がみられる。これらとは別に、国司らは任国で私的な交易を行っていた（『続日本紀』天平勝宝六年九月丁未条）。以上のような税物の調達の前提には、各地域における古墳時代以来の市の存在と流通経済があるはずで、それには郡司などの地方豪族が関与していたとみられている（宮川麻紀―二〇一三）。すでに『魏志倭人伝』に「国々市あり」と記される如く、古墳時代までにはクニごとに市が成立していたし、内陸部と沿海地域の間では塩の交易も考えられる。

地方市　律令国家が成立し、大量の税物が生産され中央へ貢納されるようになったことにより、各地域の社会構造に変化を与えたはずであり、都への物流を格段に活性化させたと想像される。その舞台となった畿外各地域の市場は、『万葉集』の駿河国安倍市（巻三—二八四、原秀三郎—二〇〇二）、『日本霊異記』の備後国深津市（下巻二七縁）や美濃国小川市（中巻四縁）などの事例が知られているほか、『常陸国風土記』に、常陸国茨城《うばらき》郡の高浜の「社郎《むらおとこ》、漁嬢《あまおとめ》が浜《は》洲《ま》を遂《お》いて輻湊《あつま》り、商豎《あきひと》と農夫《たひと》と艀艖《おぶね》に棹さして往来」していたことが見え、『出雲国風土記』に、島根郡朝酌促戸《あさくみのせと》の渡《わたり》付近は「大小の雑魚、浜藻が家に闐《み》ち、市人四《よも》より集い自然に鄽《いちくら》を成」していたという記述によって、その片鱗を見ることができるに過ぎない。

備後国の深津市の事例を見てみよう。『日本霊異記』の物語では、宝亀九年（七七八）末に葦田《あしだ》郡大山里の品知牧人《ほむちのまきひと》が正月のものを買いに深津郡の深津市まで出向いたという。また同じ葦田郡の穴君弟公《あなのきみのおときみ》も馬・布・綿・塩を持って深津市に向かった。深津市は広島県福山市街地の東北の蔵王山の裾部、かつて市村といわれた付近とされ、葦田川の水運および瀬戸内航路とも結びついていたらしい。物語の二人は、国府が所在する内陸の葦田郡から郡界を越えて、約二〇キロもの道を海沿いの深津市まで出かけているのである。正月のものの調達であるから日常品とは異なる次元の交易である。奈良時代末の時点でも、国府所在郡にそうした次元の市場は成長していなかったのであろう。深津市は立地条件からみても令制以前の地域社会に成立していたであろうから、令制国と国府が成立しても地域に根ざした従来の市が主要な市として存続していたのである。国衙が貢納物を調達する場合も、そのような市によって展開される交易によっていたのであろう。塩が交易財として内陸から沿海の市へ持参されているのも興味深い点である。

深津市は、文献史料から国府と市場の広域流通圏の関係が窺えるまれな事例である。古代史料の残されていない地域の具体像を知るには、何らかの遺跡および出土文字資料（竹森友子—二〇〇七）、あるいは「市」をふくむ古代の駅名や郷名、神社名などを、現地の歴史と地理的諸条件とあわせて検討することが有効であろう。長野市芹田《せりた》東沖《ひがしおき》遺跡の奈良時代の住居址からは「市寸」（市村の意）、「市」（二点）と墨書された土器が出土している（長野市教育委員会—二〇一二)。この付近は古代寺院善光寺から南へ続く古道(北国脇往還)が犀《さい》川を渡る地点にあたり、平安末期には市村郷《いちむら》として『兵範記』(保元二年三月二十九日条)に見え荘園となっている。また、近傍の若里《わかさと》には姫塚という念仏信仰に関わる塚が残り、欅《けやき》の巨樹が息づいている。チマタの聖樹の痕跡とも考えられるこの塚は、善光寺のほぼ真南に当たる。これらの点から、この付近に長野盆地北部における古代の市の存在を推定することができるであろう。

都への道筋　調庸物および交易雑物の調達が郡司レベルで行われるとすると、その都への貢納経路はどのようであったのだろうか。国府が国内の都寄りに位置している場合は、国府に集積して送り出したのであろうが、例えば福井県越前市武生に推定される越前国府よりも角鹿《つるが》郡家の方がはるかに都に近いというような場合、国府を経ずに直接都へ送りだす方が合理的である(中村太一―二〇〇〇、加藤友康―二〇〇五)。問題になるのは帳簿作成、荷札の添付、特に調庸布への国印押印である。しかし、いずれも国司が郡家に赴いて行うことが可能である。天平十年度(七三八)の「駿河国正税帳」の国司部内巡行記載には「検校調庸布」と「向京調庸布」が記され、前者は目《さかん》が担当し七郡家で検校が行われたのに対し、後者は守《かみ》が一郡のみで実施している。このうち後者は国府所在の安部郡、事実上国衙での作業と解釈されている(今津勝紀―二〇一二)。しかし、都に近い志太《しだ》郡に国司が出向いたということが考えられない訳ではない。

これまで見てきたように、古代の国府や郡家をめぐる交通は、文献史料が少ないこともあり具体像を描くことは簡単ではない。また、残されている史料の性格に規定されて一面的な見方になりがちである。国府、郡家、市、津の位置など、各地域の諸条件に即して、地域の視点から具体的に研究していくことが、これからも必要であると思う。

参考文献

石上英一「日本古代における所有の問題」『律令国家と社会構造』名著刊行会、一九九六年
石川県埋蔵文化財センター編『発見！古代のお触れ書き　石川県加茂遺跡出土加賀郡牓示札』大修館書店、二〇〇一年
石川県教育委員会『加茂遺跡Ⅰ』二〇〇九年
石田実洋・早川万年・佐々木恵介「行政命令・伝達」平川南・栄原永遠男・山中章・沖森卓也編『文字と古代日本』一、吉川弘文館、二〇〇四年
市　大樹「伊勢国計会帳からみた律令国家の交通体系」『三重県史研究』一六、二〇〇一年
今津勝紀「調庸墨書銘と荷札木簡」『日本古代の税制と社会』塙書房、二〇一二年
加藤友康「貢納と運搬」上原真人・白石太一郎・吉川真司・吉村武彦編『列島の古代史』四、岩波書店、二〇〇五年
鐘江宏之「計会帳に見える八世紀の文書伝達」『史学雑誌』一〇二―二、一九九三年a
鐘江宏之「伊勢国計会帳の年代について」『日本歴史』五三七、一九九三年b
亀田隆之「古代の勧農政策とその性格」『日本古代用水史の研究』吉川弘文館、一九七三年
木下　良「古代道路の複線的性格について―駅路と伝路の配置に関して―」『古代交通研究』五、一九九六年
鈴木景二「国司部内巡行と在地社会」『神戸大学史学年報』一一、一九九六年
鈴木景二「加賀郡牓示札と在地社会」『歴史評論』六四三、二〇〇三年
鈴木景二「峠・境と古代交通」鈴木靖民・吉村武彦・加藤友康編『古代山国の交通と社会』八木書店、二〇一三年
鈴木茂男『古代文書の機能論的研究』吉川弘文館、一九九七年
薗田香融「律令財政成立史序説」『日本古代財政史の研究』塙書房、一九八一年
滝川政次郎「大伴家持の能登巡行」『万葉律令考』東京堂出版、一九七四年
竹森友子「地方市について―「市」墨書土器出土遺跡の分類を中心に―」『奈良女子大学二一世紀ＣＯＥプログラム集』一四、二〇〇七年
都出比呂志『日本農耕社会の成立過程』岩波書店、一九八九年

鉄野昌弘「越中諸郡巡行の歌をめぐって」『大伴家持「歌日誌」論考』塙書房、二〇〇七年
東野治之「『口遊』の四度使」『史料学探訪』岩波書店、二〇一五年
長野市教育委員会『芹田東沖遺跡』、二〇一一年
中村太一「古代日本における墨書押印貢進物」『栃木史学』一四、二〇〇〇年
早川庄八「「供給」をタテマツリモノとよむこと—日本的接待の伝統」『中世に生きる律令』平凡社、一九八六年
林陸朗・鈴木靖民編『復元天平諸国正税帳』現代思潮社、一九八五年
原秀三郎「古代遠江・駿河両国の東海道」『地域と王権の古代史学』塙書房、二〇〇二年
東村純子「織物と紡織」『考古学からみた古代日本の紡織』六一書房、二〇一一年
藤井一二「大伴家持の国内巡行と出挙」地方史研究協議会編『情報と物流の日本史』雄山閣出版、一九九八年
三上喜孝「文書木簡と文書行政—地方出土木簡を例として—」『日本古代の文字と地方社会』吉川弘文館、二〇一三年
三木雅博・谷口真起子「「行春詞」札記—讃岐守菅原道真の国内巡視—」和漢比較文学会編『菅原道真論集』勉誠出版、二〇〇三年
宮川麻紀「八世紀における諸国の交易価格と估価」『日本歴史』七七八、二〇一三年
森田喜久男『日本古代の王権と山野河海』吉川弘文館、二〇〇九年

二　瀬戸内の海上交通

森　哲　也

1　航路と港津

瀬戸内海航路の重要性　ここでは、瀬戸内海を対象として、航路・港津の概要、海上における交通検察、物資輸送や情報伝達の諸相を描くことにしたい。その交通は単に地理的な瀬戸内海の範囲でのみ完結したわけではなく、たとえば、賀茂女王（長屋王の息女）が大伴三依《おおとものみより》に贈った「筑紫船《つくしぶね》いまだも来《こ》ねばあらかじめ荒ぶる君を見るが悲しさ」（『万葉集』巻四—五五六）の筑紫船が、筑紫へ向かう船と理解されていることからも、西海道と畿内を結ぶ航路の存在が窺える。これに並行する陸上の大路（厩牧令《くもくりょう》16置駅馬条）、すなわち京—大宰府間（『延喜式』では京—長門国臨門《りんもん》駅が山陽道、豊前国社埼《もりさき》駅—大宰府が西海道）の駅路（森哲也—一九九四b）は、蕃客に備えた「瓦葺粉壁」の駅館が設置される（『日本後紀』大同元年五月丁丑〈十四日〉条）など、対外関係を意識して整備されたが、『日本書紀』に隋使裴世清《はいせいせい》、唐使高表仁《こうひょうじん》の難波津到着を伝え、『続日本紀』天平宝字三年（七五九）十二月辛亥（十九日）条で、渤海使高南申《こうなんしん》も「難波の江口」に到っていることなどから、外国使節は海路入京が慣例であったと考えられる（平野卓治—一九八八）。遣唐使船も諸国（瀬戸内海沿岸では播磨、備中、安芸、周防など）で建造の後、実際の出航地難波津まで回漕された。このように、瀬戸内海航路が単に瀬戸内海の範囲にとどまらず、広く列島内外を結ぶ重要な基幹交通路であったことを重視し、以下では、難波津から博多津を空間的な対象、平安院政期までを時間的な対象として述べることにする。

瀬戸内海航路の概観　一つの行程として航路全体を見渡せる史料が少ないため、次の①〜⑤を主たる素材として概観したい。①天平八年（七三六）の遣新羅使人歌（『万葉集』巻一五）のうち、筑紫館（後の大宰府鴻臚館《こうろかん》）に入るまでを取り上げる（以下、単に遣新羅使、遣新羅使人歌と称する）。②嘉保二年（一〇九五）七月二十二日、大宰権帥　源経信《みなもとのつねのぶ》は赴任のため京を出発したが、その子俊頼《としより》も下向に同行しており、『散木奇歌集《さんぼくきかしゅう》』第五旅宿部には、時期未詳ながら俊頼上洛時の歌群がみえる（散木A）。③承徳元年（一〇九七）閏正月六日、経信は大宰府で薨じ、俊頼が帰京する際の歌が、『散木奇歌集』第六悲嘆部に並ぶ（散木B）。④『本朝無題詩』巻第七旅館付路次に、大治五年（一一三〇）とされる釈《しゃく》蓮禅《れんぜん》の詩があり（本朝A）、⑤康治二（一一四三）〜三年と考えられる釈蓮禅と藤原周光《ふじわらのちかみつ》の唱和詩（本朝B、佐藤道生―一九八三）は、筑前国から周防国まではあるが、具体的な行程を知りうる。これらを整理したものが表「瀬戸内の海上交通路」である。寄港地の比定を完全に行えてはいないが、全体を概観することは許されよう。古代は基本的に沿岸部を航行する地乗り航法であったとされるが、この表によってもそれは窺える。以下、既往の研究（井村哲夫―一九八六、神野富一―一九八六、下田忠―一九八六、林田正男―一九八六、栄原永遠男―一九九二、松原弘宣―二〇〇四など）を踏まえ、個別史料で補いつつ東から西に向かって取り上げてゆく（実際の行程と逆順となる事例もある）。

難波津　難波津が古代国家の外港として、列島内外との交通に果たした重要性については、あらためて説くまでもない。その一端を示してみると、東国防人《さきもり》が集められる「津」（軍防令《ぐんぼうりょう》20衛士向京条）とは難波津を指し（直木孝次郎―一九七五）、そこから海路で筑紫に派遣される原則で、天平勝宝七歳（七五五）の防人歌にも出船の様子が詠まれる。それ以前、海中に漂蕩し衣服を失った防人に支給する布四五八端を筑紫に送付しているのも（『日本書紀』天武十四年十二月乙亥〈四日〉条）、難波津から博多津間での事態に対応した措置であろう。外国使節、遣外使節も難波津を利用しており、『続日本紀』天平宝字六年四月丙寅（十七日）条に、安芸国から回航された遣唐使船が「難波の江口」で座礁

筑前国	筑紫の館（福岡県福岡市中央区城内）	博多（福岡市博多区） *あらつ（福岡市中央区荒戸）*	渡津（博多津か）

1）散木Ａにみえる地名を明朝体、散木Ｂにみえる地名を斜体で示した。
2）本朝Ａにみえる地名を明朝体、本朝Ｂにみえる地名を斜体で示した。

備考

1　散木Bは「江口」→「みしま江」→「まて」→「あまの川」の順であり、排列、地名比定に問題を残す。

2　建久７（1196）年６月３日の太政官符案（国立公文書館所蔵文書、『鎌倉遺文』847）に、東大寺再建事業のため、重源が魚住泊、大輪田泊とともに「河尻一洲」の港湾修築を願い出て許されたことが見え、一洲は兵庫県尼崎市の神崎川河口付近に位置したと考えられる。

3　散木Bは「みやましり」（所属国も含め未詳）→「きには」→「むろ」の順であり、排列、地名比定に問題が残る。

4　散木A「歌の島」に関し、『和名抄』に備後国御調郡歌嶋郷（宇多乃之末〈高山寺本〉・宇多乃之萬〈大東急文庫本〉）が見え、広島県尾道市向島付近に比定されるが、歌の排列と合致しない。あるいは排列に混乱あるか。

5　『日本霊異記』上－７、『今昔物語集』19－30に、難波津で命を助けた亀に危難を救われた百済の禅師弘済の説話が見えるが、彼が襲われた場所を「備前骨嶋之辺」（霊異記）、「備前ノ国、骨島ノ辺」（今昔）とする。また、『宇治拾遺物語』下－189に、相撲使として下向した門部府生が海賊に遭遇したのも「かばね嶋」であった。岡山県玉野市の京の上臈島が、「かばねじま」と呼ばれたといい、所属を備前国とする説話集の記述とは矛盾しない。一方、散木Aは「うしまど」→「むさけの瀬戸」→「ふぢと」→「かばねしま」→「歌の島」の順であるが、比定が確実な「うしまど」、「むさけの瀬戸」、「ふぢと」に基づくと、寄港していないものの「ふぢと」は「うしまど」より西に所在するので、排列に混乱があるらしい。したがって、散木A「かばねしま」も上記説話集に見える島と同一の可能性がある。ただし、兵庫県相生市とたつの市御津町室津にまたがる君島（『万葉集』巻12－3164の「鳴島」の比定地）も、「かばねじま」と呼ばれたらしく、こちらの可能性も否定できない。

6　散木Bは「あかま」→「むべ」→「くちなし」→「むろつみ」→「かまど」→「しらいしのす」の順であり、「くちなし」を広島県福山市沼隈町常石、敷名～能登原、草深付近などの説があるので、ひとまず歌の排列に混乱があると考えたが、なお問題が残る。

（表つづき）

周防国	大島の鳴門（柳井市と大島郡周防大島町の間の大畠瀬戸）		
	熊毛の浦（周南市の海岸部か、光市室積か、熊毛郡平生町小郡・尾国か、熊毛郡上関町室津か）		
		かまど（山口県上関町）	
		むろつみ（光市室積）	*室積泊（山口県光市室積）*
			笠戸泊（下松市笠戸島）
	佐婆（防府市）の海中で漂流→豊前国下毛郡の分間の浦へ（大分県中津市大字田尻の和間付近か）		江泊（防府市江泊）
			周防田島湊（防府市田島）
			周防石室（山口市秋穂二島岩屋）
長門国		*むべ（宇部市か）*	
			長門壇（下関市壇之浦町）
		あかま（下関市赤間町・唐戸町） *あかま（下関市赤間町・唐戸町）*	
豊前国		*門司の関（福岡県北九州市門司区）*	門司関（福岡県北九州市門司区）
筑前国			山鹿三崎（北九州市若松区岩屋海岸の遠見ノ鼻）
		あしや（遠賀郡芦屋町）	葦屋津（遠賀郡芦屋町） *葦屋泊（遠賀郡芦屋町）*
		かねのみさき（宗像市鐘崎）	
			阿恵島（糟屋郡新宮町相島）
			新宮湊（糟屋郡新宮町新宮、湊）
			香椎宮（福岡市東区香椎）

播磨国		*むろ（たつの市御津町室津）*	室泊（兵庫県たつの市御津町室津）
		歌の島（未詳）[4] *みやましり（未詳）*	
備前国		かばねしま（未詳）[5]	
		むさけの瀬戸（岡山県瀬戸内市邑久町虫明の虫明瀬戸）	虫上狭渡（岡山県瀬戸内市邑久町虫明の虫明瀬戸）
		うしまど（瀬戸内市牛窓町牛窓）	
			甲浦（岡山市南区郡）
		こじま（倉敷市・岡山市南区）	
			備前藤戸浦（倉敷市藤戸町藤戸）
	玉の浦（岡山県倉敷市玉島か）		
備中国	神島（笠岡市神島か）		
備後国		*くちなし（広島県福山市沼隈町か）*[6]	
	（むろの木を詠む…鞆の浦か）	*とも（福山市鞆町）*	
	備後国水調郡長井の浦（広島県三原市糸崎町糸崎）		
安芸国	風早の浦（東広島市安芸津町風早）		
			道口津（広島県呉市安浦町三津口か、豊田郡安芸津町の三津湾岸か）
			芸州赤崎泊（廿日市市大野町宮島口か、東広島市安芸津町木谷の赤崎か）
	安芸国長門島・長門の浦（呉市倉橋島）	亀のくび（呉市倉橋島の亀ヶ首か）	
		しらいしのす（大竹市白石）	
周防国			椒泊（未詳）
	周防国玖河郡麻里布の浦（山口県岩国市か）		

表　瀬戸内の海上交通路

国	①遣新羅使人歌	②散木Ａ・③*散木B*	④本朝Ａ・⑤*本朝B*
山城国		*淀のわたり（京都府京都市伏見区淀）*	
		水おち（未詳）	
		山崎の山里（乙訓郡大山崎町）	
摂津国		*あまの川（大阪府枚方市）*	
		みしま江（高槻市三島江）	
		まて（門真市か）[1]	
		江口（大阪市東淀川区北江口・南江口）	
		かしま（大阪市淀川区加島）	
	大伴の御津（大阪府大阪市）		
		みてぐらじま（大阪市西淀川区御幣島）	
		一のす（兵庫県尼崎市）[2]	
	武庫の浦（兵庫県西宮市・尼崎市の武庫川河口部か、神戸市か）		
		なるを（西宮市上鳴尾町）	
		おまへ（西宮市御前浜）	
		いく田の森（神戸市中央区）	
		わたのみさき（神戸市兵庫区）	
		すまの関（神戸市須磨区）	
播磨国		明石の浦（明石市） *明石の浦（明石市）*	
	印南つま（高砂市）		
		高砂（高砂市） *たかさご（高砂市）*	
		きには（姫路市木場か）[3]	

した記事が残る。その原因となった浅瀬の増加や、三国川《みくに》（神崎川）と淀川が連結された（『続日本紀』延暦四年正月庚戌〈十四日〉条）結果、難波津が衰退したとする通説に対し、むしろ平安時代に利用が活発化したとみるべきとの説が提示されている（西本昌弘―二〇一四）。比定地は、大阪府大阪市中央区の旧三津寺町付近説、同区高麗《こうらい》橋付近説その他が存在し確定しておらず、時期的変遷の可能性も説かれる。また、難波津を補完する近傍の港として、務古水門《むこのみなと》（『日本書紀』神功摂政元年二月条、比定地は兵庫県西宮市・尼崎市の武庫《むこ》川河口部説、大輪田泊《おおわだのとまり》と同じとする説などがある）や住吉津が想定できる（直木孝次郎―二〇一五）。

五泊と船瀬　五泊《ごはく》《いつのとまり》（比定地は基本的に千田稔―二〇〇一）は、延喜十四年（九一四）四月二十八日の三善清行《みよしきよゆき》「意見十二箇条」（『本朝文粋』巻二）に、山陽・西海・南海三道からの海上交通の路程としてみえ、西から檉生泊《むろうのとまり》、韓泊《からのとまり》、魚住泊《うおずみのとまり》（以上、播磨国）、大輪田泊、河尻《かわじり》（以上、摂津国）の順で記され、天平年中に行基が一日の行程を計って設置したという。三善清行は、韓泊と大輪田泊が修造される一方、中間に位置する魚住泊の修築が疎かになっているため、公私の船が無理な行程を余儀なくされ漂没が後を絶たないことを挙げ、播磨・備前両国の正税を財源とする魚住泊の修築を求めたのである。五泊の制を行基が定めたとする点に関し、河尻が重要な内海交通の起点となったのは、三国川と淀川とが連結され、三国川が淀川の本流となって以降のことで、五泊も平安初期に定められたとする説（喜田貞吉―一九八二）があるが、行基が聖武朝の難波宮造営に対応して行った交通体系整備の一環とする見解（西本昌弘―二〇〇七）が説得的である。

河尻（川尻）の故地は、三国川（神崎川）河口部の尼崎市今福《いまふく》付近とされるが、『行基年譜』にみえる摂津国河辺郡楊津《やないづ》村の楊津院、中世の柳津川尻荘《やないつかわじりのしょう》などの所在から、より北方の猪名《いな》川と神崎川の合流部、尼崎市神崎・西川付近と考えられる（西本昌弘―二〇〇七）。『小右記』長元三年（一〇三〇）九月二十六日条に、権門勢家の使が河尻で運上官米を強奪する旨を、長門国の綱丁《こうちょう》が播磨国から言上したとあり、『散木奇歌集』第九雑部上―一三八六の詞書には

「川尻に受領のくだり船に遊びの船こぎよせたるかたかける所をよめる」とみえ、官物輸送はもとより、受領の交通に利用される様子が絵画に描かれるほど著名であった。

大輪田泊は、兵庫県神戸市中央区から兵庫区の宇治川河口と、旧湊川河口付近にかけて存在したと考えられる。「千船《ちふね》の泊《は》つる大《おお》わだの浜」（『万葉集』巻六―一〇六七）と、広大さが詠まれるほか、『続日本後紀』承和三年（八三六）五月丙辰（十八日）条によると、いわゆる最後の遣唐使も難波津出航後、暴風雨に襲われた際、摂津国輪田泊に停泊している。『行基年譜』は天平二年、摂津国菟原《うはら》郡宇治郷の船息《ふなせ》院建立を伝えるが、これは行基の建設にかかる大輪田船息に設けられたものである（同船瀬の沿革は松原弘宣―一九八五）。保安元年（一一二〇）の「摂津国租帳案」（宮内庁書陵部所蔵九条家本『中右記』紙背文書、『大日本史料』三―二五）で、一国集計不輸租田《ふゆそでん》の項に船瀬功徳田《ふなせくどくでん》四町一段三〇歩と船瀬料田二一町一〇段五一歩が、菟原郡の不輸租田として船瀬功徳田八段三四二歩が、八部《やたべ》郡の不輸租田として船瀬功徳田三町二段五一歩と造船瀬料田二一町八一歩が、それぞれ記される。集計部と両郡の合計田積の微妙な数字の相違は、原資料の転写が繰り返された結果であり、対応関係に大きな問題はない。一連の保安元年の摂津国帳簿群は、受領功過定の審査資料として中原師遠《なかはらのもろとお》が作成した公文をもとに成立したものと考えられるが（川尻秋生―二〇一〇）、『延喜式』主税寮上2勘租帳条では、船瀬功徳田、造船瀬料田はともに不輸租とされており、租帳に示された船瀬が大輪田船瀬を指すことは間違いない。

この船息院は摂津国菟原郡宇治郷に所在したが、宇治郷は同国八部郡にも存在した（『和名類聚抄』）。摂津国雄伴《おとも》郡、菟原郡、八部郡は、複雑に分割・統合が繰り返され郡界も移動したらしく（新修神戸市史編集委員会―二〇一〇）、船瀬の維持に関わる田の設定が、統合された菟原郡の時期であったことによる可能性もあるが、船瀬は潮流や地形などと密接に関わるので、その所属を機械的に陸上の郡、郷（里）に合わせられなかったためとも理解できる。その後も、治承四年（一一八〇）二月二十日の太政官符案（国立公文書館所蔵文書、『平安遺文』三九〇三）で、大輪田泊の石椋《いしくら》（港湾の築堤）の造築役勤仕について「入道前太政大臣（平清盛）家」が上申し認められており、平清盛による日宋貿易との関連で取り上げられるが、当時の国際貿易港としての活況には疑問もある（山内晋次―二〇一二）。

魚住泊は、兵庫県明石市大久保町江井島付近と考えられ、付近に魚住町金ヶ崎などの地名が残る。神亀三年（七二六）九月十五日、聖武天皇の播磨国印南《いなみ》郡行幸の際に詠まれた「名寸隅《なきすみ》の船瀬《ふなせ》」（『万葉集』巻六―九三五、九三七）も、『類聚三代格』天長九年（八三二）五月十一日の太政官符その他にみえる魚住船瀬のこととされる。五泊の比定地相互の距離を比較すると大輪田泊と魚住泊の間隔が長くなっており、これは両者の間に潮流の速い明石海峡が存在するためで、両者には潮待ち港の機能があったと考えられる（千田稔―二〇〇一）。

明石海峡近くの明石川河口部付近に「明石の水門《みと》」（『万葉集』巻七―一二二九）、「赤石の郡の林の潮《みなと》」（『播磨国風土記』賀古《かこ》郡条）が存在した。『続日本後紀』承和十二年八月辛巳（七日）条に、淡路国石屋浜（兵庫県淡路市岩屋）と播磨国明石浜に渡船と渡子を置き往還に備えたとあり、「明石の済《わたり》」（『新撰姓氏録』右京皇別下和気朝臣条）の伝承からも、古くからの明石―淡路島航路の存在が知られる。水児《かこ》船瀬（『続日本紀』延暦八年十二月乙亥〈八日〉条など）、鹿子水門《かこのみなと》（『日本書紀』応神十三年九月条の一云）は、兵庫県加古川市・高砂市の加古川河口部に位置していたらしい。

残る五泊のうち韓泊は、天平十九年二月十一日の「法隆寺伽藍縁起并流記資財帳」の「加良止麻利山」に注目し、兵庫県姫路市的形《まとがた》町的形付近に比定する説に従っておく。その北西に姫路市継《つぎ》の地名が残るが、ここは、「筑紫の国の火君等の祖」が亡くなった女性を蘇生させ妻としたとの伝承がある「継の潮《みなと》」（『播磨国風土記』飾磨《しかま》郡条）の遺称地である。火君（肥君）は肥前・肥後地域を本拠とした豪族であり、阿蘇石（阿蘇ピンク石）製石棺が瀬戸内海沿岸から近畿地方に分布すること（高木恭二―一九九七）との関係が想起される。檉生泊は兵庫県たつの市御津《みつ》町室津付近に比定されるが、室《むろ》のように風を防ぐことから「室原《むろう》の泊」と名付けられたと伝え（『播磨国風土記』揖保《いぼ》郡条）、『万葉集』にも「室《むろ》の浦」（巻一二―三一六四）が登場する。

備前・備中　現在の岡山県瀬戸内市域に入り、散木A、本朝Aともに本土と長島の間の虫明瀬戸《むしあけのせと》を抜け、散木Aが牛窓《うしまど》を通っていることからすると、沿岸部を航行していたことがわかる。付近の海が、『日本書紀』斉明七年（六六一）正月甲辰（八日）条にみえる大伯海《おおくのうみ》で、西下する斉明天皇に同行した大田姫皇女《おおたのひめみこ》が、この付近で産んだ女子（父は大海人皇子）が、それにちなみ大伯皇女と名づけられている（斉明一行の西下日数をめぐっては後述）。瀬戸内市牛窓に師楽《しらく》の遺称地を残す「新羅邑久浦《しらきおおくのうら》」（『続日本紀』天平十五年五月丙寅〈二十八日〉条）は、外国使節が海路入京であった痕跡ともみなされている（平野卓治―一九八八）。

現在は自然堆積、埋め立てにより本土と繋がった備前児島《こじま》であるが、古代の航路は児島の南側ではなく、児島と本土の間の内海を通過していたと考えられ（栄原永遠男―一九九二）、本朝Aが甲《こう》浦、備前藤戸《ふじと》浦を経由していることから、散木A、Bの「こじま」も内海側であったと判断される。天平十年度「筑後国正税帳」で、同九年九月の東国防人停止を受けて本国に帰還する防人について、筑紫大津―備前児嶋の一〇日分の粮の舂稲一五四八束（同年度「周防国正税帳」にみえる防人への給粮法「人別日四把」を適用すると三八七人分）、水手《かこ》二人の食稲八〇束が支出されており、備前国でふたたび食料を提供され難波津に向かったはずである。『日本書紀』敏達十二年是歳条で、日羅《にちら》一行が吉備児嶋屯倉《こじまのみやけ》で慰労をうけるなど、博多津―難波津の航路上に占める児島の重要性が窺え（栄原永遠男―一九九二）、帰京する大伴《おおともの》旅人《たびと》も大宰府出発時、見送る遊行女婦児島の歌に唱和し、「大和道《やまとじ》の吉備《きび》の児島《こしま》」（『万葉集』巻六―九六七）を想起している。帰郷する防人の姿は天平十年度「周防国正税帳」にも残されており、前般八〇〇人、中般九五三人、後般一二四人に分かれて周防国を通過している。前般防人の部領使《ことりづかい》、大宰府少判事錦部《にしごりの》連《むらじ》定麻呂《さだまろ》は、任務を終えて大宰府に帰る際、同年六月十七日の給粮記事に「下船伝防人部領使」とみえるので、彼らは海路により山陽道諸国からの供給を受けつつ難波津に向かったことがわかる。両正税帳にみえる給粮方法の相違を、防人の配備地と関係づける見解があるが（坂上康俊―二〇一一）、交通の観点からすると、山陽道諸国の負担軽減を意図して複数の給粮方式が採られたと理解できる。

遣新羅使人歌の「玉の浦」（『万葉集』巻一五―三五九八など）は、利用した航路が児島の内海側であれば、歌の排列からみて岡山県倉敷市玉島付近説が有力となる。その後、遣新羅使一行は「神島《かみしま》」（『万葉集』巻一五―三五九九）から船出したが、その比定地は、神島神社（『延喜式』神名下31備中国条）の所在に基づく岡山県笠岡市神島説、「備後国神島《びんごのくにかみしま》の浜」（『万葉集』巻一三―三三三九題詞）を根拠とする広島県福山市神島町付近説がある。大型の航洋船である遣新羅使船が内湾深くまで入る必要があったか疑問もあり、ここでは前者と理解しておきたい。

『延喜式』主税寮上116諸国運漕功賃条に、山陽道諸国から与等津（淀津）に到る船賃の基準が規定されるが、内陸に所在する美作国は、備前国方上《かたかみ》津まで駄馬で運んだ後、海路を採っており、方上津は岡山県備前市東片上・西片上付近に比定されている。

備後　『万葉集』巻一五―三六〇〇・三六〇一に「むろの木」が詠まれるところから、遣新羅使一行は鞆《とも》の浦（広島県福山市鞆町付近）を通過したらしい。大伴旅人が帰京する際、「我妹子《わぎもこ》が見し鞆の浦のむろの木は常世《とこよ》にあれど見し人そなき」（『万葉集』巻三―四四六）と詠んでおり、内容からみて赴任時も立ち寄ったと考えられる。

安芸―長門　遣新羅使一行は備後国水調《みつき》郡長井の浦（広島県三原市糸崎町糸崎）を経て安芸国に入り、風早《かざはや》の浦（広島県東広島市安芸津町風早）に停泊後、広島県呉市倉橋島に比定される安芸国長門《ながと》島・長門の浦に到着した。呉市警固屋《けごや》と同市音戸《おんど》町引地（倉橋島）の間の音戸の瀬戸を平清盛が開削したとの伝承は史実ではなく（下向井龍彦―二〇一二）、奈良時代にも通航可能であったが、次に登場するのが、周防国玖河《くが》郡麻里布《まりふ》の浦（山口県岩国市付近か）であることからすると、一行は広島湾深くまでは入っていないのであろう。大島の鳴門（山口県柳井市と大島郡周防大島町の間の大畠瀬《おおばたけせ》戸《と》）に続く熊毛《くまげ》の浦は、諸説あって定まらない。さらに周防国沿岸を西行した遣新羅使は、佐婆《さば》（山口県防府《ほうふ》市）の海中で漂流し、豊前国下毛《しもげ》郡の分間《わくま》の浦（大分県中津市大字田尻の和間付近か）に漂着する。これは漂流の結果であり、予定航路は長門国南岸―関門海峡―豊前国であったとみてよいが、景行伝承中、九州へ渡る拠点として「周芳《すわ》の娑麼《さば》」（『日本書紀』景行十二年九月戊辰〈五日〉条）、「周防の国の佐婆津」（『豊後国風土記』速見《はやみ》郡条など）が登場することも、海流との関係で注意される。

豊前・筑前　その後の航路は、関門海峡を渡り響灘《ひびきなだ》から玄界灘沿岸をたどり博多湾に至る。散木B、本朝A・Bは、福岡県遠賀《おんが》郡芦屋《あしや》町の遠賀川河口部に位置した葦屋津（泊）を通っている。『日本書紀』仲哀八年正月壬午（四日）条で、筑紫に至った仲哀天皇が、岡県主《おかのあがたぬし》の祖《おや》熊鰐《わに》の先導により「山鹿《やまが》岬」を廻って「岡浦」に入った一方、神功皇后は洞海《どうかい》湾から「岡津」に泊ったという。山鹿岬（本朝Aの山鹿三崎）は、福岡県北九州市若松区岩屋海岸の遠見ノ鼻（妙見《みょうけん》崎）に比定され、前者は響灘沿岸ルートを、後者は洞海湾と遠賀川を結ぶ水路のルートを、それぞれ示す。遠賀川と洞海湾からの水路の交点付近に立地したのが「岡の水門《みなと》」（『万葉集』巻七―一二三一など）で、外海からの直接の風波を避ける良港であったと考えられる。『続日本紀』神護景雲元年（七六七）八月辛巳（四日）条に、金埼船瀬《かねさきのふなせ》造営の功により、筑前国宗形《むなかた》郡大領の外従六位下宗形朝臣深津《ふかつ》と、妻の无位竹生王《たこうのおおきみ》が授位されたとあり、海上交通の難所「ちはやぶる金《かね》の岬」（『万葉集』巻七―一二三〇、福岡県宗像市鐘崎）への対策が行われている。本朝Bの阿恵《あえ》島は、詩の排列からみて、近世の朝鮮通信使も利用した福岡県糟屋郡新宮町相島に比定される。付近の海域からは、斜ケ浦《ななめがうら》瓦窯（福岡市西区下山門《しもやまと》）で焼成され、平安京でも出土する「警固」銘文字瓦が採集されている（吉武学―二〇〇一）。

博多湾の港津　遣新羅使は筑紫館（大宰府鴻臚館、福岡市中央区城内）に滞在しているが、付近に存在したのが荒津《あらつ》（『万葉集』巻一二―三二一五～三二一七、巻一七―三八九一など）で、同区荒戸《あらと》を遺称地とする、列島内外を結ぶ港津であった。大宰府と博多湾方面を結ぶ官道として二本が復原され、通過する門の違いにより、水城東門ルート、西門ルートと通称されるが、このうち西門ルートが鴻臚館跡付近に到る。『日本三代実録』貞観十一年（八六九）十二月十四日丁酉条などで、筑前国那珂郡の荒津に新羅海賊が来襲し豊前国の貢綿船を襲撃したことを、大宰府が言上しており、万葉歌から知られる機能と合致する。一方、東門ルートは福岡市博多区祇園町を中心とする博多遺跡群に到達するが、こちらも発掘調査により古代官衙の存在が想定され、鴻臚中嶋館（『日本三代実録』貞観十一年十二月五日戊子条）との関係も考えられる（池崎譲二―一九八八）。

筑前国那珂郡の博多湾沿岸に所在したと考えられるのが那津《なのつ》で、『日本書紀』宣化元年五月朔条で、「官家を那津の口に修造」することなどが命じられた。これが、いわゆる那津官家で、六世紀中頃～七世紀の大型倉庫群などが検出された比恵《ひえ》遺跡（福岡市博多区博多駅南）が注目されている。百済復興のため西下した斉明天皇は「娜大津《なのおおつ》」に至り、磐瀬《いわせ》行宮に入って、これを「長津《ながつ》」と改めたという（『日本書紀』斉明七年三月庚申〈二十五日〉条）。博多津は、新羅使金《こん》才伯《さいはく》ら九一人が「大宰の博多津」に到着し（『続日本紀』天平宝字八年七月甲寅〈十九日〉条）、『延喜式』主税寮上116諸国運漕功賃条においても大宰府からの運漕功賃計算の起点とされるなど、大宰府の外港として機能したことが窺え、新任の大宰府官人や管内諸国島司が赴任する際は、いったん大宰府に立ち寄る原則であり（森哲也―一九九四a）、海路赴任の際に利用される港津であったと考えられる。他に「筑紫大津」も知られ（天平十年度「筑後国正税帳」、『続日本後紀』承和九年正月乙巳〈十日〉条）、これら港津の名称の関係、機能の相違などについて、さらに検討する必要がある。

以上、難波津から博多津の航路、港津を俯瞰したが、時期を越えて同一の寄港地が利用される一方で、相違する場合もある。史料の残存状況も念頭に置く必要はあるが、基本的な航路は奈良時代には定まっており、季節・時刻による潮流の違いや天候、船の規模・船脚などの相違により、適宜、航路・港津が選択されたのではあるまいか。ただし、平安時代における集落遺跡の変動原因について、さまざまに議論されており（坂上康俊―二〇〇九など）、海辺の集落・港津・航路についても、自然地理学、気候学、考古学などの成果を参照し考察が深められるべきであろう。

2　海上の交通検察

摂津関と長門関　瀬戸内の海上交通検察を行う関として、摂津関、長門関が存在した（以下、長門関、豊前門司については、森哲也―二〇〇八ａ）。衛禁律《えごんりつ》25私度関条、同26不応度関条で、両者は三関《さんげん》に次ぐ位置付けを与えられ、『令義解』関市令《げんしりょう》1欲度関条は、船や筏《いかだ》が通過する際に過所《かしょ》を必要とする「関」について、長門および摂津をさすと註釈する。摂津関では、職員令《しきいんりょう》68摂津職条の大夫の職掌「津済《しんさい》、過所、上下の公使」に基づき勘過《かんか》が行われたと考えられるが、その場所など詳細は明らかでない。長門関は瀬戸内海航路の西端において、船舶の勘過を行う海関としての機能が存在し、『類聚三代格』貞観十一年（八六九）九月二十七日の太政官符は（平野博之―一九九〇）、「下関」（長門関）について「□人、陸海を論ぜず共に此の関を経。譬《たと》へば、なほ輻《や》の轂《こしき》に湊《あつま》り、語の咽《のど》に従ふがごとし」とし、輻（車輪の矢、スポーク）が轂（車輪の中央部）に集まり、また言葉が咽を通って外に出るように、陸海を往来する人々が必ず長門関を通過することを述べ、交通の要衝である点を強調している。

『続日本紀』延暦八年（七八九）十一月壬午条（同月は壬午の日が存在せず壬子〈十四日〉かとされる）に、摂津職の勘過停止が記され、同時期に行われた三関停廃と一体の政策と考えられている。一方、『類聚三代格』延暦二十一年十二月某日の太政官符で、長門国は「大宰府管内と境を接し、上下の雑物を勘過す」とし、『類聚三代格』承和二年（八三五）十二月三日の太政官符で、長門関に準じ陸奥国の白河《しらかわ》・菊多《きくた》両剗における勘過が命じられるなど、その後も長門関の勘過が存続していたことがわかる。その所在地に関しては、山口県下関市前田付近、同市赤間《あかま》町・唐戸《からと》町付近の二説がある。前者は山陽道の想定ルートや、前田茶臼山遺跡（下関市）で発見された奈良～平安時代の官衙跡が注目され、後者は平安末期からみえる赤間関の呼称が重視されるが、八世紀末～九世紀初頭の駅路体系変化の際、または古代の長門関が実質を失い、中世の経済的な海関として復活する際に、前者から後者へと移動した可能性もあろう。

豊前門司と過所　関門海峡を挟み、長門関の対岸で陸海の交通検察を行った豊前門司《もんし》は、福岡県北九州市門司《もじ》区の企救《きく》半島北西部に所在したと考えられ、具体的な比定地は未詳であるが、釈蓮禅「門司の関を過ぎ四韻を述ぶ」（本朝A）が、「二崤」「三峡」という中国の関塞、航行上の難所を参照しつつ、潮流の速い関門海峡に面し、平地が乏しい企救半島に立地した門司関を描写する点が参考になる。陸上の交通検察にも対応した点からみて、豊前国社埼駅（『延喜式』兵部省85西海道駅伝馬条）や、「豊国《とよのくに》の腠碕屯倉《みさきのみやけ》」（『日本書紀』安閑二年五月甲寅〈九日〉条）との関係も指摘され、屯倉の設定は交通の要衝を押さえる意味があったと思われる。長登《ながのぼり》銅山跡（山口県美祢市美東町）から「豊前門司」宛ての銅の付札木簡が出土し（美東町教育委員会―二〇〇一）、同伴する木簡も天平三年（七三一）、同五年などの年紀を有することから、豊前門司が八世紀前半から存在したことがわかる。木簡に記された豊前門司の意味については、豊前国司や大宰府に銅が流通する際の仲介官司説（八木充―二〇〇九）、他の木簡の記載と同じ銅の送付先説（畑中彩子―二〇一〇）の二つに分かれる。

豊前門司の機能や、瀬戸内海交通を考える上で注目されてきたのが、『類聚三代格』延暦十五年十一月二十一日の太政官符である。引用された天平十八年七月二十一日の太政官符では、「官人・百姓・商旅の徒」が豊前国草野《かやの》《くさの》津、豊後国国埼《くにさき》津・坂門《さかと》津から意のままに往還し、自由に「国物」を運漕する行為について、豊後・日向出身の兵衛・采《うね》女《め》、および彼らの資養物を送る船が国埼津経由で往来する場合を除き、すべて禁止している。天平十八年の段階で違法行為が横行していたのは、次に述べる過所発給の観点からすると、同十四年正月から十七年六月まで大宰府が廃止されていた（『続日本紀』）影響で、西海道外への人や物資の移動統制に厳格さが欠けていたためと考えられる。天平十八年の官符に基づき禁制を加えてきたものの、越度《おつど》を取り締まりきれず、過所は所持していても豊前門司を経ずに難波に集まるものが多いため、大宰府は延暦八年に停止された摂津における勘過の復活を望み、過所を所持しない場合、ならびに「門司の勘過」がない場合には、法によって処断するよう求めたのである。これに対して朝廷は、公私の船が前述の三津から往来することを許し、過所は従来通り大宰府が発給するが、出発地の勘過を受ければ豊前門司を経る必要はないとし、摂津国司による過所の勘検を認めなかった。こうした内容からみて、豊前門司も長門関と同じく陸海両方の交通を検察する機能を有していたことがわかる。

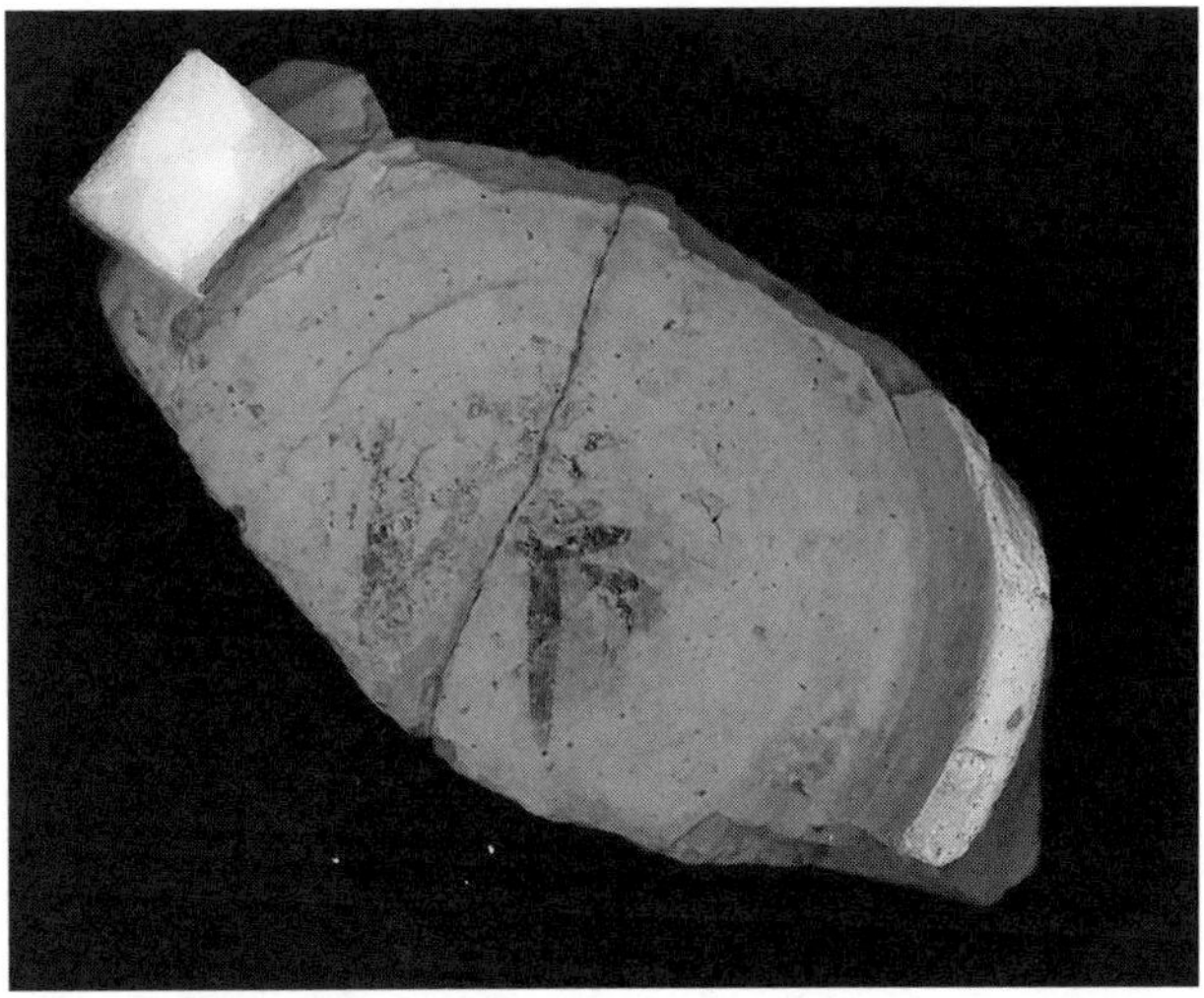
図1　延永ヤヨミ園遺跡出土「津」銘墨書土器（赤外線写真，九州歴史資料館蔵）

西海道においては、国司ではなく大宰府が過所を発給したとする見解があるが（舘野和己一九九八）、西海道内で移動するための過所はどうするのか疑問もあり、管内諸国島司による過所の発給を認めるべきである。ただし、大宰府が西海道諸国島の上級官司である点や上記官符の内容を踏まえると、管内諸国島司の発給できる過所は西海道内の移動に限られ、大宰府が発給する過所は西海道外への移動に対するものであったと考えられる。したがって、職員令69大宰府条の「過所」は、兼帯時に担当する筑前国司の職掌に加え、西海道外への移動に対する過所発給をも規定しており、それにより大宰府は西海道から外部に人・物資が移動することを把握できたのである。

草野津　前掲官符に登場する豊前国草野津に関し、注目されるのが延永《のぶなが》ヤヨミ園遺跡（福岡県行橋市延永・吉国）である。同遺跡は、遺称地である草野《くさの》の地名が隣接し、近年の調査で港湾施設の一部と思われる遺構や、「津」の墨書土器（九世紀、図1）などが発見され、草野津であることが確定したといってよい。

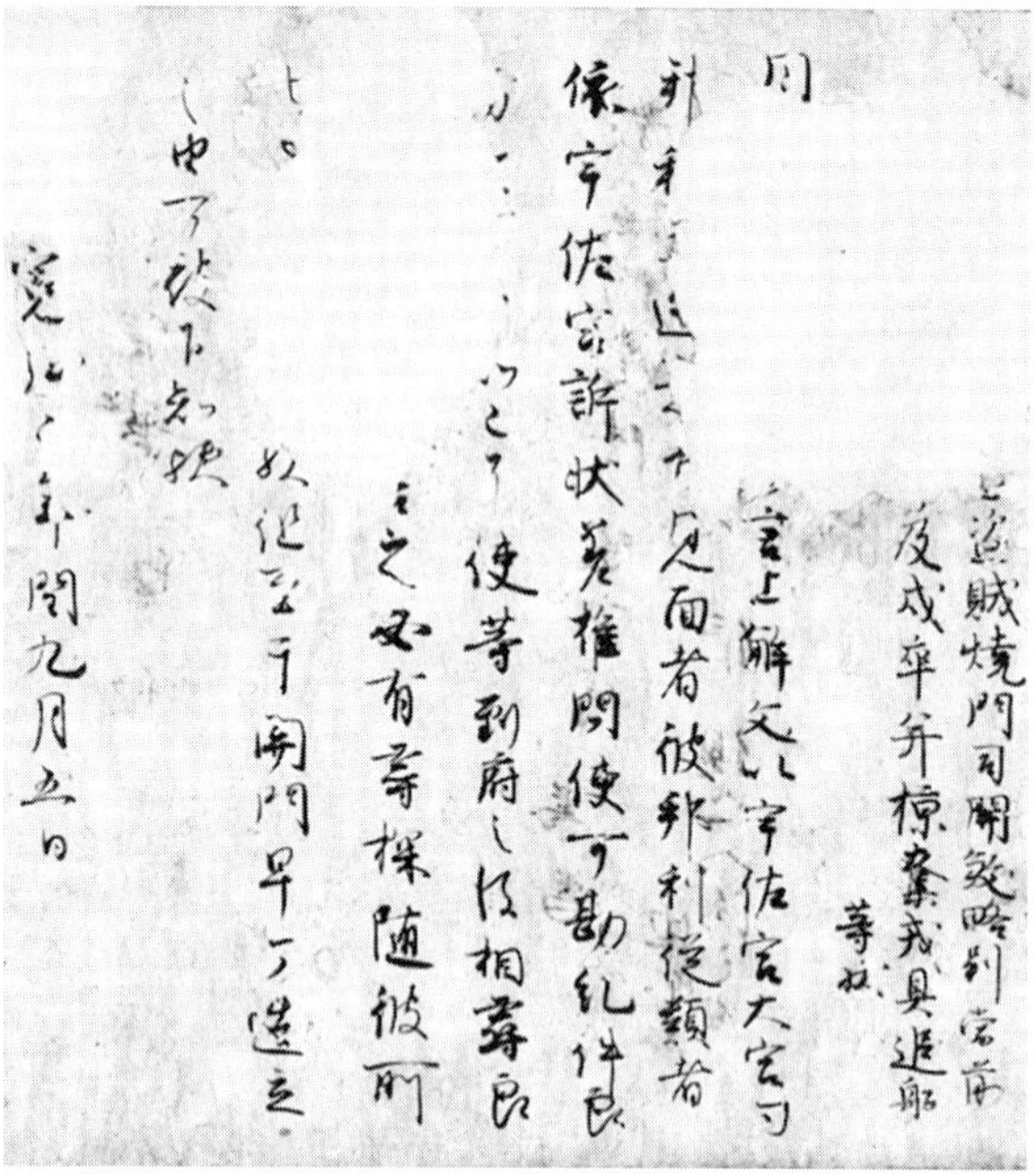

図２　寛弘□（元ヵ）年閏九月五日陣定定文案（部分）

豊前国京都《みやこ》郡内の里名「不知山里《いさやま》」を記す付札木簡、京都郡家の郡符木簡、「京都大」（京都郡大領の意）の墨書土器などからみて京都郡の関連施設であり、最終的な責任は大宰府、豊前国司にあるが、草野津の管理に京都郡司が関わっていたことが明らかになり、日常的な勘過業務は京都郡司が行っていたと考えられる（酒井芳司・松川博一―二〇一〇、九州歴史資料館―二〇一五a、b）。

豊前門司から門司関へ　十一世紀初頭、管内支配強化を意図する大宰府と宇佐宮が対立した際、門司関をめぐって事件が起き（有川宜博―一九八〇）、関係史料の一つ寛弘□《元カ》年閏九月五日の陣定定文案（恵美千鶴子―二〇一五によるが、一部内容の理解が異なる）では、「門司関」の焼き討ち、門司関「別当」や「戎卒《じゅそつ》」の殺略、「戎具《じゅうぐ》・追船」の掠奪などが審議されている（図２）。これにより、門司関を警備する戎卒、戎具の備え、不審者を追跡するためのものらしい追船の具備、早期修復が命じられた「関門」（門司関の門）の存在など、その具体的状況が窺え、長門関の姿を知る上でも参考になる。

豊前門司は、この時期まで「関」と呼ばれた形跡はなかったが、同定文案などから、十一世紀初頭の時点で呼称が門司関へと変化していることがわかり、以後も基本的に継承されてゆく。これは単に呼称にとどまらず、性格の変化を意味する可能性がある。すなわち、古代の関は交通検察を目的とするものであったが、時代が下るとともに通過する人馬・船舶から関銭を徴収する施設へと変化する（相田二郎—一九八三）。康治元年（一一四二）六月三十日の大宰府庁宣案（『醍醐雑事記』一三、『平安遺文』二四七四）により、以前から門司関において勘過料が徴収されていたことがわかるので、豊前門司から門司関への変化は、中世の経済的関への性格変化を意味すると理解できる。

3　物資の輸送

官物輸送と船賃・路粮　『延喜式』民部省下49年料舂米条、主計寮上に規定された年料舂米、庸米の輸貢国は近国、沿海国に限られるが、その状況は八世紀に遡り、大宰府、山陽道諸国からの官物輸送に瀬戸内海航路が活用されたことは疑いない。『延喜式』主税寮上116諸国運漕功賃条では、山陽道、南海道各国からは与等津（淀津）までの船賃を、大宰府からの運漕は博多津から難波津に到る船賃を、それぞれ規定する。これは、大宰府からの輸送に使用される大型船が、遣唐使などの航洋船が利用した難波津でなければ発着できなかったためと考えられる。『延喜式』に規定された諸国—京間の行程日数は、実際の所用日数より少なく、貢納物運搬者に対する食料支給基準と考えられるが（榎英一—二〇〇八）、『入唐五家伝』の頭陀《ずだ》親王入唐略記（森哲也—二〇〇八b）によると、唐を目指した高岳親王一行は、貞観三年（八六一）七月十三日、難波津から「大宰貢綿帰船一隻」に乗船し、八月九日、大宰府鴻臚館に入っている。この間、足かけ二六日を要しており、『延喜式』主計寮上65大宰府条の行程（上り二七日、下り一四日、海路三〇日）のうち、海路の数字は官物輸送の所要日数として実態に即している可能性がある。

大宰府九箇使　物資輸送に関わって、大宰府・西海道地域から中央への貢納物輸送（調、庸、贄《にえ》など）を取り上げる（以下、森哲也—一九九二）。西海道諸国の貢納物や公文は、大宰府送付後、さらに京進されることになっており、主要な使は「九箇使」と総称される（『類聚三代格』大同四年正月二十六日の太政官符。貢綿使・朝集使・正税帳使・大帳使・調帳使・

御贄使・別貢使・相撲人使・紫草使）。京進方法の時期的変化を『延喜式』段階までをめどに整理すると、①山陽道諸国による逓送《ていそう》方式から、大宰府の給粮・専使派遣方式へ（紫草使）、②大宰府の専使派遣・山陽道諸国による供給・駅伝馬利用方式から、大宰府の料米支給方式へ（別貢使・御贄使・相撲人使・公文関係の使）、③陸路から海路へ（別貢使・御贄使・相撲人使）、の三つを確認できる。このうち①②は、大宰府・西海道からの使が山陽道諸国にかけていた負担軽減を意図したものと理解できる。海上輸送に関わるのは③の変化と、天平元年（七二九）以来、一貫して海路京進であったと考えられる貢綿使である。③のように当初陸路を採る使が存在したのは、西海道からの物資流出を防止する施策の一つと理解される。西海道は軍事上の要地として、機急に備え米や馬などの外部持ち出しが禁じられていた。『類聚三代格』大同四年（八〇九）正月二十六日の太政官符で「大宰部内の出米、先に禁制有り」とし、『延喜式』雑式40王臣商人船条も「凡そ王臣家および諸商人の船は、大宰の部内に出入するを許せ。ただし此によりて百姓を擾労《じょうろう》し、および米を糴《か》ひ馬を買ふを得ず。もし違ふこと有らば、法によりて罪を科せ」と規定する。一方、米などの重貨運搬には船の利用が効率的であり、豊前国草野津などから不正に物資を持ち出す人々が存在したことは前述した。貢綿使に関し「綿の代に米を輸して京下に交関し、また水脚《すいきゃく》の粮を除くの外、たやすく私物を載せ官物を漂失するを得ざれ」（『類聚三代格』延暦二年三月二十二日の太政官符）とされ、御贄使に私物混載を禁じている点（『延喜式』雑式36大宰貢贄使条）からみても、貢納物といえど船を利用すれば特に米を中心とする私物混載の恐れがあり、大宰府は不正な物資流出防止のため、海運を制限する方向を採ることがあったと考えられる。

船の規模と漕送従事者　大宰府から海上輸送では、「年中例貢の絹綿ならびに御贄・別貢等の物、年ごとに数有り。よりて常に民船を雇い多く正税を費やす」（『類聚三代格』承和七年九月二十三日の太政官奏）とあるので、正税を財源とし民間船を活用していたことがわかり、貢綿船の積載量は航洋船に匹敵する二五〇～三〇〇石であった（『延喜式』雑式43大宰貢綿穀船条）。新羅海賊による豊前国貢綿船の襲撃事件（『日本三代実録』貞観十一年十二月十四日丁酉条など）の記述から、貢綿船は国別に複数であり、上述のように高岳親王一行は、難波津から大宰貢綿帰船一隻に乗船している。『延喜式』雑式35大宰貢物船条に、大宰府からの貢納物運漕に関し、縁海諸国での水先案内を規定するのも、浅瀬での座礁を恐れたためと理解できる。『類聚三代格』貞観十三年五月二日の太政官符で、筑前国に設定された摂津国住吉神の封戸の調庸綿は毎年、貢綿使に付して運進することが定められ、西海道諸国の戸籍（『延喜式』民部省上82造籍条）、調絹三〇〇〇疋や隼人調布（『延喜式』民部省下55大宰調絹条）、調糸（同56大宰調糸条）も貢綿使に付して京進されたが、大型船であるため、さまざまなものが積載されたのである。なお造籍条の成立時期は未詳であるが、大宝令制下に溯る場合、戸籍が六年一造される際にのみ貢綿京進が実施されたとは思われないので、天平元年以前から、毎年ではなくとも定期的な貢上が行われていた可能性がある。

『類聚三代格』弘仁四年（八一三）四月十六日の太政官符は、大宰府綿の貢進量を隔年に調綿一〇万屯に変更するよう命じているが、その理由を海路を往還して歳が暮れてしまうため「部送の民、ついに生業を失ふ」とする。この「部送の民」には挟杪《かじとり》や水脚が含まれ、輸送労働者と農業との密接な関係が指摘されているように（加藤友康―一九八五）、彼らは生業を別に有しており、官物運漕に際し代価を受け取って使役されていたと考えられる。瀬戸内海における海賊の被害に関し、備前国が進官米八〇斛を一船に載せ、綱丁を差して進上したところ、海賊に官米が奪われ「百姓十一人」が殺害されたというが（『日本三代実録』貞観四年五月二十日丁亥条）、彼らも上述のような輸送労働者であったとみられ、まだ専門的な輸送業者の成立には至っていないと考えられる。

4　海路と情報伝達

『小右記』にみえる「隼船」　情報伝達に関わるものとして、藤原実資《ふじわらのさねすけ》『小右記』にみえる「隼船」の事例を取り上げたい。まず長和三年（一〇一四）六月二十五日条では、僧清賢《せいけん》が鎮西に滞在する宋の医僧から入手した眼薬について、筑前国高田牧司の藤原蔵規《まさのり》が隼船により送ってきたもの、とする。これだけでは筑前から瀬戸内海を航行したことが窺える程度であるが、その速度については次の二点が注目される。

寛仁元年（一〇一七）十月二日条に、不足した宇佐宮神宝追加のため、十月十四日に隼船で宇佐使を追わせ奉幣以前に渡すよう、藤原道長が命じたことが追記されている。源経頼『左経記』十月十日条（『大日本史料』二―一二）によると、五位蔵人左少弁の源経頼に対し、摂政藤原頼通は、宇佐使藤原良頼（大宰権帥藤原隆家の子）は同月二十五日に大宰府に到着し宇佐に向かうはずであるから、それ以前に神宝を渡す必要があるとして、そのための使者を播磨から派遣して「廿日以前、前途を遂ぐべし」と命じている。それらを経頼が大殿（藤原道長）に申し上げた後、摂政の許に戻ると、播磨守藤原広業《ふじわらのひろなり》を召して「国津」に早く船や粮料を用意させ、使者を大宰府に送るように、との命があり、経頼は「所御牒」（使者に対する供給などを命じる蔵人所牒）を播磨や路次諸国に発給している。

以上から、神宝追加の使者は播磨の「国津」（『万葉集』巻七―一一七八の一云にみえる「飾磨江《しかまえ》」か〈千田稔―二〇〇一〉。播磨から乗船させたのは明石海峡の通過を避けるためか）から隼船に乗って十月十四日に出発し、十月二十日までに大宰府に到着し、本来の宇佐使藤原良頼に神宝を渡すよう予定されていたことになる。したがって、播磨―博多津間は足かけ七日以内で航行可能と認識されており、しかも隼船で追わせるよう指示したのが大殿道長で、具体的な行程を示したのが摂政頼通であったことからすると、そうした船脚の速い船の存在が広く朝廷上層部にまで知られていたことがわかる。

さらに、刀伊《とい》の入寇関係記事の一つ寛仁三年四月二十五日条によれば、僧惟円《ゆいえん》が入寇の第二報を伝える大宰権帥藤原隆家の書状（同月十六日付）を大納言藤原実資のもとにもたらしたが、それを持参した使者は隼船で参上しており、使者自身も戦況を報告していることから、大宰府―京間を海路により足かけ一〇日以内で連絡したことがわかる。隆家の書状に「子細、府解に在り」とあるのは、『朝野群載』巻二〇に収める、同月十六日付の大宰府解が相当し、府解、書状ともに同じ使者がもたらしたと判断される。刀伊の入寇の第一報が京に届いたのは四月十七日であったが、同日条、十八日条によれば、惟円が実資のもとに持参した藤原隆家の書状、大宰府解は、ともに同月七日付、八日付で、いずれも「飛駅」（『日本紀略』四月十七日条は「大宰府飛駅使」）がもたらしたものであった。この飛駅は、その賞として馬寮の馬を与えられていることから、陸上の急使を令制の用語で表現したと考えられるが、持参した書状、府解の日付けから、大宰府―京間の所要日数は最速足かけ一〇日であり、第二報を伝えた隼船の使者も、この陸上の急使と数字的に何ら遜色ないことがわかる。海路は速度の点で陸上交通に劣るとのイメージがあるかもしれないが、緊急時の情報伝達など陸路と肩を並べる事例の存在に注目すべきである。

海路の所用日数　百済復興のため西下した斉明天皇一行の行程を『日本書紀』でたどると、難波宮行幸（斉明六年十二月庚寅〈二十四日〉条）、出航（同七年正月壬寅〈六日〉条）、大伯海における大伯皇女誕生（同月甲辰〈八日〉条）となるので、難波津から現在の岡山県瀬戸内市付近まで足かけ三日の計算である。瀬戸内海は多島海と表現されるが、全体を見渡すと、摂津から備前までの部分は、さほど島々が多いとは思われず、島嶼の存在と、それに伴う複雑な潮流により、より慎重な航行が求められるのは備中以西であり、遣新羅使も難所の潮流に合わせるため「夜の船出」を余儀なくされたと考えられる（吉井巌―一九八七）。その後の伊予熟田津《にきたつ》到着（斉明七年正月庚戌〈十四日〉条）までの日数は、西への行程と四国に渡る分も加わるが、上記のような事情が影響した可能性がある。ただし、島嶼の多さは、逆に沿岸航行に際して利用可能な港津が多く存在するともいえ、播磨―摂津に五泊が設定され船瀬が造営されたのも（1節）、山陽道、西海道、南海道からの輸送が集中してくる海域であることに加え、比較的単調な海岸線の存在も影響しているのではあるまいか。

門司関焼亡（2節）と同時期、朝廷に大宰帥平惟仲《たいらのこれなか》の呵責《かしゃく》を訴える八幡宇佐宮の神人《じにん》は「岸を離るるの後六箇日、河尻に著す」と伝え（『百練抄』長保五年十一月二十七日条）、宇佐宮近くから出港し河尻までの所要日数が六日であれば、上述した隼船と遜色ない数字といえよう。斉明天皇一行の乗船は遣唐使船と同じく大型の航洋船であったと考えられ、細かく沿岸に立ち寄ることなく難波津から大伯海を航行したことが、足かけ三日という数字に表れているのであろう。帰還防人も筑紫大津―備前児嶋が一〇日と計算されているが（1節）、防人を難波津まで運ぶのが主目的であり、食稲などが積載されていれば寄港地は最小限で問題はない。一方、隼船や宇佐宮神人が利用した船は航洋船とは思われず、目的からしても多量の積載物・人員を伴う必要はないから、おそらく通常、西海道沿岸から瀬戸内海で利用されている船で（あるいは船脚の早い構造であった可能性もある）、速度を優先した航行を行ったと理解できる。大宰府からの貢綿船は航洋船並みであったため式文に特記されているが、五泊を利用した官物輸送船すべてが大型であったわけではなく、船の規模・積載量に応じた行程が求められたのであろう。古代は沿岸を進む地乗り航法であったといわれ、時期的変化も考慮する必要があるが、航行の目的、それに伴う船の規模の相違などにより、航行方法・航路・港津が選択され、同時に潮流・天候などの自然条件を考慮し、いわば複数の変数を前提としつつ適宜、航行が行われたと考えられる。

参考文献

相田二郎『中世の関所』吉川弘文館、一九八三年

有川宜博「十一世紀初頭の宇佐宮と大宰府―宇佐宮長保事件管見―」『九州史学』六九、一九八〇年

池崎譲二「町割の変遷」川添昭二編『よみがえる中世1東アジアの国際都市　博多』平凡社、一九八八年

井村哲夫『万葉の歌―人と風土―⑤大阪』保育社、一九八六年

榎　英一「延喜式諸国日数行程考」『立命館文学』六〇五、二〇〇八年

恵美千鶴子「藤原行成筆「陣定定文案」の書誌・伝来」田島公編『禁裏・公家文庫研究』五、思文閣出版、二〇一五年
加藤友康「交通体系と律令国家」『講座・日本技術の社会史8交通・運輸』日本評論社、一九八五年
川尻秋生「保安元年「摂津国帳簿群」の性格」『古代文化』六二―一、二〇一〇年
神野富一『万葉の歌―人と風土―⑥兵庫』保育社、一九八六年
喜田貞吉「五泊考―五泊の制定は行基の事業にあらず―」『喜田貞吉著作集4歴史地理研究』平凡社、一九八二年
九州歴史資料館『延永ヤヨミ園遺跡―Ⅳ区Ⅱ―』九州歴史資料館、二〇一五年a
九州歴史資料館『延永ヤヨミ園遺跡―Ⅲ区Ⅱ―』九州歴史資料館、二〇一五年b
酒井芳司・松川博一「福岡・延永ヤヨミ園遺跡」『木簡研究』三三、二〇一〇年
坂上康俊『日本の歴史05律令国家の転換と「日本」』講談社、二〇〇九年
坂上康俊「文献からみた鞠智城―防人配置の有無をめぐって―」『鞠智城とその時代―平成一四～二一年度「館長講座」の記録―』熊本県立装飾古墳館分館歴史公園鞠智城・温故創生館、二〇一一年
栄原永遠男「奈良時代の海運と航路」『奈良時代流通経済史の研究』塙書房、一九九二年
佐藤道生「釈蓮禅と藤原周光の紀行唱和詩の成立時期について」『三田国文』一、一九八三年
下田　忠『万葉の歌―人と風土―⑩中国・四国』保育社、一九八六年
下向井龍彦「平清盛音戸瀬戸「日招き」開削伝説の形成と浸透」『芸備地方史研究』二八二・二八三、二〇一二年
新修神戸市史編集委員会編『新修神戸市史　歴史編Ⅱ　古代・中世』神戸市、二〇一〇年
千田　稔『埋もれた港』小学館、二〇〇一年
高木恭二「古墳時代の交易と交通」大塚初重・白石太一郎・西谷正・町田章編『考古学による日本歴史9交易と交通』雄山閣出版、一九九七年
舘野和己「律令制下の交通と人民支配」『日本古代の交通と社会』塙書房、一九九八年
直木孝次郎「防人と東国」『飛鳥奈良時代の研究』塙書房、一九七五年
直木孝次郎「摂津国の成立再論」『日本古代史と応神天皇』塙書房、二〇一五年
西本昌弘「行基設置の楊津院と河尻」『地域史研究』三七―一、二〇〇七年

西本昌弘「平安時代の難波津と難波宮」続日本紀研究会編『続日本紀と古代社会』塙書房、二〇一四年
畑中彩子「長登銅山にみる日本古代の銅の流通と輸送経路」鐘江宏之・鶴間和幸編著『東アジア海をめぐる交流の歴史的展開』東方書店、二〇一〇年
林田正男『万葉の歌―人と風土―⑪九州』保育社、一九八六年
平野卓治「山陽道と蕃客」『国史学』一三五、一九八八年
平野博之「貞観十一年九月二十七日官符について―「下関」初見史料の検討―」九州大学国史学研究室編『古代中世史論集』吉川弘文館、一九九〇年
松原弘宣「八・九世紀における船瀬」『日本古代水上交通史の研究』吉川弘文館、一九八五年
松原弘宣『古代国家と瀬戸内海交通』吉川弘文館、二〇〇四年
美東町教育委員会編『長登銅山跡出土木簡図録―『古代の銅生産シンポジウム in 長登』木簡展―』美東町教育委員会、二〇〇一年
森　哲也「大宰府九箇使の研究」『古代交通研究』一、一九九二年
森　哲也「律令国家と海上交通」『九州史学』一一〇、一九九四年a
森　哲也「古代における大路の意義について」『続日本紀研究』二九二、一九九四年b
森　哲也「下関の成立」下関市市史編修委員会編修『下関市史　原始―中世』下関市、二〇〇八年a
森　哲也「『入唐五家伝』の基礎的考察」『市史研究ふくおか』三、二〇〇八年b
八木　充「奈良時代の銅の生産と流通―長登木簡から見た―」『日本古代出土木簡の研究』塙書房、二〇〇九年
山内晋次「平氏と日宋貿易―通説的歴史像への疑問―」『神戸女子大学　古典芸能研究センター紀要』六、二〇一二年
吉井　巌「萬葉集の遣新羅使船の夜の船出―直木孝次郎氏の「夜の船出」を読んで―」『帝塚山学院大学　日本文学研究』一八、一九八七年
吉武　学「福岡県新宮町相島沖採集の「警固」銘平瓦」『福岡市博物館研究紀要』一一、二〇〇一年

三　海と河をつなぐ交通

堀　健　彦

1　日本海沿岸の地形環境と交通

海岸の地形と交通　弧状をなす日本列島では、海は人やモノの交流において重要な交通路であった。とりわけ日本海沿岸地域は、大陸との交通における玄関口としての役割を担っていたほか、河川だけではなく潟や湖も含めた内水面交通と海上交通との緊密な接続を通して、地方の末端と都とがつながる経路として機能していたことが資料から読みとることができる地域であった。ここでは、日本海沿岸地域の中でも寺社領荘園設定に関する史料が多く残されており、かつそれと符合する発掘資料の出土が顕著にみられる北陸道に焦点を絞って、日本海交通の様相を描き出していきたい。

北陸道には、福井平野、金沢平野、富山平野、頸城《くびき》平野、越後平野など、河川によって供給された土砂が堆積して形成された沖積《ちゅうせき》平野が多数、存在している。沖積平野は、河川が山地から低地に出たところに形成される半円錐状の堆積地形である扇状地《せんじょうち》、蛇行河川や河跡湖、洪水によって形成された自然堤防、後背湿地などが特徴的な地形として存在する氾濫原《はんらんげん》、河川が運搬した細かな砂や泥が堆積し、低平地をなしている三角州《さんかくす》などに分類できる。

これらの沖積平野の海岸部には、河川により運搬された細かな砂が冬の季節風によって吹き上げられ堆積した海岸砂丘が発達していることが多く、海岸線が平滑となる傾向がある。とりわけ、複数の河川により形成された沖積平野の海岸部では、海岸線に平行する形に存在する砂丘列を確認することができる。

このような地形環境は、ここでの主題である河川や潟・湖を経路とした内水面交通に注目していく上で重要な前提条件となる。比較的傾斜が緩やかで水量の多い三角州や氾濫原は船による内水面交通に適しているのに対して、伏流して地表水が少ないことが多い扇状地の大部分では船の利用が難しい。

また海岸砂丘の規模が大きい場合、小河川の水勢では砂丘を横断して海まで到達することが難しくなる。例えば大規模な海岸砂丘群が発達した越後平野の場合、近世初期の段階では、現在の信濃川河口と荒川河口の二ヵ所のみが日本海へと流下可能であった。海岸砂丘に遮られた小河川は海への出口を求めて迂回したため、海岸砂丘の内側には大規模な堪水地が連続的に存在していた。これを内水面交通と海上交通という点から評価するならば、河川河口部が海と河・潟の世界をつなぐ交通の要衝として、重要な地理的位置を占めることになる。

渟足柵　律令国家が日本海側の開発拠点として北陸道に設置した施設の一つに渟足柵《ぬたりのさく》がある。その正確な位置は不明であるが、遺称地が現在の信濃川河口右岸に所在していることなどからみて、北陸道の海上交通網と越後平野の河川や潟などを利用した内水面交通網との結節点に設置されたと考えられる。このような海上交通と内水面交通の結節構造は、他の平野においても同様にみられるところであり、ここでも注目していきたい。

2　律令国家体制下における日本海水運とモノの移動

古代北陸道のルートと水運　駅路は都と地方とを結ぶ陸上交通路として古代律令国家によって整備された大規模道路であり、公文書の送達や緊急時の連絡、調庸等の物資の輸送などに使用された。律令国家の地方区分である七道は、主要駅路と対応する形で編成されており、北陸道の場合、都から東山道の近江国を経て、若狭国、越前国、加賀国、能登国、越中国、越後国、佐渡国の七ヵ国を通過する経路をとっていた（古代交通研究会二〇〇四）。廐牧令《くもくりよう》諸道置駅条によれば、駅路では原則として三〇里ごとに駅家を設置することが規定されており、馬の乗り継ぎや休憩・宿泊の便が提供されていた。駅家に備え付けられた馬の数は、駅路の格や立地上の特性に即して異同があったが、小路であった北陸道は駅家ごとに五疋を基本としていた。

『延喜式』兵部省諸国駅伝馬条には、北陸道の駅家についても記載されていた。駅家の比定地およびそれをつなぐ官道を復原すると、平野部では直線道路を基本とし、丘陵部でも盛土や切土などを行うことで、できる限り幅員を確保しつつ短い距離で道路を敷設していたことがわかる。

ここでの主題である水運との関係に注目するならば、『延喜式』の規定で船二疋とされている越後国渡戸《わたりへ》駅の存在は注目に値する。廐牧令水駅条には、「凡そ水駅は馬を配さずの処、閑繁を量りて、駅別に船四隻以下、二隻以上を置け。船に随って丁を配し、駅長は陸路に准じて置け。」とあり、水上交通と陸上交通の両方の拠点的機能を有する駅家が設定されていたことがわかる。ただし水駅の規定は中国の律令制度をもとにしており、『延喜式』兵部省諸国駅伝馬条で船に関する記載があるのは、駅家では出羽国佐芸《さき》と越後国渡戸のみ、伝馬では出羽国野後《のしり》、避翼《さるはね》、白谷《しらや》のみであり、伝馬を含めても船の設定された交通拠点の数は決して多いとはいえない。

しかしながら、それ以外の駅家と水運との関係がなかったと結論づけるのは早計である。『延喜式』主税寮上諸国運漕雑物功賃条にみえる「比楽湊《ひらか》」と、中世の資料である『廻船式目』にみえる三津七湊の一つである「本吉湊《もとよし》」は手取川河口部に存在した、ほぼ同一の湊であったと考えられるが、両湊は加賀国比楽駅と近接した位置にあったと考えられる。駅家と水運施設との近接という関係は、越中国曰理《わたり》駅と『延喜式』主税寮上諸国運漕雑物功賃条にみえる「曰理湊」との間、越中国岩瀬駅と『廻船式目』に記された三津七湊の「岩瀬湊」との間にも同様に想定することが

表　『延喜式』主計寮上にみえる京都・地方間の輸送日数

道	国	上	下	海路
北陸道	越前国	7	4	6
	加賀国	12	6	8
	能登国	18	9	27
	越中国	17	9	27
	越後国	34	17	36
	佐渡国	34	17	49
東山道	出羽国	47	24	52
山陽道	播磨国	5	3	8
	備前国	8	4	9
	備中国	9	5	12
	備後国	11	6	15
	安芸国	14	7	18
	長門国	21	11	23
南海道	紀伊国	4	2	6
	淡路国	4	2	6
	阿波国	9	5	11
	讃岐国	12	6	12
	伊予国	16	8	14
	土佐国	35	18	25

できる。さらに日理湊が小矢部《おやべ》川河口、岩瀬湊が神通《じんずう》川河口に比定されることを踏まえるならば、陸上交通と海上交通、内水面交通とが密接な関係をもちうる地点を志向して駅家が設定され、機能していた可能性を想定することができよう。

北陸道からの税の運搬と水運　北陸道における水運の重要性をさらに把握していくため、律令制下における物資輸送に関する規定をみていきたい。『延喜式』主計寮上には、地方から都ないしは大宰府へ税を輸送する際の所要日数が記されている。そのうち、京都へと輸送する地域から、海路についての記載がある国を抜き出したのが表である。海上輸送を行う国が南海道、山陽道、北陸道に集中していることがわかる。山陽道と南海道は瀬戸内海から淀川水系を経由して京都へとつながっていたと考えられるのに対して、若狭国を除く北陸道の国々と東山道の出羽国は日本海から琵琶湖を経由して京都へとつながっていたと考えられる。

京都への陸上輸送と海上輸送に必要な日数とを比較すると、南海道では最も遠い伊予国と土佐国において海上輸送による日数の方が短くなっているのに対して、北陸道では京都に近い越前国、加賀国において海上輸送による必要日数の方が陸上輸送の必要日数より短く、京都から遠い能登・越中・越後各国では長くなっている。加賀国と隣接する越中国とを比較すると、必要日数が陸路は一・四倍、海路は三・四倍となり、陸路に比べて海路の必要日数の増加は顕著である。

能登半島が日本海沿岸の海運における地形的な障害となっていたことは明白であるが、半島を迂回する航路の中継港の一つが、河原田《かわらだ》川河口に開かれた川湊である輪島《わじま》湊であった。輪島湊は『廻船式目』の三津七湊の一つに数えられるほど繁栄した港湾であり、日本海水運上の要衝を占めていたことがわかる。

また、能登国と越中国の海路の必要日数は同じであるが、陸送日数は能登国の方が一日多く必要であると規定されている。現在の石川県七尾《ななお》市に比定されている能登国府と富山県高岡市伏木《ふしき》に比定されている越中国府の立地を想起すると、興味深い規定である。

そして、地形による日数の増加にもかかわらず、海路による物資輸送が多くの北陸道の国で記載されていることは、日本海水運が律令国家にとって大量の物資を運搬するルートとして掌握され、体制に組み込まれていたことを物語っていよう。

『延喜式』主税寮上諸国運漕雑物功賃条は、地方から都に雑物を運搬する際の運送費についての規定である。同条では海上輸送に関わって、瀬戸内海を経由した南海道、山陽道の諸国と日本海と琵琶湖を経由する北陸道について、その輸送費用に関する詳細な記述がある。瀬戸内海と日本海を介した水運について記載していることは『延喜式』主計寮上と同様であるが、『延喜式』主税寮上諸国運漕雑物功賃条の記載は古代日本海における海運の実態について、より多くの情報を含んでいる。

〔『延喜式』主税寮上諸国運漕雑物功賃条〕

北陸道。

若狭国陸路。駄別稲十束五把。海路。自㆓勝野津㆒至㆓大津㆒船賃。米石別一升。挾杪功四斗。水手三斗。但挾杪一人。水手四人漕㆓米五十石㆒。越前国陸路。廿四束。海路。自㆓比楽湊㆒漕㆓敦賀津㆒船賃。石別稲七把。挾杪卌束。水手廿束。但挾杪一人。水手四人漕㆓米五十石㆒。加賀。能登。越中等国亦同。自㆓敦賀津㆒運㆓塩津㆒駄賃。米一斗六升。自㆓塩津㆒漕㆓大津㆒船賃。石別米二升。屋賃石別一升。挾杪六斗。水手四斗。自㆓大津㆒運㆑京駄賃。別米八升。自余雑物斤両准㆑米。加賀国陸路。廿四束。能登国陸路。七十八束。海路。自㆓加嶋津㆒漕㆓敦賀津㆒船賃。石別二束六把。挾杪七十束。水手卅束。自余准㆓越前国㆒。越中国陸路。七十八束。海路。自㆓曰理湊㆒漕㆓敦賀津㆒船賃。石別二束一把。挾杪七十束。水手卅束。自余准㆓越前国㆒。越後国陸路。百五束。海路。自㆓蒲原津湊㆒漕㆓敦賀津㆒船賃。石別二束六把。挾杪七十五束。水手卌五束。但水手人別漕八石。自余准㆓越前国㆒。佐渡国陸路。百八束。海路。自㆓国津㆒漕㆓敦賀津㆒船賃。石別一束四把。挟杪八十五束。水手五十束。自余准二越前国一。

北陸道の水運については、比楽湊、加嶋津、曰理湊、蒲原《かんばらの》津《つ》湊、国津のような諸国の津湊名が記載された上で、敦賀津への輸送コストがそれぞれ記されていること、敦賀津から塩津《しおつ》の間、大津から京都の間は陸上輸送によって物資を運搬していたこと、琵琶湖内では塩津と大津の間で水上輸送が行われたことが記されていることが重要である。

石川県七尾市に比定される加嶋津は能登国の国津であり、能登国府や国分寺近傍の政治中心地に存在していた。加嶋津の比定地から近い石川県七尾市小島西《こじまにし》遺跡の発掘では、大量の木製祭祀遺物や人面墨書土器が出土しており、港湾の祓所であった可能性が示されるなど（石川県埋蔵文化財センター―二〇〇八）、大規模な港湾都市としての繁栄ぶりがうかがい知られる。

蒲原津湊は越後国の国津であり、蒲原津は沼垂《ぬたり》湊、新潟津とともに中世において新潟三ヵ津と称されていたことから、信濃川と阿賀野《あがの》川の合流した現在の信濃川河口部にあった港湾であったと考えられている。越後国の国府および国分寺は現在の新潟県上越市にあたる頸城郡に位置していたが、国津が遠く離れた蒲原郡に存在していたのは渟足柵との関係が想定できる。渟足柵は大化三年（六四七）に造作された城柵であり、八世紀頃までは一定の機能を保持していたと推定されている。

『延喜式』主税寮上諸国運漕雑物功賃条で北陸道の各湊からの輸送費算出において基点となっている敦賀津は、日本海の海上交通と琵琶湖の内水面交通とを結ぶ結節点として栄えた港湾都市であり、北陸道の物資輸送が収斂《しゅうれん》する位置にあった。同時に渤海《ぼっかい》からの使節を迎えるための施設である松原客館が置かれるなど、日本海でも有数の交易都市としての性格をあわせもっており、大陸と日本列島との交流を考える上でも重要な位置を占めている都市であった。

3　北陸道における東大寺領荘園の立地と経営

東大寺領荘園の設置と北陸道　律令国家やそれと深く結びついた寺社によって奈良期から荘園が設定されていた北陸道については、荘園設置に関する史料が多く残されている。天平勝宝元年（七四九）の墾田永年私財法では、寺院の墾田所有面積について、東大寺が四〇〇〇町、元興寺が二〇〇〇町、大安寺・薬師寺・興福寺・法華寺・諸国国分寺が一〇〇〇町という上限が設定されていた。墾田所有面積が最も多い東大寺は北陸道に多くの荘園を有しており、正倉院に伝来した古代荘園図群を初めとして、荘園の立地特性をうかがい知ることのできる史料も多い。そこで本節では東大寺領荘園に注目して立地とその経営を考えていきたい。

東大寺は特定の氏族の寺ではなく、律令国家と深く結びついて伽藍《がらん》の建設と大仏の造立が進められた寺院であり、その経済的な基盤にも造東大寺司をはじめとする国家権力が大きく関与していた。

東大寺の寺領は、造東大寺司の役人と荘園が設定される地方の役人とが結びついて、荘園の候補地を占定していたことが知られている。東大寺の寺領は北陸道に集中しており、とりわけ越前国、加賀国、越中国への集中が顕著であった。これは、越前国が殷賑《いんしん》の国として知られていたように、奈良時代中期において北陸道に属する地域に開発を行う余地が多く残っていたこと、物資を荘園から平城京に輸送する上で、日本海および琵琶湖による水上交通路の利用が可能な北陸道の諸国は魅力的であったことが背景として考えられる。

越後国の東大寺領荘園については不明な点が多いが、石井荘、吉田荘、真沼《まぬま》荘、土井荘の四つを確認できる。真沼荘の位置は不明であるが、他の三荘園はいずれも比較的土地条件にめぐまれた場所に比定されている。「石井荘」と墨書された須恵器が出土している上越市の岩ノ原遺跡（新潟県埋蔵文化財調査事業団―二〇〇八）は、付近を流れる儀明《ぎみょう》

①渟足柵？・新潟三ヵ津　②比楽湊・本吉湊　③日理湊
④岩瀬湊　⑤輪島湊　⑥能登国府／加嶋津　⑦越中国府
⑧敦賀津　⑨今町湊
a 岩ノ原遺跡　b 横江荘遺跡／上荒屋遺跡
c 金石本町遺跡／畝田西遺跡群／戸水 C 遺跡　d 加茂遺跡
e 蔵ノ坪遺跡　f じょうべのま遺跡

図　北陸道の津・湊と遺跡位置図

川や青田《あおた》川のような小河川から、関川という大河川を通して日本海へとつながりやすい場所に位置している。関川河口には中世の三津七湊の一つであった今町《いままち》湊が存在していたことを踏まえるならば、東大寺領の荘園が河川を通して日本海と結びつきやすい場所を志向して占定されていたと考えて良いだろう。なお、石井荘と土井荘は越後国府周辺の要地に立地するとの理由から、代替の荘園が国府から離れた蒲原郡に加地荘《かじ》（豊田荘）として構立されたが、ここも加治川の河川交通を起点として、海上交通との接続が容易な水運の利便性が高い場所を占めていた。

以上のように、越後国では東大寺領荘園は河川および潟・湖による内水面交通を介して日本海へと接続する水上交通上の要地に荘園を設置していたと結論することができる。

東大寺領荘園とその地形環境　つぎに東大寺領荘園の立地環境について、地形条件に注目して考えていきたい。東大寺領荘園の立地環境は、畿内からの距離が遠い国ほど、地形条件の良好な土地を占定していることが指摘されている（金田章裕―一九八五）。すなわち、畿内に隣接する近江国では、東大寺領荘園は早期から開発が進んでいた三角州を占めることはできず、開発から取り残されていた部分である段丘化した扇側部、埋め残しの低湿地といった、相対的に条件の悪い土地に設定されることになった。これに対して、より畿内から離れた越前国では微高地と後背湿地が交錯する高位三角州に荘園が設定された。これは水田として開発する上で相対的に地形条件の優れた土地を東大寺が占定することに成功していることを示している。さらに遠距離に位置する越中国では、荘園は扇状地の扇端付近や扇側部に立地しているが、これらの土地は越中国では農地として最も安定的で、水利条件に恵まれた土地であった。

律令国家と密接な関係のもとで設定された東大寺領荘園は、水運上の利便性に加えて、奈良期における開発の進捗の地域差を反映しながら立地が占定されていたと考えることができよう。

東大寺領荘園の経営と港湾　東大寺領荘園の立地と水運との具体的な関係について、発掘調査の成果に依拠しながらさらに整理していきたい。

北陸道の東大寺領荘園の中で発掘調査が早い段階から行われてきた遺跡として、石川県白山市横江荘遺跡荘家跡がある。横江荘は弘仁九年（八一八）に酒人《さかひと》内親王が東大寺に寄進した荘園の一つで、十世紀には荘園経営が行き詰まったことが知られていた。一九七〇年の発掘調査によって、手取《てどり》川扇状地の北東扇側部から大型の掘立柱建物遺構、墨書土器や施釉陶器、硯などが出土した。その後、近接する金沢市上荒屋遺跡の発掘調査が進み、荘園の管理施設である荘家、工房や船着き場が発見されており、手取川扇状地を形成した河川の旧流路の一つを流れていた小河川を経由して、日本海水運へと接続していたことが明らかになっている。上荒屋遺跡からは、荘園外との物資の搬出入に際して付けられる荷札に相当する付札木簡、ハス栽培に関する木簡や「大根子籾種一石二斗」という種籾の品種にかかわると考えられている木簡、条里呼称法に関する木簡など、古代における荘園の管理・運営の実態をうかがわせる遺物が数多く出土している（金沢市教育委員会一九九三）。

発掘調査からも、東大寺領荘園が内水面交通における利便性を有する地点を押さえた上で、日本海を経由した都との間の物資や人の移動経路を確立していることをみてとることができる。

4　発掘調査からみる北陸道における河川交通と海上交通

加賀国における津遺跡とその立地環境　1節で確認したような、北陸道における河川交通と海上交通との接続に関係する地形環境の特徴は、国を問わず平野部において共通する点が多い。それゆえ、発掘調査の成果を踏まえつつ、河川交通と海上交通の接続を意識した交通環境をみていきたい。

加賀国の横江荘跡で発掘された船着き場は、小河川を通じて犀《さい》川水系へと接続していたと考えられるが、現在の犀川や大野川の河口部でも発掘調査によって、津湊にかかわる遺跡が検出されている。

現在の犀川河口部近くに所在する金沢市金石本町遺跡は、六世紀末～七世紀初頭に始まり十世紀初頭に廃絶しているが、八世紀が活動の中心であった。二五〇点以上の墨書土器を出土した川道沿いに掘立柱建物跡が多数存在しており、日本海から河川を遡上した場所に立地する港湾的な機能にかかわる遺跡と解されている（金沢市埋蔵文化財センター―二〇〇三）。

金石本町遺跡から東に三〇〇メートルほど離れた場所に所在するのが、金沢市畝田西遺跡群である。この遺跡群では、古代の河川跡から土器および木製品が出土しているが、特に注目したいのが、「津」「津司」「天平二年」と墨書された土器である。荷札木簡、出挙《すいこ》木簡、郡符木簡もあわせて出土しており、小河川により大野川などの河川を経由して日本海へとつながる地点に立地している畝田西遺跡群は、加賀郡の郡津であった可能性が示されている（石川県立埋蔵文化財センター―二〇〇六）。

犀川、大野川の両水系から北東方向に存在する河北潟《かほくがた》は、現在の金沢市と内灘《うちなだ》町にまたがる面積四・二平方キロの潟湖である。埋め立てと干拓工事により現在の面積まで縮小しているが、かつては他の潟湖などとも舟運により結びつきつつ、内水面交通において重要な役割を果たしていた。牓示札《ぼうじふだ》が出土したことで知られる津幡町加茂《かも》遺跡は、小さな谷筋から金沢平野へと出た場所に位置する。谷筋で集水された水が西側の河北潟に向けて流下する方向と同じ方向に走る大溝からは、牓示札と過所様木簡、付札木簡、多数の墨書土器が出土した。大溝に直交する形で古代北陸道の道路遺構も検出されており、加茂遺跡は陸上交通と内水面交通の交差点であったことが判明している。加茂遺跡における北陸道は、道路幅約七メートル、側溝幅約一・五メートルで遅くとも奈良時代初頭に構築されたこと、その後九世紀前半に溝の作り替えにより道路幅が約五メートルに縮小されながらも存続していたことが知られている（石川県埋蔵文化財センター―二〇〇一）。牓示とは札を立てて表示することであり、道の傍や津や港などの人々の目に触れやすい場所に掲示することが規定されていた。加茂遺跡からは四〇棟を超える掘立柱建物跡や七基の井戸跡の存在も確認されており、牓示札木簡の内容や通行許可証に相当する過所様木簡の存在を踏まえるならば、水陸の交通の結節点に存在した役所であった可能性が高い。

河北潟と大野川河口部の間にある金沢市戸水C遺跡は、九世紀末から十世紀初頭の「津」と墨書された土器が出土しており、古代の港湾関係遺跡と推定されている（石川県立埋蔵文化財センター一九九三）。大型の掘立柱建物遺構も検出されており、河北潟から大野川を経由して日本海へとつながるルート上に立地した、物流拠点の一つとみることができよう。

越後国における津遺跡とその立地環境　新潟県胎内市の蔵《くら》ノ坪《つぼ》遺跡では、旧河道の痕跡とそれに沿って立地する八世紀前葉から九世紀後葉の掘立柱建物跡などを検出している。蔵ノ坪遺跡では「津」と墨書された土器と「少目御館米五斗」と記された木簡が出土しており、習書木簡や荷札木簡も出土していることからみて、越後国の行政的な拠点の一つであり、近傍に越後国司の一階位である少目が居住していた可能性が高い（新潟県埋蔵文化財調査事業団―二〇〇二）。蔵ノ坪遺跡は、舟戸《ふなと》川という小河川から紫雲寺潟《しうんじがた》という九〜十世紀頃に地震による地盤沈下で形成され十八世紀に干拓により消滅した巨大な潟へとつながり、さらには海岸砂丘より内陸側に広く存在していた内水面を経由して、日本海へと容易に到達することができる場所に立地していた。

越中国における津遺跡とその立地環境　富山県高岡市の中保《なかほ》B遺跡はJR西高岡駅南側に所在する遺跡であるが、五〇棟以上の掘立柱建物跡、船着き場と推定される遺構とあわせて、「津三」と墨書された土器、硯などが出土している。発掘調査の結果、収穫物の一時的な貯蔵を行うような中継点ないし出先機関的な集散地として立地していたと推定されており、小矢部川と庄川に挟まれた同遺跡が、河川交通により下流部に所在した国府や国津などへと接続して機能していたとみることができる（高岡市教育委員会―二〇〇二）。

また、黒部川扇状地の海岸沿いに所在する富山県入善町じょうべのま遺跡は、湊・津との直接的な関係を示す資料は少ないものの、富山湾に近接した場所を占定していた荘園の荘所である可能性が高い遺跡である。荘園領主の確定には至っていないものの、東大寺領横江荘と同様に、日本海を通しての物資の移動において利便性が高い場所を荘園が占めていることに注目しておきたい。

内水面の世界における海と河をつなぐ交通　これまで、北陸道に焦点を絞った上で、日本海の海上交通について河川交通との接続に留意しつつ整理してきた。北陸道の平野部では海岸砂丘の発達が顕著であり、河川が海に注ぎ込むことが容易ではなかった。そのため、潟などの湛水域が広く存在し、河川や潟・湖を船により移動する内水面交通が発達していた。日本海へと流下する河口へは複数の河川が合流することも多く、海へとつながる河川の河口部は、内水面交通と海上交通との結節点として重要な位置を占めることになった。

北陸道においても律令国家によって設定された官道が存在し、一定間隔ごとに駅家が整備されていたが、馬だけではなく船が配備されていた駅家が存在していることは注目に値する。馬と船が配備されている北陸道の駅家は、『延喜式』段階では越後国渡戸《わたりへ》駅のみであるが、船の配置は確認できない駅家であっても、海上交通および河川交通との連絡を意識した可能性が高い駅家が数多く存在していた。すなわち、陸上交通路はそれが単体で計画・敷設されたのではなく、水上交通網との関係を踏まえて経路や駅家が設定された可能性が高いと考えるべきである。

ここでは特に明確な湊津として、文献史料上に名称が残るものや、発掘調査により遺構や遺物により湊津として機能していたことが明確なものに焦点を絞って論じてきた。北陸道に属した地域では発掘調査が進んだことで、内水面交通と海上交通との結節点であった湊津の遺構と推定される遺跡が数多く発見されてきている。限られた文献史料のみでは古代北陸道における交通・交流の実態を明らかにすることは困難であったが、発掘調査により出土した遺物によって、港湾施設の管理、物資の搬出入の実相、関与していた人間の実態などが明らかになってきた。さらなる解明に向けて今後の発掘調査の進捗にまつところが大きいといえる。

その一方で北陸道諸国の河川河口に存在していた湊津から京方面へ向かう海上交通については、越前国敦賀津へと圧倒的に集約されている構造が中世・近世においても通底しており、古代の北陸道における日本海交通の様相を想定する上で、中世・近世の海上交通に関する資料は示唆を多く含んでいる。

古代における海と河をつなぐ交通の解明にむけて、古環境の復原という基礎の上に立ち、考古学的知見と文献史料との整合的解釈を今後、より進めていく必要があろう。

参考文献

石川県立埋蔵文化財センター『石川県金沢市戸水C遺跡』石川県教育委員会、一九九三年
石川県埋蔵文化財センター編『発見！古代のお触れ書き　石川県加茂遺跡出土加賀郡牓示札』大修館書店、二〇〇一年
石川県埋蔵文化財センター『金沢市畝田西遺跡群　Ⅵ』石川県教育委員会、二〇〇六年
石川県埋蔵文化財センター『小島西遺跡』石川県教育委員会、二〇〇八年
金沢市教育委員会『上荒屋遺跡Ⅱ』金沢市教育委員会、一九九三年
金沢市埋蔵文化財センター『大友西遺跡Ⅲ』金沢市、二〇〇三年
金田章裕『条里と村落の歴史地理学研究』大明堂、一九八五年
古代交通研究会編『日本古代道路事典』八木書店、二〇〇四年
高岡市教育委員会『中保B遺跡調査報告』高岡市教育委員会、二〇〇二年
新潟県埋蔵文化財調査事業団『蔵ノ坪遺跡』新潟県教育委員会、二〇〇二年
新潟県埋蔵文化財調査事業団『岩ノ原遺跡』新潟県教育委員会、二〇〇八年

四　古代東北の軍事と交通—城柵をめぐる交通関係—

永田英明

1　城柵と交通路

東北の城柵　古代東北に対する倭王権・律令国家の政治支配、とりわけ七世紀後半以降のそれは、エミシ（蝦夷）と呼ばれる列島北部の多様な人々と律令国家との関係に即して強い軍事的性格を帯びていた。そこでは、平時の中に「軍事」が組み込まれ、また「軍事」が平時の政治や社会のあり方に少なからぬ影響を与えていた。それを最も象徴するのが、「城《じょう》」「柵《さく》」「塞《さい》」等と文献に記される施設、いわゆる城柵である。

城柵は、材木列や築地塀などの防御設備を全体にめぐらし、多数の守備兵が常駐し、また大規模な征夷戦争における軍事行動の拠点となるなど、強く軍事的性格を帯びる施設であった。一方で城柵が地域における政治支配や社会・経済の中核施設として機能していたことも、多くの先学が明らかにしてきた事実である。この二つが不可分の形で存在していることこそが、古代東北における城柵の大きな特色である。それは古代東北をめぐる交通を考える際にも留意するべき点であろう。

古代の東北には、文献上に記されていたり、あるいは遺跡の調査から存在が推定されるものだけで少なくとも二四の城柵が確認できる（図1）。これらは、主要な陸上交通ルートや河川・港湾に近接したり、あるいはそれに連なる

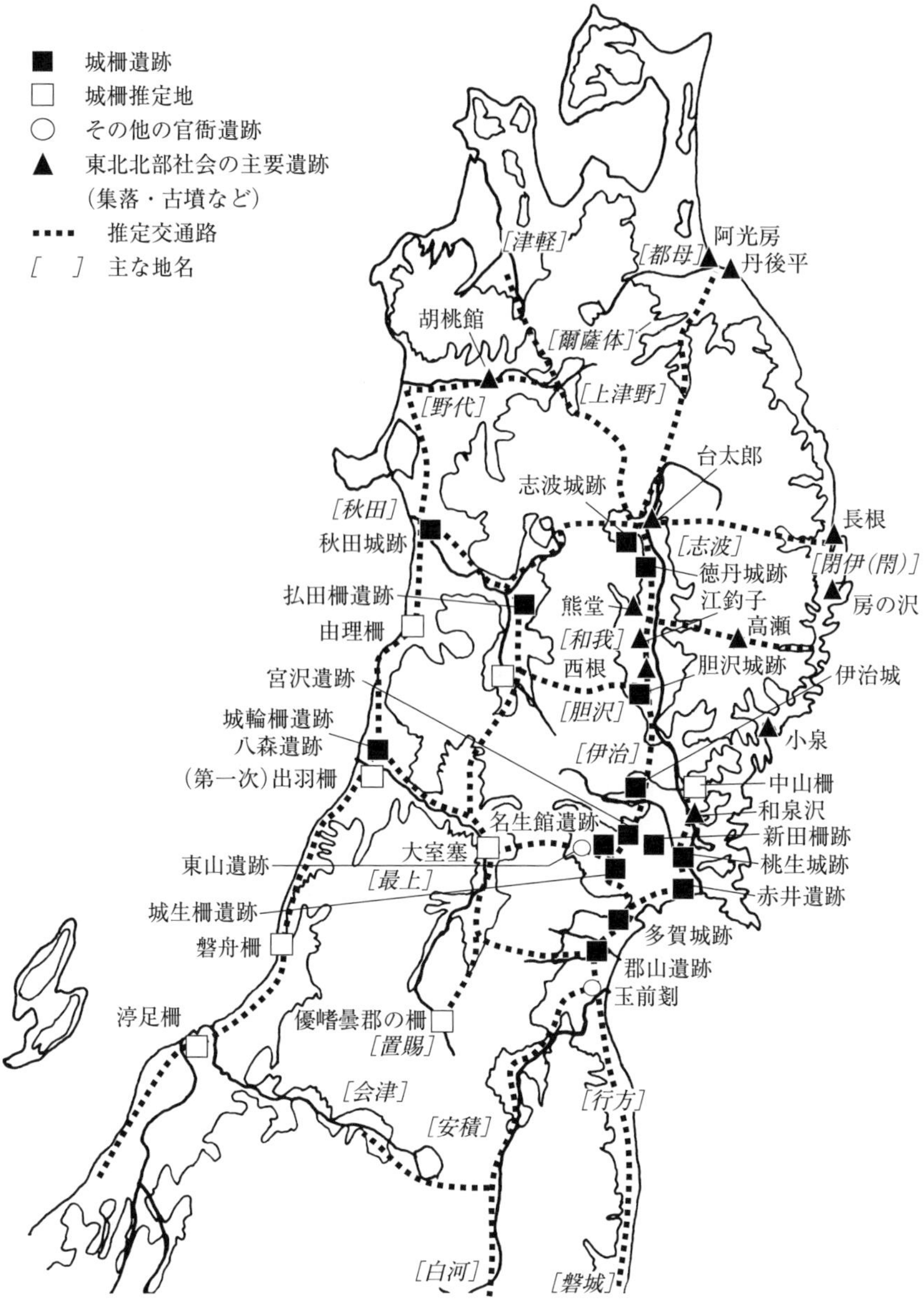

図１　古代東北の城柵と推定交通路

道路や運河を設けるなど交通の便を意識して造営されている（吉野武―二〇一一など）。たとえば天平五年（七三三）に庄内平野の出羽柵を移転して造営された秋田出羽柵＝秋田城（秋田市）は、雄物川《おものがわ》が日本海に注ぐ河口に近く、天平宝字元年〜三年（七五七〜七五九）頃に造営工事が行われた桃生城《ものうじょう》（宮城県石巻市）は、北上川の旧河道を渡った北の丘陵に位置し、その設置目的に北上川航行権の把握が含まれた可能性がある。九世紀初頭に造営された胆沢城《いさわじょう》（岩手県奥州市）や志波城《しわじょう》（岩手県盛岡市）は北上川の本流と胆沢川・雫石川《しずくいしがわ》の合流点近くでそれに並行する陸路とも近接している。文献上でも多賀《たが》・玉造《たまつくり》・胆沢といった陸奥国の主要城柵は「四道集衢《しゅうく》」の地とされ（『類聚三代格』弘仁六年八月二十三日官符）、平安時代の雄勝城とみられる払田柵《ほったのさく》遺跡（秋田県大仙市）も「十道を承くるの大衝なり」（『日本三代実録』元慶二年七月十日癸卯条）と記される陸路の要衝であった。

城柵と交通路のこうした密接な関係は、城柵が担った政治的・社会的役割を反映している。城柵の役割を考える上で基本となるのが、職員令大国条に見える、陸奥・出羽・越後三国の国守について規定された饗給《きょうきゅう》（大宝令では撫《い》慰《ぶ》）・征討《せいとう》・斥候《せっこう》といった職掌である。饗給（撫慰）とは饗宴や物資の支給などで懐柔すること、征討は軍を派遣して征圧すること、斥候は使者の派遣や候望《こうぼう》などを通じ動静を探ることで、いずれもエミシの人々を想定した職掌であるが、その拠点となるのがこうした城柵であった（今泉隆雄―二〇一五）。エミシと呼ばれる東北北部から北海道にかけての様々な人々、様々な社会的集団にとっても、城柵は、こうした律令国家との関係を築いたり、あるいはそれに抵抗したりする際の直接の相手であり、彼らからも城柵に対する様々な働きかけがあった。古代東北の城柵は、陸奥・出羽両国の政治機構やその統治下の住民とエミシと呼ばれる人々の間の、様々な交渉・交流の場ということができる。

同時に、こうした城柵の経営には、地域の負担限界を超える膨大な人的・物的資源が必要であった。それらは政治の力によって、城柵設置区域の外から搬入される。そうした南からのヒトやモノの調達・輸送の問題、そのメカニズムもまた、考えるべき問題であろう。

古代東北の城柵をめぐる研究には、各地における継続的な発掘調査とともに文献史学・考古学双方の手法による厚い蓄積があり（工藤雅樹―一九九八、熊谷公男―二〇〇四、今泉隆雄―二〇一五、阿部義平―二〇一五など）、本章もその成果に全面的に依拠しているが、筆者の関心からいくつかの問題を切り取って、古代東北をめぐる交通の特色を考えてみたい。

2　エミシの道

エミシの朝貢　エミシと呼ばれる人々による、城柵をめぐる交通としてまず挙げられるのが「朝貢」である（今泉隆雄―二〇一五）。エミシの朝貢には都の王宮や関連施設に出向いて行う上京朝貢と、国府や城柵等で行う地方官衙朝貢とがあるが、いずれも服属の証としてのツキ（方物・調）の献上と服属の誓約、それに対する饗宴や禄物《ろくもつ》の賜与《しょ》という一連の儀礼・手続を伴う。エミシの倭王権への朝貢は六世紀の後半にすでに行われていたが、七世紀半ばの渟《ぬ》足《たり》・磐舟《いわふね》柵（六四七～六四八年設置）や仙台市郡山《こおりやま》遺跡に始まる各地への城柵の設置は、多くのエミシ集団に「朝貢」を促し、各地のエミシ集団と古代国家との関係をより継続的なものにしていく契機になったと考えられる。

たとえば霊亀元年（七一五）に閇《へい》村（閉伊地方＝岩手県宮古市・釜石市付近）への郡家建設を申請したエミシ須賀君《すがのきみ》古麻《こま》比留《ひる》は、先祖以来この地で昆布を採取し欠かすことなく貢献してきたという（『続日本紀』霊亀元年十月丁丑条）。「先祖以来」とあることからも須賀君氏による陸奥国府へのツキとしての昆布貢納は古麻比留の数世代前にさかのぼり、七世紀後半には行われていたと見て良い。その契機としては陸奥国で実施された三陸方面への北征との関係が想定されるが（今泉隆雄―二〇一五）、同時に国府（城柵）という形で継続的な朝貢が可能な場が創出されたことの意味も重要であろう。先祖以来の閇村から陸奥国府（仙台市郡山遺跡か）への昆布貢献＝朝貢がどのような交通路を利用して行われたか不明だが、三陸沿岸における陸路の峻険さを考えれば、やはり海路の利用を考えるのが自然である。三陸沿岸のいくつかの湊を経ながら船を漕ぎ、郡山遺跡に近接する港湾（名取川の河口。仙台市荒浜―宮城県名取市閖上《ゆりあげ》付近）へと向かった、と考えられよう。

朝貢と海路・陸路　海路で遠方から朝貢を繰り返した集団の代表が、渡嶋《わたりしま》蝦夷である。渡嶋は北海道の蝦夷集団に対する総称と見る説が近年有力である。渡嶋蝦夷の朝貢は、斉明朝の越国守阿倍比羅夫《あべのひらふ》の遠征を契機に始まったもので、そこには、それ以前から朝貢を行っていた津軽蝦夷の仲介が推定される。八世紀以降渡嶋蝦夷の朝貢への対応は出羽国の管轄とされていたようで（『日本後紀』弘仁元年十月甲午条）、天平五年（七三三）における出羽柵の秋田村高清水岡への移転も、こうした北方エミシ諸集団とのネットワーク拠点となる交通の要地を確保し、より継続的なものにしていくことを目的としていたと考えられる（熊谷公男―二〇一三）。渡嶋蝦夷来朝に際しての「賜饗」は、国司（城司）による慰労とともに「教喩《きようゆ》」という名の政治的働きかけが行われる場でもあった（『続日本紀』宝亀十一年五月甲戌条）。また渡嶋蝦夷の貢献物は獣皮類を主としたが、九世紀初頭にはその来朝時に王臣家が競って好皮を買い漁ることが問題となっており（『類聚三代格』延暦二十一年六月二十四日官符）、城柵への朝貢は同時に倭人との交易の機会でもあった。渡嶋蝦夷のような外洋を渡って来る遠方の集団との関係は秋田城固有の特色と考えられるが、ネットワークの結節点となる場の直接支配、という点は、城柵をとらえる視点として一般的にも有効と考えられる（熊谷公男―二〇〇四）。

一方、陸路に関して延暦十一年（七九二）の、斯波《しわ》村のエミシ胆沢公阿奴志己《いさわのきみあぬしこ》の事例をとりあげてみたい。

陸奥国言《もう》す。「斯波村の夷胆沢公阿奴志己ら、使を遣わし請いて曰く「己ら王化に帰さんと思い、何れの日にかこれを忘れん。しかるに伊治《これはり》村の俘等の遮るため、自ら達するに由なし。願はくは彼の遮闘を制し、永く降路を開かんことを」。即ち朝恩を示さんがため、物を賜いて放還せり。」（後略）

（『類聚国史』巻百九十、延暦十一年正月丙寅条）

斯波村（志波村＝盛岡市付近）にとって伊治＝栗原地方（宮城県栗原市付近）は、北上川中流域から大崎平野へと抜ける陸路上の中継点にあたる。阿奴志己らは、この伊治村の「俘」に邪魔されて「自ら達する」ことができないのでこれを制圧してほしい、という。使者を派遣し国司に意志を伝えることはできているので、ここでいう「自達」は阿奴志己自らが城柵や国府に出向き直接に服属関係を結ぶことを意味するのであろう。この伊治村の俘については延暦十一年十月に外従五位下に序された吉弥侯部真麻呂《きみこべのままろ》その人にあたるとし、阿奴志己が真麻呂を介さず直接陸奥国府に帰順しようとしたため「降路」を阻まれたのではないかとする説が出されている（今泉隆雄―二〇一五）。いずれにせよこの時点で、伊治村付近の交通路を押さえていたのは、伊治村の俘であり陸奥国府ではなかった。伊治村には神護景雲三年（七六九）に造営された伊治城が存在するが、後述のように宝亀十一年（七八〇）の伊治公呰麻呂《これはりのきみあざまろ》の乱で失陥しており、この段階でもまだ本格復旧はなされておらず、そうした状況を反映しているのではないかと思う。北上川中流域のエミシ集団にとって栗原地方を通過する南北交通路、ひいてはそれを押さえている集団との関係が重要な意味を持っていたことをうかがわせる例である。また逆に伊治城の設置や復興に、この地を通過する交通路を再び直接掌握する、という意味があったことも読み取ることもできよう。

城柵周辺への移住エミシ　城柵の出現は、このような形でエミシ諸集団の「朝貢」を促すとともに、本拠地を離れ城柵近辺に移住し、城柵への奉仕と引き替えに保護を受けるエミシを生み出していった。天平宝字二年（七五八）八月、陸奥国司は、前年八月以来多数の「帰降夷俘」が出現している状況をふまえ、二〇年前の天平十年の前例に即して種子を支給し田地を耕作させ「辺軍」に充てたいと申請し許可された（『続日本紀』天平宝字二年六月辛亥条）。種子の支給は生活基盤を与え定住させることを意味する。軍事力として彼らを永く活用するための措置である。

城柵の付近に定住しその保護を受けるエミシは、七世紀後半の段階から「柵養蝦夷」という形で確認することができる（『日本書紀』斉明元年七月己卯条、同四年七月甲申条、持統三年正月丙辰条）。神亀元年（七二四）頃、この城養蝦夷の存在を前提に、集団性を失い個人や家族単位で服属し城柵の保護下に入ったエミシを把握するため「俘囚《ふしゅう》」という身分が創設された（古垣玲―二〇〇八）。その中にはもともと城柵が設置されていた地域の原住エミシと共に、本拠を離れ個人や家族単位で帰降してきた新来型の俘囚とが含まれていたと考えられる。

もっとも、本拠から離れて城柵の近くに移住しその守備兵をつとめるエミシは、必ずしもこうした「俘囚」だけではなかったらしい。その例と思われるのが、天平九年に陸奥・出羽両国軍の合同で行われた奥羽連絡路開削・雄勝村《おかちむら》侵攻作戦に登場する「帰服狄」である。この軍事作戦には、陸奥国側からの兵員として、陸奥国の鎮兵や軍団兵士と共に「帰服狄俘」二四九人が、出羽国の軍団兵士と共に「帰服狄」一四〇人が参加している。これらの「帰服狄俘」や「帰服狄」は、これ以前から鎮兵や軍団兵とともに大崎平野に置かれた諸城柵の守衛にあたっていた集団と考えられる（永田英明―二〇一五ａ）。陸奥側の人数が二四九と端数になっているのは、これと別に夷狄慰喩のため「山道」に遣わされた「帰服狄」の和我君計安塁《わがのきみけあるい》を除いた数字であろう。和我君はその氏姓から見て和賀地方（岩手県北上市周辺）に出自を持つ豪族級エミシと考えられ、彼が派遣されたのもそうした彼の出自と地位を反映したものであろう。しかしこの時点での彼はあくまで朝廷側の立場でその意図を伝える存在であり、「山道」に居住するエミシとは一線を画す存在でもあった。彼もまた、しばらく前から一定の集団で城柵の近くに移住し、「帰服狄」として陸奥国府の傘下で城柵守備にあたっていたのであろう。

城柵に移住したエミシ集団の中には、移住後も出身地との関係を維持し続ける者が少なくなかったのではないだろうか。和我君計安塁が帰服後も「俘囚」ではなく「帰服狄」の「和我君」として「山道」に派遣されたのは、彼が集団性をもって服属したことの現れであると共に、和賀地方との関係を保持しながら服属していたことを示唆する。これと同じような事例として、宝亀元年に、同族を率いて賊地に逃げ還り、来帰を促す使者に対し「一二の同族を率いて必ず城柵を侵さん」―（『続日本紀』宝亀元年八月己亥条）と予告した宇漢迷公宇屈波宇《うかんめのきみうくはう》も挙げることができよう。彼もさきほどの計安塁同様同族を率いて集団で城柵の近辺に移住し、城柵付きの軍事力として生活していたのであろう。集団で「逃還」ることができたのは、故郷との関係が切れていないからであり、城柵に移住してからも、故郷との人や情報の往来は続いていたのであろう。

このように見てくると、城柵に朝貢してくる蝦夷だけではなく、城柵近辺に移住したエミシたちもまた、奥地のエミシの村々と城柵との間を往来する存在であった、と考えることができる。天平九年の和我君計安塁らの派遣は、大規模な軍事行動が計画されているという情報がすでに「山海両道」のエミシ集団の間に伝わり動揺が広がっている、という状況への対応であった。このようなエミシ社会への情報伝播の状況は、エミシ社会の側も、城柵を拠点としたエミシ政策の動向に普段から関心を払っていたことをうかがわせる。そうした情報の伝播においても、帰服エミシたちが果たす役割は少なくなかったのではなかろうか。

3　兵員の道

国内兵士の城柵上番　城柵への朝貢や移住という形でエミシと国家の関係が形作られるいっぽうで、両者の軍事的な対峙の場となるのも城柵である。エミシ集団による襲撃に備え城柵には守備兵が備えられ、またエミシの村々への侵攻に備え大規模な兵力が集められる場もまた城柵であった。

陸奥・出羽両国の城柵守備は、軍団兵士による守備を基本としつつ、これを鎮兵や健士などの制度で補完し運用された（鈴木拓也―一九九八）。一般諸国の軍団兵士が原則として国内の軍団に交替で勤務するのに対し、奥羽両国の軍団兵士は城柵や国府に勤務し、そのために番を組んで居住地とこれらの施設との間を定期的に往復した。その状況は時期によっても変遷があるが、安積《あさか》・行方《なめかた》・白河など陸奥南部の軍団兵士は仙台平野の陸奥国府（郡山遺跡ないし多賀城）に上番し、大崎平野の兵士は八世紀段階では大崎平野の城柵を担当、鎮兵制が廃止された弘仁六年（八一五）以降は

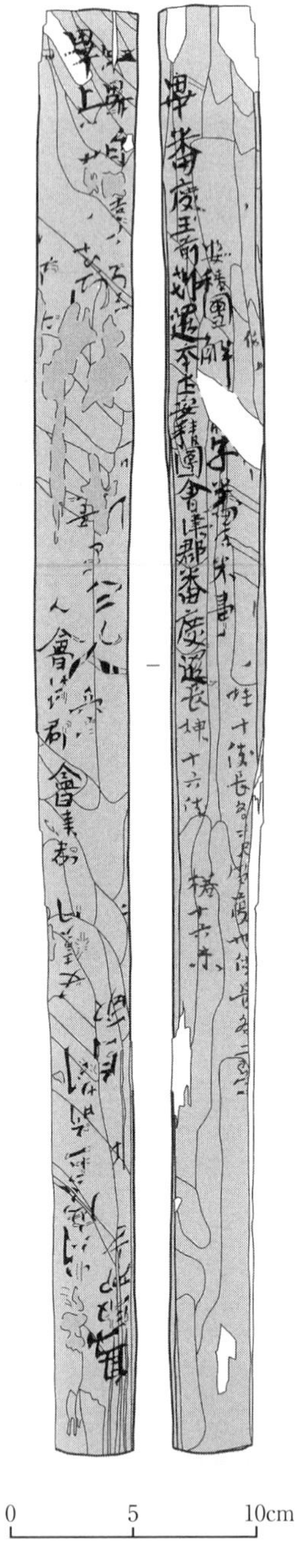

図２　多賀城跡四七次調査ＳＤ一五二六出土木簡（宮城県多賀城跡調査研究所『多賀城跡木簡Ⅱ図版編』二〇一三年）

胆沢城の守衛を担当するというのが基本的なあり方とみられる。

軍団兵士の上番に関する交通の様相を垣間見せてくれるのが、次の資料である。

多賀城跡四七次調査ＳＤ一五二六（外郭西面材木塀西側南北大溝）出土木簡（図２）

・「　安積団解　□□番□□事
　畢番度玉前剗還本土安積団会津郡番度還」

・「□□〔畢カ〕白□□二人□□□〔兵カ〕□□□〔直取カ〕□□□□〔直取部カ〕
　畢上□
　□□□□□□□〔会津郡会津郡カ〕□□□〔安積団カ〕□□□□〔玉前剗カ〕□」

（宮城県多賀城跡調査研究所『多賀城跡木簡Ⅱ』二〇一三年より。異筆部分は省略）

木簡の年代は遺構の状況から九世紀代とみられるが、それ以上の特定は難しい。この木簡はいわゆる過所《かそ》木簡の事例として知られていたが、近年の再調査の結果、何種類かの筆によっており、同筆部分においても同じ文字が繰り返し記されていることから、正規の文書ではなく習書と判明した。しかし記されている内容から実態を知ることは依然可能であろう。安積軍団に所属する会津郡の兵士が「玉前剗《たまさきのせき》」を越えて本土に帰還することを申請する、という内容で、多賀城在勤中の安積軍団職員が多賀城内の上司に提出するための下書きと見られる。興味深いのは「会津郡番」の表記で、軍団兵士の上番が郡を単位に行われていた可能性を示している。彼らの帰還する「本土」は会津郡をさし、それは彼らが安積団を介さず会津郡から直接多賀城に上番していたことをも示唆する。彼らが安積軍団職員の統率下に入るのは、多賀城ないしその城下においてではなかったか。

彼らが帰郷時に「玉前剗」を通過していたことも興味深い。玉前剗は宮城県岩沼市玉崎に比定されるが、ここは常陸国境の菊多剗《きくたのせき》から沿岸部を北上してきた海道の交通路が、下野国境の白河剗《しらかわのせき》から阿武隈川《あぶくまがわ》流域を北上してきたいわゆる山道の交通路と阿武隈川の渡河点北岸で合流する交通の要衝に位置する。ここで山・海両道と仙台平野以北とを往来する人々の検問が行われたことがわかり、白河・行方・磐城といった他の軍団の兵士も同様の検問を受けたと考えられる。

こうした軍団兵士の往来はもちろん出羽国でも行われていた。出羽の場合九世紀には国府所在郡内の出羽軍団の兵士が出羽国府（山形県酒田市城輪柵《きのわのさく》遺跡および八森《はちもり》遺跡）を守衛し、秋田城・雄勝城の守衛は次に述べる鎮兵《ちんぺい》が担当したが、鎮兵制が導入される以前の八世紀段階では秋田城や雄勝城など出羽北部の城柵にも軍団兵士が上番した可能性が高い（鈴木拓也―二〇一一）。陸奥国の例から類推すれば、郡制施行が延暦二十三年まで遅れる秋田城周辺や天平宝字年間の雄勝城造営後も公民制支配が不安定な山北地方に軍団が設置された可能性は低く、出羽郡などの庄内平野諸郡や内陸部の最上《もがみ》・置賜《おきたま》郡といった南部の諸郡から、兵士たちが交替で派遣されたのであろう。

坂東からの鎮兵　陸奥・出羽両国の城柵には、こうした陸奥出羽両国内の兵士の他に、国外から集められた兵が多数存在した。なかでも軍団兵士とともに城柵の主力常備兵として重要なのが、鎮兵である（鈴木拓也―一九九八）。鎮兵制は多賀城をはじめとする陸奥国の「鎮所《ちんしょ》」整備が集中的に行われた神亀元年（七二四）頃、鎮守将軍指揮下の兵制としてまず陸奥国で導入された。創設当時の鎮兵は軍団兵士とともに多賀城や大崎平野の諸城柵に配備されたと見られるが、八世紀後半以降城柵設置域が北に拡大するにつれ北方の城柵の守衛に重点的に配備されるようになり、九世紀初頭に設置された胆沢城・志波城は、胆沢城に移転した鎮守府の管下に置かれ当初専ら鎮兵によって守衛された。また城柵の造営に際しても多くの鎮兵が動員された。ただし弘仁六年に陸奥国の鎮兵は全廃され、軍団制と健士制による守備体制へと転換する（『類聚三代格』弘仁六年八月二十三日官符）。

いっぽう出羽国では、九世紀には雄勝・秋田二城の守備を鎮兵が担当したが、前述のように常設の兵制としての鎮兵制整備は八世紀末頃と考えられている。秋田城出土の木簡には延暦十～十四年（七九一～七九五）頃と見られる木簡群の中に鎮兵に関係するものが見え、この頃までに常設化されていたらしい（鈴木拓也─二〇一二）。もっとも宝亀年間に三年間の期間限定で坂東四ヵ国の兵が「鎮兵」として出羽の城柵に配備されるなど（『続日本紀』宝亀六年十月癸酉条）、臨時的な鎮兵の配置はそれ以前にも行われていた。

陸奥・出羽を問わず、延暦二十四年のいわゆる徳政相論により古代国家の征夷政策が転換するまで、鎮兵は坂東諸国から調達された。胆沢城二三次調査（外郭南門地区）で出土した漆紙文書《うるしがみもんじょ》には次のようなものがあり、延暦二十一年の胆沢造営から陸奥国の鎮兵が当国からの徴発に転換される延暦二十四年以前、すなわち胆沢城創建期における坂東諸国からの鎮兵およびその統領に対する公粮《こうろう》支給にかかるものと見られる。

×百人
×蔵国一百人
×野国二百人
×□百人　統領物部連荒人×　□×〔起ヵ〕

×□百人××
×升

×統領大伴長□×

（胆沢城跡第一号漆紙文書）

人数は国単位にまとめられているから、少なくとも五国六〇〇名以上の鎮兵が胆沢城に勤務していたことがわかる。出羽国では秋田城跡五四次調査（外郭東門）出土の木簡中には「上野国進鎮×」（二五号木簡）など上野国関係の木簡がまとまって出土し、やはり鎮兵にかかわるものと考えられる。また同じ遺構から出土した次の木簡（二二号木簡）。も、東国の軍団兵にかかわること、秋田城の警備（宿直）にかかわるものであることから鎮兵関係の木簡である可能性が高い。

上総国部領解　申宿直
合五人　　火×

興味深いのは、「上総国部領」が宿直にかかる何らかの申請を行っている点である。「上総国部領」は上総国から派遣された鎮兵の部領使《ぶりょうし》を指す。上総国から秋田城まで東海道や東山道から陸奥国経由で陸路を秋田城まで鎮兵を引率してきた彼らは、秋田城到着後も鎮兵を統率し、宿直の申請など彼らの勤務管理を担当したと見られる。どのような身分の者が部領使になっているのか不明だが、天平期の正税帳《しょうぜいちょう》などでは防人《さきもり》の部領使に軍団職員が充てられている例があるから、この場合も上総国の軍団職員等が鎮兵を引率して秋田城に長期派遣されている可能性があろう。

このように故郷と離れ城柵に常勤する鎮兵は、公粮（鎮兵粮）を支給され、妻子を同行することが認められた。とはいえ鎮兵は文献に「百姓の苦役鎮兵に過ぐるは無し」「諸国より発《た》ち入る鎮兵路間に逃亡す」などと記されるように兵士たちにとって重い負担であり、それを供出する東国の社会にも大きな負担となった。

征夷における坂東兵士の動員　陸奥国外から城柵に来る兵員としては、もう一つ、律令国家側がエミシ社会に対して仕掛ける大規模な征夷戦争に際し集められた兵員たちがいる（表1）。

八世紀初頭に行われた大規模な征夷では、軍士の動員は、坂東・東国・北陸諸国の比較的広い範囲から行われていた。たとえば和銅二年（七〇九）に陸奥鎮東将軍巨勢麻呂《こせのまろ》、征越後蝦夷将軍佐伯石湯《さえきのいわゆ》を派遣して行われた征夷では、軍士の動員は遠江・駿河・甲斐・常陸・信濃・上野・陸奥・越前・越中・越後の一〇ヵ国に及んだ（『続日本紀』和銅二年九月己卯条）。遠江・駿河・甲斐といった東海地方の国々とともに、越前・越中国からの動員も注目される。この

内　容	史　料
陸奥夷虜の反乱に援軍を陸奥に派遣	文徳実録嘉祥３．５．丙申※
使を遣わし兵を徴発	続日本紀
征役50日以上は復１年を賜う	続日本紀
征卒及び廝・馬従調庸・房戸租を免除	続日本紀
騎射を教習し軍陣を試練す	続日本紀
804人を玉造等五柵及び多賀城に配分し警備 196人を雄勝村遠征軍に派遣	続日本紀
桃生・雄勝城の造営	続日本紀
陸奥国非常時の救援を命令	続日本紀
陸奥国非常時の救援を命令	続日本紀
要害警備と国府移転のため	続日本紀
志波村賊との戦闘への援軍派遣	続日本紀
９月５日までに多賀城に赴集させる	続日本紀
非常時に国司が押領し奔赴	続日本紀
使者を遣わし軍士を簡閲	続日本紀
来年３月までに多賀城に集合させる	続日本紀
使者を遣わし軍士を簡閲	続日本紀
元慶の乱における援兵	三代実録
元慶の乱における援兵	三代実録
元慶の乱における援兵	三代実録
俘囚反乱に際しての援兵	本朝世紀
俘囚反乱に際しての援兵	本朝世紀

表１　陸奥出羽両国への他国による兵員提供（鎮兵のぞく）

年　月	動員先	供給国・人数等
慶雲 2（705）	陸奥	武蔵
和銅 2（709）. 3	越後（出羽）・陸奥	遠江・駿河・甲斐・信濃・上野・**越前**・**越中**等国
和銅 2（709）. 9	越後（出羽）・陸奥	遠江・駿河・甲斐・常陸・信濃・上野・**越前**・**越中**・**越後**
養老 4（720）. 11	陸奥・出羽か	遠江・常陸・美濃・武蔵・**越前**・石背・石城
神亀元（72）. 4	陸奥	坂東九国軍３万人
天平 9（737）. 4	陸奥・出羽	常陸・上総・下総・武蔵・上野・下野等六国騎兵1000人
天平宝字 2（758）. 12	陸奥・出羽	坂東騎兵
天平宝字 3（759）. 11	陸奥	坂東八国（国別2000人以下の兵）
宝亀 5（774）. 8	陸奥	坂東八国（国別2000人以下500人以上）
宝亀 6（775）. 10	出羽	相模・武蔵・上野・下野四国兵士996人（臨時の鎮兵）
宝亀 7（776）. 5	出羽	下総・下野・常陸等国騎兵
宝亀11（780）. 7	陸奥	坂東軍士
延暦 2（783）. 6	（陸奥か）	坂東八国の散位子・郡司子弟等（1000人以下500人以上）
延暦 5（786）. 8	（陸奥か）	東海道・東山道（坂東か）
延暦 7（789）. 3	（陸奥か）	東海道・東山道の坂東諸国の歩兵・騎兵５万2800余人
延暦10（791）. 1	（陸奥か）	東海道・東山道（坂東か）
元慶 2（878）. 3	出羽	陸奥国の精勇2000人
元慶 2（878）. 4	出羽	上野・下野国兵各1000人
元慶 2（878）. 6	出羽	伊勢・参河・遠江・駿河・甲斐・相模・武蔵・下総・常陸・美濃・信濃の勇敢軽鋭者（20〜50人）
延喜 3（903）	出羽	陸奥国
天慶 2（939）. 6	出羽	陸奥国

1）供給国・人数等欄のゴチックは北陸を示す。
2）※は武蔵国奈良神の霊威を主張する「古記」に引用されたもので，事実であるかは疑問。

時の征夷は当時越後国所属であった出羽柵を拠点にしており、越前・越中の軍士は出羽柵に集められ征越後蝦夷将軍佐伯石湯の指揮下で従軍したと考えて間違いない。また養老四年（七二〇）に陸奥国で起こった蝦夷の反乱を鎮圧するため持節征夷将軍・持節鎮狄将軍らを派遣した際には、陸奥・石背《いわせ》・石城《いわき》三国の調庸租の減免と遠江・常陸・美濃・武蔵・越前・出羽六国の従軍者の調庸およびその房戸の田租が免除され、やはりこれらの国々から兵が徴発されたことがわかる。養老四年の軍は陸奥を主体にしたものであるが、越前と出羽の軍士は鎮狄将軍の指揮下に入った可能性があろう。

しかしすでに指摘されているように（北啓太―一九八七）、こうした広範囲の軍士徴発は神亀元年以後行われなくなり、陸奥・出羽両国以外から兵員が集められる場合でも、それは坂東諸国に限られるようになる。前記の東国鎮兵の動員もこれと連動する政策であり、坂東諸国のみが奥羽両国への兵員供給基盤と位置づけられたのである。ここであらためて注意しておきたいのは、出羽国への兵員供給のあり方である。前記のように出羽国建国当初は越前・越中・越後といった北陸諸国から出羽に兵員が供給されていたと見られる。出羽国はもともと越後国出羽郡を母体に成立した国で、建国時に北陸道に所属しており、その意味で越後はじめ北陸諸国から兵員の供給を受けるのはごく自然なことと思われるが、やはり神亀元年以降は、越後など北陸道諸国から出羽国にまとまった兵員が供給されることはなくなる。出羽の場合陸奥国のように計画的征夷のために大量の兵員を国外から召集するケースはほとんどないが、たとえば宝亀六年（七七五）に出羽国が国府移転と要害警固のため鎮兵九九六人を政府に申請した際派遣されたのは相模・武蔵・上野・下野という坂東の四ヵ国の兵であったし、また元慶二年（八七八）に秋田城で発生した俘囚の反乱においても、出羽にまとまった援軍を派遣したのは陸奥国と上野・下野の両国で、のちに追加派遣を検討したのも常陸・武蔵といった坂東諸国の軍兵であった。坂東と奥羽の関係が軍士の供給という点で強く意識されていたことがうかがえる。これは次に述べる軍事物資供給のあり方と対照的である。

坂東から陸奥、そして出羽へと続く陸路は、以上に述べた状況下で様々な兵隊を輸送するルートとして使われた。元慶二年、秋田城下のエミシ（俘囚）が反乱を起こした際、下野・上野両国にも各一〇〇〇人の援兵が要請され、各八〇〇人が実際に派遣されたが、彼らも東山道から奥羽山脈越えで現地に急行した。その後出羽権守として現地に派遣された藤原保則《ふじわらのやすのり》は、政府による重ねての追討命令に対し、反乱軍の相次ぐ降伏とともに出羽国内民衆の疲弊を理由にあげて征討の中止を申し出たが、そのなかで「管せる最上郡、道路嶮絶にして大河流急。中国の軍、路必ず此を経、迎送の煩い勝計にたえず」と、援兵の輸送ルートにあたる最上郡が、坂東からの兵の送迎に苦しんでいる様子を述べている（『日本三代実録』元慶三年三月二日壬辰条）。このように、特に大規模な兵員の輸送は、移動する兵士たちだけでなく、沿道の地域社会にも少なからぬ負担をかけたと考えられる。それはたとえば三十八年戦争下における坂東と陸奥奥郡の城柵を結ぶ交通路にも当てはまるであろう。坂東から奥羽の城柵に連なる陸路は、そうした兵員輸送の道としての役割も持っていた。

4　軍粮の道

城柵と軍粮　城柵には、兵員と共に、それを支える多くの軍粮が蓄積された。たとえば宝亀十一年（七八〇）の伊治公呰麻呂の乱の報告に際し多賀城が「その城、久年国司治所たり。兵器・粮蓄勝計すべからず」（『続日本紀』宝亀十一年三月丁亥条）と記され、弘仁二年（八一一）の文室綿麻呂《ふんやのわたまろ》の征夷終了後に行われた軍備縮小計画においても、当面の間鎮兵による城柵警備を継続する理由が「城柵等納むるところの器仗軍粮、その数少なからず」（『日本後紀』弘仁二年閏十二月辛丑条）と記されている。秋田城では前記の五四次調査で「主粮返抄」の記載を持つ木簡が出土しており（二八号木簡）、「主粮」は秋田城内に備蓄された粮米の管理・出納を担当する部署と考えられよう（三上喜孝―二〇〇五）。

ゆえに逆にこうした軍粮は城柵襲撃の際の略奪の対象ともなった。前記の呰麻呂の乱の記述も呰麻呂の軍勢が多賀城を襲撃する理由の一つとして挙げられているものだし、元慶二年（八七八）の秋田城下俘囚の反乱においても、出羽《でわの》介《すけ》藤原統行《むねつら》、権掾《ごんのじょう》小野春泉《おののはるいずみ》・文室有房《ふんやのありふさ》等が「秋田旧城」に備蓄した兵器や粮米（米糒七〇〇碩）は、秋田城を包囲した反乱軍の手によってことごとく奪取され、俘囚たちの手に渡った。

征夷における城柵と軍粮　城柵に蓄積される軍粮もまた、鎮兵などの守備兵に対するものと大規模な征夷のため臨時に集められるものがある（表2）。前者の鎮兵の公粮は、制度の導入時を除けば原則として陸奥・出羽の国内で調達されたが、それは財政という面で両国の大きな負担となった。それゆえこの制度を拡大したり長期間継続したりするには限界があった（『続日本紀』神護景雲二年九月壬辰条など）。実態はよくわからないが、おそらくその輸送も国内民衆に課され、重い負担となったろう。

後者について見ていくこととしよう（以下史料は『続日本紀』）。たとえば宝亀十一年伊治公呰麻呂の乱後の征夷では、五月に坂東および能登・越中・越後といった国々に糒《ほしい》の準備が命じられ、七月には下総・常陸の糒計一万六〇〇〇斛の「陸奥国軍所」への輸送が命じられた。同年十月征討使は「未《いま》だ城中の粮を儲けず」と述べ征夷の延期を申請し、これに対し光仁天皇は、進軍しないのなら多賀城・玉造城に駐留し防禦を固め戦術を練るよう指示している。「陸奥国軍所」も具体的にこれらの城柵を指すと見て良いであろう。

天応元年（七八一）には、延暦三年（七八四）征夷の準備として、相模以下坂東六国に対し穀一〇万斛をやはり「陸奥軍所」に「漕送」することが命じられている。「漕送」とあることから、これらのコメが海上交通を利用して多賀城へと輸送されたことがわかる。同年十月に尾張・相模・越後などの豪族が運輸し褒賞された軍粮も、同じく陸奥軍所、具体的には、兵士の集合場所とされている多賀城、もしくはそれを含む、今回の軍事行動の拠点となる城柵に送付されたと見て良い。

延暦七年に入ると、三月二日付で、陸奥国に対し軍粮三万五〇〇〇斛余を多賀城に運送し、また糒二万三〇〇〇斛余と塩を東海・東山・北陸諸国から陸奥国に輸送することが命じられた。あわせると五万八〇〇〇斛である。「陸奥国」からの軍粮は、地理的関係から考えても、おそらくは陸奥南部の海道・山道諸郡と呼ばれる地域からのコメが主であろう（永田英明―二〇一二）。これらは、翌年に行われる征夷の準備と考えられるが、その延暦八年征夷における軍粮輸送については、征東将軍紀古佐美《きのこさみ》が桓武天皇に送った次の報告書が多くの情報を与えてくれる。

> 胆沢の地は、賊奴の奥区なり。方《まさ》に今、大軍征討して村邑を翦《か》り除《のぞ》けども、余党伏し竄《かく》れて人物を殺略せり。また子波・和我は、僻《さ》りて深奥に在り。臣ら遠く薄《せ》め伐たんと欲するも、粮運に艱《かん》あり。それ玉造塞より衣川営に至るまで四日、輜重《しちょう》の受納二箇日なり。然れば則ち、往還十日なり。衣川より子波の地に至るに、行程たとへば六日なら、輜重の往還十四日なり。惣《すべ》て、玉造塞より子波の地に至るまで、往還廿四日の程なり。途中賊に逢て相戦い、及び雨に妨げられ進むことえぬ日は、程の内に入らず。河陸両道の輜重一万二千四百四十人、一度に運ぶ所の糒六千二百十五斛なり。征軍二万七千四百七十人、一日食《くら》う所は五百四十九斛なり。此をもって支度するに、一度に運ぶところ、僅か十一日を支うるのみなり。臣ら商量するに、子波の地を指すときは、支度交《こもごも》闕《か》け、征兵を割きて輜重に加ふれば、則ち征軍の数少く征討に足らず。しかのみならず、軍入りて以来、春夏を経渉りて、征軍・輜重、並びにこれ疲弊せり。進まんとすれば危きことあり、持《たも》たんとすれば利無し。久しく賊地に屯して粮を百里の外に運ぶは、良策に非ざるなり。（後略）　（『続日本紀』延暦八年六月庚辰条。原文は漢文）

将軍古佐美はこの年三月二十八日以来衣川《ころもがわ》（岩手県平泉町・奥州市。のち磐井・胆沢郡の郡境となる）を渡った場所に軍営を設け滞在しており、その後六月にここを拠点に三軍で手分けして軍事行動に出るものの、阿弖流為《あてるい》率いるエミシ兵のゲリラ戦術によって各軍が分断され多くの戦力を失った。資料はその一ヵ月後の報告である。胆沢の村々を征圧したけれどもまだ残党が活動しており、また子波・和我に進軍するには軍粮の運搬に難がある。蝦夷側もすでに耕種

送付物・納入先	史　料
民を募り穀を出し鎮に運輸	続日本紀
私穀3000斛陸奥鎮所に献ず	続日本紀
私穀を陸奥鎮所に献ず	続日本紀
阿支太（秋田）城米の綱丁に丸部足人が差役される	大日本古文書25―269頁
鎮兵の粮料稲37万余束を舂運す	続日本紀
軍粮を助く	続日本紀
糒３万斛を備えしむ	続日本紀
糒6000斛（下総）・１万穀（常陸）を割きて軍所に運輸す	続日本紀
軍粮を運ぶ	続日本紀
軍粮を進む	続日本紀 続日本紀
穀10万斛を陸奥軍所に漕送せしむ	続日本紀
私力をもって軍粮を陸奥に運輸	続日本紀
軍粮を献ず	続日本紀
穀を鎮所に運ぶ（鎮官らが交易して京送）	続日本紀
軍粮を献ず	続日本紀
軍粮を陸奥国に進む	続日本紀
軍粮３万５千余斛を多賀城に運び収む 糒２万３千余斛および塩を陸奥国に転運せしむ	続日本紀 続日本紀
軍粮糒14万斛を乾備せしむ	続日本紀
軍粮を進む	続日本紀
軍粮糒12万余斛を弁備す	続日本紀
米１万600斛を毎年出羽国雄勝城に運送し鎮兵の粮となす 塩120斛を毎年出羽国雄勝城に運送し鎮兵の粮となす	日本紀略 日本紀略
米3000斛・塩30斛を造志波城所に送らしむ	日本紀略
糒１万4315斛、米9685斛を陸奥国小田郡中山柵に運ぶ	日本後紀
軍粮を支える	三代格・類史
軍士食料を国司に仰せて儲備せしむ	日本後紀
予め糒・塩を備えて胆沢・徳丹城に収め置く	日本後紀
出羽国に米1000斛を送り以て軍糧に充てしむ	三代実録
私穀をもって軍粮を助く	三代実録

表2　陸奥出羽両国城柵への軍粮の調達・輸送

年　月	提供・輸送者
養老6（722）．閏4	民間
養老7（723）．2	常陸国那珂郡大領宇治部直荒山
神亀元（724）．2	香取連五百嶋ほか12人
天平宝字4（760）．3	越前国
神護景雲2（768）．9	陸奥国内
宝亀4（773）．1	出羽国人吉弥侯部大町
宝亀11（780）．5	坂東・能登・越中・越後国
宝亀11（780）．7	下総・常陸国
宝亀11（780）．8	越前国人荒木忍山
天応元（781）．1	下総国印旛郡大領丈部直牛養 常陸国那珂郡大領下宇治部全成
天応元（781）．2	相模・武蔵・安房・上総・下総・常陸
天応元（781）．10	尾張・相模・越後・甲斐・常陸国12人
延暦元（782）．5	下野国安蘇郡主帳若麻続部牛養 陸奥国人安倍信夫臣東麻呂
延暦2（783）頃	坂東八国
延暦3（784）．3	丸子連石虫
延暦6（787）．12	朝倉公家長（上野国？）
延暦7（788）．3	陸奥国 東海東山北陸等国
延暦9（790）．閏3	東海相摸以東、東山上野以東諸国
延暦10（791）．9	安積郡大領阿倍安積臣継守
延暦10（791）．11	坂東諸国
延暦21（802）．1	越後国 佐渡国
延暦22（803）．2	越後国
延暦23（804）．1.19	武蔵・上総・下総・常陸・上野・下野・陸奥等国
大同5（810）．5	陸奥国（苅田以北近郡の稲）
弘仁2（811）．5	陸奥出羽両国
弘仁5（814）．11	陸奥国
元慶2（878）．8	越中・越後両国
元慶2（878）～3頃	前出羽弩師秦忌寸能仁

の時期を過ぎているのでいずれ自滅するだろうから、官軍の粮を遺しておくためにも早めに軍を解散した方がよい、ということで軍の解散を事後報告したものである。桓武天皇はこれに対し「浮詞を飾り罪過を規避すること不忠甚だし」と激怒するのであるが、それはともかく注意したいのは、ここで語られている米（糒）の輸送の起点が玉造塞と

されている点である。

この時の征夷については、北上川中流域に派遣された紀古佐美率いる本体のほかに、副将軍多治比浜成《たじひのはまなり》が率いる軍が海路から三陸沿岸（のちの気仙郡方面）に遠征したことが明らかにされている（樋口知志―二〇〇四）。よって多賀城に集められた糒の一部はこの時船に乗せられ浜成の部隊に提供されたと見られるが、それ以外の山道方面の部隊用のコメは玉造塞に送られ、集積されていたのである。そして三月末に部隊が衣川に軍営を構えると、部隊の粮米を補給するために、玉造塞と衣川の間の道（約五〇キロ程度）を、多くの輜重兵が米俵を担いで往復した。その数一万二四〇〇人はこの部隊全体の三割を超える。

玉造塞が起点となっているのは、当時この玉造塞が山道蝦夷に対峙する前線の城柵であったからだろう。陸奥国ではこれ以前の神護景雲三年（七六九）に伊治城が造営されているが、伊治城は宝亀十一年の伊治公呰麻呂蜂起の舞台となり火災に遭っていることが、政庁の発掘調査でも確認されている。政庁はその後再建され（Ⅲ期）、復興の時期は八世紀末頃とされているが、年代を特定できているわけではない。文献の上では延暦十五年になって九〇〇〇人の移民と玉造・伊治間の駅家設置が行われており（『続日本紀』）、伊治城の本格的な復興は延暦十三年の征夷以降のことと考えた方が良いであろう。もし延暦八年の段階で伊治城の復旧が行われていたとしても、それはまだ仮設的なもので、軍粮を備蓄した征夷の基地として利用できるレベルには達していなかったのではないだろうか。

この時の玉造塞の遺跡は、宮城県大崎市の宮沢遺跡に比定する説が現在有力である。宮沢遺跡は大崎平野北端の緩やかな小丘陵に築地《ついじ》二条・土塁の三重の外郭をめぐらす城柵遺跡で（村田晃一―二〇〇四）、その範囲は不整形ながらも東西一四〇〇メートル、南北八五〇メートルの広い範囲に及んでいる。玉造塞は「玉造柵」として天平九年（七三七）四月に初見するが（『続日本紀』）、この段階では大崎市の名生館《みょうだて》遺跡が該当するとみられ、宮沢遺跡への移転は宝亀十一年の伊治公呰麻呂の乱後、延暦八年以前と推定されている（柳澤和朗―二〇〇七）。

延暦八年の征夷で辛酸をなめたのち、政府はその翌年からすぐに、次の征夷に向けた準備を開始する。軍粮については延暦九年閏三月に糒一四万斛、十年一月にはさらに一二万斛の準備を坂東諸国に命じ、また民間からも献上を求めた。延暦八年征夷を大きく上回る規模の軍粮が、やはり多賀城から玉造塞へ事前に搬入され、進軍後順次前線への軍営に送られたとみられる。延暦十五年頃と見られる伊治城の本格復旧の後は、伊治城まで粮米が事前に運び込まれ、前線への補給起点としての役割を果たしたと考えられよう。

出羽における城柵とコメ　次に出羽における城柵と米について考えてみよう。秋田城跡五四次調査の土坑ＳＧ一〇三一からは、コメに関する木簡が少なからず出土している。その中には軍粮と見られる糒の荷札もいくつか出土している。

秋田城跡五四次調査出土　五六号木簡

・「∨□□□(郡)糯五斗□□□□(挟抄檜前カ)

・「∨　延暦十二年□月廿一日□□□長

同六九号木簡

・「最上郡糯二斗［　　］　人

　　　　　　　　□□マ□主」

・「延暦十三年五月十九日丸子マ□□□」

同七七号木簡

・「平鹿郡糯五斗延暦十一年□月廿六日

・「　　　書生丈マ［　　］

六九・七七号は出羽国内の最上・平鹿《ひらか》郡からの糒で、五六号は不明だがやはり国内の郡名が記されている可能性が高いであろう。延暦十一年から十三年五月の年紀が記されているが、前述のように政府は、延暦十三年の征夷に向け延暦九年と十年の二度にわたり坂東諸国に膨大な量の糒を準備させており、これらの木簡もそうした動きに合わせ出羽国内で準備されたものと見られる。

五六・六九号は郡名と数量の下に人名らしき表記があるが、六九の木簡には人名に「挟抄」の語が冠されており、注目される。挟抄はすなわち船の舵取のことであるから、船によって輸送されたものと考えられよう。発送元の郡は不明だが、秋田城への輸送に海路を利用した郡となると、その南側で日本海に面している飽海《あくみ》・出羽・田川などの庄内平野の諸郡が考えやすい。一方七七号の平鹿郡（秋田県横手市付近）の糒は、横手盆地を北に陸送、あるいは雄物川の河川交通を利用する形で送られたと推定できよう。六九号の最上郡からの輸送は、最上川を下って庄内平野で海路に切り替えて輸送された可能性が高いのではないだろうか。いずれにせよ出羽国内の陸路・海路・水路など様々な方法を使って軍粮が秋田城に集められたのである。

越後からのコメ輸送　これを踏まえ、次に雄勝城に関する次の資料に注目したい。

越後国の米一万六百斛・佐渡国の塩一百二十斛、毎年出羽国雄勝城に運送しもって鎮兵の粮とす。

（『日本紀略』延暦二十一年正月庚午条。原文は漢文）

この資料に登場する「雄勝城」については、外柵の材木伐採年代が年輪年代測定により延暦二十年と判明した秋田県大仙市の払田柵遺跡が該当するとみられ、その造営にかかる資料と考えられている。この鎮兵粮は人別日二升とすると鎮兵一四七二人分の年粮に相当し、出羽国内の全鎮兵分に該当するとみられることから、第四次征討のための兵力集中をしめすものという説（熊田亮介―一九九六）や、払田柵造営そのもののための鎮兵集中とする説（鈴木拓也―一九九八）が出されている。

ここで注目したいのは、この鎮兵粮が佐渡・越後といった北陸道の諸国から送られている点である。前述のように、神亀元年（七二四）以降兵員については北陸諸国から出羽国に動員された形跡は見えないが、コメその他の物資についていえば、北陸諸国と出羽の関係は継続している。それはおそらく、輸送経路や方法の便宜によるものだろう。コメなどの重貨の場合、陸路による輸送には膨大な労力が必要となり、海路による輸送は、海難による漂損の危険と隣り合わせではあるが、輸送効率という面で圧倒的に経済的であった。ここに見える越後・佐渡から払田柵へのコメ輸送においても、途中までは海路が利用されたはずである。問題は払田柵に向かう際の陸揚げ（もしくは河川水運への接続）の場であるが、地理的条件から見れば、それは秋田城直下の港以外には考えがたいであろう。前述のように秋田城には渡嶋蝦夷など北方のエミシ集団の来朝もあり、南北からの船が集まる港湾施設が整えられていたはずである。

これに関連してもう一つ注目しておきたいのが、翌延暦二十二年二月に、越後国の米「三十斛」（三千斛の誤りと思われる）と塩三〇斛が「造志波城所」に送られていることである（『日本紀略』延暦二十二年二月癸巳条）。この直後に造志波城使に坂上田村麻呂が任命され赴任しており（『日本後紀』延暦二十二年三月丁巳条）、造営工事にかかわって消費される粮米と考えられよう。

問題はこの米が越後から送られていることであるが、地理的に見て、出羽国経由で輸送されたことは疑いない。宝亀七年の出羽国軍と志波村蝦夷との戦闘で「出羽国志波村」と志波村が出羽国所属として記されている（『続日本紀』宝亀七年五月戊子条）ように、志波地方は前述した北上川沿いの交通路で陸奥国に連なると共に、奥羽山脈越えの交通路によって出羽国とも早くから接点があり、志波村のエミシも秋田城や雄勝城など出羽側の城柵と、対立するだけでなく様々な政治的・経済的関係を持っていたと思われる（鐘江宏之―二〇〇二）。先に述べたように、志波地方への米の輸送は、陸奥側からの輸送においても多大な労力を要した。志波城の造営、さらにはその後の経営に必要なコメは陸奥側からも北上川沿いの交通路経由で輸送されたと思われるが、上記のような志波地方と出羽国の地理的・歴史的関係を踏まえれば、出羽側からも支援のコメ輸送が行われて不思議ではない。前述のようにこの前年からは第二次雄勝城として払田柵跡の造営もはじまっていたが、越後から造志波城使に送られたコメも、払田柵で想定したルートと同様、秋田経由で送付されたと考えるべきであろう。

秋田城では、常駐する鎮兵などの軍粮に加え、来朝する北方のエミシ集団や城下の俘囚に供給する食米（調や正税などを財源とする）なども必要であり、多くの粮米が外部から運び込まれた。秋田城に近接する港湾には、そうした秋田城に搬入されるコメのほか、さらに払田柵や志波城に輸送されるコメも運び込まれることがあった、つまり陸奥・出羽北部の城柵への物資輸送の中継点としても機能した可能性があるのではないかと思う。その場合、雄勝城・志波城への転送に従事する労働力がどのように調達されたのか。それが秋田城下の人々がに課された可能性も、考えてみる必要がある。

5　古代東北の城柵と交通路

地域ネットワークのなかで　以上、城柵をめぐる交通関係に視座を据えながら古代東北の交通の実像について述べたが、たとえば坂東からの柵戸《さくこ》の移配、あるいは征夷戦争に伴うエミシ系住民の他国への移配など、取り上げることができなかった問題も多い。ただ最後に一つだけ述べておきたいのは、古代東北地域における交通や交通路のあり方を、古墳時代以来の地域ネットワークとのかかわりで歴史的にとらえる視点の重要性である。

近年の考古学的研究が明らかにしてきたように、東北地方ではすでに古墳時代の段階から、仙台平野・大崎平野・北上川中流域といったのちに城柵が設置される地域において活発な交易・交流が行われていた（辻秀人―一九九六、八木光則―二〇一〇）。律令国家による城柵の設置は、律令国家による支配領域の拡大に伴うものではあるが、その前提にはこうした在来的な交通・交流のネットワークが存在するのであり、城柵の造営はある意味そうしたネットワークの要地を国家が直接押さえていく、という側面ももっている（熊谷公男―二〇〇四）。城柵の新設に際しては駅家が設置され駅路が開かれることも各種の資料から知られるが（たとえば『続日本紀』天平宝字三年九月己丑条＝雄勝城新設、『日本後紀』延暦二十三年五月癸未条＝志波城新設など）、それも同様に、エミシ社会の中で利用されていた在来の交通路を、律令国家が把握する「駅路」として取り込み整えていく過程と考えるべきであろう（永田英明―二〇一四）。古代東北における古代道路の発掘事例は少ないが、そのような点をも考慮しながら、そこで展開された様々な交通に思いをめぐらせて具体像を構築していく必要があるだろう。

参考文献

阿部義平『日本古代都城制と城柵の研究』吉川弘文館、二〇一五年
今泉隆雄『古代国家の東北辺境支配』吉川弘文館、二〇一五年
鐘江宏之「八・九世紀における陸奥出羽国域と北方管轄に関する覚書」『市史研究あおもり』五、二〇〇二年
北　啓太「征夷軍編成についての一考察」『書陵部紀要』三九、一九八七年
工藤雅樹『蝦夷と東北古代史』吉川弘文館、一九九八年
熊谷公男「近夷郡と城柵支配」『東北学院大学論集　歴史学・地理学』二一、一九九〇年
熊谷公男『古代の蝦夷と城柵』吉川弘文館、二〇〇四年
熊谷公男「秋田城の成立・展開とその特質」『国立歴史民俗博物館研究報告』一七九、二〇一三年
熊田亮介「蝦狄と北の城柵」小林昌二編『越と北陸の古代』名著出版、一九九六年
鈴木拓也『古代東北の支配構造』吉川弘文館、一九九八年
鈴木拓也『蝦夷と東北戦争』吉川弘文館、二〇〇八年
鈴木拓也「古代東北の城柵と出土文字資料」『木簡研究』三三、二〇一一年

辻　秀人「蝦夷とよばれた社会」鈴木靖民編『古代蝦夷の世界と交流』名著出版、一九九六年
永田英明『古代駅伝馬制度の研究』吉川弘文館、二〇〇四年
永田英明「古代南奥のみちと政治」菊池勇夫・斎藤善之編『講座東北の歴史第四巻　交流と環境』清文堂出版、二〇一二年
永田英明「文献からみた古代『官道』論の課題」『国士舘考古学』六、二〇一四年
永田英明「古代陸奥国海道・山道考」『国史談話会雑誌』五六、二〇一五年a
永田英明「出羽国の東山道移管と陸奥按察使」『日本歴史』六九一、二〇一五年b
樋口知志「延暦八年の征夷」蝦夷研究会編『古代蝦夷と律令国家』高志書院、二〇〇四年
樋口知志「蝦夷と太平洋海上交通」『日本史研究』五一一、二〇〇五年
平川　南「古代における東北の城柵について」『日本史研究』二三六、一九八二年
平川　南『東北「海道」の古代史』岩波書店、二〇一二年
平野卓治「蝦夷社会と東国の交流」鈴木靖民編『古代蝦夷の世界と交流』名著出版、一九九六年
古垣　玲「俘囚身分の成立」『国史談話会雑誌』四九、二〇〇八年
三上喜孝「城柵」『文字と古代日本2　文字による交流』吉川弘文館、二〇〇五年
村田晃一「三重構造城柵論―伊治城の基本的な整理を中心として―」『宮城考古学』六、二〇〇四年
八木光則『古代蝦夷社会の成立』同成社、二〇一〇年
柳澤和朗「玉造柵から玉造塞への名称変更とその比定遺跡」『宮城考古学』九、二〇〇七年
吉野　武「多賀城と城下の木簡」『木簡研究』三三、二〇一一年
吉野　武「陸奥国の城柵と運河」鈴木靖民・川尻秋生・鐘江宏之編『日本古代の運河と水上交通』八木書店、二〇一五年

五　九州地方の軍事と交通

酒井芳司

1　大宰府の成立と軍事権

大宰府と国防機能　「筑紫国は、元より辺賊《ほか》の難《わざわい》を戍《まも》る。其れ城《き》を峻《たか》くし隍《みぞ》を深くして、海に臨みて守《まぼ》らするは、豈内賊《あにうちのあた》の為ならむや。（後略）」。これは天武天皇元年（六七二）六月に勃発した壬申の乱の際、大宰府の前身であった筑紫大宰の栗隈王《くりくまのおおきみ》が、近江朝廷を率いた大友王子《おおとものみこ》からの軍兵を徴発せよとの命令を拒絶した言葉である（『日本書紀』天武天皇元年六月丙戌条）。この大宰府の国防機能とその一端である防人《さきもり》の設置、および八世紀初頭前後の隼人《はやと》の反乱の鎮圧への大宰府官人の参加、そして天平十二年（七四〇）に勃発した藤原広嗣《ふじわらのひろつぐ》の乱における大宰少弐広嗣による西海道諸国の軍団の動員は、大宰府の軍事権を述べる際に必ず言及される。ここでは、主にこの三点から大宰府の軍事権を検討し、九州地方の軍事と交通について述べていきたい。

大宰府の軍事機能は、天智天皇二年（六六三）八月、韓半島の白村江《はくすきのえ》の戦いにおいて百済・倭連合軍が、唐・新羅連合軍に大敗し、百済が完全に滅亡したことによって、倭国が唐と新羅から直接に侵攻される危険性が高まったことを契機として成立した。このため、大宰府に期待された軍事機能は、栗隈王の言葉に端的に表現されているように、唐・新羅に対峙する辺境にあって新たに国防の役割を担うことであった（八木充―一九八六）。具体的には、天智天皇三年に対馬島・壱岐《いき》島・筑紫国に置かれた防《ぼう》に、筑紫大宰の管轄下にあった防人が配置され、同時に烽《すすみ》が設置され、さらに同年に水城《みずき》、翌年に大野城と基肄《きい》城といった防衛施設が築かれた。

筑紫大宰が国防の機能を担うようになったのは、白村江の敗戦後の対外的危機を契機とする。しかし九州地方は、高句麗好太王《こうくりこうたいおう》碑文にみられるように、四世紀末に倭国が韓半島に出兵して以来、対外戦争のための拠点であり続けてきた。倭王権が九州の人や物資を軍事動員していく仕組みは、この対外戦争を通じて形成されたのであり、筑紫大宰はその遺産を継承している。以下、白村江の敗戦以前の対外戦争と倭王権の九州地方支配の進展との関係を概観しておこう（酒井芳司―二〇〇八、二〇〇九）。

筑紫君磐井の乱と那津官家の設置　倭王権が九州の首長層の勢力基盤の内部に支配の楔を打ち込むきっかけとなったのは、継体天皇二十一年（五二七）に起こった筑紫君磐井《つくしのきみいわい》の乱である（小田富士雄―一九七〇）。この乱は、直接的には韓半島政策をめぐる倭王権と磐井の対立が背景にある。『日本書紀』や『古事記』によると、新羅が加耶《かや》諸国に侵攻する情勢のなか、倭王権は加耶諸国を救援するために近江毛野《おうみのけな》を派遣するが、新羅と独自の交流をもっていた磐井は毛野の軍を妨害する。倭王権は翌年に物部麁鹿火《もののべのあらかひ》と大伴金村《おおとものかなむら》を遣わして磐井を討ち、磐井の子の葛子《くずこ》は贖罪のために糟屋屯倉《かすやのみやけ》を献上したと伝える。その後、安閑天皇二年（五三五）には、筑紫の穂波《ほなみ》屯倉（福岡県飯塚市）・鎌《かま》屯倉（福岡県嘉麻《かま》市鴨生《かもお》）、豊《とよ》国の媵崎《みさき》屯倉（北九州市門司区、または大分県国東《くにさき》半島）・桑原屯倉（福岡県八女《やめ》市黒木町、または築上郡築上町、田川郡大任《おおとう》町）・肝等《かと》屯倉（福岡県京都《みやこ》郡苅田《かんだ》町）・大抜《おおぬく》屯倉（北九州市小倉北区貫）・我鹿《あか》屯倉（福岡県田川郡赤村）、肥《ひ》（火）国の春日部屯倉（熊本市国府）が置かれたという。

磐井の乱後、磐井を討った物部麁鹿火と大伴金村が、九州の小首長層とその統率下にある民衆を支配下に置き、これらをそれぞれの部民として設定した。北部九州には物部氏系部民として、物部のほか、春米部《つきしねべ》、二田物部《ふたたもののべ》、筑紫贄《つくしのにえ》田物部《たのもののべ》、十市部《といちべ》、鳥飼部《とりかいべ》、弓削部《ゆげべ》、矢作部《やはぎべ》などが分布し、また大伴氏系部民として、大伴部のほか、日下部《くさかべ》、久米部《くめべ》、建部《たけるべ》、犬養部《いぬかいべ》、伊福部《いふきべ》、山部《やまべ》、佐伯部、的部《いくはべ》、壬生部《みぶべ》などがみえる。そして、これらの部民の近くに先に掲げた筑紫・豊・肥三国の屯倉が設置された（井上辰雄―一九八三、板楠和子―一九九一、田中正日子―二〇〇八）。また京都妙心寺鐘銘に戊戌年（六九八）に糟屋評造春米連広国《かすやのこおりのみやつこつきしねのむらじひろくに》が鋳造させた鐘である旨がみえ、春米連が石上《いそのかみ》氏（物部氏）と同祖とされることから、糟屋屯倉も倭王権に献上された後、物部麁鹿火の支配下にある春米連が現地で屯倉を管掌したと推測される（黛弘道―一九八二）。

以上より、まず物部氏と大伴氏が地域の小首長層と統率下の民衆を掌握し、それを前提に倭王権は支配拠点である屯倉（舘野和己―一九七八）を設置していった。北部九州の民衆は小首長層に率いられて屯倉に奉仕した。これら筑紫・豊・肥三国の屯倉は対外交流にとって重要な玄界灘沿岸地域と、瀬戸内海から豊前地域を経て博多湾を結ぶ道、豊後地域を経て筑紫君の本拠地である八女地域に至る道をおさえた（亀井輝一郎―一九九一）。

ところで一般に倭王権が屯倉の物資を輸送する際には、倭国王や中央豪族それぞれに仕えている地域首長に命じて、各首長が預かる屯倉の物資を運ばせるという、人格的な縦割りの命令系統で輸送が行われた（黒瀬之恵―二〇〇〇）。したがって、物部氏系部民には物部氏を通じて、大伴氏系部民には大伴氏を通じてでなくては物資を運べないのである。北部九州各地に屯倉は分散し、かつ屯倉間の横の交通が確立していないこともあり（森公章―二〇〇九）、韓半島での対外戦争を遂行するにあたって、これらの三国の屯倉では緊急時に人的・物的動員をしようとしても、拠点とするには不十分である。

このような状況に対応するため、『日本書紀』によると、宣化天皇元年（五三六）五月、実年代は六世紀の中頃と推定されるが、倭王権は那津《なのつ》（現在の博多）の口《ほとり》に官家《みやけ》を修造した。それは三国に散在する屯倉の倉の一部を収蔵する穀ごと那津に移築して集めるという方法で行われ、三国の屯倉に奉仕していた小首長と支配下の部民は、地元の屯倉に加えて那津の屯倉にも奉仕することになった。このいわゆる那津官家の修造によって北部九州各地から穀と人を那津に恒常的に集中させる体制が成立したのである。それは大宰府の西海道総管の歴史的前提といえる。

屯倉・官家（ミヤケ）の実際の運営は地域の小首長が隷属下の民衆を率いて行ったが、これらの労働力は、ミヤケの設置と連動して地域首長が任命された国造《くにのみやつこ》によって貢進された（大川原竜一―二〇〇九）。那津官家は、筑紫三宅《みやけの》連《むらじ》という氏族が存在することから、実際は筑紫官家と呼ばれた可能性が高いが、この筑紫三宅連を実務的な管理者として、乱後に筑紫国造となった筑紫君葛子が那津官家への労働力の貢進を担ったのであろう。

このようにして那津に集積された穀と人は、韓半島での戦争に動員されることになる。戦争の実際の指揮にあたるのは、宣化天皇二年十月に韓半島に派遣されたという大伴《おおともの》狭手彦《さでひこ》や、筑紫に留まってその国政を執ったという兄の磐《いわ》のように中央豪族であった。その際、九州に多くの部民を設置していた大伴氏であったことは、那津官家への動員を十分に機能させるために必要なことであったであろう。

厩戸王子一族の九州支配　六世紀の倭王権の韓半島出兵は、欽明天皇二十三年（五六二）正月、加耶諸国が新羅に滅ぼされて失敗に終わる。しかし、その後も加耶の復興を企図して新羅に軍事的圧力をかけ続けた。崇峻天皇四年（五九一）十一月、紀男麻呂《きのおまろ》・巨勢猿《こせのさる》・大伴囓《おおとものくい》・葛城烏奈良《かつらぎのうなら》を大将軍として筑紫に出兵させる。これら四氏族は用明天皇二年（五八七）七月に蘇我馬子の呼びかけに応じて物部守屋《もののべのもりや》討滅に参加しており、この出兵を契機に物部氏から九州の支配を奪っていった（田中正日子―二〇〇八）。

その後も加耶諸国復興は進まず、また九州には複数の中央豪族が進出し、地域社会の支配は複雑さを増していったものと思われる。こうした中で、推古天皇十年（六〇二）二月、厩戸《うまやと》王子（聖徳太子）の同母弟である久米《くめ》王子が撃新羅将軍として派遣され、四月には後の筑前国嶋郡《しま》に駐屯し船舶を集めて軍粮を運んだ。寺井誠・村上恭通・加藤隆也らの報告によると、嶋郡や早良《さわら》平野を含む博多湾西側は、新羅・加耶・百済からの土器が搬入されており、七世紀第2四半期まで対外交渉の拠点として機能し続けていた。さらに福岡市西区元岡・桑原遺跡群では鍛冶道具を副葬した古墳があり、六世紀から七世紀にかけて製鉄工人の存在が想定され、七世紀後半には中央政権主導による鉄生産方法が導入され、八世紀まで存続した（日本考古学協会二〇一二年度福岡大会実行委員会—二〇一二）。このように嶋郡周辺は対外交渉と鉄生産の拠点であったことから、久米王子も戦争準備のために駐屯したのであろう。実際、『肥前国風土記』三根《みね》郡条には、久米王子が物部若宮部《わかみやべ》をして物部経津主神《ふつぬしのかみ》を物部郷に鎮祭させ、また忍海漢人《おしぬみのあやひと》を漢部《あやべ》郷にすえて兵器を造らせたと伝えており、久米王子は嶋郡以外の地でも地域支配や兵器生産を行っていたことがわかる。

その後、久米王子は病にかかり翌年二月に没する。しかしこれを契機に厩戸王子一族（上宮王家《じょうぐうおうけ》）が九州各地を支配していくことになる。とくに嶋郡には生部《みぶべ》（壬生部）・財部《たからべ》・搗米部《つきしねべ》（舂米部）・久米部《くめべ》・多米部《ためべ》・難波部《なにわべ》（大宝二年「筑前国嶋郡川辺里戸籍」）・白髪部《しらかみべ》（福岡県太宰府市国分松本遺跡出土木簡、坂上康俊—二〇一三）など上宮王家の王子・王女の

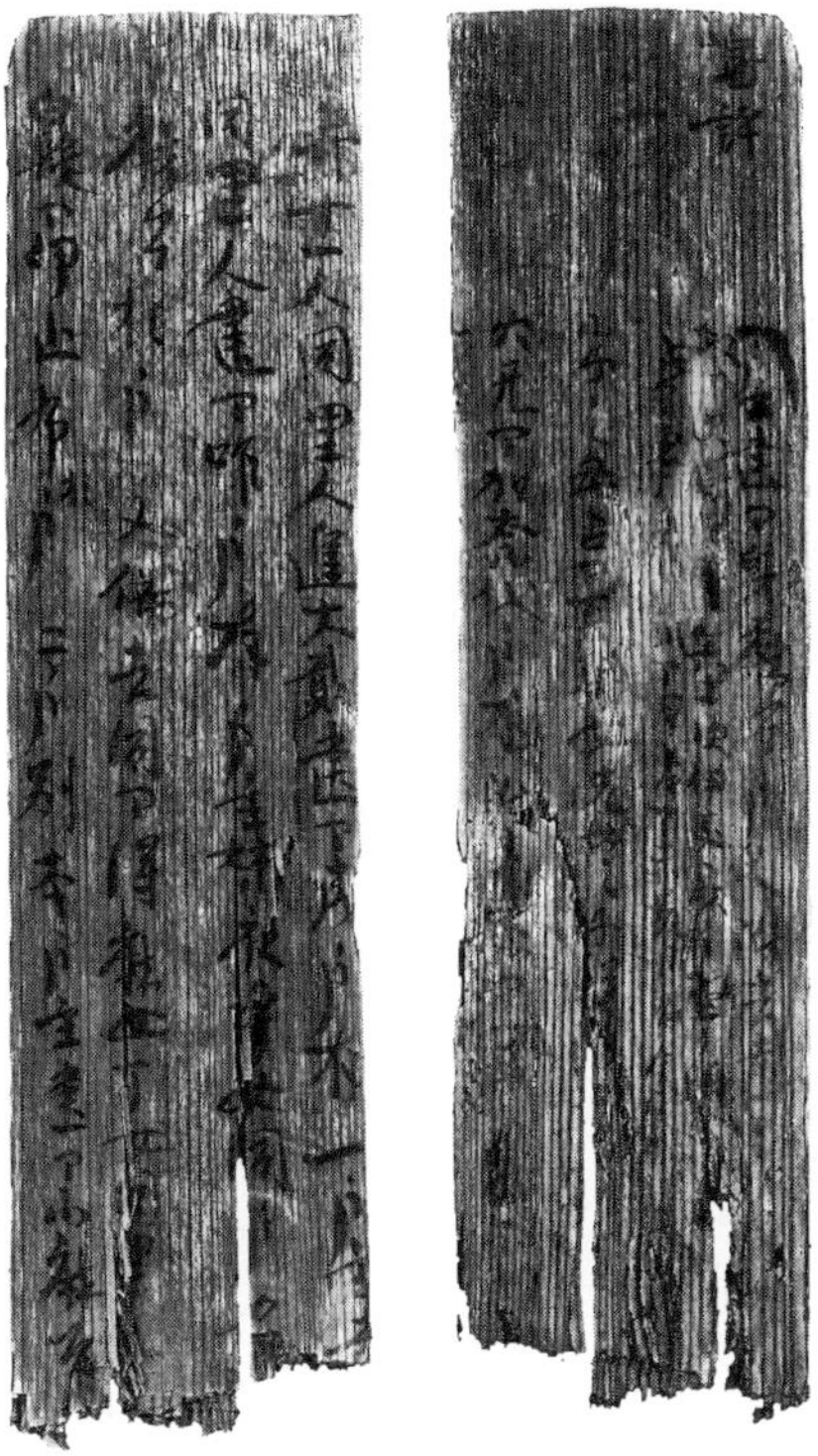

図1　太宰府市国分松本遺跡出土木簡（赤外線写真、太宰府市教育委員会蔵、九州歴史資料館提供）

（表）「嶋評　〈戸主建ア身麻呂又附去建□〔アカ〕×」
『嶋□□〔戸カ〕政丁次得□□〔万呂カ〕兵士次伊支麻呂政丁次×
占ア恵□□川ア里占ア赤足戸有□□×
□□□』小子之母占ア真□〔広カ〕女老女之子得×
穴凡ア加奈代戸有附□□□□□〔建ア万呂戸カ〕占ア×
□□

（裏）「幷十一人同里人進大弐建ア成戸有　〈戸主□〔建カ〕×
同里人建ア咋戸有戸主妹夜乎女同戸□□〔有カ〕×
麻呂損戸　又依去同ア得麻女丁女同里□□〔人カ〕×
白髪ア伊止布損戸　一戸別本戸主建ア小麻呂□×
（三〇七）×（八〇）×九　〇八一

養育を担当した部民が集中する。これらの部民は玄界灘沿岸や周防灘周辺、後の筑前国嘉麻郡、国東半島、肥後国北部、筑紫君の本拠地である八女地域や肥前国・肥後国南部など有明海沿岸、さらに日向国・大隅国・薩摩国にも分布する。先にみた糟屋屯倉も管掌氏族が春米連であり、物部守屋討滅に功績があった厩戸王子に与えられ、厩戸王子は娘の春米王女《つきしねのひめみこ》の養育を春米連に担当させたとみられる（黛弘道—一九八二）。このほか、厩戸王子に仕えた秦造河勝《はたのみやつこかわかつ》や葛城氏、平群《へぐり》氏、妃の父である膳臣傾子《かしわでのおみかたぶこ》の部民も九州各地に分布しており、上宮王家は部民制の集積によって九州を広範に支配下に置いていたのである。

王族将軍と筑紫大宰　このような情勢のもとで、『日本書紀』推古天皇十七年四月庚子条に筑紫大宰が初見する。同十五年七月に小野妹子《おののいもこ》を遣隋使として派遣しており、筑紫大宰は隋使来着に備えて現地で迎接するために派遣された（倉住靖彦—一九八五）。この点で、厩戸王子とともに推古朝の王権中枢を構成した推古天皇の養育にあたった額田部《ぬかたべ》、蘇我馬子の部民である蘇我部が後の筑前国早良郡や嶋郡など博多湾周辺に分布することも注目される。上宮王家が九州各地を支配し、推古天皇と蘇我馬子も博多湾沿岸を掌握していた。後に述べるように七世紀後半の筑紫大宰には王族の就任者が多い。七世紀前半の筑紫大宰も常駐するものであったかは確証がないが、厩戸王子一族の王族が就任していたと推測される。

推古天皇三十年に厩戸王子、同三十四年に蘇我馬子、同三十六年に推古天皇が亡くなり、推古朝の政治を推進した三者があいついで世を去った。その後、非蘇我系の敏達天皇の孫田村王子（舒明天皇）が即位し、皇極天皇二年（六四三）十一月に厩戸王子の子山背大兄《やましろのおおえ》王子とその一族が蘇我入鹿に殺され、上宮王家は滅亡する。この後、厩戸王子一族が保有していた部民は、敏達系王族の支配下に置かれていった（武光誠—一九七九）。

七世紀後半の筑紫大宰の就任者には、栗隈王や屋垣《やかきのおおきみ》王、河内《こうちのおおきみ》王、三野王のように敏達系王族が多い。例外として隠流《しのびながし》とされた蘇我日向《そがのひむか》、筑紫大宰であった可能性が低い阿倍比羅夫《あべのひらふ》、短期的な就任の蘇我赤兄《あかえ》、氏名《うじな》からみて高位の官人ではない田部櫟子《たべのいちいこ》、丹比嶋《たじひのしま》と粟田真人《あわたのまひと》がある（後述）。天智朝後半の筑紫大宰は、短期間に栗前王（栗隈王）から蘇我赤兄、さらに栗隈王と変遷する。大友王子と大海人《おおあま》王子が王位を争った壬申の乱では、栗隈王は大海人王子に、蘇我赤兄は大友王子に従った。九州の掌握のために、天智天皇・大友王子と、大海人王子それぞれの陣営が、筑紫大宰の地位を得ようと争っていたのであろう。

推古朝の撃新羅将軍久米王子に諸々の神部《かんとものお》、国造・伴部《とものみやつこ》らと軍兵二万五〇〇〇人が授けられたように、王族将軍は、倭国王の代理として部民制の人格的支配原理にもとづいて軍隊を率いており、久米王子は物部氏や大伴氏の氏族将軍と同様、部民制の原理によって、九州の地域支配をも進めていた。そして九州の部民の多くが上宮王家、後には敏達系王族に隷属していたこともふまえれば、筑紫大宰は、久米王子が就任した王族将軍の系譜に連なり（波多野晥三―一九五四）、部民制的に九州の首長と民衆を支配していたといえよう。

『善隣国宝記』所引「海外国記」には、白村江の敗戦の翌年に来朝した唐使郭務悰《かくむそう》に応対した筑紫駐在の官職の文書として、唐使に宛てた「筑紫太（ママ）宰辞」と、熊津都督府《ゆうしんととくふ》の唐の鎮将劉仁願《りゅうじんがん》に宛てた「日本鎮西筑紫大将軍牒」がみえる。後者を後世の造作とみる見解もあるが（倉住靖彦―一九八五）、表記の修飾はあるにしても、同一の史料のなかでの書き分けであり、筑紫大宰が対外的に将軍を称した可能性を否定することもあるまい。少なくとも天智朝の筑紫大宰は将軍としての機能を持っていたのであり、筑紫大宰が王族将軍の系譜を引くことを傍証する。

なお、百済救援戦争に際して、斉明天皇が筑紫に向かう途中、後の備中国下道郡邇磨郷《しもつみちぐんにまごう》で二万人の勝兵《すぐれたるつわもの》を集めたという伝承があるように、倭国王が現地に行幸することで、多くの民衆を戦争に徴発できた。斉明天皇は筑紫の朝倉橘広庭宮《あさくらのたちばなのひろにわのみや》で、みずから九州内陸部の地域首長と民衆を韓半島の戦争のために動員したのであり、百済救援戦争の際には、倭国王の代理としての筑紫大宰は置かれなかったであろう（酒井芳司―二〇一四）。

大宰と総領　ところで大化改新以後、七世紀の九州には広域を管轄する地方官として、筑紫大宰のほかに筑紫総領

（竺志惣領とも）がみえる。この筑紫総領と筑紫大宰は同じもの、もしくは大宰が官司名で総領はその官職名とされてきたが、近年、これを別のものと捉える有力な説が提出されている（亀井輝一郎―二〇〇四）。両者を別のものと考えた方が、官職の変遷を複雑に考える必要がなく、史料を整合的に解釈することができるので、妥当性がある。

総領は大化改新後に置かれた広域の地方官であり、『常陸国風土記』に東国惣領がみえるほか、『日本書紀』に吉備、周芳《すおう》、伊予、筑紫の総領がみえる。総領は、軍政官なのか、行政官なのか、国宰《くにのみこともち》（国司）との性格の相違はどうか、設置時期は、大化改新後なのか、天武朝なのかなど、多くの議論がある。ここで詳しく述べる余裕はないが、とくに『常陸国風土記』にみられるように、大化改新後の評《こおり》制の施行と評司《こおりのつかさ》の任命についての権限を持っていたことは認めて良いと考える（早川庄八―二〇〇〇）。

大宰と総領が重なって存在したのは吉備と筑紫であり、両者の機能の違いを明らかにする必要がある。現段階では、総領は大化改新後に新たな支配方式である評の設置に携わり、筑紫においては、那津官家を筑紫評（後に「筑紫大《おお》郡《ごおり》・小郡《おごおり》」に分かれ、外交施設となる）とし、その統括下の筑紫・豊・肥三国の屯倉をも重層的に評へと編成することで、筑紫総領が北部九州の地域支配を行った。大宰は大化改新以前からの部民制による地域の人格的支配の伝統を継承し、とくに国防や対外交渉と関わる分野において、評制による人や物資の徴発をその基部から支えたのであろう。なお、吉備大宰で唯一知られる就任者は石川王であり、大宰の就任者に王族が多いという傾向に合致する。

いっぽう総領の就任者は播磨総領の石川王を除いて、すべて臣下であり、総領が管轄する評制は、国造や屯倉、伴造、県稲置《あがたのいなき》など多様な貢納・奉仕関係を一元化した新たな支配制度であった（井内誠司―一九九八）。したがって、部民制による人格的支配を担う大宰、評家《こおりのみやけ》を拠点として機構的支配を行う総領という性格の相違があり、両者が相まって筑紫や吉備において広域の地域支配を円滑に進めていたのであろう。七世紀末に王族でない丹比嶋と粟田真人が筑紫大宰に就任するが、これは天武天皇四年二月の部曲《かきのたみ》（部民）廃止によって可能となったものとみられる。

吉備大宰の設置については、敏達天皇十二年（五八三）に吉備の児島屯倉で百済から召された日羅《にちら》を慰労しており、児島屯倉には外交機能があった。また斉明天皇七年（六六〇）正月、百済救援戦争の際に、筑紫に向かう斉明天皇の率いる船団が吉備の白猪《しらい》屯倉に近い大伯海《おおくのうみ》に立ち寄り、ここで大田王女《おおたのひめみこ》が大伯《おおく》王女を出産している。吉備は六世紀から外交や軍事に関わる海上交通の拠点であったとみられ、白村江の敗戦後の国防のために、吉備にも大宰が筑紫大宰にならって置かれたものであろう。したがって、対外的危機が薄らぐと、吉備大宰はその意義が低下することになる。その結果、大宝律令の施行によって、吉備大宰が廃され、あわせて筑紫の大宰と総領も統合され、筑紫において唯一の大宰府が制度的に完成した（亀井輝一郎―二〇〇五）。八世紀以降の大宰府の軍事権を考える際、七世紀以前の筑紫大宰による人格的な地域支配の伝統を考慮しておく必要があると考える。

2　防人と大宰府

防人制度の概要　ここでは九州の軍事制度の特徴である防人について述べる。まず防人制について概観しよう（野田嶺志―一九八〇、北條秀樹―二〇〇〇）。防人の初見は大化二年（六四六）正月に発布された大化改新詔第二条だが、後代の修飾が加わっているので、実質的初見は天智天皇三年（六六四）に対馬島・壱岐島・筑紫国に防（防人の配備地）と烽を設置したとあることである。その後、天武朝末から持統朝初期にかけて律令制的な防人派遣と三年ごとの交替が整備されてきた。

養老軍防令《ようろうぐんぼうりょう》8兵士上番条に、兵士の上番するもののうち、京に向かうものは一年、防に向かうものは三年と年季が定められ、同12兵士向京条には、兵士の京に向かうものは衛士《えじ》、辺を守るものを防人と名づけるとある。このように防人は兵士のうちから上番するが、史料にみえる出身地の検討により当初から東国において徴する原則であった。

図２　炭化米と鉄鏃（小郡官衙遺跡出土，小郡市教育委員会蔵，九州歴史資料館提供）

律令制下、諸国には、一戸から一人の割合で徴発された兵士一〇〇〇人からなる軍団が置かれた（下向井龍彦―二〇〇五）。兵士制は天武朝の軍制の整備や持統天皇三年（六八九）六月頒布の飛鳥浄御原令《あすかきよみはらりょう》での兵役および雑徭《ぞうよう》と力役が分離したことにより、同令の規定にもとづいて成立した。同年閏八月に一国を四つに分けてその一つを点《さだ》めて武事を習わせるとあり、飛鳥浄御原令にもとづくものであろう（直木孝次郎―一九六八）。先にみた七世紀末の太宰府市国分松本遺跡出土木簡にも兵士がみえる（坂上康俊―二〇一三）。それ以前、天武天皇十四年（六八五）九月には「人夫の兵《つわもの》」すなわち人を対象に兵器を点検したとあり、まだ兵士は存在しなかった。そして、軍毅《ぐんき》・旅帥《りょすい》等からなる軍団機構は、同年十一月の詔で武器が評家に収公されていたように、国評制の行政機構から分離していなかったとみられる。軍団制は飛鳥浄御原令の頒布時にも整備されておらず、大宝律令で成立したと考えられる（吉村武彦―二〇一四）。

なお、福岡県小郡市小郡官衙遺跡（筑後国御原郡衙《みはらぐんが》）のⅢ期建物（八世紀中頃～末）にともなう溝から、矢の軸を束ねた状態で埋没した総数約三〇〇点前後の鉄鏃が出土している。この鉄鏃は七世紀第3四半期後半から第4四半期に製造され、奈良時代末まで長期間運用・保管されていた（小嶋篤―二〇一四）。小郡官衙遺跡のⅡ期建物（七世紀末～八世紀中頃）は初期郡衙の代表例として知られる。鉄鏃が評制段階から保管されてきたものであれば、評家における武器の管理を裏付ける遺物となる可能性がある。

さていっぽう、防人は兵士や律令軍団制が形成される以前から存在する。『万葉集』の防人歌から、防人集団の編成を分析すると、国造丁《くにのみやつこちょう》と呼ばれる防人が一般防人を統率しており、それは大化改新以前から継承された国造軍の遺制とみられる。したがって防人の初期的な形態は、律令制以前において、外征軍の一部をなす国造の統率する軍隊が、辺境に常駐化したものなのである（岸俊男—一九六六）。防人の役割については、白村江の敗戦後の国防に求めるのが一般的であるが、これと異なる見解がある。七世紀の筑紫地域は、筑紫君、肥君《ひのきみ》、曾君《そのきみ》、薩末君《さつまのきみ》のような豪族の群雄割拠状態であったため、筑紫大宰は軍事的性格を持つこととなった。そして防人軍は筑紫大宰を指揮官とし、律令軍制に先行して成立した、筑紫地域に律令制の基盤を形成するために編成された軍隊であるとする（野田嶺志—一九八〇）。大宰府が置かれ、防人が配備された筑紫地域の特殊性を意識した議論であり、その可能性を検証することは継承すべき重要な課題である。

大宝律令以後の防人については、天平九年（七三七）に東国防人が停止された後、いつの時点かで復活する。天平宝字元年（七五七）閏八月には坂東防人をやめ、西海道七国兵士一〇〇〇人を防人司《さきもりのつかさ》に充て教習警備させた。同三年三月に大宰府は不安四ヵ条をあげて、東国防人の復活を要請するが許されなかった。天平神護二年（七六六）四月、再度の復活要請も許可されず、筑紫残留の防人を検括して戍《まもり》に充て、三〇〇〇人に満たない場合は東国から派遣することになる。延暦二年（七八三）、蝦夷《えみし》騒動のため防人交替ができず、残留希望者と逃亡者を検括して防に配し、欠けるところは当土の兵で補うとされた。同十四年には壱岐・対馬以外の防人と防人司が廃止、同二十三年には壱岐防人も廃止となった。大同元年（八〇六）に近江より移住させた夷俘《いふ》六四〇人を充てるが、当土の兵ないし筑紫人をもって対馬や壱岐に配しつつ、九世紀いっぱいは継続した。このように防人制はその改廃の変遷をみると、八世紀半ばには使命を終えたとみられる（北條秀樹—二〇〇〇）。

防人の配備地と交通　防人は国司が難波津《なにわづ》まで引率し、以後は大宰府の管轄下に入り、筑紫に送られる。大宰府ではその内部の防人司のもとで、教習・訓練を受け、任所に配属される。人数は天平十年度筑後・周防・駿河国正税帳の検討から、約二三〇〇人が確認され、天平神護二年に大宰府が東国防人復活を要請した記事から三〇〇〇人が定員であったとみられる。

防人が西海道以外にも配備されたのかどうかは諸説あるが、大宰府の管轄範囲を考慮するとやはり西海道内に配備されたであろう。史料で確認できるのは、対馬・壱岐・筑紫（博多湾に浮かぶ能古島《のこのしま》やその北端の也良岬《やらのさき》が『万葉集』で歌われる）であり、天平十年度「筑後国正税帳」で任期を終えて故郷に還る防人に食料を支出していることからすれば、筑後国にも配備されたであろう。このような中で近年、防人の配備地や交通と係る木簡が佐賀県唐津市中原遺跡で発見された（田中史生―二〇〇七）。

中原遺跡出土八号木簡では、防人は「戍人《まもりびと》」と称されており、防人の配備地が『続日本紀』に「戍」と表記されていることと符合する。この木簡は延暦八年前後の防人歴名《れきみょう》作成と関わる文書で、木簡に記された甲斐国の戍人の小長□〔谷カ〕部□〔束カ〕□ら三名は筑紫に残留していた防人であった。中原遺跡は、付近に筑前国や壱岐に向かう駅路も想定され、松浦川対岸の唐津市千々賀古園遺跡との間に鏡渡《かがみのわたし》もあった、松浦郡家《まつらぐうけ》と関連する水上・陸上交通の拠点である（小松譲―二〇〇八）。「戍人」の上の文字が「津」と読めれば、防人は鏡渡あるいは壱岐へ向かう津を守っていた可能性もある。この木簡により、対馬・壱岐・筑紫国以外の地域にも防人が配備され、防人の配備地が唐津湾沿岸という壱岐や対馬、韓半島への交通の要衝であったことがはじめて明らかになったのである。

3　隼人の反乱にみる軍事と交通

隼人の成立と消滅　日本の律令国家は、七世紀末に唐の皇帝制度を模倣した天皇制を創出した。列島の君主が「中華世界に君臨するための皇帝」であるためには、列島周辺には「異民族」が存在しなければならない。天皇制の創始にあたり、その政治的要請によって創り出された存在が、蝦夷、南島人、隼人であった。したがって、隼人は古代南九州の人々の自称ではなく、律令国家が天武朝に名付けたものであった。そして延暦十九年（八〇〇）十二月に薩摩国・大隅国に班田を実施し、同二十年六月と二十四年正月に隼人の朝貢が停止されると、南九州の人々を隼人と呼ぶ制度はなくなる。南九州に隼人が存在したのは天武朝から九世紀にかけての一二〇年間ほどでしかない。

また隼人の居住範囲も島嶼部を除く大隅国・薩摩国に限られ、肥後国から分割編入、もしくは移民が行われた可能性がある薩摩国出水《いずみ》郡・高城《たかき》郡と、豊前国・豊後国からの移民を中心とする大隅国桑原郡は、隼人郡ではなかった（中村明蔵―二〇一四）。

なお、律令国家に「帰化」した南九州の人々が隼人と呼ばれたのであり、隼人は公民ではないが、王民《おうみん》（化内人《けないじん》）であって、夷狄《いてき》ではなかったとされる。ただしその立場でも大宝律令制定当初は夷狄であった可能性を否定できないし、また和銅三年（七一〇）から養老元年（七一七）以降、隼人が夷狄とみられなくなった後も、蝦夷と同様視する傾向があったのも事実であった（永山修一―二〇〇二）。いっぽうで、夷狄という概念自体がなく、「化内」か「化外《けがい》」かの本来的な華夷《かい》思想しかなかったとし、隼人を蝦夷と同様の「化外人」ととらえ、律令国家は、このような列島内の諸種族をおのおの個別に認識していたと捉える学説もある（大高広和―二〇一三）。隼人は蝦夷と扱いが異なっていたものの、異民族視されてもいたのである。

なお南九州から隼人が「消滅」した後も、畿内周辺に移住させられて隼人司《はやとのつかさ》の管轄下に置かれた畿内隼人のみが「隼人」として各種儀礼などに参加し続けた。隼人たちには異民族的呪能が期待されたのである（永山修一―二〇〇一）。なお藤原広嗣の乱の際、広嗣軍、政府軍ともに隼人を動員しているが、これは戦闘に先立つ言葉戦い、弓矢戦いという戦闘習俗において隼人の呪的能力を利用したとされる（松本政春―一九九九）。

隼人の反乱と軍事　倭王権が律令国家を急速に建設していく過程で南九州への支配も進められることとなり、天武天皇十一年（六八二）七月に隼人が来て方物《くにつもの》を奉った。大隅の隼人と阿多《あた》（後の薩摩国）の隼人が相撲をとったことがみえ、また隼人らを飛鳥寺の西の広場で饗応した。隼人の朝貢はここから開始された。その後、持統天皇三年（六八九）正月に筑紫大宰粟田真人らが隼人一七四人を献上し、同六年閏五月には筑紫大宰率河内王に詔して、沙門《しゃもん》を大隅と阿多に遣わして仏教を伝えさせた。さらに文武天皇三年（六九九）十二月には、三野城（日向国児湯郡三納《みの》郷、宮崎県西都市周辺）と稲積《いなづみ》城（大隅国桑原郡稲積郷、鹿児島県霧島市国分周辺）を大宰府（筑紫大宰）に修理させている。隼人および南九州の支配は直接的には筑紫大宰が管掌していたことがわかる（永山修一―一九九一）。

　このような中で七世紀末から八世紀の初めにかけて隼人の反乱が起こる。文武天皇二年四月、文忌寸博士《ふみのいみきはかせ》ら八人を南島に遣わして国を覓《もと》めさせた。これは覓国使《くにまぎのつかい》と呼ばれ、律令国家が版図・朝貢圏拡大の必要性から持統天皇九年三月以降、多褹《たね》島・南島に派遣していた使節である。覓国使の派遣は隼人や南島社会、さらに両者の地域間交通を阻害する新たな要因となり、隼人の反発を招いた結果、文武天皇四年六月、薩末比売《さつまのひめ》・久売《くめ》・波豆《はず》、衣評督衣君《えのこおりのかみえのきみ》県《あがた》・助督衣君弖自美《すけえのきみてじみ》、肝属難波《きもつきのなにわ》が、肥人《くまひと》らを従えて、武器を持って覓国使の刑部真木《おさかべのまき》らを剽却《ひょうごう》（脅迫）する事件が起こった。薩末比売らは薩摩半島や大隅半島の隼人の地域首長であり、律令国家の南九州支配に対する反抗のはじまりであった。そもそも同二年に覓国使が発遣された際に、使節は戎器《じゅうき》を賜っていることから、派遣前から武装する必要性が予見されるような情勢であった。

　中央政府は竺志惣領に勅して、犯に准じて決罰させる。この事件に対して筑紫総領が独自に行使できる決罰権限を持っていなかったことが指摘される（太宰府市史編集委員会―二〇〇三）。この事実の評価は、大宰府の西海道支配の権限に係ることであり、重要である。参考までに、養老職制律《しきせいりつ》32指斥乗輿《しせきじょうよ》条をみると、詔使に対捍《たいかん》し、人臣の礼がない者は絞《こう》（絞首刑）と規定される（北條秀樹―二〇〇〇）。唐の律を伝える『唐律疏議《とうりつそぎ》』も同じである。飛鳥浄御原令制下の断罪手続きは不明であるが、養老獄令《ごくりょう》2郡決条《ぐんけつ》では、流《る》以上の断罪は太政官《だいじょうかん》に申して審理の後、天皇に上奏することとされている。したがって、薩末比売らの罪が、もし流以上に相当する罪であれば、それは天皇の裁量に属する案件で、そもそも地方官に決罰権限がないのが当然なのである。

ここはむしろ勅命を受けて、管内の国宰（国司）ではなく、筑紫総領が隼人の首長や評司らの決罰を担当しえたことを重視したい。総領が大化改新以来、評の設置や評司の銓擬《せんぎ》を管掌し、地域首長を掌握していたからこそ、薩末比売らの決罰を実施しえたのではないだろうか。大宝元年（七〇一）から二年にかけて大宝律令が施行され、大宰府が制度的に完成し、評も郡へと変更される。律令には規定がなかったが、大宝二年三月、大宰府が管内諸国の掾《じょう》以下と郡司の銓擬を行うことが聴《ゆる》され、大宰府は総領の評司銓擬権を継承することとなった（早川庄八―二〇〇〇）。

大宝二年は戸籍を作成する年であり、これに対して南九州の首長たちが反乱を起こす。同年八月、薩摩と多褹が命に逆らったため、兵を発して征討し、戸を校《しら》べ吏を置いた。乱は鎮圧されたが、十月に唱更国《しょうこう》（薩摩国）司らの要請を受け、政府は国内要害の地に柵を建てて、戍を置くことを許可している。依然として南九州は緊張状態にあった。

和銅三年正月、日向隼人の曾君細麻呂《そのきみほそまろ》が隼人の教化に功績があったとして、外従五位下に叙された。後の大隅国贈《そ》於《お》郡の隼人の首長も律令国家に従う情勢となり、和銅六年四月、日向国の肝坏《きもつき》・贈於・大隅・姶羅《あいら》の四郡を割いて大隅国が建国された。しかし同年七月には「隼賊」を討った将軍と士卒ら戦陣に功績があった者千二百八十余人に勲位が授けられているので、大隅国建国に際しても、隼人の反乱が起こったとみられる。

このように隼人の反乱は断続的に続いたが、養老四年二月、最大規模の乱が起こる。大宰府より中央政府に、隼人が反乱を起こし、大隅国守《くにのかみ》陽侯史麻呂《やこのふひとまろ》を殺害したとの報告がもたらされた。政府は三月に、大伴旅人《おおとものたびと》を征隼人持節大将軍とする大軍を派遣し、翌年になってようやく鎮圧した。翌年七月の副将軍の笠御室《かさのみむろ》と巨勢真人《こせのまひと》の帰還報告では斬首と捕虜になった隼人があわせて千四百余人とあり、また天平八年度（七三六）「薩摩国正税帳」には出水郡と高城郡に養老四年と注記された合計二七〇〇斛余りの糒《ほしいい》の記載があることから、反乱の規模が大きかったことがわかる。天平神護二年（七六六）にも日向・大隅・薩摩に柵戸《きのへ》が存在するので、その後も南九州の緊張状態は続くものの、この反乱で隼人の政府に対する武力抵抗は終わることになる（永山修一―一九九二）。

隼人の反乱と九州の軍事について考える際に、征隼人軍と大宰府との関係が問題となる。さきにみた大宝二年の反乱の際の征隼人軍に大宰大弐の小野毛野《おののけの》と少弐佐伯大麻呂《さえきのおおまろ》の参加を推測し、この征隼人軍は大宰府の組織そのままで、中央からの将軍の派遣なしに大宰府官人によって指揮されたとする説がある（山田英雄―一九六九）。これについては、大宰府官人の参加と大宰府の軍事機能とはイコールではなく、和銅三年や養老四年の征隼人軍に大宰府官人の参加と指揮の明証がないことから、大宝二年が例外であったとみるべきとする反論がある（北條秀樹―二〇〇〇）。

確かに北條秀樹も指摘するように、大宝二年の反乱への対応は、大宰府官人としてよりも筑紫総領ないし筑紫大宰としての性格が強かったとみることができる。成立したばかりの軍団を中央派遣の将軍が率いる征隼人軍よりも、筑紫大宰・筑紫総領が指揮した評家を拠点とする伝統的な指揮系統を利用した方が、軍事的に有利だったのであろう。小野毛野は文武天皇四年十月に筑紫総領の次官（大弐）に任命され、大宝律令制の大宰府が成立した後も大宰大弐として在任していたので（亀井輝一郎―二〇〇五）、筑紫総領段階の遺制としての指揮系統を十分に機能させられたとみられる。むしろ大宰府の軍事機能は、この遺制を前提にこそ考えるべきであろう。

隼人の反乱と交通　西海道の交通体系は、大宰府から各国府に向かう、ともに対等な五つの駅路（西海道本道）、①豊前路、②日向路、③大隅路、④肥前路、⑤対馬路および、都と大宰府を結ぶ⑥大宰府路の六つの駅路が放射状に発するもので、都を中心として全国に六道が発する交通体系のミニチュア版と評される（木本雅康―二〇〇二）。駅路以前の交通体系については、九州の部民分布や屯倉の設置などの検討により、とくに那津官家の修造を契機として、北部九州に那津を中心とする交通体系が成立し、那津から現在の太宰府市付近を経て、豊前、豊後、肥前、肥後へと分岐していくルートが存在した可能性を想定したことがある。そのような那津への人と物資の輸送ルートを前提に、国防と九州支配の拠点として、各地への道の分岐点である現在の太宰府市付近に、大宰府が置かれたと考えるのである（酒井芳司―二〇〇八、二〇〇九）。

南九州の駅路をみていくと、西海道東路（木本論文の②日向路）の一部である豊後国府から日向国府を経て大隅国府に至るルートがある。また肥後国府から日向国府を結ぶ肥後日向路（途中で八世紀後半以降に安定する大隅国府に至るルートが分岐）、肥後国府から薩摩国府を経て大隅国府に至る西海道西路（木本論文の③大隅路）がある。これらは律令国家の南九州支配の進展とともに設定されていった（永山修一―二〇〇三）。

とくに隼人への支配や隼人の反乱と関係するものとしては、まず日向国府から大隅国府に至る西海道東路の設定があり、これは文武天皇三年十二月に修理したことが知られる三野城と稲積城を結ぶ軍用道路が下敷きとなって成立したとされる。つぎに西海道西路の設定があり、これは大宝二年の薩摩国（唱更国）の成立と、和銅六年の大隅国の成立を契機とする。また肥後日向路のうち、日向国府に向かうルートについては、景行天皇の巡幸ルートに一致する。この巡幸説話は斉明天皇の筑紫行幸に着想を得たとされていることから、駅路に先行する七世紀後半の交通路にもとづいて設定されたのであろう。

最後に養老四年の隼人の反乱との関わりでは、同年七月三日に征西将軍以下抄士《かじとり》に至るまで慰労のために物を賜っており、兵員や物資の輸送に船を利用したことがわかる。肥後国府から薩摩国府に至る西海道西路は、山が海まで迫っている英禰《あくね》・網津《おうづ》駅を経由する。英禰・網津駅は港の機能を果たし得る自然条件を備えていることから、陸上交通から水上交通へ、あるいは水上交通から陸上交通への切り替えを保障するものとして設定されたものとみられる。

4　藤原広嗣の乱にみる軍事と交通

藤原広嗣の乱の経過　天平十二年（七四〇）八月、大宰少弐の藤原広嗣は、僧正玄昉《げんぼう》と右衛士督下道《しもつみちの》（吉備《きび》）真備《まきび》を弾劾する上表文を提出し反乱を起こした。広嗣は藤原四卿の一人、式家の宇合《うまかい》の長子であったが、天平九年の天然痘による四卿の一挙病没により、橘 諸兄《たちばなのもろえ》に藤原氏が政権を奪われ、また藤原氏内部でも孤立したことから、同十年末に大宰少弐に左遷された。この状況に対する不満から広嗣が挙兵したことはよく知られている。まずは先行学説を整理した研究によりながら、乱の経過を略述する（北條秀樹―二〇〇〇）。

①藤原広嗣は八月下旬に上表文を提出、八月二十九～三十日には挙兵にふみきる。②擅興律《せんこうりつ》1擅発兵条《せんはつへい》や捕亡令《ぶもうりょう》3追捕罪人条《ついぶざいにん》などを法的根拠として公的に軍団兵士等を動員した豊前国郡司層（松本政春―二〇一四）の活動により広嗣に味方した兵が拠る豊前の三鎮が陥落する。③大将軍大野東人《おおののあずまひと》が率いる政府軍は、九月二十～二十一日に関門海峡をわたり、板櫃鎮《いたひつのちん》に幕営を定める。④三鎮陥落により、豊前国郡司層は兵を率い、続々と政府軍に来帰する。⑤広嗣は自身と弟の綱手《つなて》、多胡古麻呂《たごのこまろ》の率いる三軍を編成し、三道より鎮所（板櫃鎮）をめざし進撃を開始した。⑥九月中旬、広嗣は遠珂郡家《おかぐうけ》に前進基地として軍営を設け、筑前国内の兵（正規兵以外の予備役兵士）を徴発した。⑦鞍手《くらて》道を経由した広嗣軍が鎮所付近に到達した時、綱手・古麻呂両軍は未到であった。豊後国経由の綱手軍はまもなく合流するが、田河《たがわ》道経由の古麻呂軍はついに合流しえなかった。⑦十月五、六日ごろには広嗣は板櫃河西岸に進出し、政府軍と対峙するが、勅使の佐伯常人《さえきのつねひと》との応酬に敗れ、総崩れとなる。⑧十月二十三日、肥前国松浦郡値嘉島《ちかのしま》長野村で広嗣を捕え、十一月一日に松浦郡家で広嗣と綱手を斬る。

この反乱で藤原広嗣自身は大隅・薩摩・筑前・豊後等国軍あわせて五〇〇〇人余りを率い、綱手が筑後・肥前等国軍あわせて五〇〇〇人余りを率いており、板櫃河西岸で政府軍と対峙した際も広嗣は衆一万騎余りを率いていた。古麻呂が率いた軍は到着しなかったので、広嗣が動員をはかった兵力は総数一万数千と推定される。『類聚三代格《るいじゆさんだいきやく》』巻十八に載せる弘仁四年（八一三）八月九日付太政官符によると、筑前・筑後・豊前・豊後・肥前・肥後等諸国の軍団の総数は一万七一〇〇人であり、天平年間でも大差ないとすれば、広嗣は大宰府管内兵士の大部分を動員したことになる。なお、広嗣軍が経由した鞍手道は宗像《むなかた》・鞍手両郡家を結ぶ伝路とみられ、初期の駅路であった可能性もある（木下良—一九九九）。また古麻呂軍が経由した田河道は豊前路の駅路から田河駅の先で北に分岐して企救《きく》郡家に向かう伝路とみられる（木下良—二〇〇一）。

豊前草野津の発見　九州の交通に関わる近年の成果として、豊前草野津《かやののつ》の遺跡が確認されている。福岡県行橋市の延永《のぶなが》ヤヨミ園《その》遺跡は、遺構と出土文字資料の検討から豊前草野津の可能性が高まった。この遺跡は京都《みやこ》平野の西寄り、東に開いた馬蹄形をなす丘陵上に位置する弥生時代後期から古墳時代の大規模な集落遺跡、古代の官衙遺跡である。現在は海から五・四キロほど内陸に位置するが、谷部の土壌分析により古代には遺跡付近まで湾が入り込んでおり、海岸に面していたことが判明している。遺構は七世紀後半〜末の掘立柱建物六棟、七世紀後半〜九世紀の井戸五基、七〜八世紀の杭が多数打ち込まれた船着場とみられる溝、谷に向かう道路状遺構三条などがみつかっている。

出土文字資料として、天平六年十月十八日の紀年銘木簡、京都郡衙《みやこぐんが》が発給した郡符《ぐんぷ》木簡、八世紀前半の「京郡物太」銘墨書土器（京都郡物部大領《もののべのだいりよう》の意味）、八世紀後半の「京都大」銘墨書土器（京都郡大領の意味）などがみつかった。これにより、京都郡衙の関連施設であり、とくに港湾施設での発見例が多い郡符木簡の存在と、東方約二キロ付近に草《くさ》野《の》の地名が現存することによって、『類聚三代格』巻十六、延暦十五年（七九六）十一月二十一日付の太政官符に、天平十八年に西海道の物資を勝手に運び出すことが禁じられたことがみえる、豊前国草野津である可能性が考えられた（酒井芳司・松川博一—二〇一〇）。その後、二〇一三年に至って出土遺物の整理過程で、九世紀の「津」銘墨書土器が確

図３　郡符木簡赤外線写真（延永ヤヨミ園遺跡出土、九州歴史資料館蔵）

符　郡首　少　長

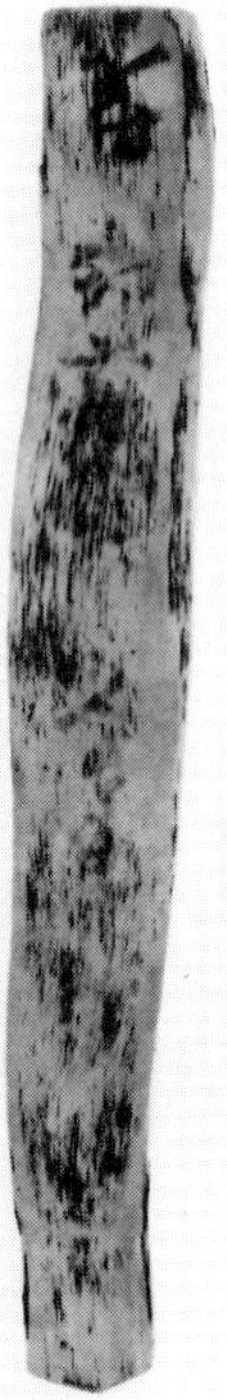

認され、この遺跡が草野津であることが確定した（九州歴史資料館―二〇一五）。

ここでの関わりでとくに重要なのは、郡符木簡である。法量は縦二七二ミリ、横三七ミリ、厚さ八ミリであり、オモテ面に「符　郡首□□少長□□□」とある。ウラ面は判読できない。京都郡が渡来系氏族である郡首《こおりのおびと》某に発給した木簡で、少長《しょうちょう》に関する内容であったと考えられる。この少長は藤原広嗣の乱の記録にみえる豊前の三鎮、登美《とみ》・板櫃・京都郡鎮の指揮官とみられる。板櫃鎮には大長と小長があったが、この遺跡の近傍にあったと推定される京都郡鎮には鎮長の大宰史生小長《おはつ》谷常人《せのつねひと》しかみえない。京都郡鎮にも大長・小長が置かれた時期もあったとみられ、指揮官の数が多くなるのは、西海道節度使の設置時かと思われるので、広嗣の乱以前の状態を示すものかもしれない。

景行天皇の巡行説話でも、天皇は周芳の娑麼《さば》（現在の山口県防府市佐波）から船で長峡県《ながおのあがた》（行橋市長尾）に入っており、また九州でもっとも早い三世紀末から四世紀初頭に畿内型古墳の前方後円墳（京都郡苅田町石塚山古墳）が築かれたように、豊前地域は古くから近畿と九州を結ぶ海上交通において、九州の玄関口だったのである。

大宰府の軍事権　近年、大宰府を守衛する常備軍の詳細が明らかにされている（松川博一―二〇一二）。軍団兵士は国府や兵庫の守衛を重要な職務としていたが、大宰府の守衛は筑前・筑後・豊前・豊後・肥前・肥後等六国から上番する軍団の軍毅と兵士、選士《せんし》によって構成される常備軍が行っており、大宰大弐・少弐が常備軍を指揮監督した可能性が高い。大宰府史跡からは、裏面に天平六年四月二十一日の紀年銘を持ち、筑前国兵士三一人とともに、筑後国兵士二三人が「定役」として勤務していたことを記した木簡が出土している（松川博一―二〇一四）。広嗣は西海道諸国の軍団を母体とした大宰府常備軍を反乱軍の核とし、その諸国の軍団から大宰府常備軍への差遣から生じた大宰府と管内諸国との軍事的な関係を最大限に利用して兵力の動員をはかったのである。なお、乱の当時、大宰帥《そち》は欠員で、大弐の多治比伯《たじひのおおじ》は筑紫におらず、少弐の広嗣が大宰府の官長であった。

これについては、軍防令17差兵条に兵士二〇人以上を差発する場合は、契（割符）または勅を必要とすることから、広嗣の動員は偽造した勅によった可能性があり、本来、大宰府に備わった権限によるものではないとする説がある（北條秀樹―二〇〇〇）。広嗣に味方した豊前国三鎮の指揮官である鎮長や大長・小長が筑紫の豪族ではないことや（山内幸子―一九六八）、本来、鎮所が節度使に関係することもあわせて、広嗣が節度使的権限によって兵士の動員・指揮を行ったとみる。節度使は天平期と天平宝字期に置かれたが、天平期の節度使は、天平四年八月、東アジアの国際情勢が安定さを欠いていくなかで、新羅に対する防衛が意識されるようになって、軍事力の整備のために東海道・東山道・山陰道・西海道に置かれ、とくに山陰道と西海道では、新羅に対する防衛体制が構築された（五十嵐基善―二〇一二）。節度使は同六年四月二十一日に停止され、その職務は国司主典《さかん》（四等官で書記官）以上に掌らせるとあり、西海道では大宰府が節度使任務を引き継いだ。西海道節度使が広嗣の父宇合であり、広嗣は節度使としての権限と宇合が作った警固式《けいごしき》にもとづいて大宰府の軍事権強化につとめた。したがって、大宰府に管内に対する独自の軍事動員権・

図4　軍団関係木簡（大宰府政庁周辺官衙跡不丁地区出土、表裏、九州歴史資料館蔵）

（表）兵士合五十九人　□　□一人兵士□三人
定役五十四〔筑前カ〕□□兵士卅一　筑後兵士廿三

（裏）天平六年四月廿一日

指揮権は存在しなかったとするのである。

すでに知られているように、大宰府が果たした三つの機能として、国防と外交、西海道の九国三島の統治があげられるが、養老職員令《しきいんりょう》69大宰府条にみえる帥の職掌は、ほとんどが同令70大国条にみえる国司の守《かみ》の職掌と同じであり、独自のものは、外交に関わる蕃客《ばんきやく》・帰化・饗讌《きょうえん》のみである。律令には国防と九国三島の統治に関する条文がなく、これらは歴史的な実績をふまえて行使されている権限であった（八木充―一九八四）。

七～八世紀の大宰府の長の就任者には、王族、大伴氏、石上《いそのかみ》氏（物部氏）、巨勢《こせ》氏、多治比氏、紀氏等があり、これらは大化改新以前に外征軍を率いた将軍の後裔であった。東国に強い地盤を持つ王族と大伴氏の任官が多いのは、東国から徴発された防人や九州に下向させた蝦夷の兵を統率するために必要であったとされる。また大化以前の外征軍の九州出身の兵には、国造の一族や中央豪族の支配下にある伴造・部民が多い（山内幸子―一九六八）。1節でも概観したように、大化改新以前、九州の首長と民衆は、部民制や国造制、屯倉制といった倭王権の諸制度によって対外戦争に動員されており、八世紀にはその外征軍を率いた将軍の末裔の中央豪族が大宰府の官長を歴任した。律令制下の大宰府の軍事権や九国三島の統治権はこのような遺制をふまえて理解しなければならない。

天平宝字五年（七六一）七月、筑前・筑後等七国に毎年一定量の武器を造らせるようになる以前は、西海道においては大宰府が集中的に武器を生産していた（太宰府市史編集委員会―二〇〇三）。実際、大宰府政庁跡の西に隣接する蔵司地区では、七世紀後半から八世紀中頃を主体とする鉄鏃と鉄刀片一三一三点、小札《こざね》片三五七点が出土し、大量の武器が保管されていた（小嶋篤―二〇一二）。大量の武器の生産と集積は、大宰府の軍事権を象徴するといえる。

なお天平十四年正月、大宰府が廃止される。広嗣の乱に対する機構的粛清や九国三島の国司等との二重行政の解消などが理由として想定される（倉住靖彦―一九八五）。廃止された大宰府の官物《かんもつ》は筑前国司に管理させたが、それはたんなる管理以上のものではない。ただし、行政的な機能は国司で分掌できても、国を越えて軍団を指揮する機能は代替できなかったのであろう。天平十五年十二月には鎮西府《ちんざいふ》を置き、将軍の石川加美《いしかわのかみ》と副将軍の大伴百世《おおとものももよ》が任命されたほか、判官二人と主典二人が設けられた。同十七年六月に大宰府は復置され、石川加美は大宰大弐となっている。

天平六年に節度使が廃止された時に、他道では国司がその職務を引き継いだのに、西海道では大宰府が引き継いだのであれば、むしろ管内の国司ではなく、大宰府が節度使の任務を継承した点を重視すべきである。軍事動員に勅が必要である点についても、例え偽造であっても勅さえあれば、軍事動員が行えること自体が重要であろう。壬申の乱の際の筑紫大宰栗隈王は、帯剣した息子二人を傍に置いていたために、近江朝廷の使者の樟使主磐手《くすのおみいわて》は栗隈王を斬ることができず、王は朝廷の命令を拒絶した。見方をかえれば、朝廷は筑紫大宰を通じて九州の軍事動員を行うのが原則だったのであり、筑紫大宰栗隈王が存在する以上は、王を斬った上でなければ、直接に九州の兵力を動員できなかったのである。

どのような軍事的官職であれ、勅のないまま軍事動員や指揮は行えないはずである。むしろ天皇の命を受けた上で、軍事動員や指揮ができることを、大宰府（筑紫大宰）の軍事権として重視すべきである。なお当然のことながら、擅興律1擅発兵条にあるように、どの地方官であれ、外敵の来襲や、城屯《じょうとん》の反乱、賊で内応する者があったなどの緊急時に、勅を待たずに兵を発することは許されている。西海道において、外敵襲来など辺境有事の際には、即座に大宰府が九国三島の兵力を動員して対処できる体制を整えていたことこそが重要なのである。

図5　鉄鏃と小札片（大宰府政庁周辺官衙跡蔵司地区出土，九州歴史資料館蔵）

参考文献

五十嵐基善「天平期における節度使体制の軍事的意義について」『日本古代学』四、二〇一二年

板楠和子「乱後の九州と大和政権」小田富士雄編『古代を考える　磐井の乱』吉川弘文館、一九九一年

井上辰雄「大和政権と九州の大豪族―その統治政策を中心として―」九州歴史資料館編『九州歴史資料館開館十周年記念大宰府古文化論叢　上』吉川弘文館、一九八三年

井内誠司「国評制・国郡制支配の特質と倭王権・古代国家」『歴史学研究』七一六、一九九八年

大川原竜一「国造制の成立とその歴史的背景」『駿台史学』一三七、二〇〇九年

大高広和「大宝律令の制定と「蕃」「夷」」『史学雑誌』一二二―一二、二〇一三年

小田富士雄「磐井の反乱」鏡山猛・田村圓澄編『古代の日本3　九州』角川書店、一九七〇年

亀井輝一郎「磐井の乱の前後」下条信行・平野博之・知念勇・高良倉吉編『新版古代の日本　三　九州・沖縄』角川書店、一九九一年

亀井輝一郎「大宰府覚書―筑紫大宰の成立―」『福岡教育大学紀要』第五三号第二分冊社会科編、二〇〇四年

亀井輝一郎「大宰府覚書（二）―吉備の総領と大宰―」『福岡教育大学紀要』第五四号第二分冊社会科編、二〇〇五年

岸　俊男「防人考―東国と西国―」『日本古代政治史研究』塙書房、一九六六年

木下　良「宗像郡と周辺の水陸交通」宗像市史編纂委員会編『宗像市史　通史編　第二巻　古代・中世・近世』宗像市、一九九九年

木下　良「古代官道と条里制」香春町史編纂委員会編『香春町史　上』香春町、二〇〇一年

木本雅康「西海道における古代官道研究史―歴史地理学の立場から―」『古代交通史研究』一二、二〇〇三年

九州歴史資料館編『延永ヤヨミ園遺跡Ⅲ区Ⅱ（第1分冊）・Ⅳ区Ⅱ』九州歴史資料館、二〇一五年

倉住靖彦『古代の大宰府』吉川弘文館、一九八五年

黒瀬之恵「日本古代の王権と交通」『歴史学研究』七四二、二〇〇〇年

小嶋　篤「大宰府の兵器―大宰府史跡蔵司地区出土の被熱遺物」『九州歴史資料館研究論集』三六、二〇一一年

小嶋　篤「小郡官衙遺跡出土鉄鏃の研究」『九州歴史資料館研究論集』三九、二〇一四年
小松　譲「肥前国松浦郡の交通路と官衙」『条里制・古代都市研究』二三、二〇〇八年
酒井芳司「那津官家修造記事の再検討」『日本歴史』七二五、二〇〇八年
酒井芳司「倭王権の九州支配と筑紫大宰の派遣」『九州歴史資料館研究論集』三四、二〇〇九年
酒井芳司「朝倉橘広庭宮名号考」吉村武彦編『日本古代の国家と王権・社会』塙書房、二〇一四年
酒井芳司・松川博一「福岡・延永ヤヨミ園遺跡」『木簡研究』三二、二〇一〇年
坂上康俊「嶋評戸口変動記録木簡をめぐる諸問題」『木簡研究』三五、二〇一三年
下向井龍彦「軍団」平川南ほか編『文字と古代日本2　文字による交流』吉川弘文館、二〇〇五年
武光　誠「聖徳太子とその内政」『歴史公論』五―一一、一九七九年
太宰府市史編集委員会編『太宰府市史　考古資料編』太宰府市、一九九二年
太宰府市史編集委員会編『太宰府市史　古代資料編』太宰府市、二〇〇三年
太宰府市史編集委員会編『太宰府市史　通史編Ⅰ』太宰府市、二〇〇五年
舘野和己「屯倉制の成立―その本質と時期―」『日本史研究』一九〇、一九七八年
田中史生「中原遺跡出土木簡とその周辺」『木簡研究』二九、二〇〇七年
田中正日子「筑紫大宰とその支配（その１・２）」『ふるさとの自然と歴史』三二一・三二二、二〇〇八年
直木孝次郎『日本古代兵制史の研究』吉川弘文館、一九六八年
中村明蔵『隼人の実像』南方新社、二〇一四年
永山修一「隼人の世界」下条信行・平野博之・知念勇・高良倉吉編『新版古代の日本　三　九州・沖縄』角川書店、一九九一年
永山修一「隼人をめぐって―〈夷狄支配の構造〉―」『東北学』四、二〇〇一年
永山修一「南九州の古代交通」『古代交通研究』一二、二〇〇三年
日本考古学協会二〇一二年度福岡大会実行委員会編『日本考古学協会二〇一二年度福岡大会　研究発表資料集』二〇一二年
野田嶺志『防人と衛士』教育社、一九八〇年

波多野晥三「大宰府淵源考―筑紫大宰の性格について―」『日本歴史』七二、一九五四年
早川庄八「律令制の形成」『天皇と古代国家』講談社、二〇〇〇年
北條秀樹『日本古代国家の地方支配』吉川弘文館、二〇〇〇年
松川博一「大宰府軍制の特質と展開―大宰府常備軍を中心に―」『九州歴史資料館研究論集』三七、二〇一二年
松川博一「文字関連資料」九州歴史資料館編『大宰府政庁周辺官衙跡Ⅴ―不丁地区　遺物編2―』二〇一四年
松本政春「広嗣の乱と隼人」『続日本紀研究』三二三、一九九九年
松本政春「広嗣の乱における郡司の率兵について―錦織勤氏の論に接して―」『続日本紀研究』四〇九、二〇一四年
黛　弘道「春米部と丸子部―聖徳太子子女名義雑考―」『律令国家成立史の研究』吉川弘文館、一九八二年
森　公章「評制と交通制度」『地方木簡と郡家の機構』同成社、二〇〇九年
八木　充「那津官家と筑紫大宰」古都大宰府を守る会編『大宰府の歴史1』西日本新聞社、一九八四年
八木　充『日本古代政治組織の研究』塙書房、一九八六年
山内幸子「九州の軍制―八世紀における氏族軍的遺制について―」竹内理三編『九州史研究』御茶の水書房、一九六八年
山田英雄「征隼人軍について」『律令国家と貴族社会』吉川弘文館、一九六九年
吉村武彦「「浄御原朝庭の制」に関する二・三の考察」吉村武彦編『日本古代の国家と王権・社会』塙書房、二〇一四年

コラム

封緘木簡が語ること

高島英之

封緘《ふうかん》木簡とは、紙の文書を送付する際の、言わば「封筒」的な機能を有して作成された木簡である。荷札木簡のように長方形の材の上下両端に切り込みが入り、下端部をあたかも羽子板の柄のような状態に整形する、一種独特な形状を呈している。下端部の羽子板の柄状の整形は、文書を運ぶ際の持ち手ということなのだろう。

基本的に二枚の封緘木簡の間に紙の文書を直接挟み、上下両端を紐で結び、紐の上から「封」の文字を書いて、封印してあるが、一枚の木簡に文書を括り付けただけで運ばれたと考えられる例や、一枚の木簡の上端から途中までを割いて文書を挟み込んで運んだ例、「封」の文字が記されていない例も少なからず存在している。

紙の文書を堅牢な二枚の木の札の間に挟み込んだり、あるいは一枚の木の札に括り付け、「封」の文字を括り付けた紐の上から記すことによって、脆弱な紙の文書の保護と内容の秘密の保持を図ったのである。

なお、本来的に、文書は木の箱に入れてやりとりすることが法令に定められているので、封緘木簡を使って運ばれた文書は、中央政府からの直接かつ重大な命令や、地方の役所から中央政府に宛てた公式報告のような重要な文書よりは一段下のレベルの、官衙・部署・官人間における比較的軽微な業務報告や指示・命令、物資・給食等の請求ないし配給、労務管理等に関わるような文書と考えられる。なお、もっと日常的かつ軽微な内容についてのやりとりには、紙の文書ではなく木簡が使用されたであろうから、伝達内容の重要度に即した厳密な伝達媒体の使い分

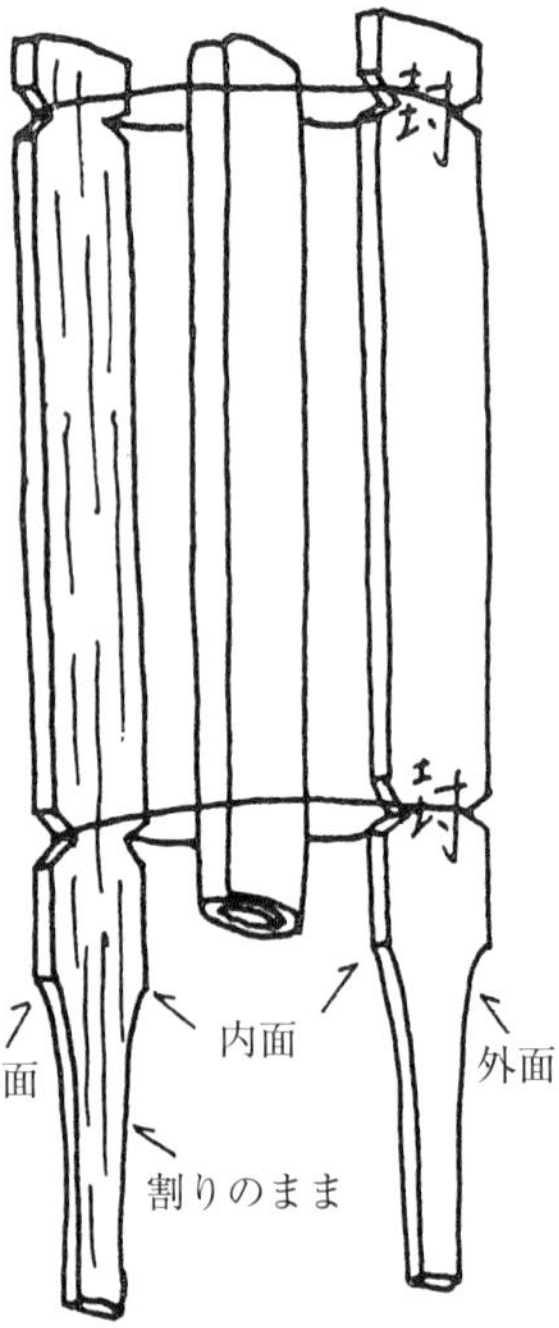

図　封緘木簡の使用状況（佐藤信「封緘木簡考」『日本古代の宮都と木簡』吉川弘文館，1997年）

けが存在したものと推測できる。

おおむね、表面には文書の差出、ないし宛先が記される。宛先が自明である場合には、むしろ差出が記される場合が多い。

封緘木簡は、少量ながらも早くから各地の遺跡で出土していたが、昭和末期から平成初頭に発掘調査された平城京左京三条二坊一・二・七・八町を占める巨大な八世紀前半の邸宅跡の溝跡から出土した三万五〇〇〇点余りのいわゆる「長屋王家木簡」と、その北側に隣接する二条大路の路面に掘られた溝跡から出土した天平七（七三五）・八年ごろを中心とした七万四〇〇〇点余りのいわゆる「二条大路木簡」の中に、それらの用途と機能を特定させるような文字が記されたものがいくつも存在していたことによって、はじめてそれらが封緘木簡として認識されるようになったのである。

封緘木簡の出土は、文書の移動を直接示すものであり、封緘木簡が出土した場所は、封緘木簡が機能を終えて廃棄された場所、すなわちそれに付された文書の宛先である。封緘木簡に付けられていた文書そのものは失われても、木で作られた封緘木簡が土中で腐蝕することなく遺存して出土すれば、出土した封緘木簡に記された内容から、その封緘木簡に付されていた文書の差出と宛先が判明し、封緘木簡が出土した遺跡の性格を明らかにする上で大きな手がかりとなる。さらに差出を検討することによって、出土した遺跡に存在した施設への交通路を検証する上での重要な手がかりともなろう。

参考文献

佐藤　信「封緘木簡考」『日本古代の宮都と木簡』吉川弘文館、一九九七年

Ⅲ　東アジアの交通

一　中国律令制下の交通制度と道路

荒川正晴

1　唐代駅伝制度をめぐる議論

これまでの研究　中国の交通制度といっても大まかに概観すれば、秦漢～唐の時代までと、それ以降とでは、交通制度の内容が大きく変容してゆく部分がある。本論は、このうち秦漢～唐の時代における、いわゆる律令制下の交通制度、とりわけ唐代の駅伝制度を中心に扱うものである。

中国律令制下の交通制度については、日本においては日本古代の駅制との比較で唐代のそれを付随的に論じるところから研究は始められたといってよい。今から八〇年以上も前に公表された坂本太郎の論考がそれである（坂本太郎―一九八九〈初出一九二八〉）。その後、青山定雄は、駅伝制度における駅馬と伝馬の使用上の区別や、玄宗《げんそう》時代以降における駅制の変遷の具体的な状況を明確にしている（青山定雄―一九六三）。日本においては、この青山の論考以外で唐の駅伝制について論じた専門論文は、筆者のものを除いて皆無に等しい状況にある（荒川正晴―二〇一〇）。

一方、中国や台湾では、陳沅遠の論考を先駆的な研究として挙げることができよう（陳沅遠―一九三三）。陳は関連史料を渉猟して唐代における駅の組織や管理、さらには駅使について詳細に論究している。陳以降においても、唐の駅伝制度に対する研究は活発であり、厳耕望の『唐代交通図考』をはじめ、唐代を含む中国歴代の交通制度に関する史料集や概説書が数多く公刊されている（厳耕望―一九八五～二〇〇三ほか多数）。

また近年では、新たにトゥルファン文書が出土した結果、これらの出土文書を利用した駅伝制研究が日中双方で進められており、さらには駅のみならず、駅と同様に公務により移動する官員などに対して宿・食の便宜を供与する機能を有する館についても、その運用の実状が明らかにされつつある。ただし、こうした研究の蓄積を有しながらも、その多くは駅伝制全体の構造について論ずることはほとんどない。

中国の駅伝制　そもそも、この時期における中国の交通制度が一般に駅伝制と呼ばれるのは、これが本来、駅制と伝制とから成っていたからである。この交通制度は、秦漢代および唐帝国の前半期において制度として実際に機能していた。ただし青山は、秦漢代においては駅制と伝制との明確な分化を認めるものの（青山定雄―一九三八）、唐代には、伝制は駅制のなかに組み込まれ、駅には駅馬とともに伝馬も配置されていたことを指摘している（青山定雄―一九六三）。しかしながら、唐代においてもなお駅制とは区別される伝制と呼び得る交通体系が存在していたことは疑いなく、公用交通制度は駅制と伝制とから成っていたと捉えることができよう。

まず駅制については、駅道上に配置された駅と駅馬によって機能する制度として、とりあえずは規定できよう。駅道とは、国都と州府とを直結させる道として特に指定された公道であり、駅馬およびそれを管理する駅とは、そうした駅道を支えることを目的とした馬と施設であった。したがって駅馬と駅は、駅道以外の公道には配備され得ないものであり、駅制はきわめて限定された条件下で機能するものであった。

それに対して伝制は、基本的に県を逓送《ていそう》の場として、駅や館が設置される駅道ないしは公道ながら駅が置かれない非駅道で機能しており、限定的に機能する駅制を補完する役割を担うものであった。これを利用する官員などは、県司の所在地もしくは路次における宿泊・飲食の供給を、駅や館などで受けたのである。とくに注目されるのは、伝制における逓送の内容は、必ずしも馬・驢《ろば》や車牛など交通手段を供与されるとは限らないことである。すなわち、そうした交通手段を利用する便宜に与ることができず、宿食の便宜だけを供与されたものもいた。県を拠点とした逓送体制には、こうしたものを含める必要がある。これまでの駅伝制に関する研究は、基本的にこうした視点が欠落していよう。

駅道と非駅道をともにみる　以上のことから、基本的には駅道と駅が置かれない公道との区別を設け、この両道で国都と地方州府および州府・県の間を往来する公用交通や通信・運輸を支えていたことがわかる。すなわち駅馬は駅道によって緊急時の通信や交通を主な任務とし、これに対して伝制の交通手段は、駅道とその補助的幹線となる非駅道上を柔軟なかたちで往来し、中央と州府および州府と管内諸県との間の交通・運輸を担っていたのである。

これはまた、非駅道のうち、いわゆる「県道」（荒川正晴―二〇一〇）に置かれた館を辿って往けば、それは州府の治所へと結ばれ、一方すべての州を貫通している駅道の駅を繋いでゆけば、それは国都へと結ばれてゆくということであった。当然、これと反対の流れも保証するものであったのである。すべてが政治的中心地へと収斂し、同時に中心から州府・県へと拡散していった。こうした体制のもと、国都を中心にした帝国領内の州府県を結んだネットワーク化が完成したものと考えられる。

ただし、公務による往来に対して、私用のそれ（ただし非合法的な移動は除く）については、それがどのような交通体制にあったのか、これまで十分に議論されたことはなく、主として通行証を対象とした個別的な研究が進められているのみである。要するに、唐の交通システムが、公私にわたり全体としてどのような構造をもって運用されていたのか、これを総合的に検討した研究は、これまで皆無であったといっても過言ではない。唐の交通システムに対する研究を深める上で、当然解決すべき課題として残されている。

2　公道における関津の設置と通行証

関津の設置状況　唐では、先に掲げた公道上に関津（津は河川の渡し場を指し、本来、往来をチェックするポイントとしては関とは明確に区別されるが、ここでは水陸の関所を総称する語として使用）を設置し、人やものの往来をチェックする体制が取られていた（青山定雄―一九六三、礪波護―一九九二ほか）。唐前半期の関津の配置状況については、『大唐六典《だいとうりくてん》』巻六、刑部司門郎中員外郎の条によれば、二六の関が①上関（六関）、②中関（一三関）、③下関（七関）の三つのクラスに分けて配備されている。

①は京城（長安）の「四面関」（京城の出入をチェックする関津）で駅道上に位置する関であり、②は同じく京城の「四面関」ではあるが駅道上に位置しない関、および京城の「四面関」以外で駅道上に位置する関である。そして③はそれ以外の関となる。

これら関津の所在地からみると、二六関のうち一一関が京城の四面関（この内側が畿内）となっており、このうち六関が駅道上にあることがわかる（後掲の表を参照）。これら六関こそが、京城への出入にとって最も肝要な関津となろう。また二〇関までが、三都（京兆《けいちょう》・河南《かなん》・太原《たいげん》府）の周辺に位置しており、唐の関津が都城の防衛を重視して配置されていたことを明瞭に示している。

唐の後半期になってくると、藩鎮体制のもとに九十余りもの関津が設置されてくるようであるが（青山定雄―一九六三）、前半期においても実際には『大唐六典』に挙げられた関津以外に、県の境界および縁辺部（国境地帯）などに関津が設置されていた可能性も十分にある。もしそうであれば、『大唐六典』に伝えられる関津は、主に京城を含めた三都の周辺に配置されたものであり、特にそれらを抽出して記録したものとなろう。

関津による通行審査　唐領内における公道上の往来は、すべてあらかじめ定められた通行証の取得が義務づけられており、関津でこの通行証に基づいて往来人のチェックをしていた。『唐律疏議《とうりつそぎ》』巻八衛禁律《えごんりつ》の疏議（以下、衛禁律疏と略称）には、こうした通行証について、

諸そ私に関を度ゆる者は、徒一年。越度《えつど》する者は、一等を加う。（門に由らざるを越と為す。）

疏議して曰く、水陸等の関、両処に各々門禁有り。行人来往するに皆な公文有り。謂うこころ、駅使は符券を験べ、伝送するは逓牒《ていちょう》により、軍防・丁夫《ていふ》は総暦あり。自余は各々過所《かしょ》を請いて度ゆ。

と記しており、駅使は符券（中央から州への通行と駅・駅馬の利用を許可する通行証）、伝送は逓牒（逓送を指示する牒式の通行証）、軍防・丁夫（辺境の守備兵と労役の人夫）は総暦（未詳ながらリスト様式の通行証か）、その他のものは過所をそれぞれ取得することになっていたことがわかる。この衛禁律は、関津の通過に関わる法規ではあるが、疏議に列挙する「公文」がその通過にのみ使用される性質のものではなく、移動そのものを認可する通行証として機能していたことはいうまでもない。

唐代の法規全体を見渡してみても、公用・私用の交通を問わず、唐代では官の認可を受けない移動は想定されていない。先の衛禁律疏に挙げる、官許を得た交通のなかでも、交通手段や糧食が供給され、丸抱えで逓送されるのは、総暦を除外すれば基本的には符券と逓牒を有する者までであり、駅伝制はこれら両種の通行証によって運用される。

これに対して、最後の過所は、本来的には私用交通に対して与えられる通行証で、州府県による直接的な逓送と関わるものではないが、場合に応じて、逓牒と合わせて発給されることがあった（荒川正晴―二〇一〇）。

3　駅道の性格

羈縻府・州の駅道　先にも述べたように、駅制の本質的な機能は、国都と地方州府とを直接に結ぶことにあり、その機能を保証したものこそ、長安から放射線状に広がっていた駅道であった。こうした駅道はすべての州府をカバーするのを建て前としていたが、実際にも唐は内地だけでなく、擬制的な都督府・州、すなわち羈縻《きび》府・州を設置した周辺の外地にも、駅道を貫通させていた。

『唐会要《とうかいよう》』巻七三、安北都護府の条によれば、唐は回紇《ウイグル》等からの請求というかたちを取らせながら、安北都護府管下の羈縻府・州に、唐中央に至る郵駅《ゆうえき》を配した駅道（参天可汗道《てんかがん》）を通じさせ、進貢させていたことが知られる。しかも駅道に設置される各駅には、前掲史料と同内容の記事を伝える『資治通鑑《しじつがん》』巻一九八、貞観二十一年（六四七）正月丙申の条（ただし駅の数は六八駅とする）から、馬や食糧などを備えて使者を接待していたことが知られる。

また天山の北麓側でも、阿史那賀魯《あしながろ》の反乱（六五一〜六五七年）鎮定後に、『唐会要』巻七三、安西都護府《あんせいとごふ》の条に、

道路を開通して、館駅を別ち置き、骸骨を埋瘞《まいえい》して、所在に疾苦を問い、其の疆界を分ちて、其の産業を復せしむ。賀魯《がろ》の虜掠する所の者は、悉く検して之を還す。

とあり、天山以北の遊牧民部落を支配下に組み込むと同時に、「道路」を開いて「館駅」を設置させていたことが確認できる。当地においても、先の「参天可汗道」と同じように、馬や食糧を供出していた可能性は高く、少なくとも馬や馬子が唐の使者を送迎していたことが文書史料よりうかがえる（荒川正晴―二〇一〇）。

官印と割り符　さらにこうした周辺の羈縻府・州にも、内地州府と同様に、割り符たる魚符《ぎょふ》が授けられていたとみられ、前掲の『唐会要』巻七三、安北都護府の条にも、漠北《ばくほく》の各羈縻府・州に、金文字が刻された割り符、すなわち

「玄金魚」が付与されていたことがみえている。

また天山以北の遊牧部落にも、『唐会要』巻七三、安西都護府の条に、

（顕慶）四年正月、西蕃部落の置く所の州府は、各々印契を給わり、以て徴発の符信と為す。

とみえ、漠北と同じように羈縻府・州が設置されるとともに、「印契」がそれぞれに給され、徴発の「符信」となったことが伝えられている。ここにいう「印契」とは、文字通り官印と割り符であったとみられる。とくに割り符は、中央と州府が差遣する「使」の素性を証明し、「大事」たる中央の発兵指令や制命および地方からの情報を中央に確実に伝えることをその重要な機能としていたが、羈縻府・州においても、この機能は基本的には同様であったとみられる。

ただし、羈縻府・州にとって唐の「印契」は、皇帝と羈縻府・州の長官、すなわち各部落の首長との統属関係を表象するものでもあり、これを都督・刺史《しし》の称号とともに授けられるに伴って、唐の使者を迎え入れ、人畜の徴発に応ずる義務が生じていた側面があったと考えられよう。こうした政治的従属に伴う義務には、軍事的な負担ばかりでなく、中央と直結する駅道と駅館の維持も含まれていたとみるべきである。

また中央アジアの諸国も、蕃国でありながら羈縻府・州となっていたが、そこでも割り符の頒布は励行されていたとみえ、彼らが朝貢するにあたっては、銅魚符が朝貢使の証として用いられていた。

以上のことから、唐は政治的に統属した羈縻府・州に官印と割り符を授けて、人畜の徴発に応じさせ、それによって郵駅を配した駅道を通じさせ進貢させようとしていたことが知られる。羈縻府・州にしてみれば、唐皇帝（天可汗）との間の政治的統属関係を強烈に意識することになると同時に、国都との直接的なパイプを持つことになったのである。

このように駅道は羈縻支配地域に至るまで、唐帝国の支配を支える重要幹線として機能し、この道を維持する義務

が各州府に課せられていた。換言すれば、唐帝国はその支配にあたり、羈縻府・州や直轄州府との間に貢納物を媒介とする政治的統属関係を構築していたといえ（渡辺信一郎―一九九六）、そうした関係を維持し体現したのが各州府と長安とを直結する駅道（貢道）であったのである。そして、それがそのまま唐の政治や軍事・経済面での重要な幹線として機能していたといえよう。このことを踏まえてみれば、唐代前半において国都と地方州府とが駅道によって結ばれる体制が、直轄州府だけでなく羈縻府・州にまで及ぼされていたことは当然のことであった。

これまで駅道や駅は、専ら駅制との関係から考えられてきたが、これらが唐帝国の公私にわたる交通を支える基幹道および施設として機能するとともに、中央と諸州府との統属関係を象徴するものであったことを改めて認識すべきであろう。

4　帝国統治と入京管理

唐朝の帝国的秩序と三層構造　先に述べたことからうかがえるように、唐の駅道はその基層に貢道としての性格が認められ、中央は羈縻・直轄州府との間に貢納物を媒介として、それぞれに政治的統属関係を構築していた。

この点を踏まえ、注目すべきなのは渡辺信一郎による「唐朝の帝国的秩序」に関する議論である。渡辺によれば、その秩序は①直轄州府、②羈縻州府、③遠夷《えんい》（蕃国《ばんこく》）の三層の構造より成っていたとされる（渡辺信一郎―一九九六）。ただし②の羈縻州府と③の遠夷（『六典』巻四、礼部、主客郎中〈員外郎〉の条では全部で七〇蕃を列挙）は、截然と区別されるものではなく、とくに中央アジアにある遠夷（蕃国）は、ほとんどが唐の羈縻州府として存在しており、互いに重なり合う部分が大きい。

そして、それぞれが唐皇帝の支配のもと、果たさなければならない義務をみてみると、以下のようである。

①直轄州府……貢賦《こうふ》（調庸物・貢献物）と版籍《はんせき》（地図・戸籍）とを定期的に納入。
②羈縻州府……王朝に服属した蕃夷が、貢賦（調庸物・貢献物）と版籍（地図・戸籍）とを不定期に納入。
③遠夷（蕃国）……貢献物のみを不定期あるいは定期に貢納。

これから明らかなように、①〜③すべてに共通しているのは「貢献物」であり、ここから渡辺は「唐王朝の帝国的秩序は、諸州と遠夷とが将来する貢献物の貢納を基本原理とし、そのうえに諸州からの賦（調庸物）の上供が重層する構造」となっていたことを指摘する（渡辺信一郎―一九九六）。

つまり①と②だけでなく③を含めたすべての貢献物の貢納が、唐の帝国支配の基本原理となっており、それを実際に保証したものこそ、貢道すなわち駅道であったのである。このように解してはじめて、唐の支配というものを直轄州府から蕃国までを含めて、一貫した視点で捉えることができるのである。

蕃客の入関（入京）と貢道（駅道）　貢道を通じて京城（長安）に上るにあたり、先にみたように貢道上にある最も肝要な京城の四面関（六関）でその入京がチェックされていた。そしてこの関津を通過するにあたっては、後にみるように過所と、さらには関津に宛てて牒《ちょう》（辺牒〈榎本淳一―二〇〇八〉）が発給される体制が取られていた。

まずは京城に通じる六つの貢道について、前掲の『六典』の情報に基づいて表に挙げておく（図も参照）。畿内以外からの貢献物はすべて、体制としてはこの六つの関津のどれかを通過して納められていたことになる。

蕃国の客使（蕃客）の入京管理　①直轄州府と②羈縻州府については、貢納の使いが具体的にどのような体制で関津を往来していたのか史料はないが、幸いに③遠夷（蕃国）については、近年、「天聖令」が紹介され、そのなかに関津の運用に関わる新たな令文が含まれていた。

「天聖令」の関市令は二七ヵ条（宋令一八ヵ条、不行唐令九ヵ条）あり、このうち関関係は一六ヵ条（宋令一〜九条、不行唐令一〜七条）、市関係は一一ヵ条（宋令一〇〜一八条、不行唐令八〜九条）ある。このうち注目したいのは、以下に掲げる

表　唐代の貢道（駅道）と京城の四面関

	『六典』巻六 刑部司門郎中員外郎の条
Ⅰ	商州路（山南東道方面）／京兆府の藍田関
Ⅱ	洛陽路（河南道方面）／華州の潼関
Ⅲ	太原路（河東道方面）／同州の蒲津関
Ⅳ	益州路（山南西道・剣南道方面）／岐州の（大）散関
Ⅴ	涼州路（河西道方面）／隴州の大震関（故関）
Ⅵ	霊州路（関内道方面）／原州の隴山関（六盤関）

図　唐代の貢道（駅道）と京城の四面関（厳耕望『唐代交通図考』2 河隴磧西区，台湾商務印書館，1985年）

天聖関市令の宋六条である。宋令ではあるが、推定される唐関市令も二七ヵ条とされており（榎本淳一―二〇〇八、吉永匡史―二〇〇九、二〇一二など）、本令文が唐令に存在していた可能性はきわめて高い。

天聖関市令宋六条（『校證』三〇六頁）

諸《およ》そ蕃客の初めて入朝するに、本《はじめ》に発遣したる州は、過所を給して、姓名・年紀・顔状を具にし、入る所の関に牒して勘過せしめよ。有する所一物以上は、関司、当客の官人と共に、具に録して所司に申せ。一関に入りたる以後は、更に検を須《もち》いざれ。若し関の無き処なれば、初めて州鎮を経たれば、亦た此に准ぜよ。即ち関を出る日、客の得る所の賜物及び随身の衣物は、並びに所属官司に申して、過所を出せ。

本条文によれば、諸蕃国の客使（使節）が入朝するにあたっては、最初に客使を受け入れた州が入朝のための過所を発給することが規定されていた。また、その過所には客使らの姓名と年齢および顔の特徴などを記すように指示されている。さらにその州では同時に「入る所の関」に牒を宛てることになっていた。なお、ここにいう「入る所の関」というのは、「京城四面関」一一関のうち、貢道上にある前掲の六つの関津を意味していたと考えられる。また、この州が発出した牒について、榎本淳一はこれが辺牒と呼ばれていた可能性を指摘している（榎本淳一―二〇〇八）。

いずれにしても、関津では基本的には過所をもって、客使は取り調べられたとみられ、そのうえで畿内に入ることを許されたことがうかがえる。規定によれば、この関津を通過した後は、さらに検問を受けることはなかったらしい。また過所は、関津でチェックを受けるためだけのものではなく、自らの身元を証明する文書として通行時には常に携帯していたと考えられる。

5　蕃国の入貢（入京）事情

西方蕃国の入貢状況　そもそも唐朝の四方から入朝する外国使節のうち、朝貢しようとする使節であふれかえっていたのは西方方面であり、その動きは唐初より認められた。たとえば、『旧唐書』巻七一、魏徴伝には、次のように伝えられている。

時に高昌王麴文泰《きくぶんたい》、将に入朝せんとするに、西域諸国咸な文泰に因りて遣使貢献せんと欲すれば、太宗《たいそう》、文泰の使人の厭怛紇干《えんたつこつかん》をして往きてこれを迎接せしめんとす。徴、諫めて曰く「中国、始めて平かなれば、瘡痍《そうい》未だ復さず。若し労役を徴すること有れば、則ち自ら安んぜず。往年、文泰入朝するに、経る所の州県は、猶お供する能わざるに、況《さら》に此の輩を加えんや。若し其の商賈の来往に任せば、辺人は則ち其の利を獲ん。若し賓客と為せば、中国は即ちその弊を受けん。（中略）今、若し十国の入貢を許せば、其の使いは千人を下らず。（中略）」と。

『資治通鑑』巻一九三にも同じ記事が伝えられているが、同書はこの記事を貞観四年（六三〇）十二月甲寅（二十四日）に置いている。貞観四年といえば、ちょうど東突厥《ひがしとつくつ》と一般に呼ばれているトルコ系遊牧国家が唐の太宗の征討を受けて滅んだ年である。記事そのものは、高昌国王に従って西域諸国が遣使入貢しようとした際、太宗が使いを遣わしてこれを迎えようとしたのに対して、側近の魏徴がその受け入れを諫めたものとなっている。それほどに貞観四年の時点で、西方方面は「遣使貢献」しようとする「西域の諸国」で賑わっていたのである。

また唐の安史の反乱以後にあっても、こうした西方方面では「進奉」しようとする使節であふれていた。この状況について、「河西節度使判集」（P.二九四二、〈録〉『籍帳』No.二三六、四九五頁ほか）の裁決文には、以下のように伝えられている。

判諸国首領停糧
沙州《さしゅう》の糧を率《おさ》むるは、辛苦ならざるに非ず。首領、進奉するに、此に憑《よ》りて興生《こうせい》す。遠く自り来り、誠に合に優当すべきと雖も、淹留《えんりゅう》すること且に久しくならんとすれば、資粮を遂げ難し。理として適時を貴べば、事は宜しく停給すべし。

本史料は、全二二八行が二断片に分かれ、四七項目および不完全の一項目からなる河西節度使の下で処理された事件の判辞書で、ここには沙州のほかにも甘州《かんしゅう》・粛州《しゅくしゅう》・瓜州《かしゅう》が登場し、建康軍・豆廬軍など軍鎮の軍糧支弁などを論じている。菊池英夫によれば、この判が書かれた下限は永泰元年（七六五）であり、それは楊休明が節度使になる以前、すなわち沙陁《さだ》と呼ばれるトルコ系遊牧民に殺された楊志烈がなお節度使であった時期にあたる（菊池英夫一一九八〇）。

このような安史の乱が収束した直後の時代に、河西地域の敦煌オアシスには、諸国の「首領」が「進奉」しようとして押しかけていたことがわかる。なおここでいう「進奉」とは、皇帝への進物の奉納と解して支障なかろう。またこうした外国の使節が入朝しようとした場合、唐代であれば、使節がたどり着く縁辺州において過所を発給して、その入朝を保証しようとする体制を取っていたことは、前掲の「天聖令」から知ることができる。ただし、この体制は遡って遅くとも三世紀初めにはあったようで、『三国志』巻一六、魏書一六、倉慈伝《そうじ》（『魏略』倉慈伝）には、魏の太和年間（二二七〜二三二）に、倉慈が敦煌郡の太守に就任すると、彼は、中央アジアから貢物を納めにやってくる「西域の雑胡《ざつこ》」らをねぎらい、彼らの中で都の洛陽に赴こうと願うものには「過所」を発給したことが伝えられている。

なお史料には、さらに敦煌郡より西方に引き返そうと願うものには、敦煌郡の官吏が「雑胡」のもっている商品を相互に納得できる適正な価格で買い上げることとし、ただちに「雑胡」らに対して敦煌郡の官物をもって支払うと同時に、敦煌郡の官吏や民が責任をもって彼らを護送して送り返したことが伝えられている。

ここから、貢献のために中国を訪れる蕃国の使節が京師に入るために、縁辺の州郡でそれを保証する通行証（過所）を発給してもらう体制が、早くも三世紀には確立されていたことがうかがえる。

また続く晋代には、過所の発給と関津でのチェック体制に関する令の条文があったことがうかがえる。

このように朝貢使節の入京を過所により統制しようとする体制が、西方面ではすでに魏晋あるいはそれ以前から確立していたことが知られる。唐はその体制を基本的に継承したものであったのである。

外来のソグド商人に対する「開放」政策　唐代において注目されるのは、朝貢使節による入朝・入京というものを越えて、「商胡」や「興胡」と呼ばれる個々の商人にまで、その入京・交易の権利を拡大して付与したことである。具体的には、「商胡」や「興胡」とは当時の国際交易の主役となっていたソグド商人（ソグド諸国およびその周辺地域出身の商人。以下同じ）のことを指している。

この唐のソグド商人に対する方針は、具体的には次に挙げる戸部格よりうかがえる（「開元戸部格残巻」（S．一三四四〈録〉TTD（A）．p. 93：〈写〉TTD（B）．p. 72））。

勅すらく、諸蕃の商胡、若し馳逐するものあらば、内地に於いて興易するを任すも、蕃に入るを得ず。仍りて辺州の関津・鎮戍をして、厳しく捉搦を加えしめよ。其の貫、西・庭・伊等の州府に属す者は、験《しら》べて公文あらば、本貫より已東の来往を聴《ゆる》せ。

垂拱元年八月二十八日。

この格より、唐は垂拱元年（六八五）に利を求めて東来してくる「商胡」、すなわち外来のソグド商人を対象にして、辺境での交易を許す互市交易などを越えて、内地での交易を正式に認可していることが知られる。この方針は、この詔勅が開元年間の戸部格となっていることから、八世紀前半にも維持されていたことが明らかである。ただし彼らは入境後には、ふたたび「蕃」域に「入る（帰る）」ことが許されない建て前であったが、実際には唐内地と「蕃」域とを容易に往来していた。

また明記はされていないが、当時の交通体制から判断して、内地での交易にあたり、こうした商人に対し縁辺州において過所を発給していたことが推測できる。

ただ、この法文だけでは「商胡」が実際に入京をしたかどうかは確認できないが、幸いなことに次に挙げるようにトゥルファンからは外来のソグド商人に対して、入京のための過所を発給したことをうかがわせる文書史料が見つかっている。今、その一部を示しておきたい（「唐垂拱元年康尾義羅施等請過所案巻」（64TAM29:17（a）, 95（a）, 108（a）, 107, 24, 25〈録〉〈写〉『図文』三、三四六―三五〇頁））。

①

（前欠）

1　垂拱元年四月　　日

2　譯、翟那你潘

3　「連。亨白。

4　十九日。」

- 「亨」

②

5　□□（康尾）義羅施年卅

6　［　　　］□鉢年六十

7　□□□（吐火羅）拂延年卅

8　□□□□（吐火羅磨）色多年卅五
9　□□□□（羅施等辯）。被問所請過所、有何来文、
10　仰答者、謹審、但羅施等並従西
11　来、欲向東興易、為在西無人遮得、更
12　不請公文、請乞責保、被問依實、謹
13　□（辯）。「亨」。
14　　□□□□□（垂拱元年四）月　日。

（後欠）

9行目以下の和訳

（康尾義羅施等がお答え申し上げます。）「（今回）過所を請求するのに、（唐から）どのような公の文書（通行許可書）をもらっているのか、仰ぎ答えよ」との尋問をお受けいたしましたので、謹んで審らかにいたします。但そ、私、康尾義羅施等は、みな西より来て、東に向かって交易をしようと願っております。（トゥルファン以）西に在っては誰も通行を規制するものはなく、あらためて（唐の官府に）公の文書（通行許可書）を請求することはありませんでした。願わくは、（保人《ほにん》の）保証を責《もと》め（一筆取）られますように。尋問をお受けいたしましたので、真実に依って、謹んでお答え申し上げます。「亨」。（後略）

③

（前略）

19　阿了辯、被問得上件人等牒稱、請□（将）
20　家口入京、其人等不是壓良□□（詃誘）

冒名仮代等色以不者、謹審、但了□□□(等保知)
不是壓良仮代等色、若後不□□□(依今款)
求受依法罪、被問依実謹□(辯)。
垂拱元年四月□(日)。
「連。亨□(白)。

(後欠)

和訳

(康)阿了がお答えいたします。「上件人等の牒(上申書)では、家口を引き連れて入京することを願っているが、その人等は良人の子女を買って奴婢としたり、(欺き騙してかどわかしたり)、他人の名を騙りそれに成り代わったなどのものではないかどうか、仰ぎ答えよ」との尋問をお受けいたしましたので、謹んで審らかにします。但そ、私、阿了等は、(これらが)良人の子女を買って奴婢としたり、他人の名を騙りそれに成り代わったなどのものではないことを保証いたします。もし後にこの調書に違うことがあれば、法に依って罪をお受けすることを求めます。尋問されましたので、真実に依って謹んで申し上げます。

まず前掲文書の主体となる②③が、お上の尋問に対する供述書(「弁」辞)であることは、その書式より容易に認められる。また、こうした供述書は、別に「款」(くちがき)とも表現される。実際には、尋問に対する答えを官司側が書き留め代書しているのであり、それを本人の前で読み上げて間違いなければ画指《かくし》することになる。①の部分には、その2行目に訳語人の那你潘の名と彼の画指がみえているが、翟姓ながら、那你潘がソグド語の「nnyprn ナナイファルン(ナナイ神の恩恵)」(Yoshida, Y. / Kageyama, E., p.305)であることから、彼がソグド人であることは間違いない。おそらくは彼は、取調を受ける者と官司との間に立ったソグド人であったとみられる。すなわち外来のソグド人であれば、彼らは漢語ができない可能性が高いことから、漢語での尋問とソグド語での弁明をそれぞれこの通訳が訳し、最終的な調書内容の読み上げ確認においても彼が漢語をソグド語に訳したものと思われる。①の年月日の後の彼の画指は、漢人の書記が作成した調書の内容に相違ない旨を証するものであろう。残念ながら、②③の供述書は、末尾が欠落していて確認はできないが、訳語人を介したのであれば、同じようにその名と画指が添えられていたと推定できる。

供述書の内容から明らかなように、②は外来ソグド人が辺境に置かれた唐の州府より過所を取得する際に行われた、州府側の尋問に対する外来ソグド人の供述書であった。そして、これがトゥルファンから出土した文書であることから、その州府とは西州都督府を指す。

一般的には、唐の州県「百姓」が本貫を離れるための過所を取得する場合は、州県の録事司が窓口となり、そこを通して申請書を提出し、過所を受け取っていた。本文書における外来ソグド商人も、③の19行目によれば、過所を申請する上申書を西州都督府の官司に提出していたことがうかがえるので、彼らも通常の「百姓」が過所を申請するのと全く同様な手続きを踏んでいたことが知られる。

さらに審問にあたっては、過所申請者だけでなく関係者の調書が取られることになるが、本文書でも、③は保人（身元保証人）の供述書が貼り連ねられている。

また通常の州県「百姓」の申請であれば、こうした審問は、州府の過所発給を担当する戸曹司《こそうし》の命を受け、県において行われていたとみられるが、トゥルファン文書によれば、西州都督府では「百姓」でも商人の場合は、州の戸曹司より直接取り調べを受けていたことが知られる。おそらくは彼ら外来ソグド商人の取り調べも、県ではなく西州府の戸曹司で行われていたとみられ、本文書にみえる「亨」のサインも、戸曹参軍のものであった可能性は高い。

なお本文書の②の調書からは、こうした戸曹司における審査で、彼ら外来ソグド商人がどのような公文を保持しているのか問題となっていたことが知られる。ここにいう「公文」とは「来文《らいぶん》（通行許可書）」のことであり、ここでは過所を指している。このことは、垂拱元年当時、外来ソグド人が、トゥルファン到着以前に辿り着く唐の官府（漢官府）より過所を支給され、それを携帯して西州府にきていることが前提となっていたことをうかがわせる。

過所は地方においては州府に発給の権限があったが、地方州府であれば、どこへでも交通を許可する過所が発給できたかどうかは未だ詳らかではない。とりわけ長安への交通を許可する、つまり京城四面関内への「勘入」を請求する過所が発給できたのは、特定の官府に限定されていた可能性が高い。中央アジアでは、まずは当該地域を統轄し駅道（貢道）を管掌する安西・北庭《ほくてい》両都護府（八世紀以前は庭州）が、国都へ上ることを許可する過所の最初の発給地となっていたと考えられる。西方から来る商人等にしてみれば、安西・北庭といった境域オアシス都市は、唐の国都と直結する陸上の寄港市として存在していたとみられ、本文書の外来ソグド商人も、本来であればいずれかの都護府より過所を取得していたものと思われる。

両都護府での過所発給の審査がどのようなものであったかはわからないが、西州府官司においてそれまでの過所がないことが明らかとなっても、それに続いたと思われる保人らの取り調べでは、外来ソグド商人の率いる人（畜）の素性のみが問題となっていた。すなわち、③の供述書で明らかなように、彼らが率いる人（畜）が「其人等不是壓良該誘寒盗」ではないことを保人らが明らかにすることが求められたのである。このことから、両都護府での審査も基本的にはこの点に重きが置かれ、その上で過所が発給されたものと思われる。

そして、これらの供述書よりうかがえるのは、外来ソグド商人らの入境が、蕃国人の入国としての側面を有しているにもかかわらず、その実態は、唐内地の商人と同様に過所を入手するだけで京師へ入り込み交易することが可能であったことである。このことは、彼らが内地商人と全く同じ条件で唐領内を往来できたことを示している。また外来ソグド商人の中には、辺州に留まる者もいたと考えられる。この点については、先の「戸部格残巻」において西・

庭・伊州に附貫したものは、「公文」があれば本貫以東への交通を許可しているので、あるいはこの戸部格はこうしたソグド人を対象とした規定であった可能性もあろう。

ところで、こうした本貫を離れる際の過所の取得過程で特徴的なのは、保人（連保人、連答人とも表記）が、過所申請者が率いる人畜の身元を保証する必要があったことであるが、この外来ソグド商人の場合も、入京のための過所を申請するために保人を揃えていた。前掲の③文書には、前略の部分に以下のような保人が名を連ねていた。

イ　庭伊百姓康阿了

ロ　伊州百姓史保

ハ　庭州百姓韓小兒

ニ　焉耆人曹不那遮

ホ　高昌県史康師

保人はその名から判断して、西・庭・伊州の三州を本貫とするソグド人三人と漢人一人および安西都護府下の焉耆《えんぎ》都督府のソグド人一人から構成されていた。なかには、ホにみえるように、高昌県の胥吏《しょり》である「史」となっていたソグド人も名を連ねている。おそらくは州司に上申書を出す段階で保人を用意しなければならなかったのであろうが、そのメンバーからみて、外来ソグド商人らは、唐の州県百姓としてオアシスに定住するソグド人らと密な結びつきがあったものと推定される。こうした彼ら相互のコネクションが、私的な外来ソグド商人をスムーズに唐内地へ送り込めた背景にあったとみられる。

また外国人が入京するのであれば、当然のことながら中央の許可を得なければならないところであろうが、本文書をみる限りではそうした様子もなく、外来ソグド商人の入境・入京がなかば日常化していた様相がうかがえる。またこの文書の年月日が、前節に検討した武后期、垂拱元年八月の詔勅の発布以前であったことから、この詔勅の発布が外来ソグド商人に入朝を果たす道を開くものとなったわけではなく、それまでのソグド人の入京の現状を追認したに過ぎないものであったことがわかる。

とりわけ高宗時代は、唐の勢力が西方に拡大し、パミール以西にまで数多くの羈縻府・州を設置していった時期にあたる。このとき、「入蕃」の概念も「波斯（ペルシア）」にまで拡大し、名目的にはソグディアナ周辺諸国の民すべてが、唐の羈縻府・州民となっていったのである。ソグド商人は、こうした唐との新たな関係がつくられるなか、日常的に唐内地へ入京していったとみられる。

以上より、外来ソグド商人の入境・入京に際して、いわゆる入国審査なるものは全く認められず、過所を取得することによって日常的に唐領内に入り貢道を通じて入京していたことがうかがえよう。唐の周辺諸国でも、こうした入京のあり方は、唐の前半期にあっては外来ソグド商人にのみ公認された特殊な状態であったものと考えられる。

ソグド商人の入境と駅道の役割　唐の駅伝制度を支えた駅道は、唐の政治・軍事・経済を支えた基幹道路となっていたが、同時にそれは貢納のための上京路として機能していた。つまり、唐帝国の編制原理となっていた貢納が、遠夷（蕃国）・諸州府（羈縻・直轄）を問わず駅道（貢道）を通じて実現し、その往来を六つの京城の四面関と通行証（過所）により管理・統制していたのである。

ただし、東西南北に通じる駅道（貢道）のあり方には、唐帝国の対「西方蕃国」との関係の特殊性が反映されていた。というのも、駅道を通じて入京・入朝する権利は、本来、蕃国の「王」や「首領」に限定されていたが、それが西方に関しては、広く個々の商人らにも開放されていたからである。すなわち、京城四面関の出入を認める過所の発給を、西方からの外来商人（ソグド商人）にまで拡大したのである。

この背景には、政治・経済・軍事面での働きだけでなく、当時の進んだ文化・技術や情報をもち、間断なく中国に押し寄せるソグド商人を積極的に取り込むためと思われる。とくに北魏や隋などが取ってきた積極的な西方商人の誘致政策を、同じく鮮卑系政権の流れを受け継ぐ唐朝も引き継いだことを意味している。唐の前半期において西方から唐領内への入境が、東・南・北方面と異なり、きわめて容易であった、その大きな理由の一端は、まさにここにあると思われる。

略号

『図文』＝唐長孺（主編）、中国文物研究所・新疆維吾爾自治区博物館・武漢大学歴史系（編）『吐魯番出土文書』一—四、文物出版社、一九九二～一九九六年
『籍帳』＝池田温『中国古代籍帳研究—概観・録文—』東京大学出版会、一九七九年
TTD ＝ Yamamoto, T. et al, *Tun-huang and Turfan Documents concerning social and economic history* I - IV & supplements, The Toyo Bunko, 1978-1987·2001.
『校證』＝天一閣博物館・中国社会科学院歴史研究所天聖令整理課題組　校證『天一閣蔵明鈔本天聖令校證　附唐令復原研究』上・下、中華書局、二〇〇六年

参考文献

青山定雄「支那上代の駅伝」『交通文化』三、一九三八年
青山定雄『唐宋時代の交通と地誌地図の研究』吉川弘文館、一九六三年
荒川正晴「唐朝の交通システム」『大阪大学大学院文学研究科紀要』四〇、二〇〇〇年
荒川正晴『ユーラシアの交通・交易と唐帝国』名古屋大学出版会、二〇一〇年
榎本淳一『古代日本と唐王朝』吉川弘文館、二〇〇八年
大津　透「唐日律令地方財政管見—館駅・駅伝制を手がかりに—」『日唐律令制の財政構造』岩波書店、二〇〇六年

大庭　脩「吐魯番出土北館文書―中国駅伝制度史上の一資料―」西域文化研究会編『敦煌吐魯番社会経済資料』上（西域文化研究二）、法蔵館、一九五九年
菊池英夫「隋・唐王朝支配期の河西と敦煌」榎一雄編『講座敦煌二　敦煌の歴史』大東出版社、一九八〇年
坂本太郎『坂本太郎著作集八　古代の駅と道』吉川弘文館、一九八九年
礪波　護「唐代の畿内と京城四面関」唐代史研究会編『中国の都市と農村』汲古書院、一九九二年
仁井田陞『補訂　中国法制史研究　土地法・取引法』東京大学出版会、一九八一年
吉永匡史「律令関制度の構造と特質」『東方学』一〇七、二〇〇九年
吉永匡史「唐代における水関と関市令」『工学院大学研究論集』五〇―一、二〇一二年
渡辺信一郎『天空の玉座―中国古代帝国の朝政と儀礼―』柏書房、一九九六年
陳　沅遠「唐代駅制考」『史学年報』一―五、一九三三年
陶　希聖（主編）『唐代之交通』食貨出版社、一九七四年
黄　正建「唐代的〝傳〟与〝遞〟」『中国史研究』一九九四―四、一九九四年
蒋　礼鴻『敦煌文献語言詞典』杭州大学出版社、一九九四年
李　之勤「唐関内道駅館考略―陳・遠唐代《館駅名録》校補―」『西北歴史資料』一九八二―一、一九八二年
李　之勤「唐代駅道研究」『西北史地研究』中州古籍出版社、一九九五年
劉　広生（主編）『中国古代郵駅史』人民郵電出版社、一九八六年
劉　希為『隋唐交通』新文豊出版公司、一九九二年
魯　才全「唐代前期西州寧戎駅及其有関問題―吐魯番所出館駅文書研究之一―」『敦煌吐魯番文書初探』武漢大学出版社、一九八三年
魯　才全「唐代的駅家和館家試釈」『魏晋南北朝隋唐史資料』六、一九八四年
魯　才全「唐代前期西州的駅馬駅田駅牆諸問題―吐魯番所出館駅文書研究之二―」『敦煌吐魯番文書初探』二、武漢大学出版社、一九九〇年
孫　暁林「関于唐前期西州設〝館〟的考察」『魏晋南北朝隋唐史資料』一一、一九九一年

王宏治「関于唐初館駅制度的幾個問題」『敦煌吐魯番文献研究論集』三、北京大学出版社、一九八六年
王冀青「唐交通通訊用馬的管理」『敦煌学輯刊』一九八五―二、一九八五年
王冀青「唐前期西北地区用于交通的駅馬、伝馬和長行馬―敦煌、吐魯番発現的館駅文書考察之二―」『敦煌学輯刊』一九八六―二、一九八六年
王啓涛『吐魯番出土文書詞語考釈』巴蜀書社、二〇〇五年
厳耕望『唐代交通図考』一～六（中央研究院歴史語言研究所専刊之八三）、台湾商務印書館、一九八五～二〇〇三年
Yoshida, Y. / Kageyama, E. 2005　Sogdian names in Chinese characters, Pinyin, reconstructed Sogdian pronunciation, and English meanings, in: E. de la Vaissiere and E. Trombert (eds.), *Les Sogdiens en Chine*, Paris, 2005, pp. 305-306.

二　朝鮮三国の交通制度と道路

田中俊明

古代の朝鮮半島に興亡した高句麗・百済・新羅の三国と、統一新羅の交通制度について概要を述べたい。史料的に限られており、また道路遺構の発掘もわずかであるが、そうした現状を共通の認識とすることも意義のあることと考える。順にみていきたい。

1　高句麗

高句麗前期・中期の交通制度　高句麗は、紀元前一世紀のはじめに興起し六六八年に滅亡するまで、中国東北部から朝鮮半島北半にかけて存続した。都の変遷に即して、前期（卒本時代）・中期（国内時代）・後期（平壌時代）に分けることができる。前期から中期への移行は三世紀初め、中期から後期へは四二七年である。

前期において交通制度として見るべきものはない。中期においては、王都と地方を結ぶ交通路を知ることができる。まず王都国内《こくない》（現在の吉林省集安）の周囲に関隘《かんあい》とよぶ防御施設が造られている（図1）。そこにおける通路の管理や、防御が具体的にどうであったかについては記録がないが、その配置を通して、国内王都から周囲に向かう交通路を推定することができる（田中俊明―一九九七）。また慕容《ぼよう》氏の前燕《ぜんえん》が三四二年に高句麗王都を攻略したことがあるが、その

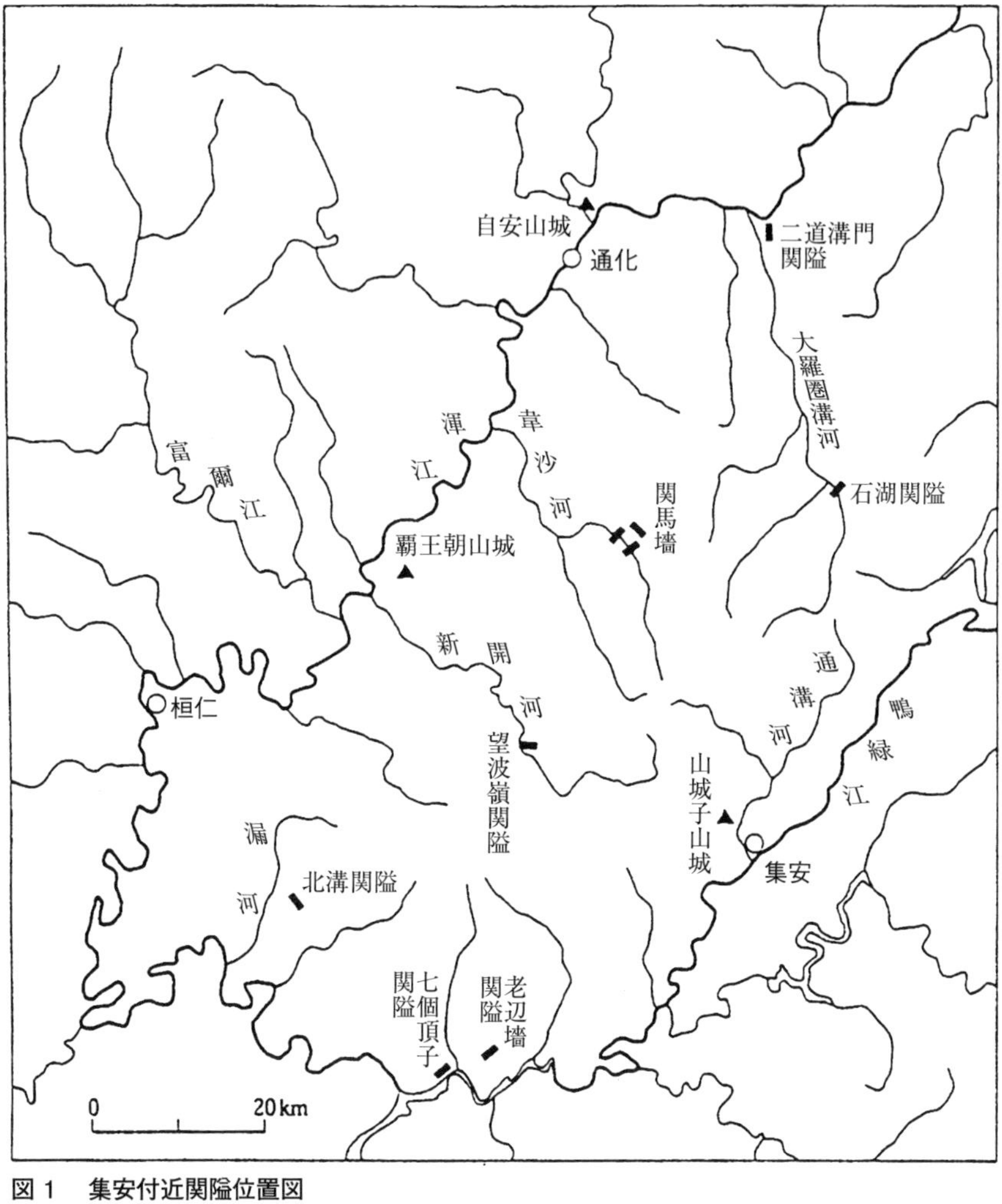

図１　集安付近関隘位置図

際に南北道と記されるものが登場する。広くて平坦な北道と、狭くて険しい南道があり、攻撃する前燕は、大軍が北道を進軍すると高句麗が考えるはずだから、その裏をかいて南道に大軍を進めようという作戦であった。実際に高句麗王は大軍を北道に差し向け、みずからは小軍を率いて南道を進んだために敗北し、前燕軍はその勢いで王都まで進んで陥落させたという（『資治通鑑』咸康八年条、『晋書』慕容皝載記）。この南北道をめぐって多くの議論があるが、そもそも高句麗の南北道ではなく、前燕の本拠地龍城《りゅうじょう》（遼寧省朝陽）から高句麗へ向かうときの南北道であるという基本をおさえる必要があり、またそのような作戦が成功したことから、誰もが周知の通路であったとみる必要がある。わたしは、北道は玄菟《げんと》郡治（同撫順）を経て、南道は遼東《りょうとう》郡治（同遼陽）を経て高句麗王都へ向かう道であるとみている。それはすなわち、高句麗が玄菟郡・遼東郡と通じる大道であり、さらに中国へと進出する道であって、中期の高句麗の交通路としては最重要なものであった（田中俊明―一九九七）。二四四年に魏が王都を攻略した際のルートも（『魏志』毋丘倹伝、同東夷伝）、記された地名から、玄菟郡を出て、前期王都のあった沸流水《ふつりゅうすい》を経て、王都の西北から入る玄菟郡ルートであった（田中俊明―二〇〇八）。これらはおよそ河道を中心とした道路であった。

高句麗後期の交通制度　後期になると、高句麗に駅伝制が存在したことがわかる。『三国史記』地理志四の序文に、「総章二年（六六九）、英国公《えいこくこう》李勣《りせき》、勅を奉じて高句麗の諸城を以て都督府及び州県を置けり。目録に云わく、鴨淥《おうりょく》以北の已に降りし城十一、と。其の一、国内城なり。平壌《へいじょう》より此こに至ること十七駅」とあり、国内城から平壌までの一七駅の存在を伝えている。「目録」とは、地理志四の本文中にみえる地名表を指すが、ほんらいそれは滅亡以前の六六七年頃に泉男生《せんだんせい》が唐に提供したものと考えられる（盧泰敦―一九九九）。この駅路が、中期にすでに存在したという意見もあるが（趙法鍾―二〇一二）、高句麗末に確実に存在し、その開設がある時期までさかのぼることは想定できても、国内時代に、平壌とを結ぶ駅路があったことは想像しがたい。六世紀後半には、国内城は「三京」のひとつであり、その意味では必要な駅路であったとみられるが、これ以外の記録はない。

高句麗は地方支配のため、中国の州に該当する大城《たいじょう》を配置していたが、遼東地方の最も重要な大城は烏骨城《うこつ》（遼寧省鳳城）であった。当然、平壌から烏骨城へ向かう交通路が遼東支配の根幹であり、国内城方向とは異なる。この交通路は、隋の六一二年の高句麗侵攻の際、隋軍がそこを経て王都平壌付近まで侵攻している（『隋書』于仲文伝）。また六四五年に高句麗に侵入した唐軍が蓋牟《がいぼう》・遼東・白巌《はくがん》を経て安市《あんし》を攻めてきたとき、王都から派遣された防御軍がまずはそこに至り、安市に救援に向かっている（『新唐書』高麗伝、『資治通鑑』貞観十九年条）。

このように隋・唐の侵攻記事をもとに、高句麗の地方拠点大城の連携網をうかがうことができるが、具体的に道路遺構が確認されているわけではない。この平壌王都時期の道路としては、王都が坊里制を採用しており、大路・中路・小路があったが、大路としては一九五四年に金策工業大学庁舎の基礎工事現場で発見された道路遺構があり、道路幅一二・六〜一二・八メートル《メートル》で、厚さ二〇センチ《センチ》の河原石敷きであった。両側には六〇〜七〇センチ《センチ》幅の黒色泥土層があり、側溝とみられる（崔羲林―一九七八、田中俊明―二〇〇六）。また朝鮮時代に道路の境界を標示する石標が立てられており、石標間は広狭二種あり、かつて関野貞は、広いほうが約四五尺（一三・六メートル《メートル》）、狭いほうが約一七尺（五・一五メートル《メートル》）あったとする（関野貞―一九四一）。いっぽう一九五三年に中央歴史博物館現地調査隊が、二ヵ所において石標間を実測しており、車避《しゃひ》門を通る南北路の幅が約一三・八〜一三・九メートル《メートル》、含毬《がんきゅう》門からのびる南北路の幅が一三・九〜一四・〇メートル《メートル》あった（崔羲林―一九七八）。王都の東北郊外では、大同江《テドンガン》にかかる木橋址が発見されている（朝鮮遺跡遺物図鑑編纂委員会―一九八九）。

2　百　済

百済の道路遺構　百済も、都の変遷に即して前期（漢城時代）・中期（熊津時代）・後期（泗沘時代）と分けることができる。前期王都漢城《かんじょう》（ソウル江南）は四七五年に高句麗によって陥落、王も殺され、百済はいったん滅亡する。四七七年までに別のところで再興されたが、それが熊津《ゆうしん》（忠南公州）で、五三八年に泗沘《しひ》（忠南扶餘）に移って滅亡を迎える（六六〇年）。

前期においては、一時王城であったと考えられる風納土城《ふうのうどじょう》の調査で、その城内から道路遺構が三例確認されている（国立文化財研究所―二〇〇九、二〇一二）。

中期は、現在まで道路遺構が確認されていない。

後期は、扶餘《プヨ》の北に扶蘇《ふそ》山城があり、その南側が王宮の推定地である。その王宮区で道路遺構が確認されている。また羅城《らじょう》が囲んでおり、そのなかが王都であるといえるが、宮南池《きゅうなんち》・軍守里《クンスリ》など、そのところどころで道路が確認されている。発見された道路遺構をもとに、王都全体がグリッドプランで構成されていたという推定もあるが（朴淳發―二〇一二）、王宮区内とみられる南北大路はその外側（南側）に延びておらず（沈相六ほか―二〇一四）、そうした推定は早計である。そもそもこの王都に坊里制があったのかどうか疑問である。東羅城では、南よりに最大の東門があったと考えられるが、その遺構は確認されていない。しかしすぐ外側に陵山里《ヌンサンリ》寺址があり、そこから出土した木簡には、門の管理と関わる四面木簡や、道祭に関わる男根形木簡（図2）があると理解されており（尹善泰―二〇〇七）、門があったことはまちがいない。そこを通る道路が、王都の出入りにおけるメインの道路であったと考えられる。東羅城の門址は他にも検出されており（沈相六ほか―二〇一五）、そこを通る道路があったことも確実である。

百済後期の交通路　道路遺構は確認されていないが、交通路についての推定はできる。例えば、滅亡の際に唐・新羅軍から攻撃を受けたルートがおよそわかり、百済の王都から外への交通路とみなしてもよかろう。六六〇年、唐軍は王都を流れる錦江《クムガン》の河口に入り、一部は上陸して、水陸両軍で、錦江に沿って都に攻め上った。途中で、新羅軍と合流し、先の羅城の東門から王都内に入った（『旧唐書』蘇定方伝、『新唐書』蘇烈伝）。それはそのまま百済から海に出て、さらに中国へ通交するときのルートであったと考えられる。また百済側で、唐・新羅軍が入ってくる前に、伎伐浦《きばつほ》と炭峴《たんけん》（沈峴《しんけん》）で防がなければならないという議論があった。王は採用せず、侵入を招いたのであるが、伎伐浦は錦江の河口であり、炭峴は新羅軍の侵入路にあたっていた。ただし炭峴の比定については、意見がわかれており、決着がついていない（成周鐸―一九九〇ほか）。

七世紀初頭以後の新羅と百済の交戦は、百済東南側から新羅へ向かうルートをめぐる攻防であった。旗懸《きけん》（慶南草渓）・桜岑《おうしん》（慶南丹城）・速含《そくがん》（慶南咸陽）・阿莫《あばく》（全北雲峰）・角山《かくざん》（全北任実）といった地名を追えば（全榮來―一九八五）、およそのルートがわかる。それ以外にもそうした方法でおよそのルートを推定することは可能である。

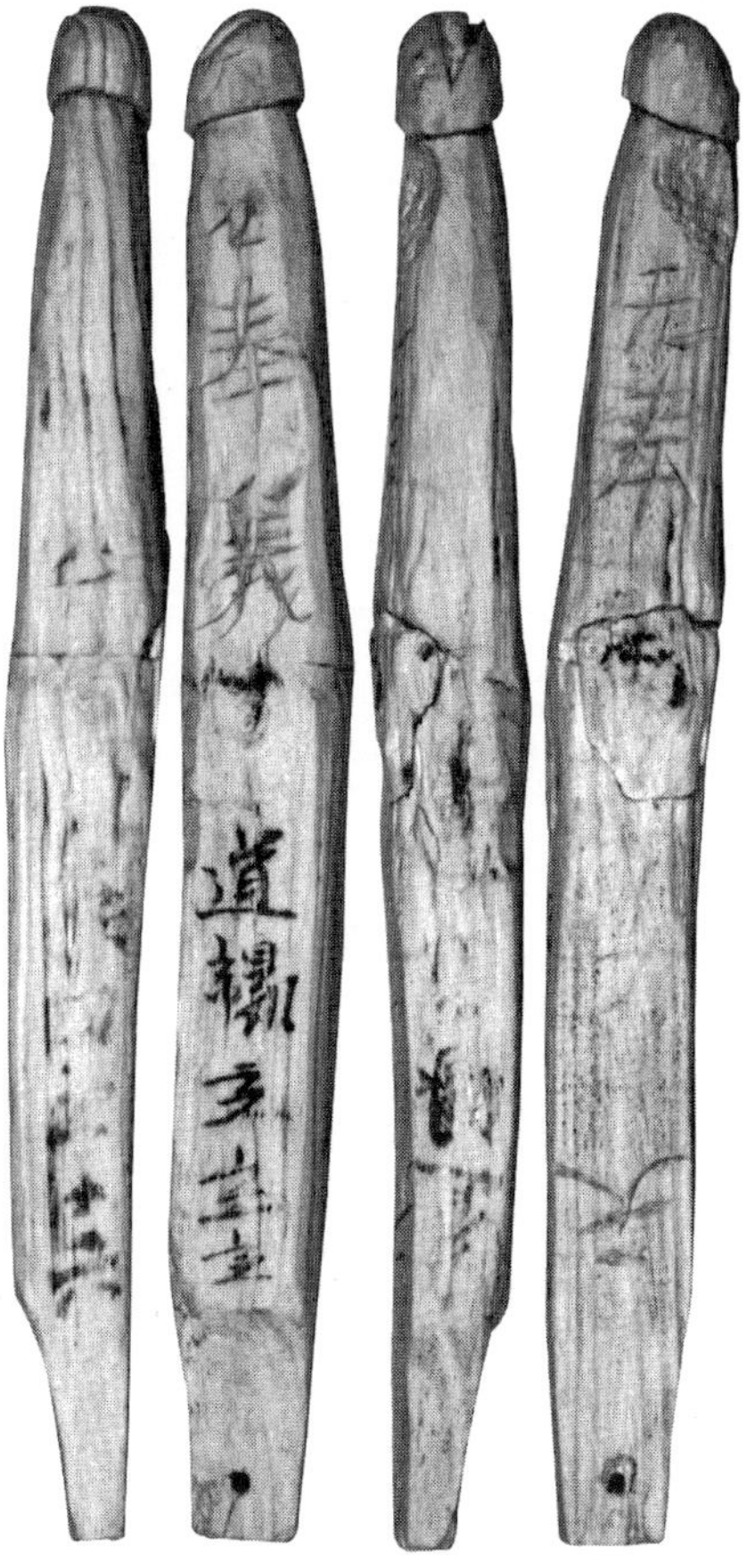

図２　扶餘陵山里出土木簡（『木のなかの暗号木簡』国立扶餘博物館・国立加耶文化財研究所，2009年）

3　新　羅

新羅の駅伝制　新羅は、唐と連合して百済・高句麗を滅ぼすが、それ以後を統一新羅と呼び、それ以前は古新羅や三国期新羅などと呼ぶ。王都は一貫して金城《きんじょう》（慶北慶州）にあった。ここでは新羅を通して扱うことにする。まず駅伝制度についてみておきたい（田中俊明―二〇〇三）。『三国史記』炤知麻立干九年（四八七）三月条には「始めて四方に郵駅を置き、所司に命じて官道を修理せしむ」というよく知られた記事がある。これに従えば、五世紀末にすでに駅制が施行され、官道も整備されていたことになるが、当時の新羅領域はほんらいの斯盧《しろ》国領域（慶州盆地一帯）からそれほど大きく拡大していない段階であり、のちの新羅全領域からすれば、ごく一部の地域に限定してとらえる必要がある。そうではあっても、駅制の起点を示す史料とみることは可能であるが、そもそもこれが事実であることを示す、他の材料はいまのところない。しかし新羅末までの長い時間幅で考えれば、駅伝制が存在したことは確実である。新羅末の崔致遠《さいちえん》撰「雙谿寺真鑒禅師碑」（八八七年）には、「星使往復する者、轡《くつわ》を路に交える」や「毎《つね》に王人有り、駅《うま》に乗りて命を伝う」とある。「星使」「王人」は禅師を迎えに行く王の使者のことで、唐でも知られた文才のある崔致遠の文であり、象徴的な意味を含むことは否定できないが、現実に駅伝制があったことを前提にしていると考えてよい。

京都駅（都亭駅）　制度の詳細を知ることのできる史料はないが、新羅時代における具体的な駅名は、いくつか確認することができる。まず最も重要だと思われるのは京都駅《きょうと》（都亭駅《とてい》）であり、『三国史記』職官志上に「京都駅。景徳王、改めて都亭駅と為す。後ち故に復す。大舎二人、位、舎知《しゃち》より奈麻《なま》に至るまで之と為す。史二人」とみえる。この京都駅は官司名であり、景徳王代に都亭駅となり、のちに京都駅にもどされたというが、新羅の官司名呼称の通例からすれば絶対的なものではなく、両様に呼ばれた可能性がある。その名からすれば、京都すなわち新羅王京に置かれた駅を管理する機構と考えることができる。その創置は、わからない。

都亭駅は、唐や日本にもあった。唐の場合は、両京すなわち西京長安と東京洛陽とにあり、使臣・官人の出入りの際にとどまるところで、馬は諸駅のなかで最多の七五匹が用意されていた。新羅の都亭駅すなわち京都駅も、官人が地方に派遣されるときなどに、そこで用意された馬を利用して出発したものと想像できる。

その位置について考えるための手がかりはない。ただし、唐の場合と同様に、王京の中にあったと考えて問題はない。そもそも『三国史記』職官志上では、中央官司が列記されたなかにあるのであり、区別して考える必要はない。朴方龍によれば（朴方龍—一九九七）、慶州市仁旺洞《イヌワンドン》に旧駅マウルがあり、そこは月城《げつじょう》の南東側の城壁と隣接する地域であり、京都駅が置かれたところにふさわしいとする。ひとまずそこを京都駅の位置とみなし、今後の調査をまちたい。なお、近接する雁鴨池《がんおうち》（月池）出土の木簡に、高城《こうじょう》（江原道）まで急使を派遣したことを記すものがある（李鎔賢—一九九九、橋本繁—二〇一四）。それは当然、京都駅から出発したのである。王宮月城の機能のひとつが地方を統治する中心であり、駅の出発点になる京都駅と空間的にもこのように密着していたことはたいへん興味深い。

活里駅　次にとりあげるべきは、王都の近傍に置かれたとみられる活里《かつり》駅である。活里駅の名は、『大東韻府群玉』塔条に引く「殊異伝」に「志鬼《しき》は新羅活里駅の人なり」とあり、善徳王との関わりを記す。後代の追記でないとすれば、善徳王代に活里駅が存在したことになり、また「駅人」の存在もうかがえて重要である。

活里駅の名は、その後も用いられて、残っていく。『高麗史』兵志二・站駅に「慶州道。掌ること二十三。活里・牟良《むりょう》・阿弗《あふつ》・知里《ちり》・奴谷《どこく》・仍巳《じょうし》・仇於且《きゅうおしょ》【慶州】（後略）」とあり、つづく「牟良」や「阿弗」などを通して、慶州付近にあったことがうかがえる。もちろん、高麗時代の駅と、位置まで同じとは限らないが、動いていてもわずかであろう。およそ同じ地域とみてよい。『世宗実録地理志』慶州府には「沙里《さり》」があり、細註に「古《いにし》えは活里に作る」とある。『新増東国輿地勝覧』慶州府・駅院条にも沙里駅がみえ、「府の北六里に在り」としている。当時の邑《ゆう》城《じょう》内の慶州府官衙から北六里で、北川を越え、金剛山と並行するくらいに北上したあたりに、沙里駅があったことになる。これは『東京雑記』等の地方誌の記事によれば、もとの位置から一六二三、二四年頃に別地に移り、一六六九年頃にさらにもとに戻ったという。もとの位置が、古くにさかのぼる位置とみられ、新羅時代につながる可能性がある。それは「府の北六里に在り」ということで、問題はないであろう。活里駅は、東川洞《トンチョンドン》あたりにあったと考えられる。

地方の駅　これら以外に王京の近傍にあったとみられる駅に、いわゆる五門《ごもん》駅があるが、それは後述する。王京から離れた地方の駅としては、屈井《くっせい》駅がある（『三国遺事』巻三・霊鷲寺条）。同巻五・朗智乗雲普賢樹条には「歃良《そうりょう》州阿《あ》曲《きょく》県の霊鷲《れいしゅう》山」の注に「阿曲は一に西に作る。又た求仏《きゅうぶつ》と云う。又た屈弗《くつぶつ》と。今の蔚州《うつしゅう》に屈弗馹《えき》を置く。今、其の名を存す」とあり、「屈弗馹」すなわち屈弗駅がみえるが、それは屈井駅と同じ駅とみられる。さらに同巻一・奈勿王金堤上条にみえる「屈歇《くつけつ》駅」も同じである。『三国史記』地理志一の良州臨関郡の領県河曲県条には「屈阿火村」とみえる。「火」と「弗」は同じく村を意味し、ほんらいはいずれも屈火駅であったと考えられる。

この屈弗（火）駅址が確認されたわけではないが、その付近とみられる蔚山市屈火《クルファ》遺跡で道路遺構が二例確認されている。砂利敷きで側溝があり、幅が約七・五メートルの道路遺構Aと、それに並行し、より細く幅が一定しないBである。後者は低湿地に造成するため木板を敷いていた（図３）。統一新羅時代に造営され、高麗以後にも改修されながら維持された。付近では高麗時代の建物址は検出されたが、新羅時代の建物址はみつかっていない（李東注―二〇〇二）。

そのほか、六六八年に、王が高句麗討滅の戦いから凱旋して帰る途中に「王、国に還るに褥突《じょくとつ》駅に次《やど》る」とある（『三国史記』文武王八年条）。高麗時代には、関連するような名の駅はみあたらない。その際に「国原《こくげん》仕臣たる龍長大《りゅうちょうだい》阿飡《あさん》、私《ひそ》かに筵を設け王及び諸侍従を饗す」とあり、国原（忠北忠州）に近かったらしいことがわかる。

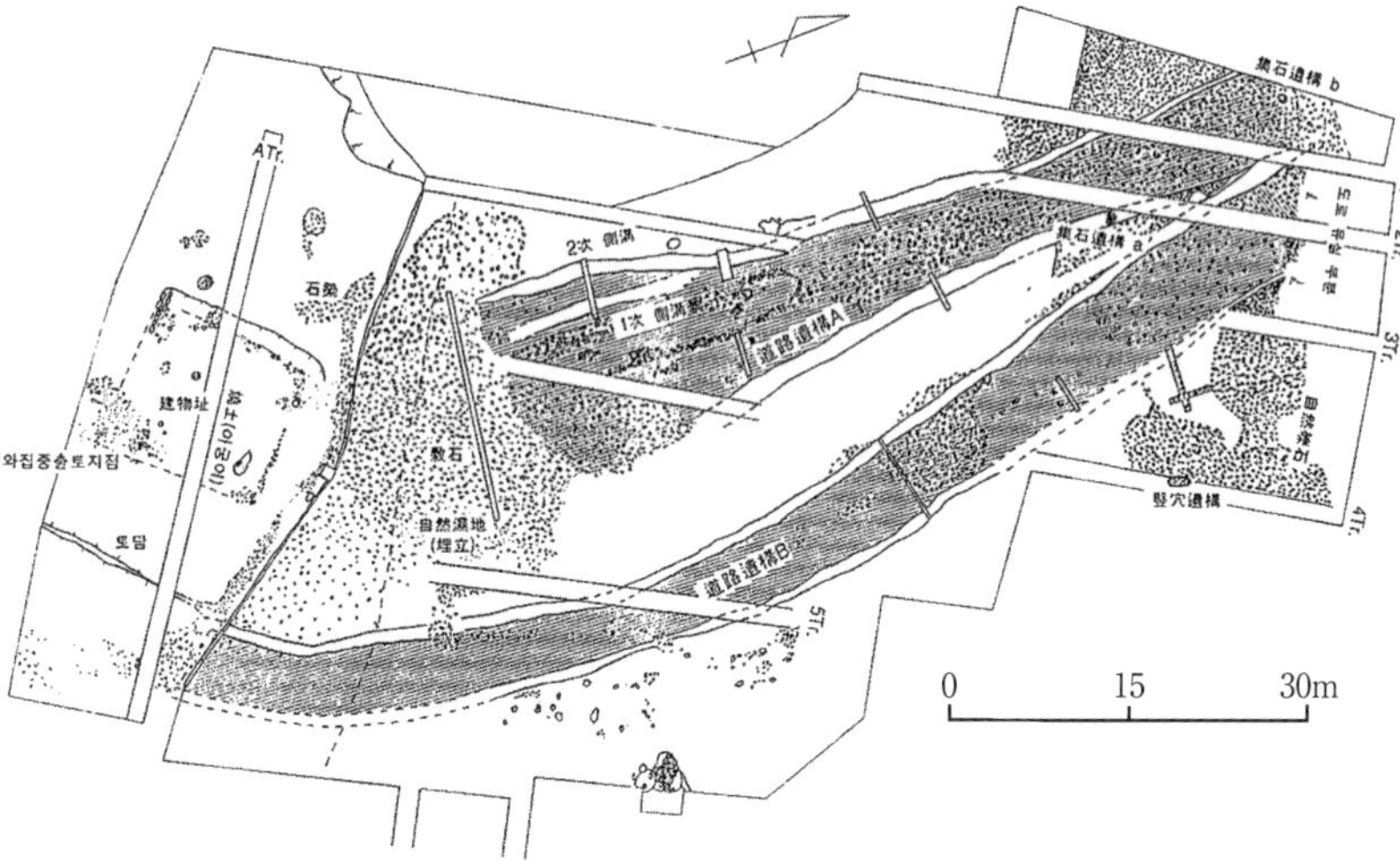

図 3　蔚山屈火里遺跡道路遺構（李東注「蔚山屈火里遺蹟」『考古歴史学志』17・18，2002年）

また慶南昌寧《チャンニョン》にある「仁陽寺塔金堂治成文」（八一〇年）に「壬戌年（七八二）、仁陽寺の事妙《じみょう》（抄）戸《こ》・頂礼石《ちょうれいせき》成る。同寺の金堂を治す。同年、羊熱《ようねつ》・楡川《ゆせん》二駅、食百二石を施す」とあり、二つの駅の名がみえる。「羊」は「辛」と読む意見もある。これは仁陽寺の塔・金堂の造営に際して、周辺の寺院などから喜捨《きしゃ》がなされたことの記録で、二駅も「食百二石」を喜捨したという。楡川駅は、『高麗史』兵志二・站駅の金州道にみえるが、羊熱駅は不詳である。辛熱《しんねつ》であれば、『三国史記』楽志に楽・舞の名として登場する。

なお、『三国史記』職官志中に「尻駅典《こうえきてん》」があり、「看翁一人。宮翁一人」とある。これは内省の官であり、つまり内廷ではなかろうか。ここで考察している駅と無関係とはいえないが、特定の駅名とは関係がないとみるべきであろう。

五門駅と五通　そこで次に、先にもふれた五門駅について考えたい。これは、『三国史記』地理志四にみえるものである。その後半に「三国有名未詳地分」と題された地名群がある。編者がみた史料に、名前は現れているが、どこにあたるのかわからないという地名で、三五八個ある。五門駅とは、その八三番目から八七番目にみえる乾門《かんもん》駅・坤門《こんもん》駅・坎門《かんもん》駅・艮門《こんもん》駅・兌門《だもん》駅の五つを指す。ほかでみることがなく、ここでのみみることができる。すべて門がつき、方位を示す文字を冠しているという特徴がある。乾は北西、坤は南西、坎は北、艮は北東、兌は西を意味する。これらを総称して五門駅とされているが、そういった用語が存在しているわけではない。そもそも五つで完結していたものかどうかもわからない。その点は注意を要するところであるが、とりあえず残されたこの五つで考えるしかない。

これらは、王都を中心にして、そこからそれらの方角に発するときの、門となるような位置にあった駅と考えることができる。それがどこにあったかを考えるためには、まず新羅王都から地方へ発する交通路について知る必要がある。一八六〇年代の『大東輿地図』によれば、慶州を発する交通路は九つある。そのうち高麗時代の駅があったと考えられるものに絞れば六つになる。ひとまずこの六路を、新羅時代にさかのぼる可能性が高い、慶州から発する交通路として考えることにしたい。それを五門駅の方向にあてはめて考えれば、乾門駅は、北西方向で阿火《あか》駅付近、坤門駅は南西方向で義谷《ぎこく》駅付近、坎門駅は北方向で安康《あんこう》駅付近、艮門駅は北東方向で北兄山《ほつけいざん》または祇林《ぎりん》寺の付近、兌門駅は西方向で牟良《むりよう》駅付近となる。

そこで次に、これらと関係するとみられる五通《ごつう》について考えたい。五通は、同じ未詳地分の七二番目から七六番目にかけてみえる五地名の総称であり、具体的には、北海《ほつかい》通・塩池《えんち》通・東海《とうかい》通・海南《かいなん》通・北傜《ほくよう》通である。これは五街道ということで、「道」ではなく「通」としたのは、道が別の意味に用いられていたため、混同を避けたものと考えられる。

このような五門駅・五通の意味を最初に指摘した井上秀雄は、五門駅の方位にとらわれず、次のような結論を示している（井上秀雄一九七四）。

北海通　艮門駅→悉直→何瑟羅→達忽→比列忽（溟州街道）
塩池通　坎門駅→骨火→召文→古陁耶→奈己→竹嶺→国原→北原→牛首→漢山

東海通　坤門駅→屈阿火→居柒山→金海→阿耶加羅→康州（旧任那街道）
海南通　兌門駅→歃良→比斯伐→大耶→居烈→南原→武珍→発羅（武州街道）
北傜通　乾門駅→押督→達句火→本彼→甘文→一善→沙伐→西原→熊川→湯井→唐恩（旧百済街道）

これについてわたしなりに考えれば、まず北海通は、『三国遺事』奈勿王金堤上条に「北海の路に趨《おもむ》き」とある記事が注目される。それは王都と高城とを結ぶルートである。高城は、何瑟羅《かしつら》・比列忽《ひれっこつ》の間にあたり、井上の推定するルートと同じであるとみることができるが、根拠を得たことが重要である。その記事は高句麗に向かう道として登場するが、統一新羅時代に高城を通って向かう先ということであれば、渤海《ぼっかい》国が思い浮かぶ。『三国史記』地理志四末尾に引く「賈耽《かたん》の古今郡国志《ここんぐんこくし》」に「新羅の泉井《せんせい》郡より柵城《さくじょう》府に至るまで凡そ三十九駅なり」とある。泉井郡は新羅の最北で、高城の北に位置する。そこから先、渤海の柵城府までは、渤海側に含まれていたとしても、泉井までは、新羅側であり、それが北海通であったとみることはできよう。渤海側は駅路であったといえるが、新羅側も泉井まで駅路であったものと考えられる。そうであれば、新羅と渤海とは駅路でつながっていたことになる。

次に東海通であるが、『三国史記』新羅本紀にも頻出する現在の東海、すなわち日本海を指すことは問題ない。ただ東海といえば、文武王の蔵骨処とされる大王岩のある東海口を思い浮かべるのが第一であろう。そこは新羅王室にとっては特別な意義をもつ。東海通は、この東海口をめざすものであったと考えたい。その場合、距離は極めて短いということになるが、それは問題ないであろう。新羅王室にとって意義深い大王岩や感恩《かんおん》寺といった聖地に向かうルートが、他の四通と対等であっておかしいとは思わない。『三国遺事』万波息笛条には、神文王が、感恩寺に行幸し、一七日滞在し「祗（祇）林寺の西の渓辺に到り、駕を留めて昼饍す」とある。感恩寺へ往来するルートが、祇林寺の近くを通っていたことを示すものである。

次に海南通であるが、「海南」の語は『三国遺事』皇龍寺丈六条にみえる。しかし単に海の南から、あるいは南の海から大きな船がやってきたというもので、そこを必ずしも海南といっているのではない。先の二通が北海通・東海通とするのに対して、南海通とせずに海南通としていることに、何らかの意味があるとすれば、当時、南海郡が存在した（現在も南海）のであり、そこをめざすルートではないことをいうのではなかろうか。『三国史記』には、地理志三・武州陽武郡の領県に浸溟《しんめい》県があり、高麗時代に「海南県」とされたとある（現在も海南）。わたしは、新羅時代に存在しないが、この海南をめざすルートであると考えることにする。新羅時代における海南通の存在が、高麗になって海南県という呼称を生み出したのかもしれない。

さてここで、これら三通と門駅との関係について考えておきたい。北海通は北の坎門駅を通って北の高城方面をめざし、東海通は東北の艮門駅を通って東海岸をめざすとみるのが自然であろう。また海南通は、西南の坤門駅を通って、南海岸方面をめざすとみるのが無理がないであろう。従って、残る二通は、西北の乾門駅と西の兌門駅からということになるが、塩池通は、兌門駅から西へめざした先と考えるのがよさそうである。その理由は次の通りである。

塩池通について、井上は中国の渤海塩池をあてようとしたが、まずは新羅の国内で考えるのが妥当であろう。新羅に塩池があったという記録はないが、新羅時代における地名に「塩」字を含むものがあることを無視するわけにはいかない。それは『三国史記』地理志三にみえる武州圧《あっかい》海郡の領県塩海《えんかい》県である。朝鮮時代には、その付近である霊《れい》光《こう》・茂《も》長《ちょう》などの西海岸中南部は、塩の産地として知られていた。それがいつまで遡るかは不明であるが、塩海県の名は、やはり塩を産することに由来するものと考えてよさそうである。

とすれば、塩池とは、その通り塩池が新羅にあったというわけではないとしても、塩の産地と知られ、地名にも塩字を含む、塩海県あたりを指して呼んだものと考えることができる。塩池通とは、新羅における「塩池」をめざすルートであったのである。

塩海県方面をめざすには、残る二門駅のうち西の兌門駅から出るのが自然であるから、残る北傜通は、乾門駅を通って西北へとみなければならない。その場合、北傜通の意味は、「傜は徭で、新羅よりみて北方の唐に徭役する道の意味」という井上の想像がよいかもしれない。めざすのは、唐へ船出するための港があった唐恩浦《とうおんほ》である。『新唐書』地理志下・羈縻《きび》州河北道の末尾に、賈耽の「登州より海行して高麗・渤海に入るの道」を引用しているが、登州（山東省蓬莱）を出発し、海路、遼東半島に渡り、その南岸に沿って鴨緑江《おうりょくこう》河口を経て南下すれば唐恩浦口に至り、東南へ陸行七百里で新羅王城に至るという。唐恩浦口から陸路である。当時、唐恩郡と呼ばれ、現在の京畿道華城市西新面にあたる。

さて、そのように考えることができるならば、『三国史記』地理志一・序に「王城の東北、唐恩浦路に当たるを尚州と曰う」とある記事が注目される。「東北」は「西北」の誤りと考えるしかないが、尚州を「唐恩浦路に当たる」としており、尚州を通るルートであることが確認できるのである。

以上、わたしなりの五通を示せば、次のようになる（図４）。

北海通　坎門駅（北）→高城→泉井
塩池通　兌門駅（西）→塩海
東海通　艮門駅（東北）→祇林寺の西→東海口
海南通　坤門駅（西南）→海南
北傜通　乾門駅（西北）→尚州→唐恩浦

途中の行程については、推測を重ねることはせずに、一部を除いては、王都から最初の駅となる門駅と目的地を示したにすぎず、不十分な考察にとどまっている。しかし今後、現実に駅の遺構や該当すると思われる道路遺構が検出され、その年代的なうらづけや、またぬけ落ちた具体的な行程についても、明らかになっていくことは、十分に期待することができる。

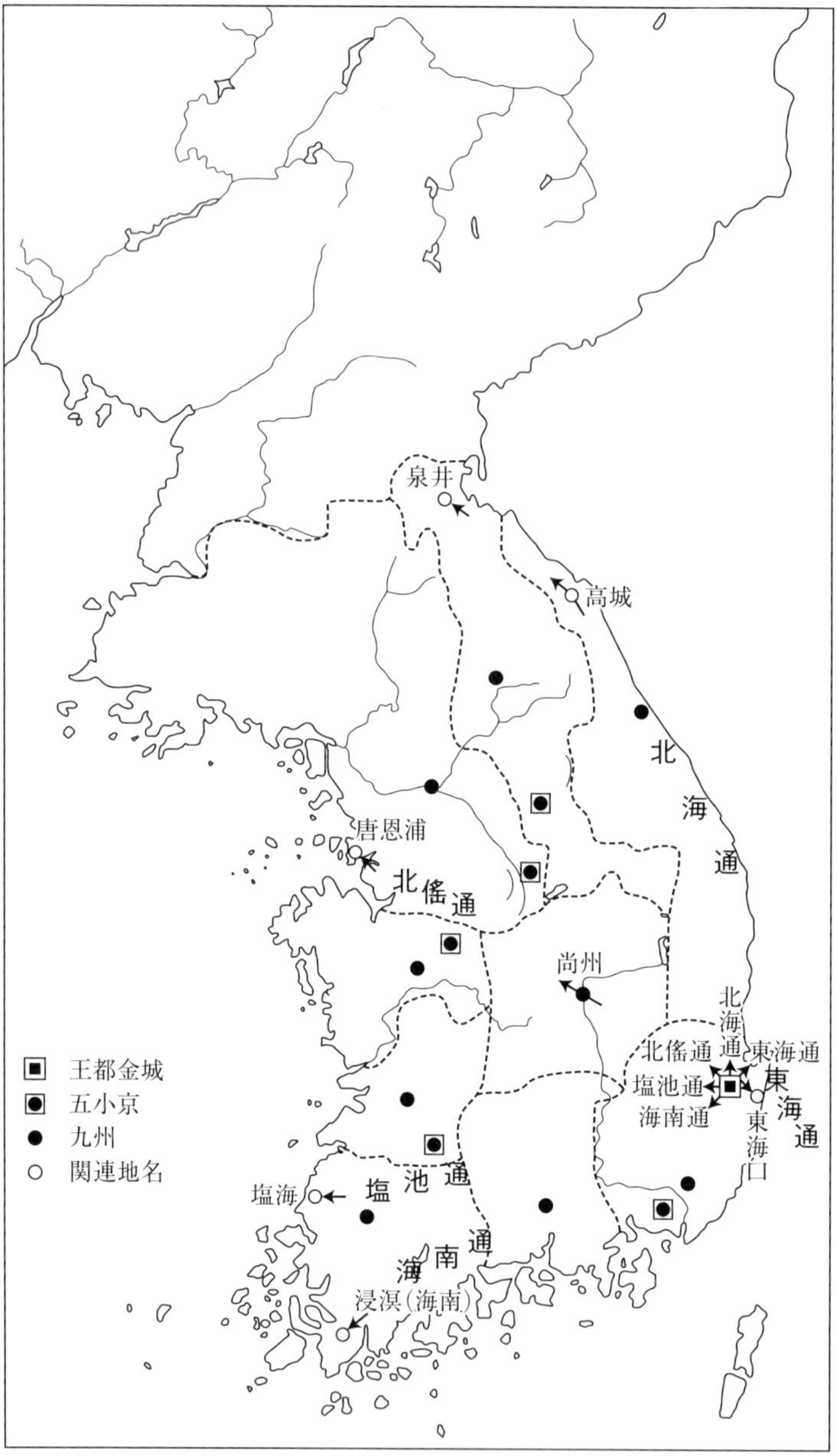
泉井
高城
北
海
通
唐恩浦
北傜通
尚州
北海通
北傜通
東海通
塩池通
東
海
通
海南通
東海口
王都金城
五小京
九州
関連地名
塩海
塩
池
通
海
南
通
浸溟(海南)

図4　新羅五通推定図

その他の交通路　この五通とは別に、いくつかの重要交通路が推定できる。ひとつは、日本へ通じる道である。七二二年に「日本の賊路を遮らんと」また「日本を防ぐ塞垣」として、毛伐郡城《もうばつぐん》（関門城）が築かれている（『三国史記』聖徳王二十一年条、『三国遺事』孝成王条）。現在もその遺構が慶州市と東南の蔚山市との境界線近くに延々と残っている。『三国史記』憲徳王十四年（八二二）条に、金憲昌《きんけんしょう》の叛乱を記すが、叛乱軍に対して「蚊火関門を守る」とある。それも関門城を指し、王都の防御に用いられていることもわかる。その先にあるのは蔚山湾である。そこに日本との使者の往来等に用いられた港があったはずである。最近、伴鴎洞《パングドン》遺跡の調査によって港の跡とみられる木柵列が確認されている（キムヒョンチョルほか―二〇〇九）。河口に注ぐ大和江《テファガン》と支流東川の合流点近く、東川に面する位置で、海からはかなり入り込んでいる。

『三国史記』朴堤上伝には、五世紀初、堤上が人質として倭にいる王弟未斯欣《みしきん》を救い出す記事があるが、「妻子に見えず粟浦に抵《いた》り、舟を汎《うか》べ倭に向かう」とある。この「粟浦」は「栗浦」の誤りで、『三国史記』地理志一・良州・臨関郡の東津県の古名が栗浦である。それは蔚山湾よりも北の小さい亭子《チョンジャ》湾にあてられており（鄭永鎬―一九八七）、古くにはこちらが用いられていたのかもしれない。

もうひとつ重要交通路をあげれば、小白《ソベク》山脈を越えて北へ向かう交通路がある。北傜通は、尚州を経て、その西の花嶺《ファリョン》を抜けると考えられるが、それよりも東北で、竹嶺《チュンニョン》・雞立嶺《ケリムニョン》が知られている。新羅が六世紀半ばに小白山脈を越えて高句麗領に進出したのは、この竹嶺からであり、北側に降りたところに「丹陽赤城碑」を建てている。七世紀末の孝昭王代には朔州都督使となった述宗《じゅつそう》公が「行きて竹旨嶺《ちくしれい》に至るや、一居士有り、其の嶺路を平理す」とあり（『三国遺事』孝昭王代竹旨郎条）、竹旨嶺（竹嶺）を通る交通路が管理されていたことをうかがわせる。

『三国史記』新羅本紀には、「使を発して」民を安撫する事例が散見するが、そうした時には、当然、駅制が活用されたものと考えられる。そのような事実を具体的にイメージするためにも、交通体系に関する研究・調査の進展が望まれるのである。

どこに宿泊したか　さてこのような交通路を官人以外が行く場合に、宿泊施設等はどうであろうか。厳格な身分制のあった新羅において、人の移動が自由であったとは考えにくいが、唐における過所《かしょ》・公験《くげん》のようなものが確認されているわけではない。「沙林寺弘覚禅師碑」（八八六年）には、禅師が「聖跡名山嶺を逍遥《しょうよう》とし周《あまね》く巡礼」しようとしたという記事がある。そうした巡礼のみならず、僧侶が移動するときに、寺院が用いられたことがまず考えられる。「鳳巌寺智証大師塔碑銘」（九二四年）には智証大師が「太傅大王（憲康王）」の招きを受けて王都慶州の月池宮《げっちきゅう》に行くことを記しており、その途中に禅院寺に「信宿」（二泊）したとある。高麗になると明確に宿泊機能をもつ寺院が造営されるが、円仁《えんにん》も『入唐求法巡礼行記《にっとうぐほうじゅんれいこうき》』によれば、唐において普通院とよぶ寺院の宿泊所に泊まっており、新羅人が唐で寺院に新羅院などを造っていることも記す。それは僧俗問わないもので、新羅国内でもそうした寺院があったことが推測される（田中俊明—二〇一五）。先に述べた神文王の感恩寺行幸も、そこが行宮《あんぐう》になっており、宿泊施設があったはずである。

そのほか、館と呼ばれるものがあった。花郎《かろう》となった金庾信《きんゆしん》が「骨火館に宿」ったといい（『三国遺事』金庾信条）、元聖王が唐使を「追うて河陽館《かようかん》に至り、親しく享宴を賜」わったという（同元聖大王条）。骨火は慶州の西の永川《ヨンチョン》であり、河陽はさらに西の慶山市河陽である。これらも宿泊施設として開設されていたものと考えられる。

発掘された道路遺構　新羅の道路遺構は、王京の坊里制と関わる道路から調査がはじまり、現在も慶州市内の調査においては継続して検出されている（国立慶州文化財研究所—二〇〇二ほか）。西側郊外の牟良里《ムリャンニ》でも道路遺構が確認され、新羅六部のひとつ牟梁部《むりょうぶ》の故地とみられ、そこにも限定された坊里があったのではないかと推定されている（嶺南文化財研究院—二〇一六）。

地方の道路も、検出例が増えている（朴相銀・ソンヘソン—二〇〇九、山本孝文—二〇一一）。慶北尚州は九州のひとつ尚

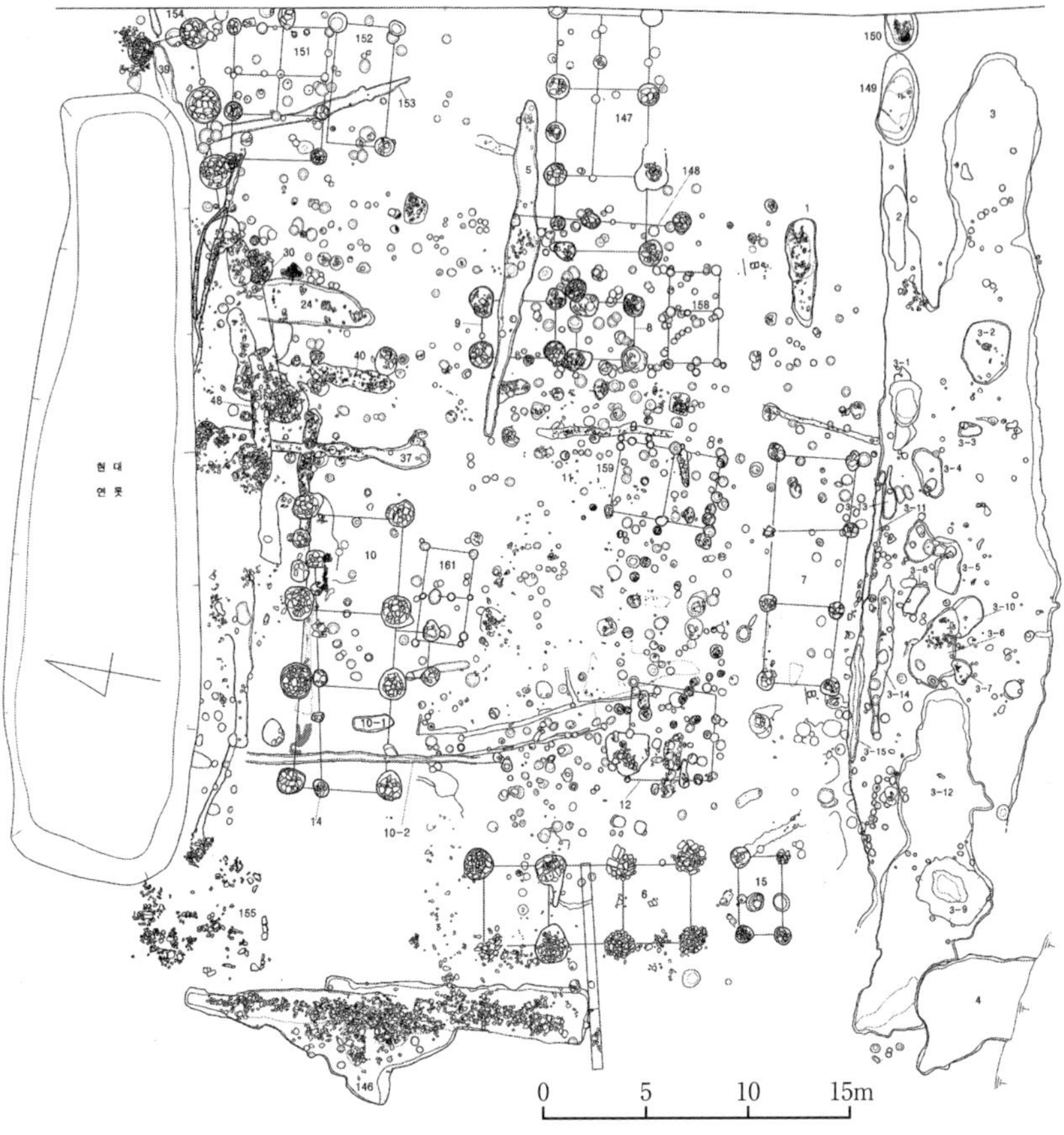

図 5　晋州武村里口字形建物址（『晋州武村里』Ⅵ，三江文化財研究院，2011年）

州の地であり、地籍図から坊里制があったことが推定されていたが、伏龍洞で溝状遺構が検出され、坊里にのる道路址と推定された（嶺南文化財研究院―二〇〇八、二〇〇九a、二〇〇九b）。それ以外でも、最近の調査例をあげてみれば、慶南晋州武村里《ムチョンニ》では、路面と側溝で八・八㍍の「幹線道路」二例と「支線道路」五例が検出されている。ほぼ南北「幹線道路」（一一〇号）に直交するような「支線道路」が二本あり（二三三号・五六号）、その間にロ字形に礎石建物を配した統一新羅時代の遺構が確認されている（三江文化財研究院―二〇一一）。高麗時代には富多駅《ふた》があった地域であるが、その遺構は統一新羅時代の駅家の可能性があると考えられる（図5）。晋州平居洞《ピョンゴドン》では、畑地帯に轍《わだち》が多く見つかっており、耕作に関わる道路かとみられる（文栢成ほか―二〇一二、慶南発展研究院歴史文化センター―二〇一四）。大邱《テグ》鳳舞洞《ボンムドン》は、南北に平行する直線的な二本と、その間に方向の異なる小道が検出され、ほぼ直線の道路は幅が五〜六㍍で、調査された長さは三二〇㍍になる（嶺南文化財研究院―二〇一〇、二〇一一）。

韓国では高層アパート団地や科学技術団地などの開発のための大規模発掘が多く、調査例は今後も増えるであろう。それがどのように連係していたのか、交通体系のなかで位置づけていく必要がある。

参考文献

井上秀雄「新羅王畿の構成」『新羅史基礎研究』東出版、一九七四年

尹善泰「木簡からみた百済泗沘都城の内と外」朝鮮文化研究所編『韓国出土木簡の世界』雄山閣、二〇〇七年

キムヒョンチョルほか『蔚山伴鴎洞遺跡』蔚山発展研究院文化財センター・アイエルディ、二〇〇九年

慶南発展研究院歴史文化センター『晋州平居4―3地区遺蹟』慶南発展研究院歴史文化センター・晋州平居4地区都市開発事業組合、二〇一四年

国立慶州文化財研究所『新羅王京発掘調査報告書』Ⅰ、国立慶州文化財研究所、二〇〇二年

国立文化財研究所『風納土城』XI・XIV、国立文化財研究所、二〇〇九・二〇一二年
崔義林『高句麗平壌城』科学・百科事典出版社、一九七八年（高寛敏抄訳『朝鮮学術通報』XVI―1・2、3・4、一九八〇年）
三江文化財研究院『晋州武村里』VI、三江文化財研究院、二〇一一年
成周鐸「百済炭峴小考」『百済論叢』二輯、一九九〇年
関野貞「高勾麗の平壌及び長安城に就いて」『朝鮮の建築と芸術』岩波書店、一九四一年
全榮來「百濟南方境域の変遷」『千寛宇先生還暦紀念韓国史学論叢』正音文化社、一九八五年
田中俊明「高句麗前期・中期の遼東進出路」武田幸男編『朝鮮社会の史的展開と東アジア』山川出版社、一九九七年
田中俊明「新羅の交通体系に対する予備的考察」『朝鮮古代研究』四、二〇〇三年
田中俊明「高句麗長安城の築城と遷都」『都市と環境の歴史学』一、二〇〇六年
田中俊明「魏の東方経略に関する問題点」『古代武器研究』九、二〇〇八年
田中俊明「高麗寺院の宿泊機能と新羅」『龍谷大学仏教文化研究所紀要』五一、二〇一五年
田中俊明「朝鮮三国の複都制」橋本義則編『日本の古代宮都と東アジアの複都』青史出版、近刊
朝鮮遺跡遺物図鑑編纂委員会『朝鮮遺跡遺物図鑑』四、朝鮮遺跡遺物図鑑編纂委員会、一九八九年
趙法鍾「高句麗の郵驛制と交通路」『韓国古代史研究』六三、二〇一一年
沈相六ほか『泗沘王宮地区遺跡』百済古都文化財団・扶餘郡、二〇一四年
沈相六ほか『扶餘羅城東羅城I―陵山里寺址区間』百済古都文化財団・扶餘郡、二〇一五年
鄭永鎬『朴堤上史蹟調査報告書』韓国教員大学校博物館、一九八七年
橋本繁『韓国古代木簡の研究』吉川弘文館、二〇一四年
文栢成ほか『晋州平居4地区II区域遺蹟』上・下、東西文物研究院・晋州平居4地区都市開発事業組合、二〇一二年
朴淳發「泗沘都城研究の現段階」橋本義則編著『東アジア都城の比較研究』京都大学学術出版会、二〇一一年
朴相銀・ソンヘソン「道路遺構に対する分析と調査方法」『野外考古学』七、二〇〇九年
朴方龍「新羅都城の交通路」『慶州史学』一六、一九九七年

山本孝文「古代韓半島の道路と国家」『古代東アジアの道路と交通』勉誠出版、二〇一一年
李東注「蔚山屈火里遺蹟」『考古歴史学志』一七・一八、二〇〇二年
李鎔賢「統一新羅の伝達体系と「北海通」」『朝鮮学報』一七一輯、一九九九年
嶺南文化財研究院『尚州伏龍洞256番地遺蹟』Ⅰ、嶺南文化財研究院、二〇〇八年
嶺南文化財研究院『尚州伏龍洞230―3番地遺蹟』Ⅰ、嶺南文化財研究院、二〇〇九年a
嶺南文化財研究院『尚州伏龍洞10―4番地遺蹟』Ⅰ、嶺南文化財研究院、二〇〇九年b
嶺南文化財研究院『大邱鳳舞洞遺蹟』Ⅱ・Ⅳ・Ⅴ、嶺南文化財研究院、二〇一〇・二〇一一年
嶺南文化財研究院『慶州牟良里都市遺蹟』嶺南文化財研究院、二〇一六年
盧泰敦「地方制度の形成とその変遷」『高句麗史研究』四季節出版社、一九九九年

コラム

沖ノ島に残る祭祀遺跡

酒井芳司

沖ノ島は、現在の福岡県宗像《むなかた》市神湊《こうのみなと》の沖合い五九キロ、福岡から七七キロ、壱岐の芦辺から五九キロ、対馬の厳原《いづはら》から七五キロ、韓国の釜山から一四五キロの玄界灘《げんかいなだ》洋上に屹立する絶海の孤島である。島の周囲は約四キロの切り立った岩壁にかこまれ、周辺には岩の断崖が割れた無数の岩塊が落ちている。最高峰の一ノ岳が標高二四三・六メートルであり、島全体は照葉樹の原生林に覆われている。島の森厳な姿は、古くから人びとに神霊の宿る島であることを感じさせずにはおかず、また宗像地方から韓半島に渡航する際に最後の寄港地となる島であったため、玄界灘を渡る人びとによって神の島として信仰されて来た。

沖ノ島には宗像大社の沖津《おきつ》宮があり、大島の中津《なかつ》宮、宗像市田島の辺津《へつ》宮とともに、宗像三女神《むなかたさんじょしん》が鎮座する。『古事記』や『日本書紀』によると、宗像三女神（宗像大神《むなかたのおおかみ》）は天照大神《あまてらすおおみかみ》と素戔嗚尊《すさのおのみこと》が天安河《あまのやすのかわ》で行った誓約《うけい》によって生まれたと伝える。三女神の神名と鎮座地については、記紀をはじめとする文献において相違があるが、宗像大社では、伝承の検討によって『日本書紀』本文の所伝を妥当とし、沖津宮は田心姫神《たごりひめのかみ》、中津宮は湍津姫神《たぎつひめのかみ》、辺津宮は市杵島姫神《いちきしまひめのかみ》を祭神とする（宗像神社復興期成会―一九六一）。『日本書紀』に九州から韓半島に到る海上交通ルートである「海北道中」に鎮座する「道主貴《ちぬしのむち》」とも記され、古来より航海の神として、宗像地域の海人《あま》を率いた胸肩君《むなかたのきみ》一族によって奉斎されて来た（「むなかた」は、胸形、胸方、宗形、宗像とも表記する）。

近代以降、沖ノ島の本格的な学術調査は長く行われていなかったが、遺跡・遺物の散乱や盗難のおそれもあり、一九五四年および一九五八～五九年、一九七一年の三次にわたり宗像神社復興期成会によって発掘調査が実施された。もっとも古い遺物としては縄文土器の破片約三五〇〇点、石鏃・石匙・石斧などの石器が出土し、沖ノ島に縄文時代から人の往来があったことが知られた。ついで北部九州の特徴を持つ弥生土器も出土し、縄文時代から弥生時代にかけておもに漁労に従事する人びとが島に渡っていたものと考えられている。

沖ノ島が祭祀の島となるのは、古墳時代からである。海人を率いる地域首長として、九州沿岸部には胸肩君のほか、筑前国那珂郡志賀島《しかのしま》の志賀海《しかうみ》神社を祖神とし、同郡の住吉神社を氏神とする阿曇連《あずみのむらじ》、有明海の海上交通を支配し、宗像三女神の祭祀にも関与した筑後国三潴《みずま》郡の水沼君《みぬまのきみ》などが知られる。四世紀以降、百済や加耶《かや》と交渉を持った倭王権は、対外交流の担い手として、まず胸肩君をはじめとした海人を統率する地域首長と手を結んだものであり（平野邦雄―一九七三）、沖ノ島の祭祀もこれと連動して開始されたのだろう。

祭祀遺跡は沖津宮の社殿付近に重畳する巨岩の周辺で現在までに二三ヵ所が知られ、八万点にのぼる祭祀遺物が発見された（佐田茂―一九九一、重住真貴子―二〇〇九）。もっとも古い祭祀遺跡は、四世紀後半と考えられ、岩上を祭場とする。三角縁神獣鏡や碧玉製腕飾、滑石製祭祀品など古墳の副葬品と共通する奉献品があり、沖ノ島の祭祀に倭王権がかかわっていたことを裏付ける。六世紀になると、依代《よりしろ》としての巨岩の岩陰に磐座《いわくら》をつくって祭場とするようになる。新羅の古墳から出土するものと類似する金製指輪、金銅製馬具など舶来の豪華な奉献品がみられる。七世紀後半になると、岩陰の外に祭場がひろがり、半岩陰・半露天祭祀となる。中国東魏時代の金銅製龍頭や唐三彩長頸壺がみられ、奉献品が韓半島系から中国系に移る。また土器や雛形祭祀品が急増する。祭儀が確立し、律令的祭祀の〝先駆的形態〟が成立したことを示す（井上光貞―二〇〇〇）。

八世紀以降、祭場は現在の沖津宮の南に接続するA号巨岩下の露天の緩斜面に固定され、祭祀の最終形態とされる。この斜面に葺石して一〇《メートル》四方の大型祭壇遺構が築かれており、ここで祭祀が繰り返し行われた。多くの種類でおびただしい量の土器や、滑石製形代《かたしろ》（人形《ひとがた》・馬形《うまがた》・舟形《ふながた》）、奈良三彩小壺、皇朝銭などが奉献品としてみられる。この露天祭祀は九世紀まで行われた。そして、遣唐使派遣の中止の影響もあって、祭祀は規模が縮小するとされるが、遣唐使の派遣と沖ノ島祭祀との具体的関係は、史料からははっきりしない（大高広和―二〇一四）。その後、祭祀の最終形態である露天祭祀の場所に沖津宮社殿がつくられ、今日にいたるまで宗像大社沖津宮の祭祀が執り行われている。

図　沖ノ島５号祭祀遺跡（半岩陰・半露天祭祀，宗像大社提供）

なお沖ノ島は現在、世界遺産登録を目指している。二〇〇九年一月五日に「宗像・沖ノ島と関連遺産群」の構成遺産の一つとして世界遺産暫定リストに追加掲載され、さらに、二〇一五年七月二十八日、文部科学大臣および文化庁長官の諮問機関である文化審議会にて、二〇一五年度の推薦資産として決定された。

参考文献

井上光貞「古代沖の島の祭祀」『天皇と古代王権』岩波書店、二〇〇〇年

大高広和「沖ノ島研究の現在」『歴史評論』七七六、二〇一四年
佐田　茂「沖ノ島」下条信行・平野博之・知念勇・高良倉吉編『新版古代の日本　三　九州・沖縄』角川書店、一九九一年
重住真貴子「沖ノ島祭祀と宗像三女神信仰」アクロス福岡文化誌編纂委員会編『アクロス福岡文化誌3　古代の福岡』アクロス福岡文化誌編纂委員会、二〇〇九年
東京国立博物館・九州国立博物館編『国宝　大神社展』ＮＨＫ・ＮＨＫプロモーション、二〇一三年
平野邦雄「九州における古代豪族と大陸」松本雅明監修『九州文化論集1　古代アジアと九州』平凡社、一九七三年
宗像神社復興期成会編『宗像神社史　上・下・附巻』宗像神社復興期成会、一九六一・六六・七一年

執筆者紹介（生年　現職）

荒川正晴（あらかわ　まさはる）　一九五五年　大阪大学大学院文学研究科教授
市　大樹（いち　ひろき）　一九七一年　大阪大学大学院文学研究科准教授
出田和久（いでた　かずひさ）　別掲
今津勝紀（いまづ　かつのり）　一九六三年　岡山大学大学院社会文化科学研究科教授
酒井芳司（さかい　よしじ）　一九七二年　九州歴史資料館学芸調査室技術主査・学芸員
鈴木景二（すずき　けいじ）　一九六三年　富山大学人文学部教授
高島英之（たかしま　ひでゆき）　一九六三年　公益財団法人群馬県埋蔵文化財調査事業団専門員（総括）
舘野和己（たての　かずみ）　別掲
田中俊明（たなか　としあき）　一九五二年　滋賀県立大学人間文化学部教授
永田英明（ながた　ひであき）　一九六五年　東北大学史料館准教授
馬場　基（ばば　はじめ）　一九七二年　奈良文化財研究所主任研究員
堀　健彦（ほり　たけひこ）　一九七〇年　新潟大学人文学部准教授
森田喜久男（もりた　きくお）　一九六四年　淑徳大学人文学部教授
森　哲也（もり　てつや）　一九六五年　九州大学人文科学研究院専門研究員・西南学院大学非常勤講師
山下信一郎（やました　しんいちろう）　一九六六年　文化庁文化財部記念物課文化財調査官（史跡部門）

編者略歴

舘野和己

一九五〇年　東京都に生まれる
一九七四年　京都大学文学部史学科卒業
一九八〇年　京都大学大学院文学研究科博士後期課程単位取得退学
現在　奈良女子大学研究院人文科学系教授
主要著書
『日本古代の交通と社会』（塙書房、一九九八年）、『古代都市平城京の世界』（山川出版社、二〇〇一年）、『日本古代のみやこを探る』（編著、勉誠出版、二〇一五年）

出田和久

一九五二年　兵庫県に生まれる
一九七六年　京都大学文学部史学科卒業
一九七九年　京都大学大学院文学研究科修士課程修了
現在　奈良女子大学研究院人文科学系教授
主要論文
「京北班田図の歴史地理学的研究」（佐藤信編『西大寺古絵図の世界』東京大学出版会、二〇〇五年）、「飛鳥から藤原京へ」（舘野和己編『日本古代のみやこを探る』勉誠出版、二〇一五年）

日本古代の交通・交流・情報 1
制度と実態

二〇一六年（平成二十八）二月二十日　第一刷発行

編　者　舘《たて》野《の》和《かず》己《み》
　　　　出《いで》田《た》和《かず》久《ひさ》
発行者　吉川道郎
発行所　株式会社　吉川弘文館
郵便番号一一三―〇〇三三
東京都文京区本郷七丁目二番八号
電話〇三―三八一三―九一五一〈代〉
振替口座〇〇一〇〇―五―二四四番
http://www.yoshikawa-k.co.jp/

印刷＝藤原印刷株式会社
製本＝株式会社 ブックアート
装幀＝右澤康之

ISBN978-4-642-01728-2

日本古代の交通・交流・情報

全3巻

②旅と交易

〈4月刊行予定〉

Ⅰ　文字・記録の中の交通

一　記紀・風土記にみる交通……古市　晃

二　文学にみる七・八世紀の交通……門井直哉

　—『万葉集』『日本霊異記』を手がかりとして—

三　平安文学にみる交通……西村さとみ

コラム　冥界へ旅した人々……門井直哉

Ⅱ　旅の実態

一　平安時代の旅の作法……坂江　渉

　—行き交う人と迎え入れる人びと—

二　天皇の行幸……永田英明

三　社寺参詣の旅……西山　克

四　斎王の旅……榎村寛之

五　信仰の広がり……飯沼賢司

六　荘園経営と交通……南出眞助

七　律令制下の交易と交通……荒井秀規

コラム　山王遺跡から出土した「餞馬」木簡……永田英明

Ⅲ　情報の広がり

一　情報の伝達……有富純也

二　外国への使節たち—遣隋使・遣唐使の時代—……河上麻由子

三　外国使節の来航……榎本淳一

四　海を渡る僧侶たち……中川由莉

コラム　迷い馬や迷子の情報を求める木簡……馬場　基

※内容は変更となる場合がございます。

吉川弘文館

日本古代の交通・交流・情報

全3巻

③遺跡と技術

〈6月刊行予定〉

Ⅰ　古代道路の姿

一　古墳時代の道路……高島英之

二　宮都周辺の計画道路……近江俊秀

三　都城道路……佐藤亜聖

四　地方の官道―駅路・伝路―

1　古代の地方道路……木本雅康

2　七道―遺跡とルートについて―

東海道―曲金北遺跡―…矢田　勝

山陽道―播磨国―…吉本昌弘

東山道―上野国―……高島英之

南海道―讃岐国―…木原克司

北陸道―加茂遺跡―…出越茂和

西海道……木本雅康

山陰道―出雲国―……内田律雄

五　条里地割と道路……出田和久

コラム　古代荘園図と道路―阿波国新島庄―……木原克司

Ⅱ　交通施設

一　駅　家……中村太一

二　渡河施設……松村　博

三　交通に関わる祭祀……山近久美子

コラム　復元された慶州月精橋……田中俊明

コラム　渡船などについて……舘野和己

Ⅲ　交通に関わる技術

一　運ぶ手段……中村潤子

二　船を操る技術……川尻秋生

三　古代の地図……飯田剛彦

四　地名と道路……伊藤寿和

コラム　平城京市指図……舘野和己

※内容は変更となる場合がございます。

吉川弘文館